2025 하반기
고시넷
공기업

NCS 직무수행능력평가

국민건강보험공단
국민건강보험법

행정직 | 건강직 | 기술직

스마트폰에서 검색  고시넷   www.gosinet.co.kr

최고 강사진의
동영상 강의

수강생 만족도 1위

류준상 선생님
- 서울대학교 졸업
- 응용수리, 자료해석 대표강사
- 정답이 보이는 문제풀이 스킬 최다 보유
- 수포자도 만족하는 친절하고 상세한 설명

공부의 神

양광현 선생님
- 서울대학교 졸업
- NCS 모듈형 대표강사
- 시험에 나올 문제만 콕콕 짚어주는 강의
- 중국 칭화대학교 의사소통 대회 우승
- 前 공신닷컴 멘토

경영·경제 전문가의 고퀄리티 강의

김경진 선생님
- 서울대학교 경영학 석사
- 미국 텍사스 주립대 경제학 석사
- CFA(국제공인재무분석사)
- 前 대기업(S사, K사) 면접관

정오표 및 학습 질의 안내

 정오표 확인 방법

고시넷은 오류 없는 책을 만들기 위해 최선을 다합니다. 그러나 편집 과정에서 미처 잡지 못한 실수가 뒤늦게 나오는 경우가 있습니다. 고시넷은 이런 잘못을 바로잡기 위해 정오표를 실시간으로 제공합니다. 감사하는 마음으로 끝까지 책임을 다하겠습니다.

고시넷 홈페이지 접속 > 고시넷 출판-커뮤니티 > 정오표
www.gosinet.co.kr

 모바일폰에서 QR코드로 실시간 정오표를 확인할 수 있습니다.

 학습 질의 안내

학습과 교재선택 관련 문의를 받습니다. 적절한 교재선택에 관한 조언이나 고시넷 교재 학습 중 의문 사항은 아래 주소로 메일을 주시면 성실히 답변드리겠습니다.

이메일주소 qna@gosinet.co.kr

CONTENTS

국민건강보험공단 필기시험 정복
- 구성과 활용
- 국민건강보험공단 소개
- 모집공고 및 채용 절차
- 국민건강보험법 기출 유형 분석

파트 1 국민건강보험법
제1장 총칙	16
제2장 가입자	28
제3장 국민건강보험공단	40
제4장 보험급여	64
제5장 건강보험심사평가원	100
제6장 보험료	108
제7장 이의신청 및 심판청구 등	144
제8장 보칙	152
제9장 벌칙	188

파트 2 국민건강보험법 기출예상모의고사
1회 기출예상문제	198
2회 기출예상문제	206
3회 기출예상문제	216
4회 기출예상문제	226
5회 기출예상문제	234

파트 3 법조문 빈칸 채우기
제1장 총칙	244
제2장 가입자	247
제3장 국민건강보험공단	252
제4장 보험급여	262

제5장 건강보험심사평가원	277
제6장 보험료	280
제7장 이의신청 및 심판청구 등	295
제8장 보칙	297
제9장 벌칙	314

책 속의 책 정답과 해설

파트 1 국민건강보험법 기본문제 정답과 해설

제1장 총칙	2
제2장 가입자	5
제3장 국민건강보험공단	7
제4장 보험급여	10
제5장 건강보험심사평가원	16
제6장 보험료	18
제7장 이의신청 및 심판청구 등	24
제8장 보칙	26
제9장 벌칙	30

파트 2 국민건강보험법 기출예상모의고사 정답과 해설

1회 기출예상문제	32
2회 기출예상문제	36
3회 기출예상문제	40
4회 기출예상문제	44
5회 기출예상문제	49

파트 3 법조문 빈칸 채우기 정답과 해설

제1장~제3장	53
제4장	54
제5장~제6장	55
제7장~제9장	56

EXAMINATION GUIDE

| 1 |

국민건강보험공단 소개 & 채용 절차

국민건강보험공단의 미션, 비전, 핵심가치, 경영방침, 전략목표 등을 수록하였으며, 최신 채용 절차를 쉽고 빠르게 확인할 수 있도록 구성하였습니다.

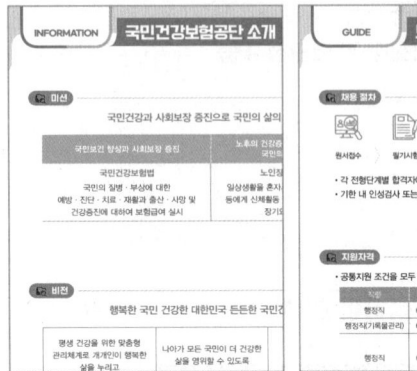
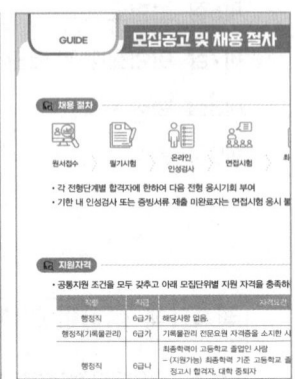

| 2 |

국민건강보험법 기출 유형 분석

국민건강보험공단 필기시험 출제 기준에 따른 최근 법률 개정안과 이에 따른 최신 기출 경향을 분석하여 한눈에 파악할 수 있도록 구성하였습니다.

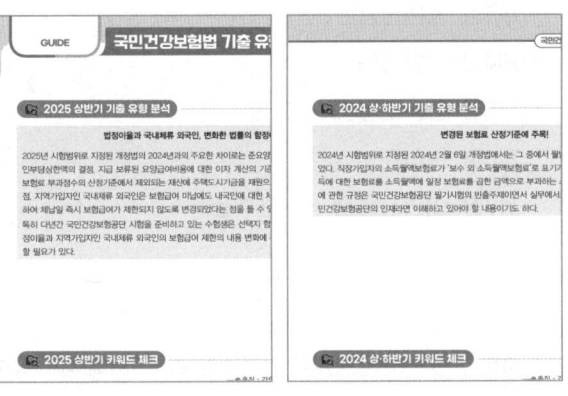

| 3 |

국민건강보험법 조문 익히기

국민건강보험법의 조문과 이를 바탕으로 구성한 조문확인 OX문제와 함께 각 장별 조문을 차근차근 이해할 수 있도록 구성하였습니다.

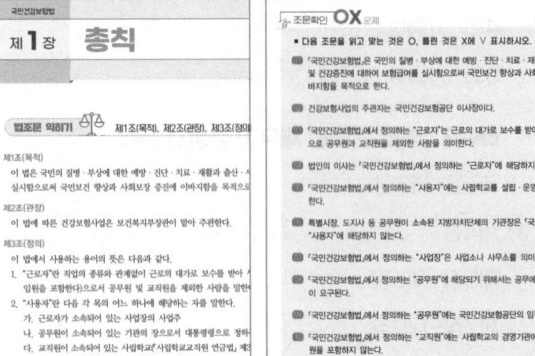

| 4 |

국민건강보험법 기본문제

조문 학습 중간 기본문제를 통해 학습한 조문의 내용이 실제 시험에서 어떻게 등장하는지를 확인하면서 자연스럽게 조문을 반복 학습할 수 있도록 구성하였습니다.

| 5 |

국민건강보험법 기출예상모의고사

실제 국민건강보험법 기출문제의 유형으로 구성한 총 5회의 기출예상모의고사를 통해 완벽한 실전 준비가 가능하도록 구성하였습니다.

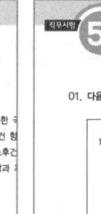

| 6 |

법조문 빈칸 채우기

직접 국민건강보험법의 조문 내용을 작성하면서 문제의 정답이 될 가능성이 높은 키워드를 중심으로 효과적인 조문 회독 학습이 이루어지도록 하였습니다.

INFORMATION 국민건강보험공단 소개

미션

국민건강과 사회보장 증진으로 국민의 삶의 질 향상

국민보건 향상과 사회보장 증진	노후의 건강증진과 생활안정 도모로 국민의 삶의 질 향상
국민건강보험법 국민의 질병·부상에 대한 예방·진단·치료·재활과 출산·사망 및 건강증진에 대하여 보험급여 실시	**노인장기요양보험법** 일상생활을 혼자서 수행하기 어려운 노인 등에게 신체활동 또는 가사활동 지원 등의 장기요양급여 제공

비전

행복한 국민 건강한 대한민국 든든한 국민건강보험

평생 건강을 위한 맞춤형 관리체계로 개개인이 행복한 삶을 누리고	나아가 모든 국민이 더 건강한 삶을 영위할 수 있도록	언제나 국민 곁에서 든든하고 지속가능한 건강·장기요양보험이 되겠습니다.

비전선언문

우리는 모든 국민이 평생 건강하고 행복한 삶을 누리고, 나아가 더 건강한 나라를 만드는데 기여하도록, 항상 국민과 함께하는 든든한 국민건강보험으로서의 사명을 다하기 위해 다음 사항을 실천한다.

하나. 우리는 출생에서 사망까지 국민의 평생건강을 책임지는 건강보장체계를 실현하여 모든 국민이 의료비 걱정 없는 행복한 삶을 영위하도록 노력한다.

하나. 우리는 맞춤형 건강서비스로 건강수명을 향상시키고 품격 있는 노후의 삶을 누리는 건강한 대한민국을 만들기 위해 노력한다.

하나. 우리는 끊임없는 혁신과 전문성 함양으로 건강보험의 지속가능한 발전을 추구하여 언제나 국민 곁에 든든한 국민건강보험이 되기 위해 최선을 다한다.

핵심가치

- 소통과 배려 : 대내·이해관계자와 소통과 배려를 통해 국민체감 성과 창출
- 건강과 행복 : 국민보건과 사회보장 증진을 통해 모든 국민의 건강향상과 행복한 삶을 추구
- 공정과 신뢰 : 공정한 제도 구축·운영과 안전·책임경영으로 국민 신뢰 확보
- 혁신과 전문성 : 디지털·서비스 중심 경영혁신과 직무 전문성 강화로 지속가능경영 실현
- 청렴과 윤리 : 엄격한 윤리의식을 토대로 자율적 내부통제와 청렴한 업무수행을 통해 투명한 사회 선도

경영방침

더 건강한 삶을 위한 The건강보험

제도·서비스	이해관계자	기관운영
더 건강한 국민 (국민건강, 근거기반, 연계·통합)	더 건강한 파트너십 (협력주도, 소통, 배려)	더 건강한 공단 (혁신, 효율, 청렴)

전략목표

- 국민의 평생건강을 책임지는 건강보장체계
- 건강수명 향상을 위한 맞춤형 건강관리
- 초고령사회 대비 국민이 안심하는 장기요양보험
- 건강보험 재정 안정성 강화
- 국민이 체감하는 소통·혁신·책임경영

모집공고 및 채용 절차

채용 절차

원서접수 > 필기시험 > 온라인 인성검사 > 면접시험 > 최종 합격자 발표

- 각 전형단계별 합격자에 한하여 다음 전형 응시기회 부여
- 기한 내 인성검사 또는 증빙서류 제출 미완료자는 면접시험 응시 불가

지원자격

- 공통지원 조건을 모두 갖추고 아래 모집단위별 지원 자격을 충족하는 자

직렬	직급	자격요건
행정직	6급가	해당사항 없음.
행정직(기록물관리)	6급가	기록물관리 전문요원 자격증을 소지한 사람
행정직	6급나	최종학력이 고등학교 졸업인 사람 - (지원가능) 최종학력 기준 고등학교 졸업예정·졸업자, 고등학교 검정고시 합격자, 대학 중퇴자 - (지원불가) 대학 재학·휴학·수료·졸업예정·졸업자
건강직	6급가	아래 면허 중 하나 이상을 소지한 사람 - 간호사, 방사선사, 임상병리사, 영양사, 건강운동관리사, 보건교육사(2급 이상)
요양직	6급가	아래 면허 중 하나 이상을 소지한 사람 - 간호사, 물리치료사, 작업치료사, 사회복지사(2급 이상)
기술직(전기)	6급가	아래 면허 중 하나 이상을 소지한 사람 - 전기기사, 전기공사기사
기술직(건축)	6급가	아래 면허 중 하나 이상을 소지한 사람 - 건축기사, 실내건축기사
기술직(기계)	6급가	아래 면허 중 하나 이상을 소지한 사람 - 공조냉동기계기사, 일반기계기사

- 우대 공익어학성적(전 직렬) : 아래 공익어학성적 중 하나

TOEIC	NEW TEPS	TOEFL(IBT)	OPIC	TOEIC Speaking	G-TELP(Level 2)
800 이상	309 이상	91 이상	IM3 이상	IM3 이상	76 이상

※ 해당 기준 이상인 경우 동일한 점수 부여

필기시험

- NCS 기반 직업기초능력+직무시험(법률)

과목	직렬	시험내용
NCS 기반 직업기초능력 (60분)	행정직, 건강직, 요양직, 기술직	직업기초능력 응용모듈 60문항 (의사소통 20문항, 수리 20문항, 문제해결 20문항)
직무시험(법률) (20분)	행정직, 건강직, 기술직	「국민건강보험법」 20문항 (시행령 및 시행규칙 제외)
	요양직	「노인장기요양보험법」 20문항 (시행령 및 시행규칙 제외)

- 과목당 40% 이상, 전 과목 총점의 60% 이상 득점한 사람 중 고득점자 순으로 최소 모집단위별 선발인원의 2배수(단, 채용인원이 2명 이하인 모집단위는 3배수) 선발
- 동점자는 취업지원대상자, 장애인, 필기시험 원 점수 고득점자, 서류시험 고득점자 순(그럼에도 동점인 경우에는 전원 합격처리)

인성검사

- 필기시험 합격자(장애·보훈전형은 서류심사 합격자)를 대상으로 진행
- 채용사이트에서 온라인으로 개별 실시
- 기한 내 검사 미완료자는 면접응시 포기로 간주

면접시험

- 인성검사 및 증빙서류 제출 완료자를 대상으로 진행
- 공단 본부에서 진행(변경 가능)
- 면접방법

경험행동면접	• 개인의 과거 경험 등 질문을 통해 지원자의 직무역량과 인성, 가치관, 태도 등 미래의 역량 수준을 예측 • 인성검사 결과를 면접관에게 참고자료에게 제공하여 맞춤형 면접 실시
상황면접	• 가상의 직무관련 상황을 제시, 그 상황에서 취해야 할 행동에 대한 질의·응답으로 진행 • 제시된 주제에 대해 지원자의 상황판단능력과 대처능력 등을 평가
토론면접	• 지원자 간 협업을 통한 공동의 문제 해결 과정을 관찰 • 개인의 직무역량 및 소통·협업능력 등을 평가

- 조 편성 후 다대다 면접으로 진행

국민건강보험법 기출 유형 분석

2025 상반기 기출 유형 분석

법정이율과 국내체류 외국인, 변화한 법률의 함정에 주의

2025년 시험범위로 지정된 개정법의 2024년과의 주요한 차이로는 준요양기관에서의 요양비를 반영한 본인부담상한액의 결정, 지급 보류된 요양급여비용에 대한 이자 계산의 기준이 법정이율이 되었으며, 재산보험료 부과점수의 산정기준에서 제외되는 재산에 주택도시기금을 재원으로 하는 대출금이 포함되었다는 점, 지역가입자인 국내체류 외국인은 보험급여 미납에도 내국인에 대한 체납 관련 규정을 준용하도록 정하여 체납일 즉시 보험급여가 제한되지 않도록 변경되었다는 점을 들 수 있다.

특히 다년간 국민건강보험공단 시험을 준비하고 있는 수험생은 선택지 함정으로 쉽게 이용할 수 있는 법정이율과 지역가입자인 국내체류 외국인의 보험급여 제한의 내용 변화에 주목하여 혼동하지 않도록 주의할 필요가 있다.

2025 상반기 키워드 체크

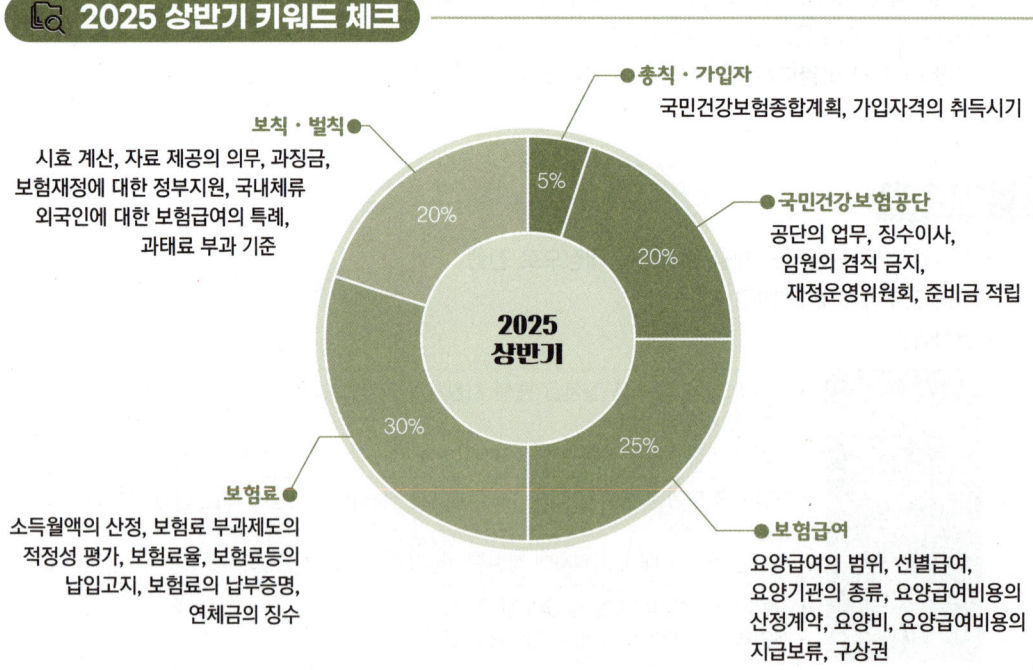

2024 상·하반기 기출 유형 분석

변경된 보험료 산정기준에 주목!

2024년 시험범위로 지정된 2024년 2월 6일 개정법에서는 그 중에서 월별보험료의 산정기준에 변화가 있었다. 직장가입자의 소득월액보험료가 '보수 외 소득월액보험료'로 표기가 변경되었으며, 지역가입자의 소득에 대한 보험료를 소득월액에 일정 보험료를 곱한 금액으로 부과하는 소득정률제가 적용되었다. 보험료에 관한 규정은 국민건강보험공단 필기시험의 빈출주제이면서 실무에서도 중요한 내용인 만큼 미래의 국민건강보험공단의 인재라면 이해하고 있어야 할 내용이기도 하다.

2024 상·하반기 키워드 체크

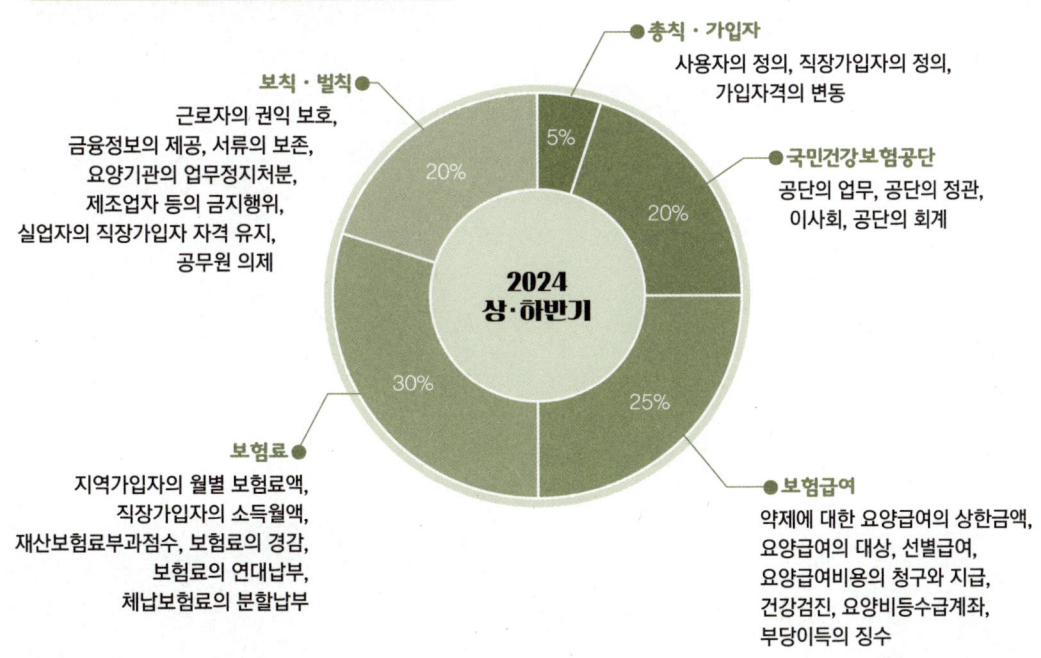

- **총칙·가입자** (5%)
  사용자의 정의, 직장가입자의 정의, 가입자격의 변동

- **국민건강보험공단** (20%)
  공단의 업무, 공단의 정관, 이사회, 공단의 회계

- **보험급여** (25%)
  약제에 대한 요양급여의 상한금액, 요양급여의 대상, 선별급여, 요양급여비용의 청구와 지급, 건강검진, 요양비등수급계좌, 부당이득의 징수

- **보험료** (30%)
  지역가입자의 월별 보험료액, 직장가입자의 소득월액, 재산보험료부과점수, 보험료의 경감, 보험료의 연대납부, 체납보험료의 분할납부

- **보칙·벌칙** (20%)
  근로자의 권익 보호, 금융정보의 제공, 서류의 보존, 요양기관의 업무정지처분, 제조업자 등의 금지행위, 실업자의 직장가입자 자격 유지, 공무원 의제

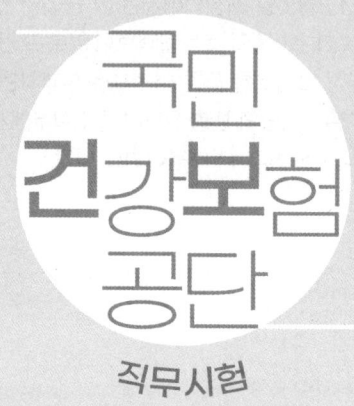

국민건강보험공단
직무시험

*2024. 10. 22. 타법개정 법률 제20505호 기준
(시행일 2025. 4. 23.)

파트 1 국민건강보험법

제1장 총칙
제2장 가입자
제3장 국민건강보험공단
제4장 보험급여
제5장 건강보험심사평가원
제6장 보험료
제7장 이의신청 및 심판청구 등
제8장 보칙
제9장 벌칙

제1장 총칙

법조문 익히기 — 제1조(목적), 제2조(관장), 제3조(정의)

제1조(목적)
이 법은 국민의 질병·부상에 대한 예방·진단·치료·재활과 출산·사망 및 건강증진에 대하여 보험급여를 실시함으로써 국민보건 향상과 사회보장 증진에 이바지함을 목적으로 한다.

제2조(관장)
이 법에 따른 건강보험사업은 보건복지부장관이 맡아 주관한다.

제3조(정의)
이 법에서 사용하는 용어의 뜻은 다음과 같다.
1. "근로자"란 직업의 종류와 관계없이 근로의 대가로 보수를 받아 생활하는 사람(법인의 이사와 그 밖의 임원을 포함한다)으로서 공무원 및 교직원을 제외한 사람을 말한다.
2. "사용자"란 다음 각 목의 어느 하나에 해당하는 자를 말한다.
    가. 근로자가 소속되어 있는 사업장의 사업주
    나. 공무원이 소속되어 있는 기관의 장으로서 대통령령으로 정하는 사람
    다. 교직원이 소속되어 있는 사립학교(「사립학교교직원 연금법」제3조에 규정된 사립학교를 말한다. 이하 이 조에서 같다)를 설립·운영하는 자
3. "사업장"이란 사업소나 사무소를 말한다.
4. "공무원"이란 국가나 지방자치단체에서 상시 공무에 종사하는 사람을 말한다.
5. "교직원"이란 사립학교나 사립학교의 경영기관에서 근무하는 교원과 직원을 말한다.

조문확인 OX 문제

제1조(목적), 제2조(관장), 제3조(정의)

■ 다음 조문을 읽고 맞는 것은 O, 틀린 것은 X에 V 표시하시오.

01 「국민건강보험법」은 국민의 질병·부상에 대한 예방·진단·치료·재활과 출산·사망 및 건강증진에 대하여 보험급여를 실시함으로써 국민보건 향상과 사회보장 증진에 이바지함을 목적으로 한다. O X

02 건강보험사업의 주관자는 국민건강보험공단 이사장이다. O X

03 「국민건강보험법」에서 정의하는 "근로자"는 근로의 대가로 보수를 받아 생활하는 사람으로 공무원과 교직원을 제외한 사람을 의미한다. O X

04 법인의 이사는 「국민건강보험법」에서 정의하는 "근로자"에 해당하지 않는다. O X

05 「국민건강보험법」에서 정의하는 "사용자"에는 사립학교를 설립·운영하는 자를 포함한다. O X

06 특별시장, 도지사 등 공무원이 소속된 지방자치단체의 기관장은 「국민건강보험법」의 "사용자"에 해당하지 않는다. O X

07 「국민건강보험법」에서 정의하는 "사업장"은 사업소나 사무소를 의미한다. O X

08 「국민건강보험법」에서 정의하는 "공무원"에 해당되기 위해서는 공무에 상시 종사할 것이 요구된다. O X

09 「국민건강보험법」에서 정의하는 "공무원"에는 국민건강보험공단의 임직원을 포함한다. O X

10 「국민건강보험법」에서 정의하는 "교직원"에는 사립학교의 경영기관에서 근무하는 직원을 포함하지 않는다. O X

[정답] 01 O 02 X 03 O 04 X 05 O
        06 X 07 O 08 O 09 X 10 X

제1장 총칙

 제1조(목적), 제2조(관장), 제3조(정의)

01. 다음 ㉠ ~ ㉢에 들어갈 말이 바르게 연결된 것은?

> 「국민건강보험법」은 국민의 질병·부상에 대한 예방·진단·치료·재활과 출산·사망 및 건강증진에 대하여 (㉠)를 실시함으로써 (㉡) 향상과 (㉢) 증진에 이바지함을 그 제정 목적으로 한다.

	㉠	㉡	㉢
①	건강검진	삶의 질	국민복지
②	보험급여	국민보건	사회보장
③	보험급여	삶의 질	국민복지
④	건강검진	국민보건	사회보장

02. 다음 중 건강보험사업의 주관자는?

① 대통령
② 국민건강보험공단 이사장
③ 보건복지부장관
④ 질병관리청장

03. 다음은 「국민건강보험법」상 '사용자'의 정의이다. 빈칸에 들어갈 용어가 아닌 것은?

> 1. 근로자가 소속되어 있는 (　)의 사업주
> 2. (　)이/가 소속되어 있는 기관의 장으로서 대통령령으로 정하는 사람
> 3. 교직원이 속해있는 (　)을/를 설립·운영하는 자

① 공립학교
② 사업장
③ 공무원
④ 사립학교

04. 다음 중 「국민건강보험법」 제3조에서 정의하는 "근로자"에 해당하는 사람은?

① 주식회사 ○○홀딩스 이사 A
② 제주특별자치구 서귀포시청 세무과 주무관 B
③ 부모님에게 매달 용돈 5만 원을 받는 사립 △△중학교 2학년 학생 C
④ 음료 제조를 담당하는 정직원 1명을 고용하여 운영하고 있는 □□카페의 업주 D

05. 다음 중 「국민건강보험법」 제3조에서 정의하는 "교직원"에 해당하지 않는 사람은?

① 사립학교에 근무하는 교원
② 사립학교에 근무하는 직원
③ 공립학교에 근무하는 교원
④ 사립학교의 경영기관에 근무하는 직원

 **제3조의2(국민건강보험종합계획의 수립 등)**

제3조의2(국민건강보험종합계획의 수립 등)
① 보건복지부장관은 이 법에 따른 건강보험(이하 "건강보험"이라 한다)의 건전한 운영을 위하여 제4조에 따른 건강보험정책심의위원회(이하 이 조에서 "건강보험정책심의위원회"라 한다)의 심의를 거쳐 5년마다 국민건강보험종합계획(이하 "종합계획"이라 한다)을 수립하여야 한다. 수립된 종합계획을 변경할 때도 또한 같다.
② 종합계획에는 다음 각 호의 사항이 포함되어야 한다.
1. 건강보험정책의 기본목표 및 추진방향
2. 건강보험 보장성 강화의 추진계획 및 추진방법
3. 건강보험의 중장기 재정 전망 및 운영
4. 보험료 부과체계에 관한 사항
5. 요양급여비용에 관한 사항
6. 건강증진 사업에 관한 사항
7. 취약계층 지원에 관한 사항
8. 건강보험에 관한 통계 및 정보의 관리에 관한 사항
9. 그 밖에 건강보험의 개선을 위하여 필요한 사항으로 대통령령으로 정하는 사항
③ 보건복지부장관은 종합계획에 따라 매년 연도별 시행계획(이하 "시행계획"이라 한다)을 건강보험정책심의위원회의 심의를 거쳐 수립·시행하여야 한다.
④ 보건복지부장관은 매년 시행계획에 따른 추진실적을 평가하여야 한다.
⑤ 보건복지부장관은 다음 각 호의 사유가 발생한 경우 관련 사항에 대한 보고서를 작성하여 지체 없이 국회 소관 상임위원회에 보고하여야 한다.
1. 제1항에 따른 종합계획의 수립 및 변경
2. 제3항에 따른 시행계획의 수립
3. 제4항에 따른 시행계획에 따른 추진실적의 평가
⑥ 보건복지부장관은 종합계획의 수립, 시행계획의 수립·시행 및 시행계획에 따른 추진실적의 평가를 위하여 필요하다고 인정하는 경우 관계 기관의 장에게 자료의 제출을 요구할 수 있다. 이 경우 자료의 제출을 요구받은 자는 특별한 사유가 없으면 이에 따라야 한다.
⑦ 그 밖에 제1항에 따른 종합계획의 수립 및 변경, 제3항에 따른 시행계획의 수립·시행 및 제4항에 따른 시행계획에 따른 추진실적의 평가 등에 필요한 사항은 대통령령으로 정한다.

조문확인 OX 문제
제3조의2(국민건강보험종합계획의 수립 등)

■ 다음 조문을 읽고 맞는 것은 O, 틀린 것은 X에 V 표시하시오.

01 보건복지부장관은 건강보험정책심의위원회의 심의를 거쳐 3년마다 국민건강보험종합계획을 수립하여야 한다. | O | X |

02 이미 수립된 국민건강보험종합계획의 내용 변경에는 건강보험정책심의위원회의 심의를 요구하지 않는다. | O | X |

03 국민건강보험종합계획의 내용에는 건강보험정책의 기본목표 및 추진방향을 포함한다. | O | X |

04 국민건강보험종합계획의 내용에는 보험료 부과체계에 관한 사항을 포함한다. | O | X |

05 국민건강보험종합계획의 내용에는 건강증진 사업에 대한 사항을 포함한다. | O | X |

06 보건복지부장관은 건강보험정책심의위원회의 심의를 거쳐 매년 국민건강보험종합계획에 따른 시행계획을 수립·시행하여야 한다. | O | X |

07 보건복지부장관은 매년 국민건강보험종합계획의 시행계획에 따른 추진실적을 평가하여야 한다. | O | X |

08 국민건강보험종합계획의 수립 및 변경 시 국민건강보험공단 이사장은 관련 사항을 보고서로 작성하여 국회 소관 상임위원회에 보고하여야 한다. | O | X |

09 이미 수립된 국민건강보험종합계획의 내용을 변경할 때에는 국회 소관 상임위원회에 이를 보고해야 한다. | O | X |

10 보건복지부장관은 국민건강보험종합계획의 수립에 필요할 경우 관계 기관의 장에게 자료의 제출을 요구할 수 있고, 해당 기관장은 특별한 사유가 없으면 이에 따라야 한다. | O | X |

[정답] 01 X 02 X 03 O 04 O 05 O
       06 O 07 O 08 X 09 O 10 O

제1장 총칙 21

제3조의2(국민건강보험종합계획의 수립 등)

01. 다음 ㉠~㉢에 들어갈 단어를 바르게 연결한 것은?

(㉠)은 건강보험의 건전한 운영을 위하여 (㉡)의 심의를 거쳐 (㉢)마다 국민건강보험종합계획을 수립하여야 한다. 수립된 종합계획을 변경할 때도 또한 같다.

	㉠	㉡	㉢
①	보건복지부장관	건강보험정책심의위원회	5년
②	보건복지부장관	건강보험정책심의위원회	3년
③	국민건강보험공단 이사장	보건복지부장관	5년
④	국민건강보험 이사장	보건복지부장관	3년

02. 다음 중 국민건강보험종합계획에 관해 국회 소관 상임위원회에 보고해야 할 사항이 아닌 것은?

① 국민건강보험종합계획의 변경
② 국민건강보험종합계획에 따른 연도별 시행계획의 수립
③ 국민건강보험종합계획의 연도별 시행계획에 따른 인력확충안
④ 국민건강보험종합계획의 연도별 시행계획에 따른 추진실적의 평가

03. 다음 중 「국민건강보험법」 제3조의2에서 규정한 국민건강보험종합계획에 포함되어야 하는 내용에 해당하는 것을 모두 고르면?

㉠ 건강보험정책의 기본목표 및 추진방향
㉡ 국민건강보험의 보장성 강화의 추진계획 및 방법
㉢ 국민건강보험료의 부가체계에 관한 사항
㉣ 건강증진 사업에 관한 사항

① ㉠, ㉡
② ㉠, ㉢, ㉣
③ ㉡, ㉢, ㉣
④ ㉠, ㉡, ㉢, ㉣

04. 국민건강보험종합계획의 추진실적 평가에 대한 설명으로 옳지 않은 것은?

① 추진실적의 평가는 건강보험정책심의위원회의 심의를 거쳐 시행된다.
② 추진실적의 평가는 보건복지부장관에 의해 매년 시행된다.
③ 추진실적의 평가에 관한 보고서는 보건복지부장관에 의해 작성되어 국회 소관 상임위원회에 보고된다.
④ 보건복지부장관은 추진실적의 평가에 필요한 자료에 대하여 관계 기관의 장에게 자료의 제출을 요구할 수 있다.

05. 다음 중 국민건강보험종합계획 및 그 연도별 시행계획에 관하여 보고서를 작성하여 제출해야 하는 사유에 해당하지 않는 것은?

① 국민건강보험종합계획의 수립
② 국민건강보험종합계획 내용의 변경
③ 국민건강보험종합계획의 연도별 시행계획의 수립
④ 국민건강보험종합계획의 연도별 시행계획의 변경

법조문 익히기 — 제4조(건강보험정책심의위원회)

제4조(건강보험정책심의위원회)

① 건강보험정책에 관한 다음 각 호의 사항을 심의·의결하기 위하여 보건복지부장관 소속으로 건강보험정책심의위원회(이하 "심의위원회"라 한다)를 둔다.
1. 제3조의2 제1항 및 제3항에 따른 종합계획 및 시행계획에 관한 사항(의결은 제외한다)
2. 제41조 제3항에 따른 요양급여의 기준
3. 제45조 제3항 및 제46조에 따른 요양급여비용에 관한 사항
4. 제73조 제1항에 따른 직장가입자의 보험료율
5. 제73조 제3항에 따른 지역가입자의 보험료율과 재산보험료부과점수당 금액
5의2. 보험료 부과 관련 제도 개선에 관한 다음 각 목의 사항(의결은 제외한다)
  가. 건강보험 가입자(이하 "가입자"라 한다)의 소득 파악 실태에 관한 조사 및 연구에 관한 사항
  나. 가입자의 소득 파악 및 소득에 대한 보험료 부과 강화를 위한 개선 방안에 관한 사항
  다. 그 밖에 보험료 부과와 관련된 제도 개선 사항으로서 심의위원회 위원장이 회의에 부치는 사항
6. 그 밖에 건강보험에 관한 주요 사항으로서 대통령령으로 정하는 사항

② 심의위원회는 위원장 1명과 부위원장 1명을 포함하여 25명의 위원으로 구성한다.

③ 심의위원회의 위원장은 보건복지부차관이 되고, 부위원장은 제4항 제4호의 위원 중에서 위원장이 지명하는 사람이 된다.

④ 심의위원회의 위원은 다음 각 호에 해당하는 사람을 보건복지부장관이 임명 또는 위촉한다.
1. 근로자단체 및 사용자단체가 추천하는 각 2명
2. 시민단체(「비영리민간단체지원법」 제2조에 따른 비영리민간단체를 말한다. 이하 같다), 소비자단체, 농어업인단체 및 자영업자단체가 추천하는 각 1명
3. 의료계를 대표하는 단체 및 약업계를 대표하는 단체가 추천하는 8명
4. 다음 각 목에 해당하는 8명
  가. 대통령령으로 정하는 중앙행정기관 소속 공무원 2명
  나. 국민건강보험공단의 이사장 및 건강보험심사평가원의 원장이 추천하는 각 1명
  다. 건강보험에 관한 학식과 경험이 풍부한 4명

⑤ 심의위원회 위원(제4항 제4호 가목에 따른 위원은 제외한다)의 임기는 3년으로 한다. 다만, 위원의 사임 등으로 새로 위촉된 위원의 임기는 전임위원 임기의 남은 기간으로 한다.

⑥ 보건복지부장관은 심의위원회가 제1항 제5호의2에 따라 심의한 사항을 국회에 보고하여야 한다.

⑦ 심의위원회의 운영 등에 필요한 사항은 대통령령으로 정한다.

조문확인 OX 문제
제4조(건강보험정책심의위원회)

■ 다음 조문을 읽고 맞는 것은 O, 틀린 것은 X에 V 표시하시오.

01 건강보험정책심의위원회는 건강보험정책에 대한 사항을 심의·의결하는 보건복지부장관 소속의 기관이다. [O/X]

02 건강보험정책심의위원회는 요양급여의 기준에 대한 사항을 심의·의결한다. [O/X]

03 건강보험정책심의위원회는 지역가입자의 보험료율과 재산보험료부과점수당 금액에 대한 사항을 의결한다. [O/X]

04 건강보험정책심의위원회는 위원장 1명과 부위원장 1명을 포함하여 총 50명으로 구성한다. [O/X]

05 건강보험정책심의위원회의 위원장은 보건복지부장관이 되고, 부위원장은 위원장이 지명하는 사람이 된다. [O/X]

06 건강보험정책심의위원회의 위원은 보건복지부장관이 임명 또는 위촉한다. [O/X]

07 건강보험정책심의위원회의 위원에는 국민건강보험공단 이사장과 건강보험심사평가원 원장이 추천하는 각 1명을 포함한다. [O/X]

08 공무원을 제외한 건강보험정책심의위원회의 위원의 임기는 5년으로 한다. [O/X]

09 건강보험정책심의위원회의 위원이 임기 중 사임하여 새로 위촉된 위원의 임기는 전임위원 임기의 남은 기간으로 한다. [O/X]

10 건강보험심의위원회의 운영 등에 필요한 사항은 보건복지부령으로 정한다. [O/X]

[정답] 01 O 02 O 03 O 04 X 05 X
       06 O 07 O 08 X 09 O 10 X

 제4조(건강보험정책심의위원회)

01. 건강보험정책심의위원회에 대한 설명으로 옳지 않은 것은?

① 요양급여의 기준을 심의·의결하는 기관이다.
② 보건복지부장관 소속으로 건강보험정책에 대한 사항을 심의하는 기관이다.
③ 위원장 1명과 부위원장 1명을 포함한 25명의 위원으로 구성한다.
④ 공무원이 아닌 심의위원회 위원의 임기는 전임위원의 사임이 없다면 5년으로 한다.

02. 다음 중 건강보험정책심의위원회의 의결 사항이 아닌 것은?

① 국민건강보험종합계획 및 연도별 시행계획 수립
② 요양급여비용에 관한 사항
③ 직장가입자의 보험료율
④ 지역가입자의 재산보험료부과점수당 금액

03. 다음 중 건강보험정책심의위원회의 위원이 될 수 없는 사람은?

① 국민건강보험공단 이사장의 추천을 받은 사람
② 의료계를 대표하는 단체의 추천을 받은 사람
③ 사용자단체의 추천을 받은 사람
④ 임원추천위원회의 추천을 받은 사람

04. 다음 중 「국민건강보험법」 제4조 제4항에 따라 건강보험정책심의위원회의 위원을 추천할 수 있는 단체 및 기관이 아닌 것은?

① 소비자단체　　　　　　　　② 노인단체
③ 농어업인단체　　　　　　　④ 자영업자단체

05. 건강보험심의위원회의 구성에 대한 설명으로 옳지 않은 것은?

① 심의위원회의 위원장은 보건복지부차관이다.
② 심의위원회의 위원은 보건복지부차관이 임명 또는 위촉한다.
③ 근로자단체에서 추천을 받아 심의위원회의 위원이 된 사람은 심의위원회의 부위원장으로 지명되지 못한다.
④ 공무원이 아닌 심의위원회의 위원이 임기 중 사임할 경우 새로 위촉된 위원의 임기는 전임위원 임기의 남은 임기로 한다.

국민건강보험법

제 2 장 가입자

> **법조문 익히기** 제5조(적용 대상 등), 제6조(가입자의 종류), 제7조(사업장의 신고)

제5조(적용 대상 등)
① 국내에 거주하는 국민은 건강보험의 가입자 또는 피부양자가 된다. 다만, 다음 각 호의 어느 하나에 해당하는 사람은 제외한다.
1. 「의료급여법」에 따라 의료급여를 받는 사람(이하 "수급권자"라 한다)
2. 「독립유공자예우에 관한 법률」 및 「국가유공자 등 예우 및 지원에 관한 법률」에 따라 의료보호를 받는 사람(이하 "유공자등 의료보호대상자"라 한다). 다만, 다음 각 목의 어느 하나에 해당하는 사람은 가입자 또는 피부양자가 된다.
   가. 유공자등 의료보호대상자 중 건강보험의 적용을 보험자에게 신청한 사람
   나. 건강보험을 적용받고 있던 사람이 유공자등 의료보호대상자로 되었으나 건강보험의 적용배제신청을 보험자에게 하지 아니한 사람
② 제1항의 피부양자는 다음 각 호의 어느 하나에 해당하는 사람 중 직장가입자에게 주로 생계를 의존하는 사람으로서 소득 및 재산이 보건복지부령으로 정하는 기준 이하에 해당하는 사람을 말한다.
1. 직장가입자의 배우자
2. 직장가입자의 직계존속(배우자의 직계존속을 포함한다)
3. 직장가입자의 직계비속(배우자의 직계비속을 포함한다)과 그 배우자
4. 직장가입자의 형제·자매
③ 제2항에 따른 피부양자 자격의 인정 기준, 취득·상실시기 및 그 밖에 필요한 사항은 보건복지부령으로 정한다.

제6조(가입자의 종류)
① 가입자는 직장가입자와 지역가입자로 구분한다.
② 모든 사업장의 근로자 및 사용자와 공무원 및 교직원은 직장가입자가 된다. 다만, 다음 각 호의 어느 하나에 해당하는 사람은 제외한다.
1. 고용 기간이 1개월 미만인 일용근로자
2. 「병역법」에 따른 현역병(지원에 의하지 아니하고 임용된 하사를 포함한다), 전환복무된 사람 및 군간부후보생
3. 선거에 당선되어 취임하는 공무원으로서 매월 보수 또는 보수에 준하는 급료를 받지 아니하는 사람
4. 그 밖에 사업장의 특성, 고용 형태 및 사업의 종류 등을 고려하여 대통령령으로 정하는 사업장의 근로자 및 사용자와 공무원 및 교직원
③ 지역가입자는 직장가입자와 그 피부양자를 제외한 가입자를 말한다.
④ 삭제 〈2018. 12. 11.〉

제7조(사업장의 신고)

사업장의 사용자는 다음 각 호의 어느 하나에 해당하게 되면 그 때부터 14일 이내에 보건복지부령으로 정하는 바에 따라 보험자에게 신고하여야 한다. 제1호에 해당되어 보험자에게 신고한 내용이 변경된 경우에도 또한 같다.

1. 제6조 제2항에 따라 직장가입자가 되는 근로자·공무원 및 교직원을 사용하는 사업장(이하 "적용대상사업장"이라 한다)이 된 경우
2. 휴업·폐업 등 보건복지부령으로 정하는 사유가 발생한 경우

조문확인 OX 문제

제5조(적용 대상 등), 제6조(가입자의 종류), 제7조(사업장의 신고)

■ 다음 조문을 읽고 맞는 것은 O, 틀린 것은 X에 V 표시하시오.

01 국내에 거주하는 국민은 국민건강보험의 가입자가 될 수 있다. [O / X]

02 유공자등 의료보호대상자는 건강보험의 적용을 보험자에게 신청한 경우 국민건강보험의 대상이 된다. [O / X]

03 건강보험을 적용받고 있던 사람이 유공자등 의료보호대상자가 되었으나 건강보험의 적용배제신청을 하지 않은 경우 국민건강보험의 가입자의 자격을 계속 유지한다. [O / X]

04 직장가입자에게 주로 생계를 의존하는 배우자는 직장가입자의 피부양자가 될 수 있다. [O / X]

05 직장가입자에게 주로 생계를 의존하는 형제·자매의 직계존속은 직장가입자의 피부양자가 될 수 있다. [O / X]

06 직장가입자에게 주로 생계를 의존하는 직계비속의 배우자는 직장가입자의 피부양자가 될 수 없다. [O / X]

07 고용기간이 1개월 미만인 일용근로자는 직장가입자가 되지 않는다. [O / X]

08 군간부후보생은 직장가입자에 해당한다. [O / X]

09 지역가입자는 직장가입자와 그 피부양자를 제외한 가입자를 말한다. [O / X]

10 사업장의 사용자는 직장가입자를 사용하는 사업장이 된 경우 14일 이내에 그 사실을 보험자에게 신고해야 한다. [O / X]

11 사업장을 폐업할 경우 해당 사업장의 사용자는 14일 이내에 그 사실을 보험자에게 신고하여야 한다. [O / X]

[정답] 01 O 02 O 03 O 04 O 05 X
06 X 07 O 08 X 09 O 10 O
11 O

제5조(적용 대상 등), 제6조(가입자의 종류), 제7조(사업장의 신고)

01. 다음 중 국민건강보험의 가입자에 해당하는 사람은?

① 「의료급여법」에 따른 의료급여를 받는 사람
② 「국가유공자 등 예우 및 지원에 관한 법률」에 따라 의료보호를 받는 의료보호대상자
③ 건강보험의 적용을 신청한 독립유공자인 의료보호대상자
④ 국민건강보험을 적용받던 중 국가유공자가 되어 건강보험의 배제신청을 한 사람

02. 다음 중 직장가입자 K 씨의 피부양자가 될 수 없는 사람은? (단, 제시된 내용 이외의 조건은 모두 충족한 것으로 한다)

① K 씨의 방계비속
② K 씨의 배우자의 직계비속의 배우자
③ K 씨의 직계존속
④ K 씨의 배우자의 직계존속

03. 다음은 직장가입자에서 제외되는 사람에 관한 규정이다. ㉠ ~ ㉣ 중 옳지 않은 것은?

1. 고용 기간이 ㉠<u>6개월 미만인 근로자</u>
2. 「병역법」에 따른 현역병(지원에 의하지 아니하고 임용된 하사를 포함함), 전환복무된 사람 및 ㉡<u>군간부후보생</u>
3. 선거에 당선되어 취임하는 ㉢<u>공무원</u>으로 매월 보수 또는 보수에 준하는 급료를 받지 아니하는 사람
4. 그 밖에 사업장의 특성, 고용 형태 및 사업의 종류 등을 고려하여 대통령령으로 정하는 사업장의 근로자 및 ㉣<u>사용자</u>와 공무원 및 교직원

① ㉠
② ㉡
③ ㉢
④ ㉣

04. 사업장의 사용자에게 휴업 사유가 발생한 경우 국민건강보험의 보험자에게 이를 신고해야 한다. 다음 중 그 신고기한으로 옳은 것은?

① 3일 이내
② 7일 이내
③ 14일 이내
④ 30일 이내

05. 국민건강보험의 가입자가 되는 조건에 대한 설명으로 옳은 것은?

① 국민건강보험의 가입자는 직장가입자와 지역가입자, 피부양자가 있다.
② 사업장의 근로자와 공무원 및 교직원은 직장가입자가 된다.
③ 사업장의 사용자는 지역가입자가 된다.
④ 직장가입자의 피부양자는 지역가입자가 된다.

법조문 익히기

제8조(자격의 취득 시기 등), 제9조(자격의 변동 시기 등), 제9조의2(자격 취득·변동 사항의 고지)

제8조(자격의 취득 시기 등)

① 가입자는 국내에 거주하게 된 날에 직장가입자 또는 지역가입자의 자격을 얻는다. 다만, 다음 각 호의 어느 하나에 해당하는 사람은 그 해당되는 날에 각각 자격을 얻는다.
1. 수급권자이었던 사람은 그 대상자에서 제외된 날
2. 직장가입자의 피부양자이었던 사람은 그 자격을 잃은 날
3. 유공자등 의료보호대상자이었던 사람은 그 대상자에서 제외된 날
4. 제5조 제1항 제2호 가목에 따라 보험자에게 건강보험의 적용을 신청한 유공자등 의료보호대상자는 그 신청한 날

② 제1항에 따라 자격을 얻은 경우 그 직장가입자의 사용자 및 지역가입자의 세대주는 그 명세를 보건복지부령으로 정하는 바에 따라 자격을 취득한 날부터 14일 이내에 보험자에게 신고하여야 한다.

제9조(자격의 변동 시기 등)

① 가입자는 다음 각 호의 어느 하나에 해당하게 된 날에 그 자격이 변동된다.
1. 지역가입자가 적용대상사업장의 사용자로 되거나, 근로자·공무원 또는 교직원(이하 "근로자등"이라 한다)으로 사용된 날
2. 직장가입자가 다른 적용대상사업장의 사용자로 되거나 근로자등으로 사용된 날
3. 직장가입자인 근로자등이 그 사용관계가 끝난 날의 다음 날
4. 적용대상사업장에 제7조 제2호에 따른 사유가 발생한 날의 다음 날
5. 지역가입자가 다른 세대로 전입한 날

② 제1항에 따라 자격이 변동된 경우 직장가입자의 사용자와 지역가입자의 세대주는 다음 각 호의 구분에 따라 그 명세를 보건복지부령으로 정하는 바에 따라 자격이 변동된 날부터 14일 이내에 보험자에게 신고하여야 한다.
1. 제1항 제1호 및 제2호에 따라 자격이 변동된 경우 : 직장가입자의 사용자
2. 제1항 제3호부터 제5호까지의 규정에 따라 자격이 변동된 경우 : 지역가입자의 세대주

③ 법무부장관 및 국방부장관은 직장가입자나 지역가입자가 제54조 제3호 또는 제4호에 해당하면 보건복지부령으로 정하는 바에 따라 그 사유에 해당된 날부터 1개월 이내에 보험자에게 알려야 한다.

제9조의2(자격 취득·변동 사항의 고지)

공단은 제96조 제1항에 따라 제공받은 자료를 통하여 가입자 자격의 취득 또는 변동 여부를 확인하는 경우에는 자격 취득 또는 변동 후 최초로 제79조에 따른 납부의무자에게 보험료 납입 고지를 할 때 보건복지부령으로 정하는 바에 따라 자격 취득 또는 변동에 관한 사항을 알려야 한다.

조문확인 OX 문제

제8조(자격의 취득 시기 등), 제9조(자격의 변동 시기 등), 제9조의2(자격 취득·변동 사항의 고지)

■ 다음 조문을 읽고 맞는 것은 O, 틀린 것은 X에 V 표시하시오.

01 국민건강보험의 가입자는 국내에 거주하게 된 날에 직장가입자 또는 지역가입자의 자격을 얻는다. [O | X]

02 수급권자였던 사람은 그 대상자에서 제외된 날로부터 직장가입자 혹은 지역가입자의 자격을 취득한다. [O | X]

03 보험자에게 건강보험의 적용을 신청한 유공자등 의료보호대상자는 그 허가일로부터 가입자가 된다. [O | X]

04 직장가입자인 근로자가 그 사용관계가 끝날 경우 그 사유가 발생한 날 건강보험의 자격이 변동된다. [O | X]

05 지역가입자가 다른 세대로 전입한 날 해당 지역가입자의 세대주는 14일 이내에 그 사실을 보험자에게 신고하여야 한다. [O | X]

06 국방부장관은 지역가입자가 현역병이 된 경우 14일 이내에 그 사실을 보험자에게 알려야 한다. [O | X]

07 직장가입자의 피부양자가 그 자격을 잃어 직장가입자가 되면 직장가입자의 사용자는 그 자격을 취득한 날로부터 14일 이내에 그 사실을 보험자에게 신고하여야 한다. [O | X]

08 적용대상사업장이 폐업하면 해당 직장가입자는 그 다음 날부터 자격이 변동된다. [O | X]

09 지역가입자가 적용대상사업장의 사용자가 되면, 사업자 본인이 이에 따른 가입자격의 변동 사실을 신고하여야 한다. [O | X]

10 국민건강보험공단은 제공받은 자료를 통해 국민건강보험의 가입 자격을 취득하거나 그 변동 여부를 확인하는 경우 가입자 본인에게 그 사실을 14일 이내에 알려야 한다. [O | X]

[정답] 01 O 02 O 03 X 04 X 05 O 06 X 07 O 08 O 09 O 10 X

제8조(자격의 취득 시기 등), 제9조(자격의 변동 시기 등), 제9조의2(자격 취득·변동 사항의 고지)

01. 다음 중 국내에 거주하고 있는 국민건강보험가입자가 직장가입자 혹은 지역가입자가 되는 시기로 옳지 않은 것은?

   ① 수급권자이었던 사람이 그 대상자에서 제외된 날
   ② 직장가입자의 피부양자였던 사람이 그 자격을 잃은 날
   ③ 유공자등 의료보호대상자가 건강보험의 적용을 신청한 날
   ④ 유공자등 의료보호대상자에서 제외된 날의 다음 날

02. 지역가입자의 자격을 얻은 경우 그 지역가입자의 세대주는 그 명세를 보험자에게 신고해야 한다. 자격을 취득한 날로부터의 그 신고기한으로 옳은 것은?

   ① 신고의무가 없다.   ② 7일 이내
   ③ 14일 이내   ④ 30일 이내

03. 다음 중 국민건강보험 가입자 자격의 변동 시기로 옳지 않은 것은?

   ① 지역가입자가 적용대상사업장의 근로자로 사용된 날
   ② 직장가입자가 다른 적용대상사업장의 근로자로 사용된 날
   ③ 지역가입자가 다른 세대로 전입한 날
   ④ 적용대상사업장이 폐업한 날

04. 국민건강보험의 자격이 변동될 경우 그 명세를 보험자에게 신고해야 하는 기한으로 옳은 것은?

① 변동된 날로부터 7일 이내
② 변동된 날로부터 14일 이내
③ 변동된 날로부터 30일 이내
④ 변동된 날로부터 90일 이내

05. 다음 중 국민건강보험의 자격의 변동사유와 그 명세의 신고자와의 연결이 옳지 않은 것은?

① 지역가입자가 적용대상사업장의 사용자가 된 경우 : 직장가입자의 사용자
② 직장가입자가 다른 적용대상사업장의 사용자가 된 경우 : 직장가입자의 사용자
③ 직장가입자가 그 사용관계가 끝난 경우 : 지역가입자의 세대주
④ 적용대상사업장이 휴업하는 경우 : 직장가입자의 사용자

법조문 익히기

제10조(자격의 상실 시기 등), 제11조(자격취득 등의 확인), 제12조(건강보험증)

제10조(자격의 상실 시기 등)

① 가입자는 다음 각 호의 어느 하나에 해당하게 된 날에 그 자격을 잃는다.
1. 사망한 날의 다음 날
2. 국적을 잃은 날의 다음 날
3. 국내에 거주하지 아니하게 된 날의 다음 날
4. 직장가입자의 피부양자가 된 날
5. 수급권자가 된 날
6. 건강보험을 적용받고 있던 사람이 유공자등 의료보호대상자가 되어 건강보험의 적용배제신청을 한 날

② 제1항에 따라 자격을 잃은 경우 직장가입자의 사용자와 지역가입자의 세대주는 그 명세를 보건복지부령으로 정하는 바에 따라 자격을 잃은 날부터 14일 이내에 보험자에게 신고하여야 한다.

제11조(자격취득 등의 확인)

① 가입자 자격의 취득·변동 및 상실은 제8조부터 제10조까지의 규정에 따른 자격의 취득·변동 및 상실의 시기로 소급하여 효력을 발생한다. 이 경우 보험자는 그 사실을 확인할 수 있다.

② 가입자나 가입자이었던 사람 또는 피부양자나 피부양자이었던 사람은 제1항에 따른 확인을 청구할 수 있다.

제12조(건강보험증)

① 국민건강보험공단은 가입자 또는 피부양자가 신청하는 경우 건강보험증을 발급하여야 한다.

② 가입자 또는 피부양자가 요양급여를 받을 때에는 제1항의 건강보험증을 제42조 제1항에 따른 요양기관(이하 "요양기관"이라 한다)에 제출하여야 한다. 다만, 천재지변이나 그 밖의 부득이한 사유가 있으면 그러하지 아니하다.

③ 가입자 또는 피부양자는 제2항 본문에도 불구하고 주민등록증(모바일 주민등록증을 포함한다), 운전면허증, 여권, 그 밖에 보건복지부령으로 정하는 본인 여부를 확인할 수 있는 신분증명서(이하 "신분증명서"라 한다)로 요양기관이 그 자격을 확인할 수 있으면 건강보험증을 제출하지 아니할 수 있다.

④ 요양기관은 가입자 또는 피부양자에게 요양급여를 실시하는 경우 보건복지부령으로 정하는 바에 따라 건강보험증이나 신분증명서로 본인 여부 및 그 자격을 확인하여야 한다. 다만, 요양기관이 가입자 또는 피부양자의 본인 여부 및 그 자격을 확인하기 곤란한 경우로서 보건복지부령으로 정하는 정당한 사유가 있을 때에는 그러하지 아니하다.

⑤ 가입자·피부양자는 제10조 제1항에 따라 자격을 잃은 후 자격을 증명하던 서류를 사용하여 보험급여를 받아서는 아니 된다.

⑥ 누구든지 건강보험증이나 신분증명서를 다른 사람에게 양도(讓渡)하거나 대여하여 보험급여를 받게 하여서는 아니 된다.

⑦ 누구든지 건강보험증이나 신분증명서를 양도 또는 대여를 받거나 그 밖에 이를 부정하게 사용하여 보험급여를 받아서는 아니 된다.

⑧ 제1항에 따른 건강보험증의 신청 절차와 방법, 서식과 그 교부 및 사용 등에 필요한 사항은 보건복지부령으로 정한다.

조문확인 OX 문제
제10조(자격의 상실 시기 등), 제11조(자격취득 등의 확인), 제12조(건강보험증)

■ 다음 조문을 읽고 맞는 것은 O, 틀린 것은 X에 V 표시하시오.

01 국민건강보험의 가입자는 국내에 거주하지 아니하게 된 날의 다음 날에 그 자격을 잃는다. [O] [X]

02 국민건강보험의 가입자는 수급권자가 된 날 그 자격을 잃는다. [O] [X]

03 직장가입자가 국민건강보험의 가입자격을 잃은 경우 직장가입자의 사용자는 자격을 잃은 날로부터 14일 이내에 그 명세를 보험자에게 신고하여야 한다. [O] [X]

04 가입자 자격의 취득·변동 및 상실은 「국민건강보험법」의 규정에 따른 시기로 소급하여 효력이 발생한다. [O] [X]

05 국민건강보험의 가입자 또는 피부양자는 반드시 건강보험증을 발급받아야 한다. [O] [X]

06 국민건강보험의 가입자는 요양급여를 받을 때 건강보험증을 요양기관에 제출하여야 한다. [O] [X]

07 누구든지 건강보험증이나 신분증명서를 다른 사람에게 양도하거나 대여하여 보험급여를 받게 하여서는 안 된다. [O] [X]

08 누구든지 건강보험증이나 신분증명서를 양도 또는 대여를 받거나 그 밖에 이를 부정하게 사용하여 보험급여를 받아서는 안 된다. [O] [X]

09 요양기관은 요양급여를 실시하는 경우 건강보험증이나 신분증명서로 본인 여부 및 자격을 확인하여야 한다. [O] [X]

10 건강보험증의 신청 절차와 방법, 서식에 관한 사항은 대통령령으로 정한다. [O] [X]

[정답] 01 O 02 O 03 O 04 O 05 X
06 O 07 O 08 O 09 O 10 X

제2장 가입자 **37**

제10조(자격의 상실 시기 등), 제11조(자격취득 등의 확인), 제12조(건강보험증)

01. 다음 중 국민건강보험 가입자 자격의 상실 시기로 옳지 않은 것은?

① 가입자가 사망한 날의 다음 날
② 가입자가 수급권자가 된 날의 다음 날
③ 가입자가 국내에 거주하지 아니하게 된 날의 다음 날
④ 건강보험을 적용받고 있던 사람이 유공자등 의료보호대상자가 되어 건강보험의 적용배제신청을 한 날

02. 「국민건강보험법」에 대한 다음 설명 중 옳지 않은 것은?

① 가입자 자격의 변동은 그 변동시기에 관한 규정에 따른 시기로 소급하여 효력이 발생한다.
② 요양급여를 제공받기 위해서 국민건강보험의 가입자 또는 피부양자가 요양기관에 제출해야 할 건강보험증은 신분증명서로 대체할 수 없다.
③ 누구든지 건강보험증이나 신분증명서를 다른 사람에게 양도하거나 대여하여 보험급여를 받게 하여서는 안된다.
④ 국민건강보험 가입자의 피부양자는 그 가입자의 자격취득에 관한 확인을 청구할 수 있다.

03. 다음 중 건강보험증을 발급할 수 있는 기관은?

① 국민건강보험공단 ② 보건복지부
③ 기획재정부 ④ 장기요양위원회

04. 다음 중 요양기관이 국민건강보험자의 본인 여부를 확인하기 위해 건강보험증의 제출을 요구할 때, 이에 갈음하여 제출할 수 있는 신분증명서에 해당하지 않는 것은?

① 여권
② 운전면허증
③ 주민등록증
④ 본인 명의의 은행계좌의 통장

05. 국민건강보험의 가입자가 그 자격을 상실한 경우 그에 대한 명세를 보험자에게 신고해야 하는 기한은?

① 자격을 잃은 날로부터 3일 이내
② 자격을 잃은 날로부터 7일 이내
③ 자격을 잃은 날로부터 14일 이내
④ 자격을 잃은 날로부터 30일 이내

제 3 장 국민건강보험공단

법조문 익히기 | 제13조(보험자), 제14조(업무 등)

제13조(보험자)
건강보험의 보험자는 국민건강보험공단(이하 "공단"이라 한다)으로 한다.

제14조(업무 등)
① 공단은 다음 각 호의 업무를 관장한다.
1. 가입자 및 피부양자의 자격 관리
2. 보험료와 그 밖에 이 법에 따른 징수금의 부과·징수
3. 보험급여의 관리
4. 가입자 및 피부양자의 질병의 조기발견·예방 및 건강관리를 위하여 요양급여 실시 현황과 건강검진 결과 등을 활용하여 실시하는 예방사업으로서 대통령령으로 정하는 사업
5. 보험급여 비용의 지급
6. 자산의 관리·운영 및 증식사업
7. 의료시설의 운영
8. 건강보험에 관한 교육훈련 및 홍보
9. 건강보험에 관한 조사연구 및 국제협력
10. 이 법에서 공단의 업무로 정하고 있는 사항
11. 「국민연금법」, 「고용보험 및 산업재해보상보험의 보험료징수 등에 관한 법률」, 「임금채권보장법」 및 「석면피해구제법」(이하 "징수위탁근거법"이라 한다)에 따라 위탁받은 업무
12. 그 밖에 이 법 또는 다른 법령에 따라 위탁받은 업무
13. 그 밖에 건강보험과 관련하여 보건복지부장관이 필요하다고 인정한 업무

② 제1항 제6호에 따른 자산의 관리·운영 및 증식사업은 안정성과 수익성을 고려하여 다음 각 호의 방법에 따라야 한다.
1. 체신관서 또는 「은행법」에 따른 은행에의 예입 또는 신탁
2. 국가·지방자치단체 또는 「은행법」에 따른 은행이 직접 발행하거나 채무이행을 보증하는 유가증권의 매입
3. 특별법에 따라 설립된 법인이 발행하는 유가증권의 매입
4. 「자본시장과 금융투자업에 관한 법률」에 따른 신탁업자가 발행하거나 같은 법에 따른 집합투자업자가 발행하는 수익증권의 매입
5. 공단의 업무에 사용되는 부동산의 취득 및 일부 임대
6. 그 밖에 공단 자산의 증식을 위하여 대통령령으로 정하는 사업

③ 공단은 특정인을 위하여 업무를 제공하거나 공단 시설을 이용하게 할 경우 공단의 정관으로 정하는 바에 따라 그 업무의 제공 또는 시설의 이용에 대한 수수료와 사용료를 징수할 수 있다.

④ 공단은 「공공기관의 정보공개에 관한 법률」에 따라 건강보험과 관련하여 보유·관리하고 있는 정보를 공개한다.

조문확인 OX 문제

제13조(보험자), 제14조(업무 등)

■ 다음 조문을 읽고 맞는 것은 O, 틀린 것은 X에 V 표시하시오.

01 국민건강보험의 보험자는 국민건강보험공단이다.   O | X

02 국민건강보험공단은 의료시설을 운영하지 않는다.   O | X

03 「국민건강보험법」의 '징수위탁근거법'은 「국민연금법」, 「고용보험 및 산업재해보상보험의 보험료징수 등에 관한 법률」, 「임금채권보장법」 및 「석면피해구제법」이다.   O | X

04 집합투자업자가 발행하는 수익증권을 매입하는 것은 국민건강보험공단이 이용할 수 있는 자산의 관리·운영 및 증식사업에 해당하지 않는다.   O | X

05 국민건강보험공단은 공단 시설의 이용에 대해 공단 정관에 따라 이용수수료를 징수할 수 있다.   O | X

06 국민건강보험공단이 보유한 건강보험에 관한 정보는 「공공기관의 정보공개에 관한 법률」에 따라 공개된다.   O | X

07 국민건강보험공단의 업무에 사용되는 부동산은 임대사업을 목적으로 이용할 수 없다.   O | X

[정답] 01 O   02 X   03 O   04 X   05 O   06 O   07 X

법조문 익히기

제15조(법인격 등), 제16조(사무소), 제17조(정관), 제18조(등기), 제19조(해산)

제15조(법인격 등)
① 공단은 법인으로 한다.
② 공단은 주된 사무소의 소재지에서 설립등기를 함으로써 성립한다.

제16조(사무소)
① 공단의 주된 사무소의 소재지는 정관으로 정한다.
② 공단은 필요하면 정관으로 정하는 바에 따라 분사무소를 둘 수 있다.

제17조(정관)
① 공단의 정관에는 다음 각 호의 사항을 적어야 한다.
1. 목적
2. 명칭
3. 사무소의 소재지
4. 임직원에 관한 사항
5. 이사회의 운영
6. 재정운영위원회에 관한 사항
7. 보험료 및 보험급여에 관한 사항
8. 예산 및 결산에 관한 사항
9. 자산 및 회계에 관한 사항
10. 업무와 그 집행
11. 정관의 변경에 관한 사항
12. 공고에 관한 사항

② 공단은 정관을 변경하려면 보건복지부장관의 인가를 받아야 한다.

제18조(등기)
공단의 설립등기에는 다음 각 호의 사항을 포함하여야 한다.
1. 목적
2. 명칭
3. 주된 사무소 및 분사무소의 소재지
4. 이사장의 성명·주소 및 주민등록번호

제19조(해산)
공단의 해산에 관하여는 법률로 정한다.

조문확인 OX 문제

제15조(법인격 등), 제16조(사무소), 제17조(정관), 제18조(등기), 제19조(해산)

■ 다음 조문을 읽고 맞는 것은 O, 틀린 것은 X에 V 표시하시오.

01 국민건강보험공단은 법인으로 한다.   O X

02 국민건강보험공단의 소재지는 정관으로 정한다.   O X

03 국민건강보험공단 이사회의 운영에 관한 사항은 정관으로 정한다.   O X

04 국민건강보험공단의 정관에는 공단이 운용하는 보험료 및 보험급여에 관한 사항을 명시해야 한다.   O X

05 국민건강보험공단의 자산 및 회계에 관한 사항은 정관으로 공개하지 아니 한다.   O X

06 국민건강보험공단의 정관을 변경하기 위해서는 국회 소관 상임위원회의 인가를 받아야 한다.   O X

07 국민건강보험공단의 설립등기에는 공단의 설립목적과 공단의 명칭을 포함한다.   O X

08 국민건강보험공단의 주된 사무소가 아닌 분사무소의 소재지는 설립등기에 기재하지 아니 한다.   O X

[정답] 01 O 02 O 03 O 04 O 05 X
06 X 07 O 08 X

제13조(보험자), 제14조(업무 등), 제15조(법인격 등), 제16조(사무소), 제17조(정관), 제18조(등기), 제19조(해산)

01. 다음 중 국민건강보험의 보험자는?

① 대통령
② 보건복지부장관
③ 국민건강보험공단
④ 건강보험정책심의위원회

02. 다음 중 국민건강보험공단의 업무에 해당하지 않는 것은?

① 국민건강보험의 가입자 자격 관리
② 건강보험에 관한 교육훈련 및 홍보
③ 보험급여의 관리
④ 직장가입자의 보험료율 결정

03. 다음 중 국민건강보험공단의 정관에 포함된 사항은 모두 몇 개인가?

㉠ 국민건강보험공단 사무소의 소재지
㉡ 재정운영위원회에 관한 사항
㉢ 국민건강보험공단의 설립목적
㉣ 국민건강보험공단의 업무와 그 집행
㉤ 국민건강보험공단 이사회의 운영에 관한 사항

① 2개
② 3개
③ 4개
④ 5개

04. 다음 중 「국민건강보험법」에서의 '징수위탁근거법'에 해당하지 않는 것은?

① 임금채권보장법
② 재난적의료비 지원에 관한 법률
③ 고용보험 및 산업재해보상보험의 보험료징수 등에 관한 법률
④ 국민연금법

05. 다음 중 「국민건강보험법」에서 규정하는 국민건강보험공단의 자산의 관리·운영 및 증식사업에 해당하는 것을 모두 고르면?

> ㉠ 국가가 발행한 유가증권의 매입
> ㉡ 집합투자업자가 발행한 수익증권의 매입
> ㉢ 공단의 업무로 사용되는 부동산의 임대

① ㉠, ㉡
② ㉠, ㉢
③ ㉡, ㉢
④ ㉠, ㉡, ㉢

법조문 익히기 — 제20조(임원), 제21조(징수이사), 제22조(임원의 직무)

제20조(임원)

① 공단은 임원으로서 이사장 1명, 이사 14명 및 감사 1명을 둔다. 이 경우 이사장, 이사 중 5명 및 감사는 상임으로 한다.

② 이사장은 「공공기관의 운영에 관한 법률」 제29조에 따른 임원추천위원회(이하 "임원추천위원회"라 한다)가 복수로 추천한 사람 중에서 보건복지부장관의 제청으로 대통령이 임명한다.

③ 상임이사는 보건복지부령으로 정하는 추천 절차를 거쳐 이사장이 임명한다.

④ 비상임이사는 다음 각 호의 사람을 보건복지부장관이 임명한다.

1. 노동조합·사용자단체·시민단체·소비자단체·농어업인단체 및 노인단체가 추천하는 각 1명
2. 대통령령으로 정하는 바에 따라 추천하는 관계 공무원 3명

⑤ 감사는 임원추천위원회가 복수로 추천한 사람 중에서 기획재정부장관의 제청으로 대통령이 임명한다.

⑥ 제4항에 따른 비상임이사는 정관으로 정하는 바에 따라 실비변상(實費辨償)을 받을 수 있다.

⑦ 이사장의 임기는 3년, 이사(공무원인 이사는 제외한다)와 감사의 임기는 각각 2년으로 한다.

제21조(징수이사)

① 상임이사 중 제14조 제1항 제2호 및 제11호의 업무를 담당하는 이사(이하 "징수이사"라 한다)는 경영, 경제 및 사회보험에 관한 학식과 경험이 풍부한 사람으로서 보건복지부령으로 정하는 자격을 갖춘 사람 중에서 선임한다.

② 징수이사 후보를 추천하기 위하여 공단에 이사를 위원으로 하는 징수이사추천위원회(이하 "추천위원회"라 한다)를 둔다. 이 경우 추천위원회의 위원장은 이사장이 지명하는 이사로 한다.

③ 추천위원회는 주요 일간신문에 징수이사 후보의 모집 공고를 하여야 하며, 이와 별도로 적임자로 판단되는 징수이사 후보를 조사하거나 전문단체에 조사를 의뢰할 수 있다.

④ 추천위원회는 제3항에 따라 모집한 사람을 보건복지부령으로 정하는 징수이사 후보 심사기준에 따라 심사하여야 하며, 징수이사 후보로 추천될 사람과 계약 조건에 관하여 협의하여야 한다.

⑤ 이사장은 제4항에 따른 심사와 협의 결과에 따라 징수이사 후보와 계약을 체결하여야 하며, 이 경우 제20조 제3항에 따른 상임이사의 임명으로 본다.

⑥ 제4항에 따른 계약 조건에 관한 협의, 제5항에 따른 계약 체결 등에 필요한 사항은 보건복지부령으로 정한다.

제22조(임원의 직무)

① 이사장은 공단을 대표하고 업무를 총괄하며, 임기 중 공단의 경영성과에 대하여 책임을 진다.

② 상임이사는 이사장의 명을 받아 공단의 업무를 집행한다.

③ 이사장이 부득이한 사유로 그 직무를 수행할 수 없을 때에는 정관으로 정하는 바에 따라 상임이사 중 1명이 그 직무를 대행하고, 상임이사가 없거나 그 직무를 대행할 수 없을 때에는 정관으로 정하는 임원이 그 직무를 대행한다.

④ 감사는 공단의 업무, 회계 및 재산 상황을 감사한다.

조문확인 OX 문제

제20조(임원), 제21조(징수이사), 제22조(임원의 직무)

■ 다음 조문을 읽고 맞는 것은 O, 틀린 것은 X에 V 표시하시오.

01 국민건강보험공단은 임원으로서 이사장 1명과 이사 14명, 감사 1명을 둔다. 　O　X

02 국민건강보험공단 이사장은 임원추천위원회의 추천으로 보건복지부장관이 임명한다. 　O　X

03 국민건강보험공단의 상임이사는 국민건강보험공단 이사장이 임명한다. 　O　X

04 국민건강보험공단의 비상임이사는 국민건강보험공단 이사장이 임명한다. 　O　X

05 국민건강보험공단의 감사는 기획재정부장관의 제청으로 대통령이 임명한다. 　O　X

06 국민건강보험공단 이사장의 임기는 3년, 공무원이 아닌 이사의 임기는 2년이다. 　O　X

07 징수위탁근거법에 따른 보험료의 위탁징수업무는 징수이사가 담당한다. 　O　X

08 징수이사와의 계약 체결은 비상임이사의 임명으로 본다. 　O　X

09 이사장이 부득이한 사유로 직무를 수행할 수 없을 때에는 정관에 따라 상임이사 중 1명이 그 직무를 대행한다. 　O　X

[정답]　01 O　02 X　03 O　04 X　05 O
　　　　06 O　07 O　08 X　09 O

제3장 국민건강보험공단

법조문 익히기

제23조(임원 결격사유), 제24조(임원의 당연퇴임 및 해임), 제25조(임원의 겸직 금지 등), 제26조(이사회)

제23조(임원 결격사유)

다음 각 호의 어느 하나에 해당하는 사람은 공단의 임원이 될 수 없다.
1. 대한민국 국민이 아닌 사람
2. 「공공기관의 운영에 관한 법률」 제34조 제1항 각 호의 어느 하나에 해당하는 사람

제24조(임원의 당연퇴임 및 해임)

① 임원이 제23조 각 호의 어느 하나에 해당하게 되거나 임명 당시 그에 해당하는 사람으로 확인되면 그 임원은 당연퇴임한다.
② 임명권자는 임원이 다음 각 호의 어느 하나에 해당하면 그 임원을 해임할 수 있다.
1. 신체장애나 정신장애로 직무를 수행할 수 없다고 인정되는 경우
2. 직무상 의무를 위반한 경우
3. 고의나 중대한 과실로 공단에 손실이 생기게 한 경우
4. 직무 여부와 관계없이 품위를 손상하는 행위를 한 경우
5. 이 법에 따른 보건복지부장관의 명령을 위반한 경우

제25조(임원의 겸직 금지 등)

① 공단의 상임임원과 직원은 그 직무 외에 영리를 목적으로 하는 사업에 종사하지 못한다.
② 공단의 상임임원이 임명권자 또는 제청권자의 허가를 받거나 공단의 직원이 이사장의 허가를 받은 경우에는 비영리 목적의 업무를 겸할 수 있다.

제26조(이사회)

① 공단의 주요 사항(「공공기관의 운영에 관한 법률」 제17조 제1항 각 호의 사항을 말한다)을 심의·의결하기 위하여 공단에 이사회를 둔다.
② 이사회는 이사장과 이사로 구성한다.
③ 감사는 이사회에 출석하여 발언할 수 있다.
④ 이사회의 의결 사항 및 운영 등에 필요한 사항은 대통령령으로 정한다.

조문확인 OX 문제   제23조(임원 결격사유), 제24조(임원의 당연퇴임 및 해임), 제25조(임원의 겸직 금지 등), 제26조(이사회)

■ 다음 조문을 읽고 맞는 것은 O, 틀린 것은 X에 ∨ 표시하시오.

01	대한민국 국민이 아닌 사람도 국민건강보험공단의 임원이 될 수 있다.	O	X
02	신체장애로 직무를 수행할 수 없다고 인정되는 국민건강보험공단의 임원은 당연퇴임한다.	O	X
03	직무상 의무를 위반한 국민건강보험공단의 임원은 임명권자에 의해 해임될 수 있다.	O	X
04	국민건강보험공단의 임원의 임명권자는 중대한 과실로 공단에 손실을 생기게 함을 이유로는 임원을 해임하여서는 아니 된다.	O	X
05	국민건강보험공단의 직원은 직무 외 영리를 목적으로 하는 사업에 종사하지 못한다.	O	X
06	국민건강보험공단 직원은 이사장의 허가를 받은 경우 비영리 목적의 업무를 겸할 수 있다.	O	X
07	국민건강보험공단 이사회는 공단의 주요 사항을 심의·의결한다.	O	X
08	국민건강보험공단 이사회는 이사장과 이사로 구성되며, 감사는 공단 이사회에 출석할 수 없다.	O	X

[정답] 01 X 02 X 03 O 04 X 05 O 06 O 07 O 08 X

 제20조(임원), 제21조(징수이사), 제22조(임원의 직무), 제23조(임원 결격사유), 제24조(임원의 당연퇴임 및 해임), 제25조(임원의 겸직 금지 등), 제26조(이사회)

01. 다음 빈칸에 들어갈 숫자의 합은?

> 1. 국민건강보험공단의 임원 중 이사장 1명, (　)명의 이사 중 (　)명, 그리고 감사는 상임이다.
> 2. 국민건강보험공단 이사장의 임기는 (　)년, 공무원인 이사를 제외한 이사의 임기는 (　)년, 감사의 임기는 (　)년이다.

① 20　　　　　　　　　　② 22
③ 26　　　　　　　　　　④ 28

02. 다음 중 국민건강보험공단 징수이사의 업무에 해당하는 것은?

① 징수위탁근거법에 따라 위탁받은 업무
② 의료시설의 운영
③ 가입자 및 피부양자의 자격 관리
④ 보험급여비용의 지급

03. 다음 중 국민건강보험공단 감사의 임명권자는?

① 대통령　　　　　　　　② 국민건강보험공단 이사장
③ 기획재정부장관　　　　④ 보건복지부장관

04. 다음 중 국민건강보험공단 임원의 해임사유에 해당하지 않는 것은?

① 신체장애나 정신장애로 직무를 수행할 수 없는 경우
② 경과실로 공단에 손실이 생기게 한 경우
③ 직무에 관계없이 품위를 손상하는 행위를 한 경우
④ 임원의 직무상 의무를 위반한 경우

05. 국민건강보험공단의 임원 구성에 대한 설명으로 옳지 않은 것은?

① 국민건강보험공단의 징수이사는 상임이사 중에서 보건복지부령으로 정하는 자격을 갖춘 사람 중에서 선임한다.
② 국민건강보험공단의 이사회는 이사장과 이사, 감사로 구성한다.
③ 국민건강보험공단 이사회에서는 공단의 주요 사항을 심의·의결한다.
④ 국민건강보험공단의 상임이사는 그 직무 외에 영리를 목적으로 하는 사업에 종사할 수 없다.

법조문 익히기 — 제27조(직원의 임면), 제28조(벌칙 적용 시 공무원 의제), 제29조(규정 등), 제30조(대리인의 선임), 제31조(대표권의 제한), 제32조(이사장 권한의 위임)

제27조(직원의 임면)
이사장은 정관으로 정하는 바에 따라 직원을 임면(任免)한다.

제28조(벌칙 적용 시 공무원 의제)
공단의 임직원은 「형법」 제129조부터 제132조까지의 규정을 적용할 때 공무원으로 본다.

제29조(규정 등)
공단의 조직·인사·보수 및 회계에 관한 규정은 이사회의 의결을 거쳐 보건복지부장관의 승인을 받아 정한다.

제30조(대리인의 선임)
이사장은 공단 업무에 관한 모든 재판상의 행위 또는 재판 외의 행위를 대행하게 하기 위하여 공단의 이사 또는 직원 중에서 대리인을 선임할 수 있다.

제31조(대표권의 제한)
① 이사장은 공단의 이익과 자기의 이익이 상반되는 사항에 대하여는 공단을 대표하지 못한다. 이 경우 감사가 공단을 대표한다.
② 공단과 이사장 사이의 소송은 제1항을 준용한다.

제32조(이사장 권한의 위임)
이 법에 규정된 이사장의 권한 중 급여의 제한, 보험료의 납입고지 등 대통령령으로 정하는 사항은 정관으로 정하는 바에 따라 분사무소의 장에게 위임할 수 있다.

조문확인 OX 문제

제27조(직원의 임면), 제28조(벌칙 적용 시 공무원 의제), 제29조(규정 등), 제30조(대리인의 선임), 제31조(대표권의 제한), 제32조(이사장 권한의 위임)

■ 다음 조문을 읽고 맞는 것은 O, 틀린 것은 X에 V 표시하시오.

01 국민건강보험공단의 임직원은 「형법」 제129조(수뢰, 사전수뢰)의 적용에 있어서 공무원으로 본다. [O X]

02 국민건강보험공단과 공단 이사장 사이의 소송에서 이사장은 공단을 대표하지 못한다. [O X]

03 국민건강보험공단 이사장은 보건복지부장관으로부터 권한을 위임받아 공단 직원을 임면(任免)한다. [O X]

04 국민건강보험공단의 인사에 관한 규정을 정함에 있어서 이사회의 의결과 보건복지부장관의 승인을 요구한다. [O X]

05 국민건강보험공단 이사장은 공단 업무에 대한 재판상 행위를 대행한 대리인으로 공단 직원을 선임할 수 없다. [O X]

06 국민건강보험공단 이사장은 공단 업무에 관한 재판 외의 행위를 대행하기 위해 공단의 이사를 선임할 수 있다. [O X]

07 국민건강보험공단과 이사장 사이의 소송에 관하여 감사가 이사장을 대표한다. [O X]

08 국민건강보험공단 이사장의 권한 중 급여의 제한 결정은 분사무소의 장에게 이를 위임할 수 있다. [O X]

09 국민건강보험공단 이사장의 권한 중 보험료의 납입고지는 분사무소의 장에게 이를 위임할 수 있다. [O X]

10 국민건강보험공단 이사장의 권한 위임의 범위는 보건복지부령으로 정한다. [O X]

[정답] 01 O 02 O 03 O 04 O 05 X 06 O 07 X 08 O 09 O 10 X

제27조(직원의 임면), 제28조(벌칙 적용 시 공무원 의제), 제29조(규정 등), 제30조(대리인의 선임), 제31조(대표권의 제한), 제32조(이사장 권한의 위임)

01. 다음 중 국민건강보험공단 직원의 임명권자는?

① 대통령
② 보건복지부장관
③ 국민건강보험공단 이사장
④ 국민건강보험공단 기획상임이사

02. 국민건강보험공단의 임직원에 대한 설명으로 적절하지 않은 것은?

① 공단의 상임임원과 직원은 그 직무 외에 영리를 목적으로 하는 사업에 종사하지 못한다.
② 공단의 직원은 이사장의 허가로 비영리 목적의 업무를 겸할 수 있다.
③ 국민건강보험공단의 이사장은 공단의 이익과 자기의 이익이 상반되는 사항에 대해 공단을 대표하지 못한다.
④ 공단의 직원은 임원과 달리 수뢰죄를 범했을 때 공무원으로 의제되지 않는다.

03. 국민건강보험공단의 이사장이 국민건강보험공단을 상대로 소송을 제기할 경우 국민건강보험공단을 대표하는 사람은?

① 국가
② 국민건강보험공단의 감사
③ 국민건강보험공단의 이사장
④ 국민건강보험공단 법무지원실장

04. 다음 중 국민건강보험공단의 내부 규정을 정함에 있어서 보건복지부장관의 승인을 요구하지 않는 것은?

① 공단 사업의 집행절차에 관한 규정
② 공단의 조직에 관한 규정
③ 공단 내 인사관리에 관한 규정
④ 공단의 회계에 관한 규정

05. 다음 중 「국민건강보험법」 제32조에 따라 국민건강보험공단 정관으로 이사장이 분사무소의 장에게 위임하는 권한에 해당하는 것을 모두 고르면?

⊙ 국민건강보험공단의 업무가 이사장의 이익과 상반되는 사항에서의 공단의 대표권
ⓒ 보험급여의 제한
ⓒ 국민건강보험공단 징수이사 후보의 모집 공고
ⓔ 국민건강보험료의 납입고지

① ⊙, ⓒ
② ⊙, ⓒ
③ ⓒ, ⓔ
④ ⓒ, ⓔ

법조문 익히기   제33조(재정운영위원회), 제34조(재정운영위원회의 구성 등)

제33조(재정운영위원회)
① 제45조 제1항에 따른 요양급여비용의 계약 및 제84조에 따른 결손처분 등 보험재정에 관련된 사항을 심의·의결하기 위하여 공단에 재정운영위원회를 둔다.
② 재정운영위원회의 위원장은 제34조 제1항 제3호에 따른 위원 중에서 호선(互選)한다.

제34조(재정운영위원회의 구성 등)
① 재정운영위원회는 다음 각 호의 위원으로 구성한다.
1. 직장가입자를 대표하는 위원 10명
2. 지역가입자를 대표하는 위원 10명
3. 공익을 대표하는 위원 10명
② 제1항에 따른 위원은 다음 각 호의 사람을 보건복지부장관이 임명하거나 위촉한다.
1. 제1항 제1호의 위원은 노동조합과 사용자단체에서 추천하는 각 5명
2. 제1항 제2호의 위원은 대통령령으로 정하는 바에 따라 농어업인단체·도시자영업자단체 및 시민단체에서 추천하는 사람
3. 제1항 제3호의 위원은 대통령령으로 정하는 관계 공무원 및 건강보험에 관한 학식과 경험이 풍부한 사람
③ 재정운영위원회 위원(공무원인 위원은 제외한다)의 임기는 2년으로 한다. 다만, 위원의 사임 등으로 새로 위촉된 위원의 임기는 전임위원 임기의 남은 기간으로 한다.
④ 재정운영위원회의 운영 등에 필요한 사항은 대통령령으로 정한다.

조문확인 OX 문제   제33조(재정운영위원회), 제34조(재정운영위원회의 구성 등)

■ 다음 조문을 읽고 맞는 것은 O, 틀린 것은 X에 ∨ 표시하시오.

01 국민건강보험공단 재정운영위원회의 위원장은 공익을 대표하는 위원 중에서 호선한다. O X

02 공무원이 아닌 국민건강보험공단 재정운영위원회 위원의 임기는 3년으로 한다. O X

03 국민건강보험공단 재정운영위원회는 요양급여비용의 계약을 심의하고 의결한다. O X

04 국민건강보험공단의 보험료 결손처분은 재정운영위원회의 의결에 의한다. O X

05 국민건강보험공단 재정운영위원회는 직장가입자를 대표하는 위원 10명을 포함한다. O X

06 국민건강보험공단 재정운영위원회 중 지역가입자를 대표하는 위원은 5명이다. O X

07 국민건강보험공단 재정운영위원회 중 공익을 대표하는 위원은 5명이다. O X

08 국민건강보험공단 재정운영위원회에서 직장가입자를 대표하는 위원은 노동조합과 사용자단체에서 각 5명씩을 추천하여 구성한다. O X

09 국민건강보험공단 재정운영위원회에서 지역가입자를 대표하는 위원은 농어업인단체·도시자영업자단체 및 시민단체의 추천으로 구성한다. O X

10 국민건강보험공단 재정운영위원회에서 공익을 대표하는 위원은 대통령령으로 정하는 관계 공무원 및 건강보험에 관한 학식과 경험이 풍부한 사람을 기준으로 구성한다. O X

[정답] 01 O 02 X 03 O 04 O 05 O
       06 X 07 X 08 O 09 O 10 O

제33조(재정운영위원회), 제34조(재정운영위원회의 구성 등)

01. 다음은 국민건강보험공단 재정운영위원회의 위원 구성과 관련한 규정이다. 빈칸 ㉠에 들어갈 내용은?

> 국민건강보험공단의 재정운영위원회는 다음의 사람을 (㉠)이 임명하거나 위촉한다.
> 1. 직장가입자를 대표하는 위원 10명
> 2. 지역가입자를 대표하는 위원 10명
> 3. 공익을 대표하는 위원 10명

① 국민건강보험공단 이사장 ② 보건복지부장관
③ 기획재정부장관 ④ 대통령

02. 다음 중 국민건강보험공단 재정운영위원회의 업무에 해당하는 것은?

① 요양급여비용의 계약
② 건강보험에 관한 국제협력
③ 보험료의 부과 및 징수
④ 장기요양인정에 관한 사항의 실태조사

03. 공무원이 아닌 국민건강보험공단 재정운영위원회 임원의 임기는?

① 1년 ② 2년
③ 3년 ④ 5년

04. 국민건강보험공단 재정운영위원회의 구성에 대한 설명으로 옳지 않은 것은?

① 직장가입자를 대표하는 재정운영위원회 위원은 노동단체에서 추천하는 사람 10명을 포함한다.
② 직장가입자를 대표하는 재정운영위원회 위원은 사용자단체에서 추천하는 사람 5명을 포함한다.
③ 지역가입자를 대표하는 재정운영위원회 위원은 농어업인단체·도시자영업자단체 및 시민단체에서 추천하는 사람으로 구성한다.
④ 공익을 대표하는 재정운영위원회 위원은 대통령령으로 정하는 관계 공무원 및 건강보험에 관한 학식과 경험이 풍부한 사람을 기준으로 구성한다.

05. 다음 중 국민건강보험공단 재정운영위원회의 위원장이 되는 사람은?

① 국민건강보험공단 이사장
② 국민건강보험공단 징수이사
③ 재정운영위원회에서 직장가입자를 대표하는 위원
④ 재정운영위원회에서 공익을 대표하는 위원

법조문 익히기 — 제35조(회계), 제36조(예산), 제37조(차입금), 제38조(준비금), 제39조(결산), 제39조의2(재난적의료비 지원사업에 대한 출연), 제40조(「민법」의 준용)

제35조(회계)
① 공단의 회계연도는 정부의 회계연도에 따른다.
② 공단은 직장가입자와 지역가입자의 재정을 통합하여 운영한다.
③ 공단은 건강보험사업 및 징수위탁근거법의 위탁에 따른 국민연금사업·고용보험사업·산업재해보상보험사업·임금채권보장사업에 관한 회계를 공단의 다른 회계와 구분하여 각각 회계처리하여야 한다.

제36조(예산)
공단은 회계연도마다 예산안을 편성하여 이사회의 의결을 거친 후 보건복지부장관의 승인을 받아야 한다. 예산을 변경할 때에도 또한 같다.

제37조(차입금)
공단은 지출할 현금이 부족한 경우에는 차입할 수 있다. 다만, 1년 이상 장기로 차입하려면 보건복지부장관의 승인을 받아야 한다.

제38조(준비금)
① 공단은 회계연도마다 결산상의 잉여금 중에서 그 연도의 보험급여에 든 비용의 100분의 5 이상에 상당하는 금액을 그 연도에 든 비용의 100분의 50에 이를 때까지 준비금으로 적립하여야 한다.
② 제1항에 따른 준비금은 부족한 보험급여 비용에 충당하거나 지출할 현금이 부족할 때 외에는 사용할 수 없으며, 현금 지출에 준비금을 사용한 경우에는 해당 회계연도 중에 이를 보전(補塡)하여야 한다.
③ 제1항에 따른 준비금의 관리 및 운영 방법 등에 필요한 사항은 보건복지부장관이 정한다.

제39조(결산)
① 공단은 회계연도마다 결산보고서와 사업보고서를 작성하여 다음 해 2월 말일까지 보건복지부장관에게 보고하여야 한다.
② 공단은 제1항에 따라 결산보고서와 사업보고서를 보건복지부장관에게 보고하였을 때에는 보건복지부령으로 정하는 바에 따라 그 내용을 공고하여야 한다.

제39조의2(재난적의료비 지원사업에 대한 출연)
공단은 「재난적의료비 지원에 관한 법률」에 따른 재난적의료비 지원사업에 사용되는 비용에 충당하기 위하여 매년 예산의 범위에서 출연할 수 있다. 이 경우 출연 금액의 상한 등에 필요한 사항은 대통령령으로 정한다.

제40조(「민법」의 준용)
공단에 관하여 이 법과 「공공기관의 운영에 관한 법률」에서 정한 사항 외에는 「민법」 중 재단법인에 관한 규정을 준용한다.

조문확인 OX 문제

제35조(회계), 제36조(예산), 제37조(차입금), 제38조(준비금), 제39조(결산), 제39조의2
(재난적의료비 지원사업에 대한 출연), 제40조(「민법」의 준용)

■ 다음 조문을 읽고 맞는 것은 O, 틀린 것은 X에 ∨ 표시하시오.

01 공단의 회계연도는 정부의 회계연도에 따른다.   O   X

02 공단은 직장가입자와 지역가입자의 재정을 분리하여 운영한다.   O   X

03 국민건강보험공단은 매 회계연도마다 예산안을 편성하여 이사회의 의결을 거친 후 보건복지부장관의 승인을 받아야 한다.   O   X

04 국민건강보험공단은 1년 미만의 단기 차입 시 보건복지부장관의 승인을 받아야 한다.   O   X

05 국민건강보험공단은 회계연도마다 결산상 잉여금 중 해당 연도의 보험급여에 든 비용의 100분의 5 이상의 금액을 준비금으로 적립하여야 한다.   O   X

06 국민건강보험공단의 준비금은 공단의 자산증식에 사용할 수 있다.   O   X

07 국민건강보험공단의 준비금은 부족한 보험급여 비용의 충당에는 사용할 수 없다.   O   X

08 국민건강보험공단은 회계연도마다 결산보고서와 사업보고서를 작성하여 다음 해 2월 말일까지 보건복지부장관에게 보고하여야 한다.   O   X

09 국민건강보험공단은 재난적의료비 지원사업에 사용되는 비용을 충당하기 위해 매년 예산의 범위에서 출연할 수 있다.   O   X

10 국민건강보험공단에 관하여 「국민건강보험법」과 「공공기관의 운영에 관한 법률」 이외의 사항에 관해서는 「민법」 중 재단법인에 관한 규정을 준용한다.   O   X

[정답] 01 O   02 X   03 O   04 X   05 O
      06 X   07 X   08 O   09 O   10 O

제35조(회계), 제36조(예산), 제37조(차입금), 제38조(준비금), 제39조(결산), 제39조의 2(재난적의료비 지원사업에 대한 출연), 제40조(「민법」의 준용)

01. 다음은 국민건강보험공단의 준비금과 관련된 규정이다. 다음 빈칸에 들어갈 숫자의 합은?

> 공단은 회계연도마다 결산상의 잉여금 중에서 그 연도의 보험급여에 든 비용의 100분의 (　) 이상에 상당하는 금액을 그 연도에 든 비용의 100분의 (　)에 이를 때까지 준비금으로 적립하여야 한다.

① 25　　　　　　　　　　　② 55
③ 60　　　　　　　　　　　④ 70

02. 다음 중 국민건강보험공단의 예산안에 대한 의결권자와 승인권자를 순서대로 바르게 연결한 것은?

① 국민건강보험공단 이사회, 보건복지부장관
② 보건복지부장관, 대통령
③ 국민건강보험공단 감사회, 보건복지부장관
④ 국민건강보험공단 이사회, 기획재정부장관

03. 국민건강보험공단의 재정운영에 관한 설명으로 옳지 않은 것은?

① 직장가입자와 지역가입자의 재정은 통합하여 운영한다.
② 공단은 매 회계연도마다 결산보고서를 작성하여 다음 해 2월까지 국회 보건복지위원회에 보고하여야 한다.
③ 공단은 1년 이상 장기로 현금을 차입할 경우 보건복지부장관의 승인을 받아야 한다.
④ 공단의 준비금은 부족한 보험급여 비용에 충당하거나 지출할 현금이 부족할 때 외에는 사용할 수 없다.

04. 다음은 국민건강보험공단의 운영에 관한 준용규정이다. 빈칸에 들어갈 내용이 순서대로 바르게 나열된 것은?

> 국민건강보험공단에 관하여 「국민건강보험법」과 (　　)에서 정한 사항 외에는 「민법」 중 (　　)에 관한 규정을 준용한다.

① 「공공기관의 운영에 관한 법률」, 사단법인
② 「공공기관의 운영에 관한 법률」, 재단법인
③ 「행정절차법」, 사단법인
④ 「행정절차법」, 재단법인

05. 국민건강보험공단의 회계관리에 대한 설명으로 옳지 않은 것은?

① 국민건강보험공단의 회계연도는 정부의 회계연도에 따른다.
② 징수위탁근거법의 위탁에 따른 사업의 회계는 국민건강보험공단의 다른 회계와 구분하여 처리한다.
③ 국민건강보험공단의 건강보험사업은 국민건강보험공단의 다른 회계와 구분하여 처리한다.
④ 국민건강보험공단의 결산보고서는 대통령령에 따라 그 내용을 공고한다.

제 4 장 보험급여

> **법조문 익히기** — 제41조(요양급여), 제41조의2(약제에 대한 요양급여비용 상한금액의 감액 등)

제41조(요양급여)

① 가입자와 피부양자의 질병, 부상, 출산 등에 대하여 다음 각 호의 요양급여를 실시한다.
1. 진찰·검사
2. 약제(藥劑)·치료재료의 지급
3. 처치·수술 및 그 밖의 치료
4. 예방·재활
5. 입원
6. 간호
7. 이송(移送)

② 제1항에 따른 요양급여(이하 "요양급여"라 한다)의 범위(이하 "요양급여대상"이라 한다)는 다음 각 호와 같다.
1. 제1항 각 호의 요양급여(제1항 제2호의 약제는 제외한다) : 제4항에 따라 보건복지부장관이 비급여대상으로 정한 것을 제외한 일체의 것
2. 제1항 제2호의 약제 : 제41조의3에 따라 요양급여대상으로 보건복지부장관이 결정하여 고시한 것

③ 요양급여의 방법·절차·범위·상한 등의 기준은 보건복지부령으로 정한다.

④ 보건복지부장관은 제3항에 따라 요양급여의 기준을 정할 때 업무나 일상생활에 지장이 없는 질환에 대한 치료 등 보건복지부령으로 정하는 사항은 요양급여대상에서 제외되는 사항(이하 "비급여대상"이라 한다)으로 정할 수 있다.

제41조의2(약제에 대한 요양급여비용 상한금액의 감액 등)

① 보건복지부장관은 「약사법」 제47조 제2항의 위반과 관련된 제41조 제1항 제2호의 약제에 대하여는 요양급여비용 상한금액(제41조 제3항에 따라 약제별 요양급여비용의 상한으로 정한 금액을 말한다. 이하 같다)의 100분의 20을 넘지 아니하는 범위에서 그 금액의 일부를 감액할 수 있다.

② 보건복지부장관은 제1항에 따라 요양급여비용의 상한금액이 감액된 약제가 감액된 날부터 5년의 범위에서 대통령령으로 정하는 기간 내에 다시 제1항에 따른 감액의 대상이 된 경우에는 요양급여비용 상한금액의 100분의 40을 넘지 아니하는 범위에서 요양급여비용 상한금액의 일부를 감액할 수 있다.

③ 보건복지부장관은 제2항에 따라 요양급여비용의 상한금액이 감액된 약제가 감액된 날부터 5년의 범위에서 대통령령으로 정하는 기간 내에 다시 「약사법」 제47조 제2항의 위반과 관련된 경우에는 해당 약제에 대하여 1년의 범위에서 기간을 정하여 요양급여의 적용을 정지할 수 있다.

④ 제1항부터 제3항까지의 규정에 따른 요양급여비용 상한금액의 감액 및 요양급여 적용 정지의 기준, 절차, 그 밖에 필요한 사항은 대통령령으로 정한다.

조문확인 OX 문제   제41조(요양급여), 제41조의2(약제에 대한 요양급여비용 상한금액의 감액 등)

■ 다음 조문을 읽고 맞는 것은 O, 틀린 것은 X에 V 표시하시오.

01 가입자의 질병이 아닌 부상에 대한 진찰은 요양급여에 해당한다. 　　　　　　　 O X

02 가입자와 피부양자의 질병, 부상, 출산 등에 대한 재활은 요양급여에 해당하지 않는다. 　O X

03 가입자의 질병에 대한 간호는 요양급여에 해당한다. 　　　　　　　　　　　　 O X

04 가입자의 출산을 위한 이송은 요양급여에 해당하지 않는다. 　　　　　　　　 O X

05 가입자의 피부양자의 질병에 대한 약제와 치료재료의 지급은 요양급여에 해당한다. 　O X

06 국민건강보험 가입자인 환자를 다른 병원으로 이송하는 것은 요양급여에 해당하지 않는다. 　O X

07 업무나 일상생활에 지장이 없는 질환에 대한 치료는 요양급여의 대상에 포함된다. 　O X

08 보건복지부장관은 「약사법」 제47조(의약품등의 판매질서) 위반과 관련된 요양급여 대상인 약제에 대해 요양급여의 상한을 일부 감액할 수 있다. 　O X

09 보건복지부장관은 「약사법」 제47조 위반을 이유로 이미 요양급여비용의 상한금액 감액처분을 받은 약제에 대해서는 요양급여비용의 상한을 재차 감액할 수 없다. 　O X

[정답] 01 O 02 X 03 O 04 X 05 O 06 X 07 X 08 O 09 X

법조문 익히기 — 제41조의3(행위·치료재료 및 약제에 대한 요양급여대상 여부의 결정 및 조정), 제41조의4(선별급여), 제41조의5(방문요양급여)

제41조의3(행위·치료재료 및 약제에 대한 요양급여대상 여부의 결정 및 조정)

① 제42조에 따른 요양기관, 치료재료의 제조업자·수입업자 등 보건복지부령으로 정하는 자는 요양급여대상 또는 비급여대상으로 결정되지 아니한 제41조 제1항 제1호·제3호·제4호의 요양급여에 관한 행위 및 제41조 제1항 제2호의 치료재료(이하 "행위·치료재료"라 한다)에 대하여 요양급여대상 여부의 결정을 보건복지부장관에게 신청하여야 한다.

② 「약사법」에 따른 약제의 제조업자·수입업자 등 보건복지부령으로 정하는 자(이하 "약제의 제조업자등"이라 한다)는 요양급여대상에 포함되지 아니한 제41조 제1항 제2호의 약제(이하 이 조에서 "약제"라 한다)에 대하여 보건복지부장관에게 요양급여대상 여부의 결정을 신청할 수 있다.

③ 제1항 및 제2항에 따른 신청을 받은 보건복지부장관은 정당한 사유가 없으면 보건복지부령으로 정하는 기간 이내에 요양급여대상 또는 비급여대상의 여부를 결정하여 신청인에게 통보하여야 한다.

④ 보건복지부장관은 제1항 및 제2항에 따른 신청이 없는 경우에도 환자의 진료상 반드시 필요하다고 보건복지부령으로 정하는 경우에는 직권으로 행위·치료재료 및 약제의 요양급여대상의 여부를 결정할 수 있다.

⑤ 보건복지부장관은 제41조 제2항 제2호에 따라 요양급여대상으로 결정하여 고시한 약제에 대하여 보건복지부령으로 정하는 바에 따라 요양급여대상 여부, 범위, 요양급여비용 상한금액 등을 직권으로 조정할 수 있다.

⑥ 제1항 및 제2항에 따른 요양급여대상 여부의 결정 신청의 시기, 절차, 방법 및 업무의 위탁 등에 필요한 사항, 제3항과 제4항에 따른 요양급여대상 여부의 결정 절차 및 방법, 제5항에 따른 직권 조정 사유·절차 및 방법 등에 관한 사항은 보건복지부령으로 정한다.

제41조의4(선별급여)

① 요양급여를 결정함에 있어 경제성 또는 치료효과성 등이 불확실하여 그 검증을 위하여 추가적인 근거가 필요하거나, 경제성이 낮아도 가입자와 피부양자의 건강회복에 잠재적 이득이 있는 등 대통령령으로 정하는 경우에는 예비적인 요양급여인 선별급여로 지정하여 실시할 수 있다.

② 보건복지부장관은 대통령령으로 정하는 절차와 방법에 따라 제1항에 따른 선별급여(이하 "선별급여"라 한다)에 대하여 주기적으로 요양급여의 적합성을 평가하여 요양급여 여부를 다시 결정하고, 제41조 제3항에 따른 요양급여의 기준을 조정하여야 한다.

제41조의5(방문요양급여)

가입자 또는 피부양자가 질병이나 부상으로 거동이 불편한 경우 등 보건복지부령으로 정하는 사유에 해당하는 경우에는 가입자 또는 피부양자를 직접 방문하여 제41조에 따른 요양급여를 실시할 수 있다.

조문확인 OX 문제

제41조의3(행위 · 치료재료 및 약제에 대한 요양급여대상 여부의 결정 및 조정), 제41조의4(선별급여), 제41조의5(방문요양급여)

■ 다음 조문을 읽고 맞는 것은 O, 틀린 것은 X에 V 표시하시오.

01 치료재료의 수입업자는 요양급여대상 또는 비급여대상으로 결정되지 않은 치료재료에 대해 그 요양급여대상 여부의 결정을 건강보험심사평가원에 신청하여야 한다. | O | X |

02 약제의 제조업자 · 수입업자는 요양급여대상 또는 비급여대상으로 결정되지 않은 약제에 대해 그 요양급여대상 여부의 결정을 보건복지부장관에게 신청하여야 한다. | O | X |

03 보건복지부장관은 요양급여에 해당하는 행위에 대해 이를 비급여대상으로 결정할 경우에는 이를 요양급여대상 여부의 결정을 신청한 신청인에게 통보하지 아니 한다. | O | X |

04 보건복지부장관은 요양급여에 해당하는 행위에 대해 직권으로 요양급여대상으로 결정할 수 있다. | O | X |

05 보건복지부장관은 요양급여대상으로 결정하여 고시한 약제의 요양급여비용 상한금액을 직권으로 조정할 수 있다. | O | X |

06 선별급여란 경제성이 낮아도 가입자와 피부양자의 건강회복에 잠재적 이득이 있는 요양급여에 대해 예비적인 요양급여로 지정하는 것을 의미한다. | O | X |

07 치료효과성이 불확실하여 검증을 위해 추가적인 근거가 필요한 선별급여는 주기적으로 그 적합성을 평가하여 요양급여 여부를 결정한다. | O | X |

08 가입자 또는 피부양자가 질병이나 부상으로 거동이 불편한 경우 이들을 직접 방문하는 방문진찰은 요양급여에 해당한다. | O | X |

[정답] 01 X 02 O 03 X 04 O 05 O 06 O 07 O 08 O

제4장 보험급여

제41조(요양급여), 제41조의2(약제에 대한 요양급여비용 상한금액의 감액 등), 제41조의3(행위·치료재료 및 약제에 대한 요양급여대상 여부의 결정 및 조정), 제41조의4(선별급여), 제41조의5(방문요양급여)

01. 다음 중 「국민건강보험법」의 요양급여에 해당하지 않는 것은?

① 재활
② 이송(移送)
③ 약제(藥劑)
④ 시설급여

02. 다음은 약제에 대한 요양급여비용의 상한금액 감액에 관한 규정이다. 빈칸에 들어갈 숫자의 합은?

> 1. 보건복지부장관은 「약사법」 제47조 제2항의 위반과 관련된 제41조 제1항 제2호의 약제에 대하여는 요양급여비용 상한금액의 100분의 (　)을/를 넘지 아니하는 범위에서 그 금액의 일부를 감액할 수 있다.
> 2. 보건복지부장관은 1.에 따라 요양급여비용의 상한금액이 감액된 약제가 감액된 날부터 5년의 범위에서 대통령령으로 정하는 기간 내에 다시 1.에 따른 감액의 대상이 된 경우에는 요양급여비용 상한금액의 100분의 (　)을/를 넘지 아니하는 범위에서 요양급여비용 상한금액의 일부를 감액할 수 있다.
> 3. 보건복지부장관은 2.에 따라 요양급여비용의 상한금액이 감액된 약제가 감액된 날부터 (　)년의 범위에서 대통령령으로 정하는 기간 내에 다시 「약사법」 제47조 제2항의 위반과 관련된 경우에는 해당 약제에 대하여 1년의 범위에서 기간을 정하여 요양급여의 적용을 정지할 수 있다.

① 45
② 55
③ 65
④ 75

03. 다음 빈칸에 들어갈 적절한 용어는?

> 요양급여를 결정함에 있어 경제성 또는 치료효과성 등이 불확실하여 그 검증을 위하여 추가적인 근거가 필요하거나, 경제성이 낮아도 가입자와 피부양자의 건강회복에 잠재적 이득이 있는 등의 경우에는 이를 예비적인 요양급여인 (   )로 지정하여 실시할 수 있다.

① 방문요양급여
② 선별급여
③ 예비급여
④ 특별현금급여

04. 약제의 제조업자 A 씨는 요양급여대상에 포함되어 있지 않은 신약에 대한 요양급여대상 여부의 결정을 신청하려고 한다. 이에 대한 설명으로 옳지 않은 것은?

① 요양급여대상에 포함되지 않은 약제에 대한 요양급여대상 여부의 결정은 보건복지부장관에게 신청한다.
② 보건복지부장관은 요양급여 대상 여부의 결정이 없더라도 보건복지부령에 따라 직권으로 약제의 요양급여대상 여부를 결정할 수 있다.
③ 보건복지부장관은 약제가 요양급여대상으로 결정된 이후에는 해당 약제의 급여대상 여부를 직권으로 조정할 수 없다.
④ 보건복지부장관은 약제가 요양급여대상으로 결정된 이후 해당 약제의 요양급여비용의 상한을 직권으로 조정할 수 있다.

05. 다음에서 설명하는 요양급여의 종류는?

> 가입자 또는 피부양자가 질병이나 부상으로 거동이 불편한 경우 등 보건복지부령으로 정하는 사유에 해당하는 경우에는 가입자 또는 피부양자를 직접 방문하여 요양급여를 실시할 수 있다.

① 재가급여
② 방문요양급여
③ 특례요양비
④ 선별급여

법조문 익히기   제42조(요양기관), 제42조의2(요양기관의 선별급여 실시에 대한 관리), 제43조(요양기관 현황에 대한 신고)

제42조(요양기관)

① 요양급여(간호와 이송은 제외한다)는 다음 각 호의 요양기관에서 실시한다. 이 경우 보건복지부장관은 공익이나 국가정책에 비추어 요양기관으로 적합하지 아니한 대통령령으로 정하는 의료기관 등은 요양기관에서 제외할 수 있다.

1. 「의료법」에 따라 개설된 의료기관
2. 「약사법」에 따라 등록된 약국
3. 「약사법」 제91조에 따라 설립된 한국희귀·필수의약품센터
4. 「지역보건법」에 따른 보건소·보건의료원 및 보건지소
5. 「농어촌 등 보건의료를 위한 특별조치법」에 따라 설치된 보건진료소

② 보건복지부장관은 효율적인 요양급여를 위하여 필요하면 보건복지부령으로 정하는 바에 따라 시설·장비·인력 및 진료과목 등 보건복지부령으로 정하는 기준에 해당하는 요양기관을 전문요양기관으로 인정할 수 있다. 이 경우 해당 전문요양기관에 인정서를 발급하여야 한다.

③ 보건복지부장관은 제2항에 따라 인정받은 요양기관이 다음 각 호의 어느 하나에 해당하는 경우에는 그 인정을 취소한다.

1. 제2항 전단에 따른 인정기준에 미달하게 된 경우
2. 제2항 후단에 따라 발급받은 인정서를 반납한 경우

④ 제2항에 따라 전문요양기관으로 인정된 요양기관 또는 「의료법」 제3조의4에 따른 상급종합병원에 대하여는 제41조 제3항에 따른 요양급여의 절차 및 제45조에 따른 요양급여비용을 다른 요양기관과 달리할 수 있다.

⑤ 제1항·제2항 및 제4항에 따른 요양기관은 정당한 이유 없이 요양급여를 거부하지 못한다.

제42조의2(요양기관의 선별급여 실시에 대한 관리)

① 제42조 제1항에도 불구하고, 선별급여 중 자료의 축적 또는 의료 이용의 관리가 필요한 경우에는 보건복지부장관이 해당 선별급여의 실시 조건을 사전에 정하여 이를 충족하는 요양기관만이 해당 선별급여를 실시할 수 있다.

② 제1항에 따라 선별급여를 실시하는 요양기관은 제41조의4 제2항에 따른 해당 선별급여의 평가를 위하여 필요한 자료를 제출하여야 한다.

③ 보건복지부장관은 요양기관이 제1항에 따른 선별급여의 실시 조건을 충족하지 못하거나 제2항에 따른 자료를 제출하지 아니할 경우에는 해당 선별급여의 실시를 제한할 수 있다.

④ 제1항에 따른 선별급여의 실시 조건, 제2항에 따른 자료의 제출, 제3항에 따른 선별급여의 실시 제한 등에 필요한 사항은 보건복지부령으로 정한다.

제43조(요양기관 현황에 대한 신고)
① 요양기관은 제47조에 따라 요양급여비용을 최초로 청구하는 때에 요양기관의 시설·장비 및 인력 등에 대한 현황을 제62조에 따른 건강보험심사평가원(이하 "심사평가원"이라 한다)에 신고하여야 한다.
② 요양기관은 제1항에 따라 신고한 내용(제45조에 따른 요양급여비용의 증감에 관련된 사항만 해당한다)이 변경된 경우에는 그 변경된 날부터 15일 이내에 보건복지부령으로 정하는 바에 따라 심사평가원에 신고하여야 한다.
③ 제1항 및 제2항에 따른 신고의 범위, 대상, 방법 및 절차 등에 필요한 사항은 보건복지부령으로 정한다.

조문확인 OX 문제

제42조(요양기관), 제42조의2(요양기관의 선별급여 실시에 대한 관리), 제43조(요양기관 현황에 대한 신고)

■ 다음 조문을 읽고 맞는 것은 O, 틀린 것은 X에 V 표시하시오.

01 간호와 이송을 제외한 요양급여는 지정된 요양기관에서만 실시되어야 한다. | O | X |

02 약국과 한국희귀·필수의약품센터는 요양기관에 해당하지 않는다. | O | X |

03 보건소와 보건의료원, 보건지소는 요양기관에 해당하지 않는다. | O | X |

04 전문요양기관이란 시설·장비·인력 및 진료과목 등이 보건복지부령으로 정하는 기준에 해당하여 보건복지부장관으로부터 인정서를 발급받은 요양기관이다. | O | X |

05 전문요양기관과 상급종합병원은 요양급여의 절차와 요양급여비용을 다른 교양기관과 달리할 수 있다. | O | X |

06 요양기관은 정당한 이유 없이 요양급여를 거부할 수 없다. | O | X |

07 보건복지부장관은 자료의 축적, 의료 이용의 관리를 이유로 선별급여에 대하여 이를 실시하는 요양기관의 조건을 설정할 수 있다. | O | X |

08 요양기관은 실시 조건이 설정된 선별급여를 실시하기 위해서는 선별급여의 평가에 필요한 자료를 제출하여야 한다. | O | X |

09 요양기관이 요양급여비용을 최초로 청구할 때에는 요양기관의 시설·장비 및 인력 등에 대한 사항을 국민건강보험공단에 신고하여야 한다. | O | X |

10 요양기관은 요양급여비용의 증감에 관한 사항의 변경이 있는 경우 변경된 날로부터 15일 이내에 이를 신고하여야 한다. | O | X |

[정답] 01 O 02 X 03 X 04 O 05 O 06 O 07 O 08 O 09 X 10 O

제42조(요양기관), 제42조의2(요양기관의 선별급여 실시에 대한 관리), 제43조(요양기관 현황에 대한 신고)

01. 다음 중 요양급여를 실시하는 「국민건강보험법」의 요양기관에 해당하지 않는 것은?

① 장기요양기관 ② 약국
③ 보건의료원 ④ 보건진료소

02. 요양기관이 요양급여비용을 최초로 청구할 경우 그 요양기관의 시설현황을 신고해야 하는 대상기관은?

① 국민건강보험공단 ② 건강보험심사평가원
③ 보건복지부 ④ 건강보험정책심의위원회

03. 다음 빈칸에 공통으로 들어갈 내용은?

> 보건복지부장관은 효율적인 요양급여를 위하여 필요하면 시설·장비·인력 및 진료과목 등 보건복지부령으로 정하는 기준에 해당하는 요양기관을 (　　)으로 인정할 수 있고, 해당 (　　)에 인정서를 발급하여야 한다.
> (　　)으로 인정된 요양기관 또는 「의료법」 제3조의4에 따른 상급종합병원에 대하여는 요양급여의 절차 및 요양급여비용을 다른 요양기관과 달리할 수 있다.

① 전문요양기관 ② 선별요양기관
③ 특수요양기관 ④ 장기요양기관

04. 실시 조건을 정한 요양기관의 선별급여에 대한 설명으로 옳지 않은 것은?

① 만일 선별급여에 자료의 축적 또는 의료 관리가 필요가 필요한 경우 보건복지부장관이 선별급여의 실시 조건을 정하여 이를 충족하는 요양기관이 실시하도록 할 수 있다
② 실시 조건이 정해진 선별급여를 실시하는 요양기관은 해당 선별급여의 평가를 위해 필요한 자료를 제출해야 한다.
③ 보건복지부장관은 실시 조건을 정한 선별급여의 조건을 충족하지 못한 요양기관에 대해 해당 선별급여의 실시를 제한할 수 있다.
④ 보건복지부장관은 실시 조건을 정한 선별급여의 평가를 위해 필요한 자료를 제출하지 않음을 이유로 해당 선별급여의 실시를 제한할 수 없다.

05. 다음 중 요양기관의 요양급여비용이 증감한 경우 해당 기관이 그 사실을 신고해야 하는 기한으로 옳은 것은?

① 변경된 날로부터 7일 이내
② 변경된 날로부터 14일 이내
③ 변경된 날로부터 15일 이내
④ 변경된 날로부터 30일 이내

법조문 익히기 — 제44조(비용의 일부부담), 제45조(요양급여비용의 산정 등), 제46조(약제·치료재료에 대한 요양급여비용의 산정)

제44조(비용의 일부부담)

① 요양급여를 받는 자는 대통령령으로 정하는 바에 따라 비용의 일부(이하 "본인일부부담금"이라 한다)를 본인이 부담한다. 이 경우 선별급여에 대해서는 다른 요양급여에 비하여 본인일부부담금을 상향 조정할 수 있다.

② 본인이 연간 부담하는 다음 각 호의 금액의 합계액이 대통령령으로 정하는 금액(이하 이 조에서 "본인부담상한액"이라 한다)을 초과한 경우에는 공단이 그 초과 금액을 부담하여야 한다. 이 경우 공단은 당사자에게 그 초과 금액을 통보하고, 이를 지급하여야 한다.

1. 본인일부부담금의 총액
2. 제49조 제1항에 따른 요양이나 출산의 비용으로 부담한 금액(요양이나 출산의 비용으로 부담한 금액이 보건복지부장관이 정하여 고시한 금액보다 큰 경우에는 그 고시한 금액으로 한다)에서 같은 항에 따라 요양비로 지급받은 금액을 제외한 금액

③ 제2항에 따른 본인부담상한액은 가입자의 소득수준 등에 따라 정한다.

④ 제2항 각 호에 따른 금액 및 합계액의 산정 방법, 본인부담상한액을 넘는 금액의 지급 방법 및 제3항에 따른 가입자의 소득수준 등에 따른 본인부담상한액 설정 등에 필요한 사항은 대통령령으로 정한다.

제45조(요양급여비용의 산정 등)

① 요양급여비용은 공단의 이사장과 대통령령으로 정하는 의약계를 대표하는 사람들의 계약으로 정한다. 이 경우 계약기간은 1년으로 한다.

② 제1항에 따라 계약이 체결되면 그 계약은 공단과 각 요양기관 사이에 체결된 것으로 본다.

③ 제1항에 따른 계약은 그 직전 계약기간 만료일이 속하는 연도의 5월 31일까지 체결하여야 하며, 그 기한까지 계약이 체결되지 아니하는 경우 보건복지부장관이 그 직전 계약기간 만료일이 속하는 연도의 6월 30일까지 심의위원회의 의결을 거쳐 요양급여비용을 정한다. 이 경우 보건복지부장관이 정하는 요양급여비용은 제1항 및 제2항에 따라 계약으로 정한 요양급여비용으로 본다.

④ 제1항 또는 제3항에 따라 요양급여비용이 정해지면 보건복지부장관은 그 요양급여비용의 명세를 지체 없이 고시하여야 한다.

⑤ 공단의 이사장은 제33조에 따른 재정운영위원회의 심의·의결을 거쳐 제1항에 따른 계약을 체결하여야 한다.

⑥ 심사평가원은 공단의 이사장이 제1항에 따른 계약을 체결하기 위하여 필요한 자료를 요청하면 그 요청에 성실히 따라야 한다.

⑦ 제1항에 따른 계약의 내용과 그 밖에 필요한 사항은 대통령령으로 정한다.

제46조(약제·치료재료에 대한 요양급여비용의 산정)

제41조 제1항 제2호의 약제·치료재료(이하 "약제·치료재료"라 한다)에 대한 요양급여비용은 제45조에도 불구하고 요양기관의 약제·치료재료 구입금액 등을 고려하여 대통령령으로 정하는 바에 따라 달리 산정할 수 있다.

조문확인 OX 문제

제44조(비용의 일부부담), 제45조(요양급여비용의 산정 등), 제46조(약제·치료재료에 대한 요양급여비용의 산정)

■ 다음 조문을 읽고 맞는 것은 O, 틀린 것은 X에 V 표시하시오.

01 선별급여에 대해서는 요양급여를 받는 자가 부담하는 본인일부부담금의 금액을 다른 요양급여에 비해 상향 조정할 수 있다. [O / X]

02 연간 부담하는 본인일부부담금의 총액이 본인부담상한액을 초과할 경우 국민건강보험공단이 그 초과 금액을 부담하여야 한다. [O / X]

03 본인부담상한액을 초과하는 금액에 대하여 국민건강보험공단은 당사자에게 그 초과 금액을 통보해야 한다. [O / X]

04 본인일부부담금의 하한은 가입자의 소득수준에 따라 정한다. [O / X]

05 국민건강보험공단 이사장과 의약계를 대표하는 사람들의 요양급여비용의 계약은 그 직전 계약기간 만료일이 속하는 연도의 5월 31일까지 체결하여야 한다. [O / X]

06 기한까지 국민건강보험공단 이사장과 의약계를 대표하는 사람들의 요양급여비용의 계약이 체결되지 못한 경우, 해당 연도 8월 31일까지 심의의원회의 의결을 거쳐 보건복지부장관이 이를 정한다. [O / X]

07 요양급여비용이 정해지면 국민건강보험공단 이사장은 그 요양급여비용의 명세를 지체 없이 고지하여야 한다. [O / X]

08 국민건강보험공단 이사장은 요양급여비용의 계약을 재정운영위원회의 심의·의결을 거쳐 체결하여야 한다. [O / X]

09 건강보험심사평가원은 국민건강보험공단 이사장이 요양급여비용 체결을 목적으로 자료를 요청하면 이에 성실히 따라야 한다. [O / X]

10 약제·치료재료의 요양급여비용은 요양기관의 약제·치료재료 구입금액 등을 고려하여 대통령령에 따라 다른 요양급여와 다르게 산정할 수 있다. [O / X]

[정답] 01 O 02 O 03 O 04 X 05 O 06 X 07 X 08 O 09 O 10 O

제44조(비용의 일부부담), 제45조(요양급여비용의 산정 등), 제46조(약제·치료재료에 대한 요양급여비용의 산정)

01. 본인일부부담금에 대한 설명으로 옳지 않은 것은?

① 요양급여를 받는 자는 대통령령에 따라 비용의 일부를 본인이 부담한다.
② 본인이 월별 부담하는 본인일부부담금이 상한을 초과할 경우 공단이 그 초과 금액을 부담하여야 한다.
③ 본인일부부담금의 상한은 가입자의 소득수준에 따라 정한다.
④ 선별급여의 경우에는 다른 요양급여에 비해 본인일부부담금을 상향 조정할 수 있다.

02. 다음 빈칸에 들어갈 내용을 순서대로 바르게 나열한 것은?

> 요양급여비용의 산정계약은 직전 계약기간 만료일이 속하는 연도의 (　　)까지 체결하여야 한다. 만일 이 기한까지 계약이 체결되지 않은 경우 (　　)까지 건강보험정책심의위원회의 의결을 거쳐 요양급여비용을 정한다.

① 1월 1일, 2월 말일
② 5월 31일, 6월 30일
③ 8월 1일, 12월 31일
④ 12월 31일, 그 다음해 1월 31일

03. 국민건강보험공단과 요양기관과의 요양급여비용을 산정하는 절차에 대한 설명으로 옳지 않은 것은?

① 요양급여비용을 산정하는 계약의 기간은 5년으로 한다.
② 요양급여비용이 정해지면 보건복지부장관은 그 요양급여비용의 명세를 지체 없이 고시하여야 한다.
③ 국민건강보험공단 이사장은 요양급여비용을 산정하는 계약을 체결하기 위해서는 재정운영위원회의 심의·의결을 거쳐야 한다.
④ 건강보험심사평가원은 국민건강보험공단 이사장이 요양급여비용을 산정하는 계약을 체결하기 위해 필요한 자료를 요청할 경우 이에 성실히 따라야 한다.

04. 다음은 「국민건강보험법」 제46조의 내용이다. 빈칸에 공통으로 들어갈 내용은?

> (　　　)에 대한 요양급여비용은 제45조에도 불구하고 요양기관의 (　　　) 구입금액 등을 고려하여 대통령령으로 정하는 바에 따라 달리 산정할 수 있다.

① 복지용구
② 폐쇄회로 텔레비전
③ 보조기기
④ 약제·치료재료

05. 다음은 요양급여비용을 산정하는 계약의 주체에 대한 내용이다. 빈칸 ㉠, ㉡에 들어갈 용어가 바르게 연결된 것은?

> 요양급여비용은 국민건강보험공단 이사장과 대통령령으로 정하는 (　㉠　)를 대표하는 사람들의 계약으로 정하며, 그 계약은 공단과 각 (　㉡　) 사이에 체결된 것으로 본다.

	㉠	㉡
①	의약계	요양기관
②	의약계	의료기관
③	의사회	의료기관
④	의사회	요양기관

법조문 익히기 — 제47조(요양급여비용의 청구와 지급 등), 제47조의2(요양급여비용의 지급 보류)

제47조(요양급여비용의 청구와 지급 등)

① 요양기관은 공단에 요양급여비용의 지급을 청구할 수 있다. 이 경우 제2항에 따른 요양급여비용에 대한 심사청구는 공단에 대한 요양급여비용의 청구로 본다.

② 제1항에 따라 요양급여비용을 청구하려는 요양기관은 심사평가원에 요양급여비용의 심사청구를 하여야 하며, 심사청구를 받은 심사평가원은 이를 심사한 후 지체 없이 그 내용을 공단과 요양기관에 알려야 한다.

③ 제2항에 따라 심사 내용을 통보받은 공단은 지체 없이 그 내용에 따라 요양급여비용을 요양기관에 지급한다. 이 경우 이미 낸 본인일부부담금이 제2항에 따라 통보된 금액보다 더 많으면 요양기관에 지급할 금액에서 더 많이 낸 금액을 공제하여 해당 가입자에게 지급하여야 한다.

④ 공단은 제3항 전단에 따라 요양급여비용을 요양기관에 지급하는 경우 해당 요양기관이 제77조 제1항 제1호에 따라 공단에 납부하여야 하는 보험료 또는 그 밖에 이 법에 따른 징수금을 체납한 때에는 요양급여비용에서 이를 공제하고 지급할 수 있다.

⑤ 공단은 제3항 후단에 따라 가입자에게 지급하여야 하는 금액을 그 가입자가 내야 하는 보험료와 그 밖에 이 법에 따른 징수금(이하 "보험료등"이라 한다)과 상계(相計)할 수 있다.

⑥ 공단은 심사평가원이 제47조의4에 따라 요양급여의 적정성을 평가하여 공단에 통보하면 그 평가 결과에 따라 요양급여비용을 가산하거나 감액 조정하여 지급한다. 이 경우 평가 결과에 따라 요양급여비용을 가산하거나 감액하여 지급하는 기준은 보건복지부령으로 정한다.

⑦ 요양기관은 제2항에 따른 심사청구를 다음 각 호의 단체가 대행하게 할 수 있다.
1. 「의료법」 제28조 제1항에 따른 의사회·치과의사회·한의사회·조산사회 또는 같은 조 제6항에 따라 신고한 각각의 지부 및 분회
2. 「의료법」 제52조에 따른 의료기관 단체
3. 「약사법」 제11조에 따른 약사회 또는 같은 법 제14조에 따라 신고한 지부 및 분회

⑧ 제1항부터 제7항까지의 규정에 따른 요양급여비용의 청구·심사·지급 등의 방법과 절차에 필요한 사항은 보건복지부령으로 정한다.

제47조의2(요양급여비용의 지급 보류)

① 제47조 제3항에도 불구하고 공단은 요양급여비용의 지급을 청구한 요양기관이 「의료법」 제4조 제2항, 제33조 제2항·제8항 또는 「약사법」 제20조 제1항, 제21조 제1항을 위반하였다는 사실을 수사기관의 수사 결과로 확인한 경우에는 해당 요양기관이 청구한 요양급여비용의 지급을 보류할 수 있다. 이 경우 요양급여비용 지급 보류 처분의 효력은 해당 요양기관이 그 처분 이후 청구하는 요양급여비용에 대해서도 미친다.

② 공단은 제1항에 따라 요양급여비용의 지급을 보류하기 전에 해당 요양기관에 의견 제출의 기회를 주어야 한다.

③ 공단은 요양기관이 「의료법」 제4조 제2항, 제33조 제2항·제8항 또는 「약사법」 제20조 제1항, 제21조 제1항을 위반한 혐의나 「의료법」 제33조 제10항 또는 「약사법」 제6조 제3항·제4항을 위반하여 개설·운영된 혐의에 대하여 법원에서 무죄 판결이 선고된 경우 그 선고 이후 실시한 요양급여에 한정하여 해당 요양기관이 청구하는 요양급여비용을 지급할 수 있다.

④ 법원의 무죄 판결이 확정되는 등 대통령령으로 정하는 사유로 제1항에 따른 요양기관이 「의료법」 제4조 제2항, 제33조 제2항·제8항 또는 「약사법」 제20조 제1항, 제21조 제1항을 위반한 혐의가 입증되지 아니한 경우에는 공단은 지급보류 처분을 취소하고, 지급 보류된 요양급여비용에 지급 보류된 기간 동안의 이자를 가산하여 해당 요양기관에 지급하여야 한다. 이 경우 이자는 「민법」 제379조에 따른 법정이율을 적용하여 계산한다.

⑤ 제1항 및 제2항에 따른 지급 보류 절차 및 의견 제출의 절차 등에 필요한 사항, 제3항에 따른 지급 보류된 요양급여비용 및 이자의 지급 절차와 이자의 산정 등에 필요한 사항은 대통령령으로 정한다.

조문확인 OX 문제

제47조(요양급여비용의 청구와 지급 등), 제47조의2(요양급여비용의 지급 보류)

■ 다음 조문을 읽고 맞는 것은 O, 틀린 것은 X에 V 표시하시오.

01 요양기관의 건강보험심사평가원에 대한 요양급여비용의 심사청구는 공단에 대한 요양급여비용의 청구로 본다. | O X

02 요양기관의 요양급여비용을 심사한 건강보험심사평가원은 그 심사 내용을 지체 없이 국민건강보험공단에 알려야 한다. | O X

03 요양급여비용을 지급받는 기관이 국민건강보험공단에 납부해야 하는 보험료나 징수금을 체납한 경우 이을 공제하고 지급할 수 있다. | O X

04 요양급여의 적정성 평가에 따라 국민건강보험공단은 요양급여비용을 가산하거나 감액 조정하여 지급한다. | O X

05 요양기관은 요양급여의 심사청구를 「의료법」 제52조의 의료기관 단체가 대행하게 할 수 있다. | O X

06 「의료법」 제4조 제2항 위반을 이유로 국민건강보험공단이 요양급여비용의 지급을 보류할 경우에는 보류 전 해당 요양기관에 의견 제출의 기회를 주지 않는다. | O X

07 「약사법」 제20조 제1항을 위반한 혐의에 대해 무죄 판결이 확정되었음을 이유로 그 기간 중 지급이 보류된 요양급여비용을 청구할 수는 없다. | O X

08 지급이 보류된 요양급여비용에 대해 법원의 무죄 판결이 확정되어 이를 다시 지급할 경우 지급이 보류된 기간 동안 법정이율을 기준으로 이자를 가산한다. | O X

[정답] 01 O 02 O 03 O 04 O 05 O
       06 X 07 X 08 O

법조문 익히기 제47조의3(요양급여비용의 차등 지급), 제47조의4(요양급여의 적정성 평가), 제48조(요양급여 대상 여부의 확인 등)

제47조의3(요양급여비용의 차등 지급)

지역별 의료자원의 불균형 및 의료서비스 격차의 해소 등을 위하여 지역별로 요양급여비용을 달리 정하여 지급할 수 있다.

제47조의4(요양급여의 적정성 평가)

① 심사평가원은 요양급여에 대한 의료의 질을 향상시키기 위하여 요양급여의 적정성 평가(이하 이 조에서 "평가"라 한다)를 실시할 수 있다.
② 심사평가원은 요양기관의 인력·시설·장비, 환자안전 등 요양급여와 관련된 사항을 포함하여 평가할 수 있다.
③ 심사평가원은 평가 결과를 평가대상 요양기관에 통보하여야 하며, 평가 결과에 따라 요양급여비용을 가산 또는 감산할 경우에는 그 결정사항이 포함된 평가 결과를 가감대상 요양기관 및 공단에 통보하여야 한다.
④ 제1항부터 제3항까지에 따른 평가의 기준·범위·절차·방법 등에 필요한 사항은 보건복지부령으로 정한다.

제48조(요양급여 대상 여부의 확인 등)

① 가입자나 피부양자는 본인일부부담금 외에 자신이 부담한 비용이 제41조 제4항에 따라 요양급여 대상에서 제외되는 비용인지 여부에 대하여 심사평가원에 확인을 요청할 수 있다.
② 제1항에 따른 확인 요청을 받은 심사평가원은 그 결과를 요청한 사람에게 알려야 한다. 이 경우 확인을 요청한 비용이 요양급여 대상에 해당되는 비용으로 확인되면 그 내용을 공단 및 관련 요양기관에 알려야 한다.
③ 제2항 후단에 따라 통보받은 요양기관은 받아야 할 금액보다 더 많이 징수한 금액(이하 "과다본인부담금"이라 한다)을 지체 없이 확인을 요청한 사람에게 지급하여야 한다. 다만, 공단은 해당 요양기관이 과다본인부담금을 지급하지 아니하면 해당 요양기관에 지급할 요양급여비용에서 과다본인부담금을 공제하여 확인을 요청한 사람에게 지급할 수 있다.
④ 제1항부터 제3항까지에 따른 확인 요청의 범위, 방법, 절차, 처리기간 등 필요한 사항은 보건복지부령으로 정한다.

조문확인 OX 문제

제47조의3(요양급여비용의 차등 지급), 제47조의4(요양급여의 적정성 평가), 제48조(요양급여 대상 여부의 확인 등)

■ 다음 조문을 읽고 맞는 것은 O, 틀린 것은 X에 V 표시하시오.

01 지역별 의료자원의 불균형과 의료서비스 격차 해소를 이유로 지역별로 요양급여비용을 달리 정하여 지급할 수는 없다. [O / X]

02 요양급여비용의 적정성 평가에는 요양기관이 보유한 인력과 시설에 관한 사항을 포함한다. [O / X]

03 요양급여비용의 적정성 평가에는 요양급여와 관련한 사항은 포함하지 않는다. [O / X]

04 요양급여비용은 요양급여의 적정성 평가에 따라 가산하거나 감액 조정하여 지급할 수 있다. [O / X]

05 요양기관이 의료기관 개설에 관한 위반사실이 수사결과로 확인되었다는 이유만으로는 해당 요양기관이 청구한 요양급여비용의 지급을 보류할 수는 없다. [O / X]

06 가입자나 피부양자는 본인일부부담금 외에 자신이 부담한 비용이 요양급여 대상에서 제외되는 비용인지의 여부 확인을 건강보험심사평가원에 요청할 수 있다. [O / X]

07 건강보험심사평가원이 실시하는 요양급여의 적정성 평가에서는 요양기관의 인력에 관한 사항을 포함하지 않는다. [O / X]

08 국민건강보험의 가입자가 요양기관에 실제로 지불해야 하는 금액보다 더 많은 금액을 지불한 사실을 확인한 경우 요양기관은 지체없이 그 초과금을 확인을 요청한 사람에게 지급하여야 한다. [O / X]

[정답] 01 X 02 O 03 X 04 O 05 X 06 O 07 X 08 O

제47조(요양급여비용의 청구와 지급 등), 제47조의2(요양급여비용의 지급 보류), 제47조의3(요양급여비용의 차등 지급), 제47조의4(요양급여의 적정성 평가), 제48조(요양급여 대상 여부의 확인 등)

01. 요양급여비용의 지급에 대한 설명으로 옳지 않은 것은?

① 건강보험심사평가원에 대한 요양급여비용 심사청구는 공단에 대한 요양급여비용의 청구로 본다.
② 요양급여비용은 건강보험심사평가원의 적정성평가에 따라 가산되거나 감액될 수 있다.
③ 요양기관의 요양급여비용 심사청구는 의료기관 단체나 약사회가 이를 대행할 수 있다.
④ 국민건강보험공단은 요양기관이 「의료법」 제33조 제2항을 위반하였다는 수사 결과만을 이유로는 요양급여비용의 지급을 보류할 수 없다.

02. 요양급여의 적정성 평가에 대한 설명으로 옳지 않은 것은?

① 요양급여 적정성의 평가주체는 건강보험심사평가원이다.
② 요양급여의 적정성 평가에는 요양기관의 인력·시설·장비, 환자안전 등의 사항을 포함할 수 있다.
③ 평가 결과 요양급여비용의 가산 또는 감산이 발생하지 않는 경우에는 해당 요양기관에 대한 통보의무는 면제된다.
④ 국민건강보험공단은 요양급여의 적정성 평가에 의해 요양급여비용이 가산 또는 감산이 발생하면 이를 반영하여 지급한다.

03. 국민건강보험 가입자 A 씨는 병원에서 처방받은 약값을 지불한 후 해당 의약품이 요양급여 대상에서 제외되는 것인지 여부를 확인하고자 한다. 이에 관한 제도의 내용으로 옳지 않은 것은?

① A 씨는 해당 사실 여부를 건강보험심사평가원에 요청할 수 있다.
② A 씨가 확인을 요청한 비용이 요양급여 대상에 해당되는 비용이라면 그 내용을 관련 요양기관에 알려야 한다.
③ 만일 A 씨가 병원에 지불해야 하는 금액보다 더 많은 금액을 지불하였다면 해당 병원은 지체 없이 그 초과분을 A 씨에게 지급하여야 한다.
④ 만일 해당 병원이 A 씨에게 과다본인부담금을 지급하지 않는다면 건강보험심사평가원은 해당 요양기관에 지급할 요양급여비용에서 과다본인부담금을 공제하여 A 씨에게 지불한다.

04. 다음 중 요양급여비용의 심사청구를 대행할 수 있는 주체가 아닌 것은?

① 대한의사협회
② 장기요양위원회
③ 대한치과의사협회
④ 대한조산협회

05. 다음 사례와 관련된 「국민건강보험법」 규정의 내용으로 옳지 않은 것은?

> 의료인 A 씨는 다른 의료인의 명의로 된 병원을 개설하여 「의료법」 제4조 제2항을 위반한 사실로 기소되어 현재 재판 진행 중에 있다. 이에 따라 국민건강보험공단은 해당 의료기관에 대해 지급하기로 된 요양급여비용의 지급을 보류하고 있다.

① 국민건강보험공단의 요양급여비용 지급 보류의 효력은 A 씨가 개설한 병원이 공단이 지급을 보류를 한 이후에 청구한 요양급여비용에도 미친다.
② 국민건강보험공단은 요양급여비용의 지급을 보류하기 전 A 씨에게 의견을 제출할 기회를 주어야 한다.
③ 만일 A 씨가 개설한 병원이 「의료법」 제4조 제2항을 위반한 사실에 대해 무죄 판결이 확정될 경우 국민건강보험공단은 해당 병원에 대해 기간 중 지급 보류된 요양급여비용을 지급 보류된 기간 동안의 이자를 가산하여 지급한다.
④ 만일 A 씨가 개설한 병원이 「의료법」 제4조 제2항을 위반한 사실을 입증하지 못한 경우 국민건강보험공단은 해당 병원에 대해 지급이 보류된 요양급여비용의 원금만을 지급한다.

법조문 익히기 — 제49조(요양비), 제50조(부가급여), 제51조(장애인에 대한 특례), 제52조(건강검진)

제49조(요양비)

① 공단은 가입자나 피부양자가 보건복지부령으로 정하는 긴급하거나 그 밖의 부득이한 사유로 요양기관과 비슷한 기능을 하는 기관으로서 보건복지부령으로 정하는 기관(제98조 제1항에 따라 업무정지기간 중인 요양기관을 포함한다. 이하 "준요양기관"이라 한다)에서 질병·부상·출산 등에 대하여 요양을 받거나 요양기관이 아닌 장소에서 출산한 경우에는 그 요양급여에 상당하는 금액을 보건복지부령으로 정하는 바에 따라 가입자나 피부양자에게 요양비로 지급한다.
② 준요양기관은 보건복지부장관이 정하는 요양비 명세서나 요양 명세를 적은 영수증을 요양을 받은 사람에게 내주어야 하며, 요양을 받은 사람은 그 명세서나 영수증을 공단에 제출하여야 한다.
③ 제1항 및 제2항에도 불구하고 준요양기관은 요양을 받은 가입자나 피부양자의 위임이 있는 경우 공단에 요양비의 지급을 직접 청구할 수 있다. 이 경우 공단은 지급이 청구된 내용의 적정성을 심사하여 준요양기관에 요양비를 지급할 수 있다.
④ 제3항에 따른 준요양기관의 요양비 지급 청구, 공단의 적정성 심사 등에 필요한 사항은 보건복지부령으로 정한다.

제50조(부가급여)

공단은 이 법에서 정한 요양급여 외에 대통령령으로 정하는 바에 따라 임신·출산 진료비, 장제비, 상병수당, 그 밖의 급여를 실시할 수 있다.

제51조(장애인에 대한 특례)

① 공단은 「장애인복지법」에 따라 등록한 장애인인 가입자 및 피부양자에게는 「장애인·노인 등을 위한 보조기기 지원 및 활용촉진에 관한 법률」 제3조 제2호에 따른 보조기기(이하 이 조에서 "보조기기"라 한다)에 대하여 보험급여를 할 수 있다.
② 장애인인 가입자 또는 피부양자에게 보조기기를 판매한 자는 가입자나 피부양자의 위임이 있는 경우 공단에 보험급여를 직접 청구할 수 있다. 이 경우 공단은 지급이 청구된 내용의 적정성을 심사하여 보조기기를 판매한 자에게 보조기기에 대한 보험급여를 지급할 수 있다.
③ 제1항에 따른 보조기기에 대한 보험급여의 범위·방법·절차, 제2항에 따른 보조기기 판매업자의 보험급여 청구, 공단의 적정성 심사 및 그 밖에 필요한 사항은 보건복지부령으로 정한다.

제52조(건강검진)

① 공단은 가입자와 피부양자에 대하여 질병의 조기 발견과 그에 따른 요양급여를 하기 위하여 건강검진을 실시한다.
② 제1항에 따른 건강검진의 종류 및 대상은 다음 각 호와 같다.
 1. 일반건강검진 : 직장가입자, 세대주인 지역가입자, 20세 이상인 지역가입자 및 20세 이상인 피부양자
 2. 암검진 : 「암관리법」 제11조 제2항에 따른 암의 종류별 검진주기와 연령 기준 등에 해당하는 사람
 3. 영유아건강검진 : 6세 미만의 가입자 및 피부양자
③ 제1항에 따른 건강검진의 검진항목은 성별, 연령 등의 특성 및 생애 주기에 맞게 설계되어야 한다.

④ 제1항에 따른 건강검진의 횟수·절차와 그 밖에 필요한 사항은 대통령령으로 정한다.

조문확인 OX 문제
제49조(요양비), 제50조(부가급여), 제51조(장애인에 대한 특례), 제52조(건강검진)

■ 다음 조문을 읽고 맞는 것은 O, 틀린 것은 X에 ∨ 표시하시오.

01 국민건강보험공단 가입자나 피부양자가 긴급을 이유로 업무정지기간 중인 요양기관에서 요양을 받은 경우 공단은 그 요양급여비용을 지급할 필요는 없다. [O / X]

02 요양비를 지급받기 위해 준요양기관은 요양비 명세서나 요양 명세를 적은 영수증을 요양을 받은 가입자에게 내주고, 요양을 받은 가입자가 이를 공단에 제출하여야 한다. [O / X]

03 준요양기관은 요양을 받은 가입자로부터 요양비의 청구를 위임받아 공단에 직접 요양비를 청구할 수 있다. [O / X]

04 국민건강보험공단은 요양급여 이외에 대통령령에 따라 임신·출산 진료비, 장제비 등의 급여를 실시할 수 있다. [O / X]

05 국민건강보험공단은 「장애인복지법」에 따라 등록한 장애인인 보험가입자에게 보조기기에 대한 보험급여를 할 수 있다. [O / X]

06 장애인인 보험가입자에게 보조기기를 판매한 자는 그 보험급여의 청구를 위임받아 국민건강보험공단에 직접 청구할 수 있다. [O / X]

07 국민건강보험공단의 일반건강검진은 직장가입자와 세대주인 직장가입자, 20세 이상의 지역가입자 및 피부양자를 대상으로 한다. [O / X]

08 국민건강보험공단의 영유아건강검진은 7세 미만의 가입자 및 피부양자를 대상으로 한다. [O / X]

[정답] 01 X 02 O 03 O 04 O 05 O
       06 O 07 O 08 X

제49조(요양비), 제50조(부가급여), 제51조(장애인에 대한 특례), 제52조(건강검진)

01. 다음은 건강검진의 종류 및 대상에 관한 내용이다. 빈칸에 들어갈 숫자의 합은?

> 1. 일반건강검진 : 직장가입자, 세대주인 지역가입자, (   )세 이상인 지역가입자 및 피부양자
> 2. 암검진 : 암의 종류별 검진주기와 연령 기준 등에 해당하는 사람
> 3. 영유아건강검진 : (   )세 미만의 가입자 및 피부양자

① 24
② 26
③ 28
④ 30

02. 가입자가 긴급한 이유로 요양기관이 아니나 이와 유사한 기능을 하는 기관에서 질병·부상·출산에 관한 요양을 받은 경우에 지급할 수 있는 것은?

① 요양비
② 장제비
③ 부가급여
④ 특별현금급여

03. 준요양기관이 요양비를 지급받는 절차에 대한 설명으로 옳지 않은 것은?

① 요양급여를 지급받을 수 있는 준요양기관에는 업무정지기간 중에 있는 요양기관을 포함한다.
② 준요양기관은 요양 명세를 적은 영수증을 요양을 받은 사람에게 발급해주고, 요양을 받은 사람은 이를 공단에 제출한다.
③ 국민건강보험공단은 준요양기관이 제공한 요양급여에 대한 지급이 청구된 내용의 적정성을 심사하여 준요양기관에 요양비를 지급한다.
④ 준요양기관은 요양을 받은 가입자로부터 요양비의 지급을 위임받을 수 없다.

04. 다음은 「국민건강보험법」 제51조의 내용이다. 빈칸에 공통으로 들어갈 내용으로 적절한 것은?

> 국민건강보험공단은 「장애인복지법」에 따라 등록한 장애인인 가입자 및 피부양자는 「장애인·노인 등을 위한 (   ) 지원 및 활용촉진에 관한 법률」 제3조 제2호에 따른 (   )에 대하여 보험급여를 할 수 있다.

① 장제비 ② 보조기기
③ 건강검진 ④ 단기보호

05. 다음에서 설명하는 급여는?

> 국민건강보험공단은 임신·출산한 국민건강보험 가입자 또는 그 피부양자 혹은 2세 미만의 영유아의 법정대리인에게 임신·출산 진료비 이용권을 발급할 수 있다. 해당 이용권은 임신·출산한 국민건강보험 가입자 또는 피부양자와 2세 미만의 영유아의 진료에 드는 비용과 약제·치료재료의 구입에 드는 비용을 결제하는 데 사용하며, 이용권을 발급받으려는 사람은 증명서를 첨부하여 발급신청서를 공단에 제출해야 한다.

① 부가급여 ② 재난적의료비
③ 장기요양급여 ④ 특례요양비

법조문 익히기 — 제53조(급여의 제한)

제53조(급여의 제한)

① 공단은 보험급여를 받을 수 있는 사람이 다음 각 호의 어느 하나에 해당하면 보험급여를 하지 아니한다.
1. 고의 또는 중대한 과실로 인한 범죄행위에 그 원인이 있거나 고의로 사고를 일으킨 경우
2. 고의 또는 중대한 과실로 공단이나 요양기관의 요양에 관한 지시에 따르지 아니한 경우
3. 고의 또는 중대한 과실로 제55조에 따른 문서와 그 밖의 물건의 제출을 거부하거나 질문 또는 진단을 기피한 경우
4. 업무 또는 공무로 생긴 질병·부상·재해로 다른 법령에 따른 보험급여나 보상(報償) 또는 보상(補償)을 받게 되는 경우

② 공단은 보험급여를 받을 수 있는 사람이 다른 법령에 따라 국가나 지방자치단체로부터 보험급여에 상당하는 급여를 받거나 보험급여에 상당하는 비용을 지급받게 되는 경우에는 그 한도에서 보험급여를 하지 아니한다.

③ 공단은 가입자가 대통령령으로 정하는 기간 이상 다음 각 호의 보험료를 체납한 경우 그 체납한 보험료를 완납할 때까지 그 가입자 및 피부양자에 대하여 보험급여를 실시하지 아니할 수 있다. 다만, 월별 보험료의 총체납횟수(이미 납부된 체납보험료는 총체납횟수에서 제외하며, 보험료의 체납기간은 고려하지 아니한다)가 대통령령으로 정하는 횟수 미만이거나 가입자 및 피부양자의 소득·재산 등이 대통령령으로 정하는 기준 미만인 경우에는 그러하지 아니하다.
1. 제69조 제4항 제2호에 따른 보수 외 소득월액보험료
2. 제69조 제5항에 따른 세대단위의 보험료

④ 공단은 제77조 제1항 제1호에 따라 납부의무를 부담하는 사용자가 제69조 제4항 제1호에 따른 보수월액보험료를 체납한 경우에는 그 체납에 대하여 직장가입자 본인에게 귀책사유가 있는 경우에 한하여 제3항의 규정을 적용한다. 이 경우 해당 직장가입자의 피부양자에게도 제3항의 규정을 적용한다.

⑤ 제3항 및 제4항에도 불구하고 제82조에 따라 공단으로부터 분할납부 승인을 받고 그 승인된 보험료를 1회 이상 낸 경우에는 보험급여를 할 수 있다. 다만, 제82조에 따른 분할납부 승인을 받은 사람이 정당한 사유 없이 5회(같은 조 제1항에 따라 승인받은 분할납부 횟수가 5회 미만인 경우에는 해당 분할납부 횟수를 말한다. 이하 이 조에서 같다) 이상 그 승인된 보험료를 내지 아니한 경우에는 그러하지 아니하다.

⑥ 제3항 및 제4항에 따라 보험급여를 하지 아니하는 기간(이하 이 항에서 "급여제한기간"이라 한다)에 받은 보험급여는 다음 각 호의 어느 하나에 해당하는 경우에만 보험급여로 인정한다.
1. 공단이 급여제한기간에 보험급여를 받은 사실이 있음을 가입자에게 통지한 날부터 2개월이 지난 날이 속한 달의 납부기한 이내에 체납된 보험료를 완납한 경우
2. 공단이 급여제한기간에 보험급여를 받은 사실이 있음을 가입자에게 통지한 날부터 2개월이 지난 날이 속한 달의 납부기한 이내에 제82조에 따라 분할납부 승인을 받은 체납보험료를 1회 이상 낸 경우. 다만, 제82조에 따른 분할납부 승인을 받은 사람이 정당한 사유 없이 5회 이상 그 승인된 보험료를 내지 아니한 경우에는 그러하지 아니하다.

조문확인 OX 문제
제53조(급여의 제한)

■ 다음 조문을 읽고 맞는 것은 O, 틀린 것은 X에 V 표시하시오.

01 중대한 과실로 인한 범죄행위에 원인이 있는 사건에 대해서는 보험급여를 하지 아니한다. [O X]

02 공무 중 발생한 부상으로 인해 다른 법령에 따른 보상을 받은 경우에는 국민건강보험공단은 보험급여를 한다. [O X]

03 보험급여를 받을 수 있는 사람이 다른 법령에 따라 국가로부터 보험급여에 상당하는 비용을 지급받은 경우 공단은 그 한도에서 보험급여를 하지 아니한다. [O X]

04 국민건강보험의 가입자 및 피부양자의 소득·재산 등이 대통령령으로 정하는 기준 미만인 경우에는 보험료 체납을 이유로 보험급여를 제한하지 않는다. [O X]

05 국민건강보험공단은 국민건강보험의 가입자가 공무 중 발생한 부상으로 다른 법령에 따른 보상을 받음을 이유로 보험급여를 제한할 수 없다. [O X]

06 직장가입자의 보수월액보험료의 납부의무자인 사용자가 이를 체납한 경우 직장가입자 본인에게 귀책사유가 있는 경우에 한하여 보험급여를 실시하지 아니할 수 있다. [O X]

07 분할납부 승인을 받는 사람은 승인 즉시 보험급여를 받을 수 있다. [O X]

08 분할납부의 승인을 받고 정당한 사유 없이 5회(승인받은 횟수가 5회 미만이면 해당 분할납부 횟수) 이상 그 승인된 보험료를 납부하지 않으면 보험급여를 하지 않는다. [O X]

09 급여제한기간에 보험급여를 받은 사실이 있음을 가입자에게 통지한 날로부터 2개월 내로 체납보험료를 완납하였다면 이는 보험급여를 받은 것으로 인정된다. [O X]

[정답] 01 O 02 X 03 O 04 O 05 X
　　　 06 O 07 X 08 X 09 O

제4장 보험급여

법조문 익히기 — 제54조(급여의 정지), 제55조(급여의 확인), 제56조(요양비 등의 지급), 제56조의2(요양비등수급계좌)

제54조(급여의 정지)

보험급여를 받을 수 있는 사람이 다음 각 호의 어느 하나에 해당하면 그 기간에는 보험급여를 하지 아니한다. 다만, 제3호 및 제4호의 경우에는 제60조에 따른 요양급여를 실시한다.

1. 삭제 〈2020. 4. 7.〉
2. 국외에 체류하는 경우
3. 제6조 제2항 제2호에 해당하게 된 경우
4. 교도소, 그 밖에 이에 준하는 시설에 수용되어 있는 경우

제55조(급여의 확인)

공단은 보험급여를 할 때 필요하다고 인정되면 보험급여를 받는 사람에게 문서와 그 밖의 물건을 제출하도록 요구하거나 관계인을 시켜 질문 또는 진단하게 할 수 있다.

제56조(요양비 등의 지급)

공단은 이 법에 따라 지급의무가 있는 요양비 또는 부가급여의 청구를 받으면 지체 없이 이를 지급하여야 한다.

제56조의2(요양비등수급계좌)

① 공단은 이 법에 따른 보험급여로 지급되는 현금(이하 "요양비등"이라 한다)을 받는 수급자의 신청이 있는 경우에는 요양비등을 수급자 명의의 지정된 계좌(이하 "요양비등수급계좌"라 한다)로 입금하여야 한다. 다만, 정보통신장애나 그 밖에 대통령령으로 정하는 불가피한 사유로 요양비등수급계좌로 이체할 수 없을 때에는 직접 현금으로 지급하는 등 대통령령으로 정하는 바에 따라 요양비등을 지급할 수 있다.

② 요양비등수급계좌가 개설된 금융기관은 요양비등수급계좌에 요양비등만이 입금되도록 하고, 이를 관리하여야 한다.

③ 제1항 및 제2항에 따른 요양비등수급계좌의 신청 방법·절차와 관리에 필요한 사항은 대통령령으로 정한다.

조문확인 OX 문제

제54조(급여의 정지), 제55조(급여의 확인), 제56조(요양비 등의 지급), 제56조의2(요양비등수급계좌)

■ 다음 조문을 읽고 맞는 것은 O, 틀린 것은 X에 V 표시하시오.

01 가입자가 국외에 체류 중임을 이유로는 보험급여가 정지되지 않는다. | O | X |

02 「병역법」에 따른 현역병은 복무기간 중에는 보험급여를 하지 아니한다. | O | X |

03 교도소에 수용된 사람은 그 기간 중에는 보험급여를 한다. | O | X |

04 국민건강보험공단은 보험급여를 할 때 필요하다고 인정된다면 보험급여를 받은 사람에게 문서나 그 밖의 물건을 제출할 것을 요구할 수 있다. | O | X |

05 국민건강보험공단은 「국민건강보험법」에 따라 지급의무가 있는 요양비의 청구를 받았다면 이를 지체 없이 지급하여야 한다. | O | X |

06 요양비등수급계좌에는 요양비등만이 입금되어야 한다. | O | X |

07 요양비등수급계좌로 지정할 계좌는 수급자 명의의 계좌임을 요구한다. | O | X |

08 국민건강보험공단은 정보통신장애 등의 불가피한 사유로 요양비를 요양비등수급계좌에 이체할 수 없을 때에는 이를 현금으로 지급할 수 있다. | O | X |

[정답] 01 X 02 O 03 X 04 O 05 O 06 O 07 O 08 O

제53조(급여의 제한), 제54조(급여의 정지), 제55조(급여의 확인), 제56조(요양비 등의 지급), 제56조의2(요양비등수급계좌)

01. 다음 중 보험급여의 지급제한사유에 해당하지 않는 경우는?

① 경미한 범죄행위가 원인이 되어 발생한 보험급여의 지급사유인 경우
② 고의로 요양기관의 요양에 관한 지시를 따르지 않은 경우
③ 고의로 진단을 기피하는 경우
④ 공무 중 발생한 부상으로 다른 법령에 따른 보험급여를 받은 경우

02. 다음 중 보험급여의 정지사유이자 예외적 요양급여 지급사유에 해당하지 않는 경우는?

① 지급대상이 국외에 체류 중인 경우
② 지급대상이 교도소에 수감 중인 경우
③ 지급대상이 현재 군복무중인 병사인 경우
④ 지급대상이 군간부후보생인 경우

03. 요양비의 수급에 대한 설명으로 옳지 않은 것은?

① 요양비를 지급받은 수급계좌는 수급자 명의의 지정된 계좌임을 요구한다.
② 공단은 정보통신장애를 이유로 수급계좌를 이체할 수 없을 때에는 요양비의 지급을 보류할 수 있다.
③ 요양비를 입금하는 계좌에는 요양비만이 입금되도록 해야 한다.
④ 준요양기관은 그 요양비 명세서를 그 요양을 받은 사람에게 제출해야 한다.

04. 다음 내용에 공통으로 들어갈 숫자는?

> 보험료 체납을 이유로 보험급여가 정지되었을 때 공단으로부터 분할납부 승인을 받고 그 승인된 보험료를 1회 이상 낸 경우에는 보험급여를 할 수 있다. 다만, 분할납부 승인을 받은 사람이 정당한 사유 없이 (　)회(승인받은 분할납부 횟수가 (　)회 미만인 경우에는 해당 분할납부 횟수) 이상 그 승인된 보험료를 내지 아니한 경우에는 그러하지 아니하다.

① 3　　　　　　　　　　　② 4
③ 5　　　　　　　　　　　④ 8

05. 다음 중 국민건강보험공단이 보험급여를 제공하지 않는 경우는?

① 소득월액보험료를 체납하여 공단으로부터 분할납부를 승인받아 분할된 보험료를 1회 납부한 직장가입자
② 소득월액보험료를 체납하여 급여제한을 통보받고 난 후 한 달 뒤에 분할된 보험료를 완납한 직장가입자
③ 사용자의 귀책으로 소득월액보험료를 체납하게 된 직장가입자
④ 소득월액보험료를 체납하여 보험급여가 제한된 직장가입자의 피부양자

법조문 익히기

제57조(부당이득의 징수), 제57조의2(부당이득 징수금 체납자의 인적사항등 공개)

제57조(부당이득의 징수)

① 공단은 속임수나 그 밖의 부당한 방법으로 보험급여를 받은 사람·준요양기관 및 보조기기 판매업자나 보험급여 비용을 받은 요양기관에 대하여 그 보험급여나 보험급여 비용에 상당하는 금액을 징수한다.

② 공단은 제1항에 따라 속임수나 그 밖의 부당한 방법으로 보험급여 비용을 받은 요양기관이 다음 각 호의 어느 하나에 해당하는 경우에는 해당 요양기관을 개설한 자에게 그 요양기관과 연대하여 같은 항에 따른 징수금을 납부하게 할 수 있다.

1. 「의료법」 제33조 제2항을 위반하여 의료기관을 개설할 수 없는 자가 의료인의 면허나 의료법인 등의 명의를 대여받아 개설·운영하는 의료기관
2. 「약사법」 제20조 제1항을 위반하여 약국을 개설할 수 없는 자가 약사 등의 면허를 대여받아 개설·운영하는 약국
3. 「의료법」 제4조 제2항 또는 제33조 제8항·제10항을 위반하여 개설·운영하는 의료기관
4. 「약사법」 제21조 제1항을 위반하여 개설·운영하는 약국
5. 「약사법」 제6조 제3항·제4항을 위반하여 면허를 대여받아 개설·운영하는 약국

③ 사용자나 가입자의 거짓 보고나 거짓 증명(제12조 제6항을 위반하여 건강보험증이나 신분증명서를 양도·대여하여 다른 사람이 보험급여를 받게 하는 것을 포함한다), 요양기관의 거짓 진단이나 거짓 확인(제12조 제4항을 위반하여 건강보험증이나 신분증명서로 가입자 또는 피부양자의 본인 여부 및 그 자격을 확인하지 아니한 것을 포함한다) 또는 준요양기관이나 보조기기를 판매한 자의 속임수 및 그 밖의 부당한 방법으로 보험급여가 실시된 경우 공단은 이들에게 보험급여를 받은 사람과 연대하여 제1항에 따른 징수금을 내게 할 수 있다.

④ 공단은 속임수나 그 밖의 부당한 방법으로 보험급여를 받은 사람과 같은 세대에 속한 가입자(속임수나 그 밖의 부당한 방법으로 보험급여를 받은 사람이 피부양자인 경우에는 그 직장가입자를 말한다)에게 속임수나 그 밖의 부당한 방법으로 보험급여를 받은 사람과 연대하여 제1항에 따른 징수금을 내게 할 수 있다.

⑤ 요양기관이 가입자나 피부양자로부터 속임수나 그 밖의 부당한 방법으로 요양급여비용을 받은 경우 공단은 해당 요양기관으로부터 이를 징수하여 가입자나 피부양자에게 지체 없이 지급하여야 한다. 이 경우 공단은 가입자나 피부양자에게 지급하여야 하는 금액을 그 가입자 및 피부양자가 내야 하는 보험료등과 상계할 수 있다.

제57조의2(부당이득 징수금 체납자의 인적사항등 공개)

① 공단은 제57조 제2항 각 호의 어느 하나에 해당하여 같은 조 제1항 및 제2항에 따라 징수금을 납부할 의무가 있는 요양기관 또는 요양기관을 개설한 자가 제79조 제1항에 따라 납입 고지 문서에 기재된 납부기한의 다음 날부터 1년이 경과한 징수금을 1억 원 이상 체납한 경우 징수금 발생의 원인이 되는 위반행위, 체납자의 인적사항 및 체납액 등 대통령령으로 정하는 사항(이하 이 조에서 "인적사항등"이라 한다)을 공개할 수 있다. 다만, 체납된 징수금과 관련하여 제87조에 따른 이의신청, 제88조에 따른 심판청구가 제기되거나 행정소송이 계류 중인 경우 또는 그 밖에 체납된 금액의 일부 납부 등 대통령령으로 정하는 사유가 있는 경우에는 그러하지 아니하다.

② 제1항에 따른 인적사항등의 공개 여부를 심의하기 위하여 공단에 부당이득징수금체납정보공개심의위원회를 둔다.
③ 공단은 부당이득징수금체납정보공개심의위원회의 심의를 거친 인적사항등의 공개대상자에게 공개대상자임을 서면으로 통지하여 소명의 기회를 부여하여야 하며, 통지일부터 6개월이 경과한 후 체납자의 납부이행 등을 고려하여 공개대상자를 선정한다.
④ 제1항에 따른 인적사항등의 공개는 관보에 게재하거나 공단 인터넷 홈페이지에 게시하는 방법으로 한다.
⑤ 제1항부터 제4항까지에서 규정한 사항 외에 인적사항등의 공개 절차 및 부당이득징수금체납정보공개심의위원회의 구성·운영 등에 필요한 사항은 대통령령으로 정한다.

조문확인 OX 문제 — 제57조(부당이득의 징수), 제57조의2(부당이득 징수금 체납자의 인적사항등 공개)

■ 다음 조문을 읽고 맞는 것은 O, 틀린 것은 X에 V 표시하시오.

01 공단은 속임수나 그 밖의 부당한 방법으로 보험급여를 받은 사람에 대하여 그 보험급여나 보험급여에 상당하는 금액을 징수한다.

02 의료기관을 개설할 수 없는 자가 의료인의 면허를 대여받아 개설·운영한 경우 국민건강보험공단은 이를 개설한 자에 대하여 그 요양기관과 연대하여 보험급여에 대한 징수금을 납부하게 할 수 있다.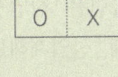

03 국민건강보험공단은 속임수나 그 밖의 부당한 방법으로 보험급여를 받은 사람과 같은 세대에 속한다는 이유로 징수금을 연대하여 납부하게 할 수는 없다.

04 체납된 징수금에 관한 이의신청이나 심판청구가 제기되거나 행정소송이 계류 중에 있는 경우에는 인적사항 공개 대상자가 되지 않는다.

05 국민건강보험공단이 부당이득 징수금 체납자의 인적사항등을 공개할 경우 관보에 게재하거나 공단 인터넷 홈페이지에 게시하는 방법으로 한다.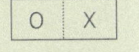

06 부당이득징수금체납정보공개심의위원회는 징수금 체납을 이유로 인적사항 공개 대상자가 된 자에게 이를 서면으로 통지하여 소명의 기회를 부여해야 한다.

[정답] 01 O 02 O 03 X 04 O 05 O
06 O

법조문 익히기

제58조(구상권), 제59조(수급권 보호), 제60조(현역병 등에 대한 요양급여비용 등의 지급), 제61조(요양급여비용의 정산)

제58조(구상권)

① 공단은 제3자의 행위로 보험급여사유가 생겨 가입자 또는 피부양자에게 보험급여를 한 경우에는 그 급여에 들어간 비용 한도에서 그 제3자에게 손해배상을 청구할 권리를 얻는다.

② 제1항에 따라 보험급여를 받은 사람이 제3자로부터 이미 손해배상을 받은 경우에는 공단은 그 배상액 한도에서 보험급여를 하지 아니한다.

제59조(수급권 보호)

① 보험급여를 받을 권리는 양도하거나 압류할 수 없다.

② 제56조의2 제1항에 따라 요양비등수급계좌에 입금된 요양비등은 압류할 수 없다.

제60조(현역병 등에 대한 요양급여비용 등의 지급)

① 공단은 제54조 제3호 및 제4호에 해당하는 사람이 요양기관에서 대통령령으로 정하는 치료 등(이하 이 조에서 "요양급여"라 한다)을 받은 경우 그에 따라 공단이 부담하는 비용(이하 이 조에서 "요양급여비용"이라 한다)과 제49조에 따른 요양비를 법무부장관·국방부장관·경찰청장·소방청장 또는 해양경찰청장으로부터 예탁 받아 지급할 수 있다. 이 경우 법무부장관·국방부장관·경찰청장·소방청장 또는 해양경찰청장은 예산상 불가피한 경우 외에는 연간(年間) 들어갈 것으로 예상되는 요양급여비용과 요양비를 대통령령으로 정하는 바에 따라 미리 공단에 예탁하여야 한다.

② 요양급여, 요양급여비용 및 요양비 등에 관한 사항은 제41조, 제41조의4, 제42조, 제42조의2, 제44조부터 제47조까지, 제47조의2, 제48조, 제49조, 제55조, 제56조, 제56조의2 및 제59조 제2항을 준용한다.

제61조(요양급여비용의 정산)

공단은 「산업재해보상보험법」 제10조에 따른 근로복지공단이 이 법에 따라 요양급여를 받을 수 있는 사람에게 「산업재해보상보험법」 제40조에 따른 요양급여를 지급한 후 그 지급결정이 취소되어 해당 요양급여의 비용을 청구하는 경우에는 그 요양급여가 이 법에 따라 실시할 수 있는 요양급여에 상당한 것으로 인정되면 그 요양급여에 해당하는 금액을 지급할 수 있다.

조문확인 OX 문제

제58조(구상권), 제59조(수급권 보호), 제60조(현역병 등에 대한 요양급여비용 등의 지급), 제61조(요양급여비용의 정산)

■ 다음 조문을 읽고 맞는 것은 O, 틀린 것은 X에 V 표시하시오.

01 국민건강보험공단은 제3자의 행위로 보험급여사유가 생겨 가입자 또는 피부양자에게 보험급여를 하였다는 이유로 그 제3자에게 손해배상을 청구할 수는 없다.   O   X

02 보험급여를 받은 사람이 그 전에 제3자로부터 이미 손해배상을 받은 경우 공단은 그 배상액 한도에서 보험급여를 하지 않는다.   O   X

03 보험급여를 받을 권리는 양도하거나 압류할 수 없으나, 요양비등수급계좌에 입금된 요양비는 압류할 수 있다.   O   X

04 현역병이 요양기관에서 요양급여를 받은 경우 국민건강보험공단은 그에 따른 요양급여비용을 국방부장관으로부터 예탁 받아 지급할 수 있다.   O   X

05 법무부장관은 예산상 불가피한 경우 외에는 교도소에 수용되어 있는 사람에게 연간 들어갈 것으로 예상되는 요양급여비용과 요양비를 미리 공단에 예탁해야 한다.   O   X

06 현역병이 요양기관에 준하는 기관인 준요양기관에서 받은 요양비의 지급에 관하여 「국민건강보험법」 제49조의 규정을 준용한다.   O   X

07 「산업재해보상보험법」 제40조에 따른 근로복지공단의 요양급여지급의 결정이 취소되면 국민건강보험공단으로부터 「국민건강보험법」에 따른 요양급여임을 인정받고 그에 해당하는 금액을 지급받을 수 있다.   O   X

[정답] 01 X   02 O   03 X   04 O   05 O   06 O   07 O

제4장 보험급여

제57조(부당이득의 징수), 제57조의2(부당이득 징수금 체납자의 인적사항등 공개), 제58조(구상권), 제59조(수급권 보호), 제60조(현역병 등에 대한 요양급여비용 등의 지급), 제61조(요양급여비용의 정산)

01. 제3자의 행위로 발생한 보험급여사유로 피부양자에게 보험급여를 한 공단이 그 제3자에게 청구할 수 있는 손해배상의 권리는?

① 유치권
② 저당권
③ 구상권
④ 지상권

02. 징수금을 납부할 의무가 있는 요양기관이 징수금을 체납한 것을 이유로 공단이 그 체납자의 인적사항등을 공개할 수 있는 체납액의 기준금액은?

① 5천만 원
② 1억 원
③ 2억 원
④ 5억 원

03. 다음 빈칸에 들어갈 기관의 명칭은?

> 국민건강보험공단은 (   )이/가 「국민건강보험법」에 따라 요양급여를 받을 수 있는 사람에게 「산업재해보상보험법」 제40조에 따른 요양급여를 지급한 후 그 지급결정이 취소되어 해당 요양급여의 비용을 청구하는 경우, 그 요양급여가 「국민건강보험법」에 따라 실시할 수 있는 요양급여에 상당한 것으로 인정될 때 그 요양급여에 해당하는 금액을 지급할 수 있다.

① 한국산업인력공단
② 국민연금공단
③ 국민권익위원회
④ 근로복지공단

04. 다음 중 보험급여를 부당하게 받음을 이유로 직접 혹은 연대하여 징수대상이 되는 경우에 해당하는 경우를 모두 고르면?

> ㉠ 속임수나 그 밖의 부정한 방법으로 보험급여를 받은 보조기기의 판매업자
> ㉡ 의료기관을 개설할 수 없는 자가 의료인의 면허를 대여받아 개설한 의료기관의 개설자
> ㉢ 가입자의 거짓 증명으로 보험급여를 실시한 경우 그 거짓 증명을 한 가입자
> ㉣ 속임수나 그 밖의 부당한 방법으로 직장가입자가 그의 피부양자에게 보험급여를 지급하게 한 경우 그 직장가입자

① ㉢, ㉣
② ㉠, ㉡, ㉢
③ ㉡, ㉢, ㉣
④ ㉠, ㉡, ㉢, ㉣

05. 다음 중 일정 금액 이상의 부당이득징수금을 체납하여 그 인적사항의 공개대상이 되는 체납자의 관련 정보에 포함되지 않는 것은?

① 체납자가 부당이득징수금에 관해 현재 진행 중에 있는 행정소송의 사건번호
② 징수금 발생의 원인이 되는 위반행위
③ 체납자의 인적사항
④ 체납자가 체납한 금액

국민건강보험법

제 5 장 건강보험심사평가원

> **법조문 익히기** 제62조(설립), 제63조(업무 등), 제64조(법인격 등), 제65조(임원)

제62조(설립)
요양급여비용을 심사하고 요양급여의 적정성을 평가하기 위하여 건강보험심사평가원을 설립한다.

제63조(업무 등)
① 심사평가원은 다음 각 호의 업무를 관장한다.
1. 요양급여비용의 심사
2. 요양급여의 적정성 평가
3. 심사기준 및 평가기준의 개발
4. 제1호부터 제3호까지의 규정에 따른 업무와 관련된 조사연구 및 국제협력
5. 다른 법률에 따라 지급되는 급여비용의 심사 또는 의료의 적정성 평가에 관하여 위탁받은 업무
6. 그 밖에 이 법 또는 다른 법령에 따라 위탁받은 업무
7. 건강보험과 관련하여 보건복지부장관이 필요하다고 인정한 업무
8. 그 밖에 보험급여 비용의 심사와 보험급여의 적정성 평가와 관련하여 대통령령으로 정하는 업무

② 제1항 제8호에 따른 보험급여의 적정성 평가의 기준·절차·방법 등에 필요한 사항은 보건복지부장관이 정하여 고시한다.

제64조(법인격 등)
① 심사평가원은 법인으로 한다.
② 심사평가원은 주된 사무소의 소재지에서 설립등기를 함으로써 성립한다.

제65조(임원)
① 심사평가원에 임원으로서 원장, 이사 15명 및 감사 1명을 둔다. 이 경우 원장, 이사 중 4명 및 감사는 상임으로 한다.
② 원장은 임원추천위원회가 복수로 추천한 사람 중에서 보건복지부장관의 제청으로 대통령이 임명한다.
③ 상임이사는 보건복지부령으로 정하는 추천 절차를 거쳐 원장이 임명한다.
④ 비상임이사는 다음 각 호의 사람 중에서 10명과 대통령령으로 정하는 바에 따라 추천한 관계 공무원 1명을 보건복지부장관이 임명한다.
1. 공단이 추천하는 1명
2. 의약관계단체가 추천하는 5명
3. 노동조합·사용자단체·소비자단체 및 농어업인단체가 추천하는 각 1명

⑤ 감사는 임원추천위원회가 복수로 추천한 사람 중에서 기획재정부장관의 제청으로 대통령이 임명한다.
⑥ 제4항에 따른 비상임이사는 정관으로 정하는 바에 따라 실비변상을 받을 수 있다.

⑦ 원장의 임기는 3년, 이사(공무원인 이사는 제외한다)와 감사의 임기는 각각 2년으로 한다.

조문확인 OX 문제
제62조(설립), 제63조(업무 등), 제64조(법인격 등), 제65조(임원)

■ 다음 조문을 읽고 맞는 것은 O, 틀린 것은 X에 V 표시하시오.

01 요양급여비용을 심사하고 요양급여의 적정성을 평가하기 위하여 건강보험심사평가원을 설립한다. [O / X]

02 건강보험심사평가원은 다른 법률에 따라 지급되는 급여비용의 심사 또는 의료의 적정성 평가업무를 위탁받아 이를 수행한다. [O / X]

03 건강보험심사평가원은 법인으로 한다. [O / X]

04 건강보험심사평가원장은 임원추천위원회가 복수로 추천한 사람 중에서 보건복지부장관이 임명한다. [O / X]

05 건강보험심사평가원의 상임이사는 보건복지부령으로 정하는 추천 절차를 거쳐 건강보험심사평가원장이 임명한다. [O / X]

06 건강보험심사평가원의 비상임이사의 임명권자는 보건복지부장관이다. [O / X]

07 건강보험심사평가원의 비상임이사에는 노동조합·사용자단체·소비자단체 및 농어업인단체가 추천하는 각 1명을 포함한다. [O / X]

08 건강보험심사평가원의 비상임이사에는 의약관계단체가 추천하는 5명을 포함한다. [O / X]

09 건강보험심사평가원의 감사는 보건복지부장관의 제청으로 대통령이 임명한다. [O / X]

10 건강보험심사평가원장과 공무원을 제외한 이사, 감사의 임기는 3년으로 한다. [O / X]

[정답] 01 O 02 O 03 O 04 X 05 O
06 O 07 O 08 O 09 X 10 X

제5장 건강보험심사평가원

제62조(설립), 제63조(업무 등), 제64조(법인격 등), 제65조(임원)

01. 다음 중 건강보험심사평가원의 업무가 아닌 것은?

① 요양급여비용의 심사
② 심사기준 및 평가기준의 개발
③ 급여비용의 심사 또는 의료의 적정성평가에 관해 위탁받은 업무
④ 보험급여비용의 지급

02. 다음은 건강보험심사평가원장의 임명에 관한 규정이다. 빈칸에 들어갈 내용에 해당하지 않는 것은?

> 원장은 ( )이/가 복수로 추천한 사람 중에서 ( )의 제청으로 ( )이/가 임명한다.

① 대통령   ② 보건복지부장관
③ 국민건강보험공단 이사장   ④ 임원추천위원회

03. 다음 중 건강보험심사평가원 상임이사의 임명권자는?

① 보건복지부장관   ② 대통령
③ 건강보험심사평가원장   ④ 진료심사평가위원회 위원장

04. 다음 중 건강보험심사평가원의 비상임이사의 추천을 할 수 없는 단체 및 기관장은?

① 국민건강보험공단　　　　　　　② 노동조합
③ 농어업인단체　　　　　　　　　④ 건강보험심사평가원장

05. 다음 중 건강보험심사평가원장과 상임이사, 비상임이사의 임기를 바르게 연결한 것은? (단, 공무원인 이사는 제외한다)

	원장	상임이사	비상임이사
①	3년	2년	2년
②	3년	3년	3년
③	5년	2년	3년
④	5년	3년	3년

법조문 익히기

제66조(진료심사평가위원회), 제66조의2(진료심사평가위원회 위원의 겸직), 제67조(자금의 조달 등), 제68조(준용 규정)

제66조(진료심사평가위원회)

① 심사평가원의 업무를 효율적으로 수행하기 위하여 심사평가원에 진료심사평가위원회(이하 "심사위원회"라 한다)를 둔다.

② 심사위원회는 위원장을 포함하여 90명 이내의 상근 심사위원과 1천 명 이내의 비상근 심사위원으로 구성하며, 진료과목별 분과위원회를 둘 수 있다.

③ 제2항에 따른 상근 심사위원은 심사평가원의 원장이 보건복지부령으로 정하는 사람 중에서 임명한다.

④ 제2항에 따른 비상근 심사위원은 심사평가원의 원장이 보건복지부령으로 정하는 사람 중에서 위촉한다.

⑤ 심사평가원의 원장은 심사위원이 다음 각 호의 어느 하나에 해당하면 그 심사위원을 해임 또는 해촉할 수 있다.

1. 신체장애나 정신장애로 직무를 수행할 수 없다고 인정되는 경우
2. 직무상 의무를 위반하거나 직무를 게을리한 경우
3. 고의나 중대한 과실로 심사평가원에 손실이 생기게 한 경우
4. 직무 여부와 관계없이 품위를 손상하는 행위를 한 경우

⑥ 제1항부터 제5항까지에서 규정한 사항 외에 심사위원회 위원의 자격·임기 및 심사위원회의 구성·운영 등에 필요한 사항은 보건복지부령으로 정한다.

제66조의2(진료심사평가위원회 위원의 겸직)

① 「고등교육법」 제14조 제2항에 따른 교원 중 교수·부교수 및 조교수는 「국가공무원법」 제64조 및 「사립학교법」 제55조 제1항에도 불구하고 소속대학 총장의 허가를 받아 진료심사평가위원회 위원의 직무를 겸할 수 있다.

② 제1항에 따라 대학의 교원이 진료심사평가위원회 위원을 겸하는 경우 필요한 사항은 대통령령으로 정한다.

제67조(자금의 조달 등)

① 심사평가원은 제63조 제1항에 따른 업무(같은 항 제5호에 따른 업무는 제외한다)를 하기 위하여 공단으로부터 부담금을 징수할 수 있다.

② 심사평가원은 제63조 제1항 제5호에 따라 급여비용의 심사 또는 의료의 적정성 평가에 관한 업무를 위탁받은 경우에는 위탁자로부터 수수료를 받을 수 있다.

③ 제1항과 제2항에 따른 부담금 및 수수료의 금액·징수 방법 등에 필요한 사항은 보건복지부령으로 정한다.

제68조(준용 규정)

심사평가원에 관하여 제14조 제3항·제4항, 제16조, 제17조(같은 조 제1항 제6호 및 제7호는 제외한다), 제18조, 제19조, 제22조부터 제32조까지, 제35조 제1항, 제36조, 제37조, 제39조 및 제40조를 준용한다. 이 경우 "공단"은 "심사평가원"으로, "이사장"은 "원장"으로 본다.

조문확인 **OX** 문제 제66조(진료심사평가위원회), 제66조의2(진료심사평가위원회 위원의 겸직), 제67조(자금의 조달 등), 제68조(준용 규정)

■ 다음 조문을 읽고 맞는 것은 O, 틀린 것은 X에 V 표시하시오.

01 건강보험심사평가원의 업무를 효율적으로 수행하기 위하여 진료심사평가위원회를 둔다.　　O　X

02 진료심사평가위원회는 위원장을 포함한 90명 이내의 상근 심사위원과 1천 명 이내의 비상근 심사위원으로 구성하며, 진료과목별 분과위원회를 둘 수 있다.　　O　X

03 진료심사평가위원회의 상근 심사위원은 보건복지부장관이 임명한다.　　O　X

04 진료심사평가위원회의 비상근 심사위원은 건강보험심사평가원장이 위촉한다.　　O　X

05 건강보험심사평가원장은 신체장애나 정신장애에 의해 직무를 수행할 수 없게 된 심사위원을 해임 또는 해촉할 수 있다.　　O　X

06 건강보험심사평가원장은 직무상 의무를 게을리 한 심사위원을 해임 또는 해촉할 수 있다.　　O　X

07 건강보험심사평가원장은 직무 여부와 관계없이 품위를 손상하는 행위를 한 이유로는 해당 진료심사평가위원회 심사위원을 해임 또는 해촉할 수 없다.　　O　X

08 건강보험심사평가원은 요양급여비용의 심사업무를 수행하기 위해 국민건강보험공단으로부터 부담금을 징수할 수 있다.　　O　X

09 건강보험심사평가원은 급여비용의 심사에 관한 업무를 위탁받고 위탁자로부터 수수료를 받을 수 있다.　　O　X

10 교수·부교수·조교수 등의 대학의 교원은 소속대학 총장의 허가를 받아 진료심사평가위원회 위원의 직무를 겸할 수 있다.　　O　X

[정답]　01 O　02 O　03 X　04 O　05 O
　　　　06 O　07 X　08 O　09 O　10 O

제66조(진료심사평가위원회), 제66조의2(진료심사평가위원회 위원의 겸직), 제67조(자금의 조달 등), 제68조(준용 규정)

01. 건강보험심사평가원의 자금조달에 관한 설명으로 옳지 않은 것은?

① 건강보험심사평가원은 요양급여의 적정성 평가를 위해 국민건강보험공단으로부터 부담금을 징수할 수 있다.
② 건강보험심사평가원은 의료의 적정성 평가업무를 위탁받고 위탁자로부터 수수료를 받을 수 있다.
③ 건강보험심사평가원은 정부로부터 급여의 심사기준과 그 평가기준의 개발에 대한 비용을 제공받을 수 있다.
④ 건강보험심사평가원은 요양급여비용의 심사에 관해 국민건강보험공단으로부터 부담금을 징수할 수 있다.

02. 진료심사평가위원회의 구성에 대한 다음 글의 빈칸 ㉠ ~ ㉣에 들어갈 내용이 바르게 연결되지 않은 것은?

> 진료심사평가위원회는 (㉠)명 이내의 상근 심사위원과 (㉡)명 이내의 비상근 심사위원으로 구성되며, 진료과목별 (㉢)을/를 둘 수 있다. 상근 심사위원은 (㉣)이 임명하고, 비상근 심사위원은 건강보험심사평가원장이 위촉한다.

① ㉠ : 90
② ㉡ : 1,000
③ ㉢ : 분과위원회
④ ㉣ : 보건복지부장관

03. 다음 중 진료심사평가위원회 심사위원의 해임 또는 해촉사유에 해당하지 않는 경우는?

① 정신장애로 직무를 수행할 수 없게 된 경우
② 직무태만 사실이 적발된 경우
③ 과실로 인해 건강보험심사평가원에 손실을 가한 경우
④ 직무 여부와 관계없이 품위를 손상하는 행위를 한 경우

04. 2023년 11월 20일부터 시행된 「국민건강보험법」 개정안에 관한 다음 설명의 빈칸에 들어갈 내용으로 적절한 것은?

> 2023년 5월 19일에 신설되어 같은 해 11월 20일에 시행된 「국민건강보험법」 개정에서는 (　　　　　　　)도 허가를 받아 진료심사평가위원회 위원의 직무를 겸할 수 있는 근거조항인 제66조의2가 신설되었다.

① 보건복지부장관이 추천하는 관계 공무원
② 대학 교수 · 부교수 · 조교수
③ 근로복지공단이 추천하는 사람
④ 지방자치단체가 추천하는 관계 공무원

05. 건강보험심사평가원의 운영자금을 조달하는 방법에 관하여 다음 중 옳지 않은 것은?

① 건강보험심사평가원은 요양급여비용의 심사를 하기 위해 국민건강보험공단으로부터 부담금을 징수할 수 있다.
② 건강보험심사평가원은 급여비용의 심사에 관하여 그 업무를 위탁받은 경우 국민건강보험공단으로부터 그 위탁수수료를 받을 수 있다.
③ 건강보험심사평가원은 의료의 적정성 평가에 관하여 그 업무를 위탁받은 경우 위탁자에게 수수료를 받을 수 있다.
④ 건강보험심사평가원이 받는 징수금과 수수료에 관하여 필요한 사항은 보건복지부령으로 정한다.

제 6 장 보험료

> **법조문 익히기** 제69조(보험료), 제70조(보수월액), 제71조(소득월액)

제69조(보험료)

① 공단은 건강보험사업에 드는 비용에 충당하기 위하여 제77조에 따른 보험료의 납부의무자로부터 보험료를 징수한다.

② 제1항에 따른 보험료는 가입자의 자격을 취득한 날이 속하는 달의 다음 달부터 가입자의 자격을 잃은 날의 전날이 속하는 달까지 징수한다. 다만, 가입자의 자격을 매월 1일에 취득한 경우 또는 제5조 제1항 제2호 가목에 따른 건강보험 적용 신청으로 가입자의 자격을 취득하는 경우에는 그 달부터 징수한다.

③ 제1항 및 제2항에 따라 보험료를 징수할 때 가입자의 자격이 변동된 경우에는 변동된 날이 속하는 달의 보험료는 변동되기 전의 자격을 기준으로 징수한다. 다만, 가입자의 자격이 매월 1일에 변동된 경우에는 변동된 자격을 기준으로 징수한다.

④ 직장가입자의 월별 보험료액은 다음 각 호에 따라 산정한 금액으로 한다.
1. 보수월액보험료 : 제70조에 따라 산정한 보수월액에 제73조 제1항 또는 제2항에 따른 보험료율을 곱하여 얻은 금액
2. 보수 외 소득월액보험료 : 제71조 제1항에 따라 산정한 보수 외 소득월액에 제73조 제1항 또는 제2항에 따른 보험료율을 곱하여 얻은 금액

⑤ 지역가입자의 월별 보험료액은 다음 각 호의 구분에 따라 산정한 금액을 합산한 금액으로 한다. 이 경우 보험료액은 세대 단위로 산정한다.
1. 소득 : 제71조 제2항에 따라 산정한 지역가입자의 소득월액에 제73조 제3항에 따른 보험료율을 곱하여 얻은 금액
2. 재산 : 제72조에 따라 산정한 재산보험료부과점수에 제73조 제3항에 따른 재산보험료부과점수당 금액을 곱하여 얻은 금액

⑥ 제4항 및 제5항에 따른 월별 보험료액은 가입자의 보험료 평균액의 일정비율에 해당하는 금액을 고려하여 대통령령으로 정하는 기준에 따라 상한 및 하한을 정한다.

제70조(보수월액)

① 제69조 제4항 제1호에 따른 직장가입자의 보수월액은 직장가입자가 지급받는 보수를 기준으로 하여 산정한다.

② 휴직이나 그 밖의 사유로 보수의 전부 또는 일부가 지급되지 아니하는 가입자(이하 "휴직자등"이라 한다)의 보수월액보험료는 해당 사유가 생기기 전 달의 보수월액을 기준으로 산정한다.

③ 제1항에 따른 보수는 근로자등이 근로를 제공하고 사용자·국가 또는 지방자치단체로부터 지급받는 금품(실비변상적인 성격을 갖는 금품은 제외한다)으로서 대통령령으로 정하는 것을 말한다. 이 경우 보수 관련 자료가 없거나 불명확한 경우 등 대통령령으로 정하는 사유에 해당하면 보건복지부장관이 정하여 고시하는 금액을 보수로 본다.

④ 제1항에 따른 보수월액의 산정 및 보수가 지급되지 아니하는 사용자의 보수월액의 산정 등에 필요한 사항은 대통령령으로 정한다.

제71조(소득월액)

① 직장가입자의 보수 외 소득월액은 제70조에 따른 보수월액의 산정에 포함된 보수를 제외한 직장가입자의 소득(이하 "보수 외 소득"이라 한다)이 대통령령으로 정하는 금액을 초과하는 경우 다음의 계산식에 따른 값을 보건복지부령으로 정하는 바에 따라 평가하여 산정한다.

$$(\text{연간 보수 외 소득} - \text{대통령령으로 정하는 금액}) \times 1/12$$

② 지역가입자의 소득월액은 지역가입자의 연간 소득을 12개월로 나눈 값을 보건복지부령으로 정하는 바에 따라 평가하여 산정한다.
③ 제1항 및 제2항에 따른 소득의 구체적인 범위, 소득월액을 산정하는 기준, 방법 등 소득월액의 산정에 필요한 사항은 대통령령으로 정한다.

조문확인 OX 문제
제69조(보험료), 제70조(보수월액), 제71조(소득월액)

■ 다음 조문을 읽고 맞는 것은 O, 틀린 것은 X에 ∨ 표시하시오.

01 국민건강보험료는 가입자의 자격을 취득한 날이 속하는 달부터 자격을 잃은 날이 속하는 달까지 징수한다. [O / X]

02 보험료를 징수할 때 가입자의 자격이 그 달의 12일에 변동된 경우에는 변동한 날이 속하는 달의 보험료는 변동되기 전의 자격을 기준으로 징수한다. [O / X]

03 직장가입자의 보수월액보험료는 보수월액에 보험료율을 곱한 금액으로 한다. [O / X]

04 지역가입자의 월별 보험료액은 소득월액에 보험료율을 곱한 금액으로 한다. [O / X]

05 휴직자의 보수월액보험료는 휴직을 하지 않았다면 그 달에 받았을 것으로 예상되는 보수를 기준으로 산정한다. [O / X]

06 소득월액은 보수월액의 산정에 포함된 보수를 제외한 직장가입자의 소득인 보수 외 소득이 대통령령으로 정하는 금액 미만인 경우에 산정한다. [O / X]

07 직장가입자의 보수월액을 정함에 있어 보수 관련 자료가 없거나 불명확한 경우 대통령령으로 정하는 사유에 따라 보건복지부장관이 정하여 고시하는 금액을 보수로 한다. [O / X]

[정답] 01 X 02 O 03 O 04 X 05 X 06 X 07 O

제69조(보험료), 제70조(보수월액), 제71조(소득월액)

01. 보험료 징수의 기준에 대한 설명으로 옳지 않은 것은?

① 원칙적으로 보험료는 가입자의 자격을 취득한 날이 속하는 달의 다음 달부터 징수한다.
② 원칙적으로 보험료는 가입자의 자격을 잃은 날의 전날이 속하는 달까지 징수한다.
③ 원칙적으로 보험가입자의 자격이 변동된 경우 그 자격이 변동된 날이 속하는 달의 보험료는 변동된 자격을 기준으로 징수한다.
④ 보험가입자의 자격이 매월 1일에 변동된 경우에는 변동된 자격을 기준으로 징수한다.

02. 직장가입자의 보수월액에 대한 설명으로 옳지 않은 것은?

① 직장가입자의 보수월액은 직장가입자가 지급받은 보수를 기준으로 한다.
② 휴직으로 인해 보수의 일부가 지급되지 않은 경우 그 일부 지급액을 기준으로 보수월액을 산정한다.
③ 직장가입자의 보수에는 국가나 지방자치단체로부터 지급받은 실비변상적 성격의 금품은 제외한다.
④ 보수에 관한 자료가 없거나 불명확한 경우 보건복지부장관이 정하는 금액을 보수로 본다.

03. 다음은 직장가입자의 보수 외 소득월액의 계산식이다. 빈칸에 들어갈 내용이 나열대로 바르게 연결된 것은?

보수 외 소득월액={(   )−대통령령으로 정하는 금액}×(   )

① 연간 총소득, 12
② 연간 보수 외 소득, 12
③ 연간 총소득, $\frac{1}{12}$
④ 연간 보수 외 소득, $\frac{1}{12}$

04. 소득월액에 대한 설명으로 옳지 않은 것은?

① 직장가입자의 소득월액보험료는 소득월액에 보험료율을 곱하여 계산한다.
② 직장가입자의 보수 외 소득월액 계산에 필요한 보수 외 소득이란 보수를 제외한 직장가입자의 소득을 의미한다.
③ 보수 외 소득이 없는 직장가입자의 보수 외 소득월액은 산정하지 않는다.
④ 지역가입자의 소득월액은 지역가입자의 최근 3개월 전 소득을 기준으로 산정한다.

05. 다음은 지역가입자의 월별 보험료액을 구하는 식이다. ㉠ ~ ㉢에 대한 설명으로 옳지 않은 것은?

> ㉠월별 보험료액=(　㉡　)+㉢지역가입자의 재산

① ㉠은 지역가입자가 속한 세대 단위로 산정한다.
② ㉠은 가입자의 보험료 평균액의 일정비율에 해당하는 금액을 고려하여 그 상한과 하한을 결정한다.
③ ㉡에 들어갈 내용은 지역가입자의 소득이다.
④ ㉢은 재산보험료부과점수에 보험료율을 곱하여 산출한다.

법조문 익히기 — 제72조(재산보험료부과점수), 제72조의3(보험료 부과제도에 대한 적정성 평가)

제72조(재산보험료부과점수)

① 제69조 제5항 제2호에 따른 재산보험료부과점수는 지역가입자의 재산을 기준으로 산정한다. 다만, 대통령령으로 정하는 지역가입자가 실제 거주를 목적으로 대통령령으로 정하는 기준 이하의 주택을 구입 또는 임차하기 위하여 다음 각 호의 어느 하나에 해당하는 대출을 받고 그 사실을 공단에 통보하는 경우에는 해당 대출금액을 대통령령으로 정하는 바에 따라 평가하여 재산보험료부과점수 산정 시 제외한다.

1. 「금융실명거래 및 비밀보장에 관한 법률」 제2조 제1호에 따른 금융회사등(이하 "금융회사등"이라 한다)으로부터 받은 대출
2. 「주택도시기금법」에 따른 주택도시기금을 재원으로 하는 대출 등 보건복지부장관이 정하여 고시하는 대출

② 제1항에 따라 재산보험료부과점수의 산정방법과 산정기준을 정할 때 법령에 따라 재산권의 행사가 제한되는 재산에 대하여는 다른 재산과 달리 정할 수 있다.

③ 지역가입자는 제1항 단서에 따라 공단에 통보할 때 「신용정보의 이용 및 보호에 관한 법률」 제2조 제1호에 따른 신용정보, 「금융실명거래 및 비밀보장에 관한 법률」 제2조 제2호에 따른 금융자산, 같은 조 제3호에 따른 금융거래의 내용에 대한 자료·정보 중 대출금액 등 대통령령으로 정하는 자료·정보(이하 "금융정보등"이라 한다)를 공단에 제출하여야 하며, 제1항 단서에 따른 재산보험료부과점수 산정을 위하여 필요한 금융정보등을 공단에 제공하는 것에 대하여 동의한다는 서면을 함께 제출하여야 한다.

④ 제1항 및 제2항에 따른 재산보험료부과점수의 산정방법·산정기준 등에 필요한 사항은 대통령령으로 정한다.

제72조의2 삭제 〈2024. 1. 9.〉

제72조의3(보험료 부과제도에 대한 적정성 평가)

① 보건복지부장관은 제5조에 따른 피부양자 인정기준(이하 이 조에서 "인정기준"이라 한다)과 제69조부터 제72조까지의 규정에 따른 보험료, 보수월액, 소득월액 및 재산보험료부과점수의 산정 기준 및 방법 등(이하 이 조에서 "산정기준"이라 한다)에 대하여 적정성을 평가하고, 이 법 시행일로부터 4년이 경과한 때 이를 조정하여야 한다.

② 보건복지부장관은 제1항에 따른 적정성 평가를 하는 경우에는 다음 각 호를 종합적으로 고려하여야 한다.

1. 제4조 제1항 제5호의2 나목에 따라 심의위원회가 심의한 가입자의 소득 파악 현황 및 개선방안
2. 공단의 소득 관련 자료 보유 현황
3. 「소득세법」 제4조에 따른 종합소득(종합과세되는 종합소득과 분리과세되는 종합소득을 포함한다) 과세 현황
4. 직장가입자에게 부과되는 보험료와 지역가입자에게 부과되는 보험료 간 형평성
5. 제1항에 따른 인정기준 및 산정기준의 조정으로 인한 보험료 변동
6. 그 밖에 적정성 평가 대상이 될 수 있는 사항으로서 보건복지부장관이 정하는 사항

③ 제1항에 따른 적정성 평가의 절차, 방법 및 그 밖에 적정성 평가를 위하여 필요한 사항은 대통령령으로 정한다.

조문확인 OX 문제
제72조(재산보험료부과점수), 제72조의3(보험료 부과제도에 대한 적정성 평가)

■ 다음 조문을 읽고 맞는 것은 O, 틀린 것은 X에 V 표시하시오.

01 지역가입자의 재산보험료부과점수는 지역가입자의 재산을 기준으로 산정한다.   O   X

02 지역가입자의 재산보험료부가점수의 산정에서 법령에 따라 재산권의 행사가 제한됨을 이유로 재산보험료부과점수의 산정기준을 다르게 할 수 없다.   O   X

03 주택도시기금을 재원으로 하는 대출은 모두 재산보험료부과점수 산정에 포함한다.   O   X

04 보건복지부장관은 공단의 소득 관련 자료 보유 상황을 고려하여 보험료 부과제도의 적정성을 평가하여야 한다.   O   X

05 「소득세법」 제4조에서 정하는 종합소득의 과세 현황은 보험료 부과제도의 적정성을 평가하는 기준에 해당하지 않는다.   O   X

06 보건복지부장관은 피부양자인정기준과 보험료, 보수월액, 소득월액 및 재산보험료부과점수의 산정 기준 및 방법에 대한 적정성을 평가한다.   O   X

07 보건복지부장관은 직장가입자에게 부과되는 보험료와 지역가입자에게 부과되는 보험료의 형평성 등을 고려하여 보험료 부과제도의 적정성을 평가하여야 한다.   O   X

08 지역가입자가 실제 거주 이외의 목적으로 대통령령으로 정하는 기준 이하의 주택을 구입하기 위해 금융회사로부터 받은 대출금액은 이를 공단에 통보할 경우 보험료부과점수의 산정에서 제외된다.   O   X

09 지역가입자가 주택 구매를 목적으로 하는 대출금액을 공단에 통보할 경우 신용정보, 금융자산, 금융거래 중 대출금액에 대한 자료 및 정보를 정보제공의서와 함께 공단에 제출하여야 한다.   O   X

[정답] 01 O   02 X   03 X   04 O   05 X   06 O   07 O   08 O   09 X

 제72조(재산보험료부과점수), 제72조의3(보험료 부과제도에 대한 적정성 평가)

01. 다음 중 「국민건강보험법」이 규정하고 있는 지역가입자의 재산보험료부과점수의 산정기준에 해당하는 것을 모두 고르면?

| ㉠ 소득 | ㉡ 재산 |
| ㉢ 연령 | ㉣ 경제활동참가율 |

① ㉠
② ㉡
③ ㉠, ㉡
④ ㉠, ㉡, ㉢, ㉣

02. 다음 중 「국민건강보험법」 제72조의3에서 정하는 보험료 부과제도에 대한 적정성 평가의 주체는?

① 보건복지부장관
② 국민건강보험공단
③ 건강보험심사평가원
④ 기획재정부장관

03. 다음 중 「국민건강보험법」에 따른 보험료부과제도에 대한 적정성 평가의 기준이 아닌 것은?

① 종합소득 과세 현황
② 공단의 소득 관련 자료 보유 현황
③ 국회가 심의한 가입자의 소득 파악 현황
④ 직장가입자와 지역가입자의 보험료 간의 형평성

04. 다음 사례에 해당하는 제도에 대한 설명으로 옳지 않은 것은?

> 지역가입자 A 씨는 주택을 구매하기 위해 은행으로부터 대출을 받았는데, 해당 대출금이 보험료부과점수 계산에서 제외될 수 있다는 사실을 알고 본인도 여기에 해당할 수 있는지에 대해 알아보고 있다.

① 주택을 구입하기 위해 은행으로부터 받은 대출금이 보험료부과점수에서 제외되기 위해서는 지역가입자가 실제 거주를 목적으로 함을 요구한다.
② 주택을 구입하기 위해 은행으로부터 받은 대출금이 보험료부과점수에서 제외되기 위해서는 해당 주택이 대통령령으로 정하는 기준을 초과하는 주택임을 요구한다.
③ 대출금을 보험료부과점수에서 제외하기 위해서는 이를 국민건강보험공단에 통보해야 한다.
④ 지역가입자는 대출금을 보험료부과점수에서 제외하기 위해서는 신용정보와 금융자산, 금융거래 중 대출금액 등에 대한 자료·정보를, 이를 제공함을 동의한다는 서면과 함께 국민건강보험공단에 제출해야 한다.

05. 다음 중 보험료 부과제도의 적정성을 평가하고 이를 개선하기 위한 제도에 대한 설명으로 옳지 않은 것은?

① 「국민건강보험법」 제72조의3을 근거로 하는 보험료 부과제도의 적정성 평가에는 직장가입자의 보수월액의 산정 기준 및 방법에 관한 내용은 포함하지 않는다.
② 보험료 부과제도의 적정성 평가에는 건강보험정책심의위원회가 심의한 가입자의 소득 파악 현황 및 개선방안을 고려해야 한다.
③ 보험료 부과제도의 적정성 평가에서는 재산보험료부과점수의 산정 기준 및 방법을 평가한다.
④ 보험료 부과제도의 적정성 평가에 있어서 고려되어야 하는 「소득세법」 제4조의 종합소득의 과세현황에는 종합과세되는 종합소득뿐만 아니라 분리과세되는 종합소득의 과세현황을 모두 포함한다.

법조문 익히기 — 제73조(보험료율 등), 제74조(보험료의 면제)

제73조(보험료율 등)
① 직장가입자의 보험료율은 1천분의 80의 범위에서 심의위원회의 의결을 거쳐 대통령령으로 정한다.
② 국외에서 업무에 종사하고 있는 직장가입자에 대한 보험료율은 제1항에 따라 정해진 보험료율의 100분의 50으로 한다.
③ 지역가입자의 보험료율과 재산보험료부과점수당 금액은 심의위원회의 의결을 거쳐 대통령령으로 정한다.

제74조(보험료의 면제)
① 공단은 직장가입자가 제54조 제2호부터 제4호까지의 어느 하나에 해당하는 경우(같은 조 제2호에 해당하는 경우에는 1개월 이상의 기간으로서 대통령령으로 정하는 기간 이상 국외에 체류하는 경우에 한정한다. 이하 이 조에서 같다) 그 가입자의 보험료를 면제한다. 다만, 제54조 제2호에 해당하는 직장가입자의 경우에는 국내에 거주하는 피부양자가 없을 때에만 보험료를 면제한다.
② 지역가입자가 제54조 제2호부터 제4호까지의 어느 하나에 해당하면 그 가입자가 속한 세대의 보험료를 산정할 때 그 가입자의 제71조 제2항에 따른 소득월액 및 제72조에 따른 재산보험료부과점수를 제외한다.
③ 제1항에 따른 보험료의 면제나 제2항에 따라 보험료의 산정에서 제외되는 소득월액 및 재산보험료부과점수에 대하여는 제54조 제2호부터 제4호까지의 어느 하나에 해당하는 급여정지 사유가 생긴 날이 속하는 달의 다음 달부터 사유가 없어진 날이 속하는 달까지 적용한다. 다만, 다음 각 호의 어느 하나에 해당하는 경우에는 그 달의 보험료를 면제하지 아니하거나 보험료의 산정에서 보험료부과점수를 제외하지 아니한다.
1. 급여정지 사유가 매월 1일에 없어진 경우
2. 제54조 제2호에 해당하는 가입자 또는 그 피부양자가 국내에 입국하여 입국일이 속하는 달에 보험급여를 받고 그 달에 출국하는 경우

조문확인 OX 문제

제73조(보험료율 등), 제74조(보험료의 면제)

■ 다음 조문을 읽고 맞는 것은 O, 틀린 것은 X에 V 표시하시오.

01 직장가입자의 보험료율은 건강보험정책심의위원회의 의결을 거쳐 대통령령으로 정하되, 1천분의 80을 초과할 수 없다. [O / X]

02 국외에서 업무에 종사하고 있는 직장가입자의 보험료율은 정해진 직장가입자의 보험료율의 100분의 25로 한다. [O / X]

03 지역가입자의 보험료율과 재산보험료부과점수당 금액은 건강보험정책심의위원회의 의결을 거쳐 대통령령으로 정한다. [O / X]

04 직장가입자가 1개월 이상 해외에 체류하고, 국내에 거주하는 피부양자가 없다면 그 가입자의 국민건강보험료를 면제한다. [O / X]

05 교도소에 수용되어 있는 사람의 국민건강보험료는 면제되지 않는다. [O / X]

06 지역가입자가 속한 세대의 보험료를 산정할 때 국외에 체류 중임을 이유로는 그 지역가입자의 소득월액과 재산보험료부과점수를 제외하지 않는다. [O / X]

07 해외에 체류 중이던 국민건강보험의 가입자가 국내에 입국하여 그 입국일이 속하는 달에 보험급여를 받고 그 달에 출국할 경우 보험료의 면제대상에서 제외된다. [O / X]

08 급여정지 사유가 매월 1일에 없어진 경우에는 그 달의 보험료를 면제한다. [O / X]

[정답] 01 O 02 X 03 O 04 O 05 X
06 X 07 O 08 X

법조문 익히기 — 제75조(보험료의 경감 등), 제76조(보험료의 부담)

제75조(보험료의 경감 등)

① 다음 각 호의 어느 하나에 해당하는 가입자 중 보건복지부령으로 정하는 가입자에 대하여는 그 가입자 또는 그 가입자가 속한 세대의 보험료의 일부를 경감할 수 있다.

1. 섬·벽지(僻地)·농어촌 등 대통령령으로 정하는 지역에 거주하는 사람
2. 65세 이상인 사람
3. 「장애인복지법」에 따라 등록한 장애인
4. 「국가유공자 등 예우 및 지원에 관한 법률」 제4조 제1항 제4호, 제6호, 제12호, 제15호 및 제17호에 따른 국가유공자
5. 휴직자
6. 그 밖에 생활이 어렵거나 천재지변 등의 사유로 보험료를 경감할 필요가 있다고 보건복지부장관이 정하여 고시하는 사람

② 제77조에 따른 보험료 납부의무자가 다음 각 호의 어느 하나에 해당하는 경우에는 대통령령으로 정하는 바에 따라 보험료를 감액하는 등 재산상의 이익을 제공할 수 있다.

1. 제81조의6 제1항에 따라 보험료의 납입 고지 또는 독촉을 전자문서로 받는 경우
2. 보험료를 계좌 또는 신용카드 자동이체의 방법으로 내는 경우

③ 제1항에 따른 보험료 경감의 방법·절차 등에 필요한 사항은 보건복지부장관이 정하여 고시한다.

제76조(보험료의 부담)

① 직장가입자의 보수월액보험료는 직장가입자와 다음 각 호의 구분에 따른 자가 각각 보험료액의 100분의 50씩 부담한다. 다만, 직장가입자가 교직원으로서 사립학교에 근무하는 교원이면 보험료액은 그 직장가입자가 100분의 50을, 제3조 제2호 다목에 해당하는 사용자가 100분의 30을, 국가가 100분의 20을 각각 부담한다.

1. 직장가입자가 근로자인 경우에는 제3조 제2호 가목에 해당하는 사업주
2. 직장가입자가 공무원인 경우에는 그 공무원이 소속되어 있는 국가 또는 지방자치단체
3. 직장가입자가 교직원(사립학교에 근무하는 교원은 제외한다)인 경우에는 제3조 제2호 다목에 해당하는 사용자

② 직장가입자의 보수 외 소득월액보험료는 직장가입자가 부담한다.

③ 지역가입자의 보험료는 그 가입자가 속한 세대의 지역가입자 전원이 연대하여 부담한다.

④ 직장가입자가 교직원인 경우 제3조 제2호 다목에 해당하는 사용자가 부담액 전부를 부담할 수 없으면 그 부족액을 학교에 속하는 회계에서 부담하게 할 수 있다.

조문확인 OX 문제

제75조(보험료의 경감 등), 제76조(보험료의 부담)

다음 조문을 읽고 맞는 것은 O, 틀린 것은 X에 V 표시하시오.

01 국민건강보험의 가입자가 휴직자인 경우는 국민건강보험료의 경감사유에 해당하지 않는다. | O | X |

02 보험료의 납입 고지를 전자문서로 받는 경우 보험료의 감액 대상이 될 수 있다. | O | X |

03 보험료 납입을 계좌 또는 신용카드 자동이체의 방법으로 납부할 경우 보험료의 감액 대상이 될 수 있다. | O | X |

04 공무원인 직장가입자의 보수월액보험료는 그 직장가입자가 100분의 50을, 관할 지방자치단체가 100분의 30을, 국가가 100분의 20을 각각 부담한다. | O | X |

05 사립학교에 근무하는 교원인 직장가입자의 보수월액보험료는 직장가입자와 그 사용자가 100분의 50씩 부담한다. | O | X |

06 사립학교에 근무하는 교원이 아닌 교직원 직장가입자의 보수월액보험료는 직장가입자와 그 사용자가 100분의 50씩 부담한다. | O | X |

07 직장가입자의 보수 외 소득월액보험료는 직장가입자가 전액 부담한다. | O | X |

08 지역가입자의 보험료는 그 가입자가 속한 세대의 지역가입자 전원이 연대하여 부담한다. | O | X |

09 직장가입자가 교직원인 경우 만일 사용자가 보수월액보험료 부담액의 전부를 부담할 수 없으면 그 부족액을 국가가 부담하게 할 수 있다. | O | X |

[정답] 01 X 02 O 03 O 04 X 05 X
       06 O 07 O 08 O 09 X

제73조(보험료율 등), 제74조(보험료의 면제), 제75조(보험료의 경감 등), 제76조(보험료의 부담)

01. 다음 빈칸에 들어갈 숫자를 곱한 값은?

> 직장가입자의 보험료율은 (　　)의 범위에서 심의위원회의 의결을 거쳐 대통령령으로 정하고, 국외에서 업무에 종사하고 있는 직장가입자의 보험료율은 정해진 보험료율의 (　　)(으)로 한다.

① $\dfrac{8}{1,000}$　　② $\dfrac{4}{1,000}$　　③ $\dfrac{8}{100}$　　④ $\dfrac{4}{100}$

02. 다음 중 가입자 또는 그 가입자가 속하는 세대의 국민건강보험료를 경감할 수 있는 경우를 모두 고르면?

> ㉠ 65세 이상의 사람의 경우
> ㉡ 「장애인복지법」에 따라 등록된 장애인의 경우
> ㉢ 휴직자인 경우
> ㉣ 4·19혁명부상자에 해당하는 국가유공자

① ㉢, ㉣　　　　　　　　　　② ㉡, ㉣
③ ㉠, ㉡, ㉢　　　　　　　　④ ㉠, ㉡, ㉢, ㉣

03. 다음 중 근로자인 직장가입자의 보수월액보험료 부담비율로 옳은 것은?

① 전액 사용자가 부담한다.
② 직장가입자와 사용자가 각각 100분의 50씩 부담한다.
③ 직장가입자와 국가가 각각 100분의 50씩 부담한다.
④ 직장가입자가 100분의 50, 사용자가 100분의 30, 국가가 100분의 20을 부담한다.

04. 다음 중 사립학교에 근무하는 교원의 국민건강보험료 부담으로 옳은 설명을 모두 고르면?

> ⊙ 사립학교 교원의 소득월액보험료는 교원과 그 사용자가 각각 100분의 50씩 부담한다.
> ⓒ 사립학교 교원의 소득월액보험료는 교원이 100분의 50, 사용자가 100분의 30, 국가가 100분의 20을 각각 부담한다.
> ⓒ 사립학교 교원의 보수월액보험료는 교원과 그 사용자가 각각 100분의 50씩 부담한다.
> ⓔ 사립학교 교원의 보수월액보험료는 교원이 100분의 50, 사용자가 100분의 30, 국가가 100분의 20을 각각 부담한다.

① ⓒ
② ⓔ
③ ⊙, ⓒ
④ ⓒ, ⓔ

05. 지역가입자의 보험료 부담에 대한 설명으로 옳은 것은?

① 지역가입자가 속한 세대의 세대주가 전액 부담한다.
② 지역가입자가 속한 세대의 세대주와 국가가 각각 100분의 50씩을 부담한다.
③ 지역가입자가 속한 세대의 지역가입자 전원이 연대하여 부담한다.
④ 국가가 전액 부담한다.

법조문 익히기 — 제77조(보험료 납부의무), 제77조의2(제2차 납부의무), 제78조(보험료의 납부기한), 제78조의2(가산금)

제77조(보험료 납부의무)

① 직장가입자의 보험료는 다음 각 호의 구분에 따라 그 각 호에서 정한 자가 납부한다.
1. 보수월액보험료 : 사용자. 이 경우 사업장의 사용자가 2명 이상인 때에는 그 사업장의 사용자는 해당 직장가입자의 보험료를 연대하여 납부한다.
2. 보수 외 소득월액보험료 : 직장가입자

② 지역가입자의 보험료는 그 가입자가 속한 세대의 지역가입자 전원이 연대하여 납부한다. 다만, 소득 및 재산이 없는 미성년자와 소득 및 재산 등을 고려하여 대통령령으로 정하는 기준에 해당하는 미성년자는 납부의무를 부담하지 아니한다.

③ 사용자는 보수월액보험료 중 직장가입자가 부담하여야 하는 그 달의 보험료액을 그 보수에서 공제하여 납부하여야 한다. 이 경우 직장가입자에게 공제액을 알려야 한다.

제77조의2(제2차 납부의무)

① 법인의 재산으로 그 법인이 납부하여야 하는 보험료, 연체금 및 체납처분비를 충당하여도 부족한 경우에는 해당 법인에게 보험료의 납부의무가 부과된 날 현재의 무한책임사원 또는 과점주주(「국세기본법」 제39조 각 호의 어느 하나에 해당하는 자를 말한다)가 그 부족한 금액에 대하여 제2차 납부의무를 진다. 다만, 과점주주의 경우에는 그 부족한 금액을 그 법인의 발행주식 총수(의결권이 없는 주식은 제외한다) 또는 출자총액으로 나눈 금액에 해당 과점주주가 실질적으로 권리를 행사하는 주식 수(의결권이 없는 주식은 제외한다) 또는 출자액을 곱하여 산출한 금액을 한도로 한다.

② 사업이 양도·양수된 경우에 양도일 이전에 양도인에게 납부의무가 부과된 보험료, 연체금 및 체납처분비를 양도인의 재산으로 충당하여도 부족한 경우에는 사업의 양수인이 그 부족한 금액에 대하여 양수한 재산의 가액을 한도로 제2차 납부의무를 진다. 이 경우 양수인의 범위 및 양수한 재산의 가액은 대통령령으로 정한다.

제78조(보험료의 납부기한)

① 제77조 제1항 및 제2항에 따라 보험료 납부의무가 있는 자는 가입자에 대한 그 달의 보험료를 그 다음 달 10일까지 납부하여야 한다. 다만, 직장가입자의 보수 외 소득월액보험료 및 지역가입자의 보험료는 보건복지부령으로 정하는 바에 따라 분기별로 납부할 수 있다.

② 공단은 제1항에도 불구하고 납입 고지의 송달 지연 등 보건복지부령으로 정하는 사유가 있는 경우 납부의무자의 신청에 따라 제1항에 따른 납부기한부터 1개월의 범위에서 납부기한을 연장할 수 있다. 이 경우 납부기한 연장을 신청하는 방법, 절차 등에 필요한 사항은 보건복지부령으로 정한다.

제78조의2(가산금)

① 사업장의 사용자가 대통령령으로 정하는 사유에 해당되어 직장가입자가 될 수 없는 자를 제8조 제2항 또는 제9조 제2항을 위반하여 거짓으로 보험자에게 직장가입자로 신고한 경우 공단은 제1호의 금액에서 제2호의 금액을 뺀 금액의 100분의 10에 상당하는 가산금을 그 사용자에게 부과하여 징수한다.
1. 사용자가 직장가입자로 신고한 사람이 직장가입자로 처리된 기간 동안 그 가입자가 제69조 제5항에 따라

부담하여야 하는 보험료의 총액
2. 제1호의 기간 동안 공단이 해당 가입자에 대하여 제69조 제4항에 따라 산정하여 부과한 보험료의 총액
② 제1항에도 불구하고, 공단은 가산금이 소액이거나 그 밖에 가산금을 징수하는 것이 적절하지 아니하다고 인정되는 등 대통령령으로 정하는 경우에는 징수하지 아니할 수 있다.

조문확인 OX 문제

제77조(보험료 납부의무), 제77조의2(제2차 납부의무), 제78조(보험료의 납부기한), 제78조의2(가산금)

■ 다음 조문을 읽고 맞는 것은 O, 틀린 것은 X에 ∨ 표시하시오.

01 직장가입자의 보수월액보험료 납부의무자는 직장가입자이다. | O | X |

02 직장가입자의 보수 외 소득월액보험료 납부의무자는 직장가입자이다. | O | X |

03 지역가입자의 보험료 납부의무자는 그 가입자가 속한 세대의 지역가입자 중 소득 및 재산이 없는 미성년자 등을 제외한 지역가입자 전원이다. | O | X |

04 사용자는 보수월액보험료 중 직장가입자가 부담하여야 하는 그 달의 보험료액을 그 보수에서 공제하여 납부해야 하며, 직장가입자에게 그 공제액을 알려야 한다. | O | X |

05 법인의 재산으로 법인이 납부하여야 할 국민건강보험료, 연체금 및 체납처분비를 충당하여도 부족할 경우, 그 무한책임사원은 그 부족분에 대한 제2차 납부의무를 진다. | O | X |

06 법인이 납부하지 못한 국민건강보험료에 대한 과점주주의 제2차 납부의무는 그 부족금액을 법인의 발행주식 총수로 나누고 그 과점주주가 실질적으로 권리를 행사하는 주식 수 또는 출자액을 곱하여 산출한 금액을 한도로 한다. | O | X |

07 원칙적으로 그 달의 국민건강보험료는 그 다음 달 10일까지 납부하여야 한다. | O | X |

08 직장가입자의 소득월액보험료 및 지역가입자의 보험료는 분기별로 납부할 수 있다. | O | X |

09 국민건강보험공단은 납입 고지의 송달 지연을 이유로 납부기한을 연장할 수 없다. | O | X |

10 국민건강보험공단은 사업장의 사용자가 직장가입자가 될 수 없는 자를 거짓으로 직장가입자로 신고한 경우 그 사용자에 대해 가산금을 부과하여 이를 징수한다. | O | X |

[정답] 01 X 02 O 03 O 04 O 05 O
06 O 07 O 08 O 09 X 10 O

제77조(보험료 납부의무), 제77조의2(제2차 납부의무), 제78조(보험료의 납부기한), 제78조의2(가산금)

01. 다음은 국민건강보험의 제2차 납부의무에 관한 내용이다. 빈칸 ㉠, ㉡에 들어갈 내용을 바르게 나열한 것은?

> 법인의 재산으로 그 법인이 납부하여야 하는 보험료, 연체금 및 체납처분비를 충당하여도 부족한 경우에는 해당 법인에게 보험료의 납부의무가 부과된 날 현재의 (㉠) 또는 (㉡)이/가 그 부족한 금액에 대하여 제2차 납부의무를 진다. 다만, (㉡)의 경우에는 그 부족한 금액을 그 법인의 발행주식 총수 또는 출자총액으로 나눈 금액에 해당 (㉡)이/가 실질적으로 권리를 행사하는 주식 수 또는 출자액을 곱하여 산출한 금액을 한도로 한다.

	㉠	㉡		㉠	㉡
①	이사장	무한책임사원	②	무한책임사원	과점주주
③	이사장	과점주주	④	무한책임사원	이사장

02. 예외사항에 해당하지 않는 국민건강보험료 납부의무자의 그 달의 보험료 납부기한은?

① 그 다음 달 1일까지 ② 그 다음 달 10일까지
③ 그 다음 달 20일까지 ④ 그 다음 달 말일까지

03. 다음 중 국민건강보험료의 납입 고지의 송달지연이 발생할 경우, 납부의무자의 신청에 따라 연장할 수 있는 납부기한은?

① 납부기한부터 15일까지 ② 납부기한부터 1개월까지
③ 납부기한부터 3개월까지 ④ 납부기한부터 6개월까지

04. 다음은 국민건강보험공단이 사용자에게 부과하는 가산금에 관한 규정의 내용이다. 빈칸에 들어갈 숫자는?

> 　사업장의 사용자가 대통령령으로 정하는 사유에 해당되어 직장가입자가 될 수 없는 자를 거짓으로 보험자에게 직장가입자로 신고한 경우 공단은 다음 1.의 금액에서 2.의 금액을 뺀 금액의 100분의 (　)에 상당하는 가산금을 그 사용자에게 부과하여 징수한다.
> 1. 사용자가 직장가입자로 신고한 사람이 직장가입자로 처리된 기간 동안 그 가입자가 지역가입자의 기준에 따라 부담하여야 하는 보험료의 총액
> 2. 1.에 따른 기간 동안 공단이 해당 가입자에 대하여 직장가입자의 기준에 따라 부과한 보험료의 총액

① 20　　　　　　　　　　　　　② 15
③ 10　　　　　　　　　　　　　④ 5

05. 다음 중 직장가입자의 보험료 납부에 대한 설명으로 옳지 않은 것은?

① 직장가입자가 속한 사업장의 사용자가 다수인 경우 그 직장가입자의 납부의무자는 사용자들을 대표하는 1인으로 한다.
② 직장가입자가 부담하는 보수월액보험료는 보수에서 공제하여 납부하여야 하며, 사용자는 직장가입자에게 그 공제액을 알려야 한다.
③ 직장가입자의 소득월액보험료의 납부의무자는 직장가입자 본인이다.
④ 직장가입자의 보수월액보험료는 보건복지부령에 따라 분기별로 납부할 수 있다.

법조문 익히기 — 제79조(보험료등의 납입 고지), 제79조의2(신용카드등으로 하는 보험료등의 납부), 제80조(연체금)

제79조(보험료등의 납입 고지)

① 공단은 보험료등을 징수하려면 그 금액을 결정하여 납부의무자에게 다음 각 호의 사항을 적은 문서로 납입 고지를 하여야 한다.
1. 징수하려는 보험료등의 종류
2. 납부해야 하는 금액
3. 납부기한 및 장소

② 삭제 〈2023. 5. 19.〉

③ 삭제 〈2023. 5. 19.〉

④ 직장가입자의 사용자가 2명 이상인 경우 또는 지역가입자의 세대가 2명 이상으로 구성된 경우 그중 1명에게 한 고지는 해당 사업장의 다른 사용자 또는 세대 구성원인 다른 지역가입자 모두에게 효력이 있는 것으로 본다.

⑤ 휴직자등의 보험료는 휴직 등의 사유가 끝날 때까지 보건복지부령으로 정하는 바에 따라 납입 고지를 유예할 수 있다.

⑥ 공단은 제77조의2에 따른 제2차 납부의무자에게 납입의 고지를 한 경우에는 해당 법인인 사용자 및 사업양도인에게 그 사실을 통지하여야 한다.

제79조의2(신용카드등으로 하는 보험료등의 납부)

① 공단이 납입 고지한 보험료등을 납부하는 자는 보험료등의 납부를 대행할 수 있도록 대통령령으로 정하는 기관 등(이하 이 조에서 "보험료등납부대행기관"이라 한다)을 통하여 신용카드, 직불카드 등(이하 이 조에서 "신용카드등"이라 한다)으로 납부할 수 있다.

② 제1항에 따라 신용카드등으로 보험료등을 납부하는 경우에는 보험료등납부대행기관의 승인일을 납부일로 본다.

③ 보험료등납부대행기관은 보험료등의 납부자로부터 보험료등의 납부를 대행하는 대가로 수수료를 받을 수 있다.

④ 보험료등납부대행기관의 지정 및 운영, 수수료 등에 필요한 사항은 대통령령으로 정한다.

제80조(연체금)

① 공단은 보험료등의 납부의무자가 납부기한까지 보험료등을 내지 아니하면 그 납부기한이 지난 날부터 매 1일이 경과할 때마다 다음 각 호에 해당하는 연체금을 징수한다.
1. 제69조에 따른 보험료 또는 제53조 제3항에 따른 보험급여 제한 기간 중 받은 보험급여에 대한 징수금을 체납한 경우 : 해당 체납금액의 1천500분의 1에 해당하는 금액. 이 경우 연체금은 해당 체납금액의 1천분의 20을 넘지 못한다.
2. 제1호 외에 이 법에 따른 징수금을 체납한 경우 : 해당 체납금액의 1천분의 1에 해당하는 금액. 이 경우 연체금은 해당 체납금액의 1천분의 30을 넘지 못한다.

② 공단은 보험료등의 납부의무자가 체납된 보험료등을 내지 아니하면 납부기한 후 30일이 지난 날부터 매

1일이 경과할 때마다 다음 각 호에 해당하는 연체금을 제1항에 따른 연체금에 더하여 징수한다.
1. 제69조에 따른 보험료 또는 제53조 제3항에 따른 보험급여 제한 기간 중 받은 보험급여에 대한 징수금을 체납한 경우 : 해당 체납금액의 6천분의 1에 해당하는 금액. 이 경우 연체금(제1항 제1호의 연체금을 포함한 금액을 말한다)은 해당 체납금액의 1천분의 50을 넘지 못한다.
2. 제1호 외에 이 법에 따른 징수금을 체납한 경우 : 해당 체납금액의 3천분의 1에 해당하는 금액. 이 경우 연체금(제1항 제2호의 연체금을 포함한 금액을 말한다)은 해당 체납금액의 1천분의 90을 넘지 못한다.
③ 공단은 제1항 및 제2항에도 불구하고 천재지변이나 그 밖에 보건복지부령으로 정하는 부득이한 사유가 있으면 제1항 및 제2항에 따른 연체금을 징수하지 아니할 수 있다.

조문확인 OX 문제

제79조(보험료등의 납입 고지), 제79조의2(신용카드등으로 하는 보험료등의 납부), 제80조(연체금)

■ 다음 조문을 읽고 맞는 것은 O, 틀린 것은 X에 V 표시하시오.

01 국민건강보험공단은 징수하려는 납입의무자에게 보험료등의 종류, 납부해야 하는 금액, 납부기한 및 장소가 기록된 문서를 통해 납입고지를 하여야 한다. [O X]

02 직장가입자의 사용자가 2명 이상인 경우 그중 1명에게 한 고지는 해당 사업장의 다른 사용자 모두에게 효력이 있는 것으로 본다. [O X]

03 신용카드등으로 보험료를 납부할 경우의 납부일은 그 보험료등납부대행기관의 승인일로 본다. [O X]

04 국민건강보험공단은 국민건강보험료의 납부의무자가 보험료를 내지 않으면 그 납부기한이 지난 날부터 매 1일이 경과할 때마다 연체금을 징수한다. [O X]

05 국민건강보험료 또는 보험급여 제한기간 중 받은 보험급여에 대한 징수금을 체납한 경우 매 1일이 지날 때마다 해당 체납금액의 1,000분의 1에 해당하는 금액이 연체금이 된다. [O X]

06 국민건강보험료 또는 보험급여 제한기간 중 받은 보험급여에 대한 징수금 이외의 징수금을 체납하여 발생한 연체금은 해당 체납금액의 1,000분의 20을 넘지 못한다. [O X]

07 국민건강보험료 또는 보험급여 제한기간 중 받은 보험급여에 대한 징수금을 체납한 경우 납부의무자의 체납기간이 납부기한 후 30일이 지난 날부터 매 1일이 경과할 때마다 체납금액의 6,000분의 1을 연체금에 더하여 징수한다. [O X]

[정답] **01** O **02** O **03** O **04** O **05** X **06** X **07** O

제79조(보험료등의 납입 고지), 제79조의2(신용카드등으로 하는 보험료등의 납부), 제80조(연체금)

01. 문서로 고지하는 국민건강보험료의 납입 고지의 필수 기재사항이 아닌 것은?

① 가입자가 납부해야 할 금액
② 공단이 징수하려는 보험료등의 종류
③ 전자문서 납입고지 신청에 관한 안내
④ 보험료의 납부기한 및 납부 장소

02. 다음은 국민건강보험료의 연체금에 관한 내용이다. 빈칸 ㉠ ~ ㉣에 들어갈 내용을 바르게 나열한 것은?

「국민건강보험법」에 따른 징수금을 체납한 경우 매 1일이 경과할 때마다 그 체납금액의 (㉠)분의 1에 해당하는 금액을 징수한다. 이 경우 해당 체납금액 총액의 1천분의 (㉡)을 넘지 못한다.
단, 보험료 또는 보험급여 제한기간 중 받은 보험급여의 징수금을 체납한 경우 매 1일이 경과할 때마다 그 체납급액의 (㉢)분의 1에 해당하는 금액을 연체금으로 징수한다. 이 경우 해당 체납금액 총액의 1천분의 (㉣)을 넘지 못한다.

	㉠	㉡	㉢	㉣
①	1,500	20	1,000	30
②	1,500	30	1,000	20
③	1,000	20	1,500	30
④	1,000	30	1,500	20

03. 다음은 국민건강보험료의 납부기한 후 30일이 지난 경우의 연체금에 관한 내용이다. 빈칸 ㉠ ~ ㉣에 들어갈 내용을 바르게 나열한 것은?

> 「국민건강보험법」에 따른 징수금을 체납한 경우 납부기한 후 30일이 지난 날부터 매 1일이 경과할 때마다 그 체납금액의 (㉠)분의 1에 해당하는 금액을 추가로 징수한다. 이 경우 해당 체납금액 총액의 1천분의 (㉡)을 넘지 못한다.
> 단, 보험료 또는 보험급여 제한기간 중 받은 보험급여의 징수금을 체납한 경우 납부기한 후 30일이 지난 날부터 매 1일이 경과할 때마다 그 체납급액의 (㉢)분의 1에 해당하는 금액을 추가로 징수한다. 이 경우 해당 체납금액 총액의 1천분의 (㉣)을 넘지 못한다.

	㉠	㉡	㉢	㉣		㉠	㉡	㉢	㉣
①	3,000	90	6,000	50	②	3,000	50	6,000	90
③	6,000	90	3,000	50	④	6,000	50	3,000	90

04. 직장에 입사한 지 얼마 되지 않은 직장가입자인 A 씨는 첫 직장에 입사한 기념으로 처음 발급받은 신용카드로 국민건강보험료를 납부하려고 한다. 이에 대한 설명으로 옳지 않은 것은?

① 보험료의 납부일은 보험료의 납부를 대행하는 납부대행기관의 승인일로 한다.
② 보험료의 납부를 대행하는 기관은 납부를 대행하는 대가로 납부자로부터 직접 수수료를 수취할 수는 없다.
③ A 씨는 신용카드가 아닌 직불카드로도 보험료를 납부할 수 있다.
④ 보험료의 납부를 대행하는 기관의 종류는 대통령령으로 정한다.

05. 국민건강보험료의 납입 고지의 방법에 대한 설명으로 옳지 않은 것은?

① 직장가입자의 사용자가 둘 이상인 경우 그 중 한 명에게 한 고지는 다른 사용자 모두에게 효력이 있는 것으로 본다.
② 지역가입자의 세대가 둘 이상인 경우 그 중 한 명에게 한 고지는 다른 지역가입자 모두에게 효력이 있는 것으로 본다.
③ 휴직을 이유로 납입 고지를 유예할 수는 없다.
④ 국민건강보험공단은 제2차 납부의무자에 대한 납입 고지를 한 경우 해당 법인인 사용자 및 그 사업 양도인에게 해당 사실을 통지하여야 한다.

법조문 익히기

제81조(보험료등의 독촉 및 체납처분), 제81조의2(부당이득 징수금의 압류)

제81조(보험료등의 독촉 및 체납처분)

① 공단은 제57조, 제77조, 제77조의2, 제78조의2 및 제101조 및 제101조의2에 따라 보험료등을 내야 하는 자가 보험료등을 내지 아니하면 기한을 정하여 독촉할 수 있다. 이 경우 직장가입자의 사용자가 2명 이상인 경우 또는 지역가입자의 세대가 2명 이상으로 구성된 경우에는 그 중 1명에게 한 독촉은 해당 사업장의 다른 사용자 또는 세대 구성원인 다른 지역가입자 모두에게 효력이 있는 것으로 본다.

② 제1항에 따라 독촉할 때에는 10일 이상 15일 이내의 납부기한을 정하여 독촉장을 발부하여야 한다.

③ 공단은 제1항에 따른 독촉을 받은 자가 그 납부기한까지 보험료등을 내지 아니하면 보건복지부장관의 승인을 받아 국세 체납처분의 예에 따라 이를 징수할 수 있다.

④ 공단은 제3항에 따라 체납처분을 하기 전에 보험료등의 체납 내역, 압류 가능한 재산의 종류, 압류 예정 사실 및 「국세징수법」 제41조 제18호에 따른 소액금융재산에 대한 압류금지 사실 등이 포함된 통보서를 발송하여야 한다. 다만, 법인 해산 등 긴급히 체납처분을 할 필요가 있는 경우로서 대통령령으로 정하는 경우에는 그러하지 아니하다.

⑤ 공단은 제3항에 따른 국세 체납처분의 예에 따라 압류하거나 제81조의2 제1항에 따라 압류한 재산의 공매에 대하여 전문지식이 필요하거나 그 밖에 특수한 사정으로 직접 공매하는 것이 적당하지 아니하다고 인정하는 경우에는 「한국자산관리공사 설립 등에 관한 법률」에 따라 설립된 한국자산관리공사(이하 "한국자산관리공사"라 한다)에 공매를 대행하게 할 수 있다. 이 경우 공매는 공단이 한 것으로 본다.

⑥ 공단은 제5항에 따라 한국자산관리공사가 공매를 대행하면 보건복지부령으로 정하는 바에 따라 수수료를 지급할 수 있다.

제81조의2(부당이득 징수금의 압류)

① 제81조에도 불구하고 공단은 보험급여 비용을 받은 요양기관이 다음 각 호의 요건을 모두 갖춘 경우에는 제57조 제1항에 따른 징수금의 한도에서 해당 요양기관 또는 그 요양기관을 개설한 자(같은 조 제2항에 따라 해당 요양기관과 연대하여 징수금을 납부하여야 하는 자를 말한다. 이하 이 조에서 같다)의 재산을 보건복지부장관의 승인을 받아 압류할 수 있다.

1. 「의료법」 제33조 제2항 또는 「약사법」 제20조 제1항을 위반하였다는 사실로 기소된 경우
2. 요양기관 또는 요양기관을 개설한 자에게 강제집행, 국세 강제징수 등 대통령령으로 정하는 사유가 있어 그 재산을 압류할 필요가 있는 경우

② 공단은 제1항에 따라 재산을 압류하였을 때에는 해당 요양기관 또는 그 요양기관을 개설한 자에게 문서로 그 압류 사실을 통지하여야 한다.

③ 공단은 다음 각 호의 어느 하나에 해당할 때에는 제1항에 따른 압류를 즉시 해제하여야 한다.

1. 제2항에 따른 통지를 받은 자가 제57조 제1항에 따른 징수금에 상당하는 다른 재산을 담보로 제공하고 압류 해제를 요구하는 경우
2. 법원의 무죄 판결이 확정되는 등 대통령령으로 정하는 사유로 해당 요양기관이 「의료법」 제33조 제2항 또는 「약사법」 제20조 제1항을 위반한 혐의가 입증되지 아니한 경우

④ 제1항에 따른 압류 및 제3항에 따른 압류 해제에 관하여 이 법에서 규정한 것 외에는 「국세징수법」을 준용한다.

조문확인 OX 문제
제81조(보험료등의 독촉 및 체납처분), 제81조의2(부당이득 징수금의 압류)

■ 다음 조문을 읽고 맞는 것은 O, 틀린 것은 X에 V 표시하시오.

01 국민건강보험료 미납을 이유로 독촉장을 발부할 때에는 5일 이상 30일 이내의 납부기한을 정해야 한다. [O / X]

02 직장가입자의 사용자가 두 명 이상인 경우 그 중 한 명에게 한 독촉은 해당 사업장의 다른 사용자에게는 효력이 없다. [O / X]

03 국민건강보험공단은 국민건강보험료 납부 독촉을 받은 자가 납부기한까지 보험료를 내지 않으면 보건복지부장관의 승인을 받아 국세 체납처분의 예에 따라 이를 징수할 수 있다. [O / X]

04 국민건강보험공단이 체납처분으로 압류한 재산의 공매에 전문지식이 필요한 경우 한국자산관리공사에게 공매를 대행하게 할 수 있다. [O / X]

05 국민건강보험공단은 보험급여 비용을 받은 요양기관이 「의료법」 제33조 제2항 위반을 이유로 강제집행이 진행될 경우 보건복지부장관의 승인을 받아 그 요양기관의 재산을 압류할 수 있다. [O / X]

06 부당이득 징수금을 압류하기 위해서는 문서로 그 압류 사실을 통지해야 한다. [O / X]

07 부당이득 징수금의 압류통지를 받은 자는 징수금에 상당하는 다른 재산을 담보로 제공하고 압류 해제를 요구할 수 있다. [O / X]

08 부당이득의 징수를 이유로 하는 압류에 관하여 「국민건강보험법」에서 규정한 것 외에는 「국세징수법」을 준용한다. [O / X]

[정답] 01 X 02 X 03 O 04 O 05 O
06 O 07 O 08 O

법조문 익히기

제81조의3(체납 또는 결손처분 자료의 제공), 제81조의4(보험료의 납부증명), 제81조의5(서류의 송달), 제81조의6(전자문서에 의한 납입 고지 등)

제81조의3(체납 또는 결손처분 자료의 제공)

① 공단은 보험료 징수 및 제57조에 따른 징수금(같은 조 제2항 각 호의 어느 하나에 해당하여 같은 조 제1항 및 제2항에 따라 징수하는 금액에 한정한다. 이하 이 조에서 "부당이득금"이라 한다)의 징수 또는 공익목적을 위하여 필요한 경우에「신용정보의 이용 및 보호에 관한 법률」제25조 제2항 제1호의 종합신용정보집중기관이 다음 각 호의 어느 하나에 해당하는 체납자 또는 결손처분자의 인적사항·체납액 또는 결손처분액에 관한 자료(이하 이 조에서 "체납등 자료"라 한다)를 요구할 때에는 그 자료를 제공할 수 있다. 다만, 체납된 보험료나 이 법에 따른 그 밖의 징수금과 관련하여 행정심판 또는 행정소송이 계류 중인 경우, 제82조 제1항에 따라 분할납부를 승인받은 경우 중 대통령령으로 정하는 경우, 그 밖에 대통령령으로 정하는 사유가 있을 때에는 그러하지 아니하다.

1. 이 법에 따른 납부기한의 다음 날부터 1년이 지난 보험료 및 그에 따른 연체금과 체납처분비의 총액이 500만 원 이상인 자
2. 이 법에 따른 납부기한의 다음 날부터 1년이 지난 부당이득금 및 그에 따른 연체금과 체납처분비의 총액이 1억 원 이상인 자
3. 제84조에 따라 결손처분한 금액의 총액이 500만 원 이상인 자

② 공단은 제1항에 따라 종합신용정보집중기관에 체납등 자료를 제공하기 전에 해당 체납자 또는 결손처분자에게 그 사실을 서면으로 통지하여야 한다. 이 경우 통지를 받은 체납자가 체납액을 납부하거나 체납액 납부계획서를 제출하는 경우 공단은 종합신용정보집중기관에 체납등 자료를 제공하지 아니하거나 체납등 자료의 제공을 유예할 수 있다.

③ 체납등 자료의 제공절차에 필요한 사항은 대통령령으로 정한다.

④ 제1항에 따라 체납등 자료를 제공받은 자는 이를 업무 외의 목적으로 누설하거나 이용하여서는 아니 된다.

제81조의4(보험료의 납부증명)

① 제77조에 따른 보험료의 납부의무자(이하 이 조에서 "납부의무자"라 한다)는 국가, 지방자치단체 또는「공공기관의 운영에 관한 법률」제4조에 따른 공공기관(이하 이 조에서 "공공기관"이라 한다)으로부터 공사·제조·구매·용역 등 대통령령으로 정하는 계약의 대가를 지급받는 경우에는 보험료와 그에 따른 연체금 및 체납처분비의 납부사실을 증명하여야 한다. 다만, 납부의무자가 계약대금의 전부 또는 일부를 체납한 보험료로 납부하려는 경우 등 대통령령으로 정하는 경우에는 그러하지 아니하다.

② 납부의무자가 제1항에 따라 납부사실을 증명하여야 할 경우 제1항의 계약을 담당하는 주무관서 또는 공공기관은 납부의무자의 동의를 받아 공단에 조회하여 보험료와 그에 따른 연체금 및 체납처분비의 납부여부를 확인하는 것으로 제1항에 따른 납부증명을 갈음할 수 있다.

제81조의5(서류의 송달)

제79조 및 제81조에 관한 서류의 송달에 관한 사항과 전자문서에 의한 납입 고지 등에 관하여 제81조의6에서 정하지 아니한 사항에 관하여는「국세기본법」제8조(같은 조 제2항 단서는 제외한다)부터 제12조까지의 규정을 준용한다. 다만, 우편송달에 의하는 경우 그 방법은 대통령령으로 정하는 바에 따른다.

제81조의6(전자문서에 의한 납입 고지 등)

① 납부의무자가 제79조 제1항에 따른 납입 고지 또는 제81조 제1항에 따른 독촉을 전자문서교환방식 등에 의한 전자문서로 해줄 것을 신청하는 경우에는 공단은 전자문서로 고지 또는 독촉할 수 있다. 이 경우 전자문서 고지 및 독촉에 대한 신청 방법·절차 등에 필요한 사항은 보건복지부령으로 정한다.

② 공단이 제1항에 따라 전자문서로 고지 또는 독촉하는 경우에는 전자문서가 보건복지부령으로 정하는 정보통신망에 저장되거나 납부의무자가 지정한 전자우편주소에 입력된 때에 납입 고지 또는 독촉이 그 납부의무자에게 도달된 것으로 본다.

조문확인 OX 문제

제81조의3(체납 또는 결손처분 자료의 제공), 제81조의4(보험료의 납부증명), 제81조의5(서류의 송달), 제81조의6(전자문서에 의한 납입 고지 등)

■ 다음 조문을 읽고 맞는 것은 O, 틀린 것은 X에 ∨ 표시하시오.

01 공단은 납부기한이 1년이 지난 보험료의 연체금과 체납처분비의 총액이 500만 원 이상인 자에 대해 종합신용정보집중기관이 그 인적사항 등에 대한 자료를 요구하면 이를 제공할 수 있다. [O / X]

02 체납된 보험료에 관하여 분할납부를 승인할 경우에는 공단은 종합신용정보집중기관에게 그 체납자의 체납등 자료를 제공해야 한다. [O / X]

03 보험료를 체납한 자가 체납액 납부계획서를 제출하는 경우 공단은 종합신용정보집중기관에 체납등 자료의 제공을 유예할 수 있다. [O / X]

04 보험료의 납부의무자는 국가나 지방자치단체로부터 공사계약의 대가를 지급받는 경우 국민건강보험료와 그 연체금 및 체납처분비의 납부사실을 증명해야 한다. [O / X]

05 공공기관과 계약을 체결하는 납부의무자에 대해 공공기관은 납부의무자의 동의를 받아 직접 국민건강보험공단에 보험료의 연체금, 체납처분비의 납부여부를 확인할 수 있다. [O / X]

06 우편송달을 통한 국민건강보험료의 납입 고지 방법에 대해서는 「국세기본법」 제8조부터 제12조까지의 규정을 준용한다. [O / X]

07 국민건강보험공단은 납부의무자의 신청으로 보험료의 납입 고지 또는 독촉을 전자문서로 할 수 있다. [O / X]

[정답] 01 O 02 X 03 O 04 O 05 O
06 X 07 O

제81조(보험료등의 독촉 및 체납처분), 제81조의2(부당이득 징수금의 압류), 제81조의3(체납 또는 결손처분 자료의 제공), 제81조의4(보험료의 납부증명), 제81조의5(서류의 송달), 제81조의6(전자문서에 의한 납입 고지 등)

01. 다음 중 국민건강보험료의 미납에 대한 독촉장 발부에서 정해야 하는 납부기한은?

① 5일 이상 10일 이내　　　② 10일 이상 15일 이내
③ 15일 이상 30일 이내　　　④ 30일 이상 90일 이내

02. 다음 중 국민건강보험료의 체납처분에 대한 설명으로 옳지 않은 것은?

① 독촉을 받은 자가 납부기한까지 보험료등을 내지 않을 경우 보건복지부장관의 승인을 받아 체납처분을 진행할 수 있다.
② 체납처분은 국세 체납처분의 예에 따라 징수한다.
③ 압류한 재산의 공매에 전문지식이 필요한 경우 한국자산관리공사에 수수료를 지급하고 그 공매를 대행하게 할 수 있다.
④ 체납처분 전 통보서에는 소액금융재산에 대한 압류허가에 관한 내용이 포함되어야 한다.

03. 요양기관에 대한 국민건강보험공단의 부당이득 징수금의 압류절차에 대한 설명으로 옳지 않은 것은?

① 요양기관 또는 요양기관을 개설한 자에게 「약사법」 제20조 제1항 위반을 이유로 하는 강제집행, 국제 강제징수 등이 발생할 경우 국민건강보험공단은 해당 요양기관의 재산을 압류할 수 있다.
② 국민건강보험공단은 요양기관의 재산을 압류함에 있어서 보건복지부장관의 승인을 요구하지 않는다.
③ 요양기관을 대상으로 하는 국민건강보험공단의 부당이득 징수금의 압류는 그 징수금을 한도로 한다.
④ 국민건강보험공단의 부당이득 징수금에 대한 압류와 그 해제에 관하여 「국민건강보험법」에서 규정한 것 외에는 「국세징수법」을 준용한다.

04. 다음은 「국민건강보험공단」 제81조의3의 내용이다. 빈칸에 들어갈 기관의 명칭은?

> 국민건강보험공단은 보험료 징수 및 징수금의 징수 또는 공익목적을 위해 필요한 경우 「신용정보의 이용 또는 보호에 관한 법률」 제25조 제2항 제1호의 (　　　　)이/가 체납자 또는 결손처분자의 인적사항·체납액 또는 결손처분액에 관한 자료를 요구할 때에는 그 자료를 제공할 수 있다.

① 전문요양기관　　　　　　② 진료심사평가위원회
③ 보험료부과제도개선위원회　④ 종합신용정보집중기관

05. 국민건강보험료의 납부를 독촉하는 문서를 보내는 방법에 관한 설명으로 옳은 것은?

① 납부를 독촉하는 문서를 우편으로 송달할 경우에는 「국세기본법」 제8조(같은 조 제2항 단서는 제외)부터 제12조까지의 규정을 준용한다.
② 납부의무자가 납부의 독촉을 전자문서로 해줄 것을 신청한 경우 이를 전자문서의 형태로 전송할 수 있다.
③ 전자문서를 통한 납부의 독촉은 납부의무자가 해당 문서를 전송받아 이를 열람한 때에 그 납부의무자에게 도달한 것으로 본다.
④ 전자문서를 통하여 납부를 독촉하는 절차에 관하여는 대통령령으로 정한다.

법조문 익히기 — 제82조(체납보험료의 분할납부), 제83조(고액·상습체납자의 인적사항 공개)

제82조(체납보험료의 분할납부)

① 공단은 보험료를 3회 이상 체납한 자가 신청하는 경우 보건복지부령으로 정하는 바에 따라 분할납부를 승인할 수 있다.

② 공단은 보험료를 3회 이상 체납한 자에 대하여 제81조 제3항에 따른 체납처분을 하기 전에 제1항에 따른 분할납부를 신청할 수 있음을 알리고, 보건복지부령으로 정하는 바에 따라 분할납부 신청의 절차·방법 등에 관한 사항을 안내하여야 한다.

③ 공단은 제1항에 따라 분할납부 승인을 받은 자가 정당한 사유 없이 5회(제1항에 따라 승인받은 분할납부 횟수가 5회 미만인 경우에는 해당 분할납부 횟수를 말한다) 이상 그 승인된 보험료를 납부하지 아니하면 그 분할납부의 승인을 취소한다.

④ 분할납부의 승인과 취소에 관한 절차·방법·기준 등에 필요한 사항은 보건복지부령으로 정한다.

제83조(고액·상습체납자의 인적사항 공개)

① 공단은 이 법에 따른 납부기한의 다음 날부터 1년이 경과한 보험료, 연체금과 체납처분비(제84조에 따라 결손처분한 보험료, 연체금과 체납처분비로서 징수권 소멸시효가 완성되지 아니한 것을 포함한다)의 총액이 1천만 원 이상인 체납자가 납부능력이 있음에도 불구하고 체납한 경우 그 인적사항·체납액 등(이하 이 조에서 "인적사항등"이라 한다)을 공개할 수 있다. 다만, 체납된 보험료, 연체금과 체납처분비와 관련하여 제87조에 따른 이의신청, 제88조에 따른 심판청구가 제기되거나 행정소송이 계류 중인 경우 또는 그 밖에 체납된 금액의 일부 납부 등 대통령령으로 정하는 사유가 있는 경우에는 그러하지 아니하다.

② 제1항에 따른 체납자의 인적사항등에 대한 공개 여부를 심의하기 위하여 공단에 보험료정보공개심의위원회를 둔다.

③ 공단은 보험료정보공개심의위원회의 심의를 거친 인적사항등의 공개대상자에게 공개대상자임을 서면으로 통지하여 소명의 기회를 부여하여야 하며, 통지일부터 6개월이 경과한 후 체납액의 납부이행 등을 감안하여 공개대상자를 선정한다.

④ 제1항에 따른 체납자 인적사항등의 공개는 관보에 게재하거나 공단 인터넷 홈페이지에 게시하는 방법에 따른다.

⑤ 제1항부터 제4항까지의 규정에 따른 체납자 인적사항등의 공개와 관련한 납부능력의 기준, 공개절차 및 위원회의 구성·운영 등에 필요한 사항은 대통령령으로 정한다.

조문확인 OX 문제

제82조(체납보험료의 분할납부), 제83조(고액·상습체납자의 인적사항 공개)

■ 다음 조문을 읽고 맞는 것은 O, 틀린 것은 X에 V 표시하시오.

01 국민건강보험료를 2회 체납한 자의 신청을 통해 보험료의 분할납부를 승인할 수 있다. [O X]

02 국민건강보험공단은 체납처분을 하기 전 분할납부의 절차와 방법 등의 사항을 안내하여야 한다. [O X]

03 분할납부를 승인받은 자가 정당한 사유 없이 5회 이상 그 승인된 보험료를 납부하지 않은 경우 그 분할납부의 승인을 취소한다. [O X]

04 국민건강보험공단은 납부기한의 다음 날부터 1년이 경과한 보험료, 연체금, 체납처분비의 총액이 1천만 원 이상인 체납자가 납부능력이 있음에도 이를 체납한 경우 그 인적사항을 공개할 수 있다. [O X]

05 체납된 보험료에 대한 이의신청이나 심판청구가 제기되거나 행정소송이 계류 중이라면 고액·상습체납자의 인적사항 공개대상자가 되지 않는다. [O X]

06 체납된 보험료를 일부 납부하였다는 이유로 고액·상습체납자의 인적사항 공개대상자에서 제외되지는 않는다. [O X]

07 고액·상습체납자의 인적사항 공개여부를 심의하기 위해 보건복지부에 보험료정보공개심의위원회를 둔다. [O X]

08 고액·상습체납자로 인적사항의 공개대상자가 된 자는 보험료정보공개심의위원회에 소명할 수 있다. [O X]

09 고액·상습체납자의 인적사항은 공개대상자에게 해당 사실을 서면으로 통지한 날로부터 6개월이 경과한 후에 공개대상자를 선정한다. [O X]

10 고액·상습체납자의 인적사항은 관보에 게재하거나 국민건강보험공단 인터넷 홈페이지에 게시하여 공개한다. [O X]

[정답] 01 X 02 O 03 O 04 O 05 O
06 X 07 X 08 O 09 O 10 O

제6장 보험료

제82조(체납보험료의 분할납부), 제83조(고액 · 상습체납자의 인적사항 공개)

01. 국민건강보험 체납보험료의 분할납부 승인의 기준이 되는 보험료 체납의 횟수는?

① 2회
② 3회
③ 4회
④ 5회

02. 다음은 국민건강보험료의 고액 · 상습체납자의 인적사항 공개에 관한 규정이다. 빈칸에 들어갈 내용이 순서대로 바르게 나열된 것은?

> 국민건강보험공단은 납부기한의 다음 날부터 (　　)이 경과한 보험료, 연체금과 체납처분비의 총액이 (　　) 이상인 체납자의 그 인적사항 · 체납액 등을 공개할 수 있다.

① 1년, 1천만 원
② 1년, 5천만 원
③ 3년, 5천만 원
④ 3년, 1억 원

03. 다음 중 국민건강보험료의 고액 · 상습체납자 인적사항 공개의 대상에 해당하지 않는 것은? (단, 제시된 내용 이외의 요건은 모두 충족한 것으로 본다)

① 체납에 대해 보험료정보공개심의위원회의 심의 중에 있는 경우
② 연체금에 대한 이의신청이 기각된 경우
③ 체납자가 체납된 금액을 대통령령으로 정하는 만큼 일부 납부한 경우
④ 체납자가 국민건강보험금의 납부능력을 상실한 경우

04. 체납한 국민건강보험료에 대한 분할납부의 승인을 받은 후 정당한 사유 없이 그 승인된 보험료를 일정 횟수 이상 납부하지 않은 경우, 분할납부의 승인이 취소될 수 있다. 이때, 기준이 되는 미납 횟수는?

① 5회
② 7회
③ 8회
④ 10회

05. 다음 중 국민건강보험료의 고액·상습체납자의 인적사항을 열람할 수 있는 수단을 모두 고른 것은?

㉠ 주요 일간신문
㉡ 국민건강보험공단 인터넷 홈페이지
㉢ 국민건강보험공단 정관
㉣ 관보

① ㉣
② ㉡, ㉣
③ ㉠, ㉡, ㉢
④ ㉠, ㉡, ㉢, ㉣

법조문 익히기 — 제84조(결손처분), 제85조(보험료등의 징수 순위), 제86조(보험료등의 충당과 환급)

제84조(결손처분)

① 공단은 다음 각 호의 어느 하나에 해당하는 사유가 있으면 재정운영위원회의 의결을 받아 보험료등을 결손처분할 수 있다.
1. 체납처분이 끝나고 체납액에 충당될 배분금액이 그 체납액에 미치지 못하는 경우
2. 해당 권리에 대한 소멸시효가 완성된 경우
3. 그 밖에 징수할 가능성이 없다고 인정되는 경우로서 대통령령으로 정하는 경우

② 공단은 제1항 제3호에 따라 결손처분을 한 후 압류할 수 있는 다른 재산이 있는 것을 발견한 때에는 지체 없이 그 처분을 취소하고 체납처분을 하여야 한다.

제85조(보험료등의 징수 순위)

보험료등은 국세와 지방세를 제외한 다른 채권에 우선하여 징수한다. 다만, 보험료등의 납부기한 전에 전세권·질권·저당권 또는 「동산·채권 등의 담보에 관한 법률」에 따른 담보권의 설정을 등기 또는 등록한 사실이 증명되는 재산을 매각할 때에 그 매각대금 중에서 보험료등을 징수하는 경우 그 전세권·질권·저당권 또는 「동산·채권 등의 담보에 관한 법률」에 따른 담보권으로 담보된 채권에 대하여는 그러하지 아니하다.

제86조(보험료등의 충당과 환급)

① 공단은 납부의무자가 보험료등·연체금 또는 체납처분비로 낸 금액 중 과오납부(過誤納付)한 금액이 있으면 대통령령으로 정하는 바에 따라 그 과오납금을 보험료등·연체금 또는 체납처분비에 우선 충당하여야 한다.

② 공단은 제1항에 따라 충당하고 남은 금액이 있는 경우 대통령령으로 정하는 바에 따라 납부의무자에게 환급하여야 한다.

③ 제1항 및 제2항의 경우 과오납금에 대통령령으로 정하는 이자를 가산하여야 한다.

조문확인 **OX** 문제 제84조(결손처분), 제85조(보험료등의 징수 순위), 제86조(보험료등의 충당과 환급)

■ 다음 조문을 읽고 맞는 것은 O, 틀린 것은 X에 V 표시하시오.

01 보험료 체납처분이 끝나고 체납액에 충당할 배분금액이 그 체납액에 미치지 못할 경우, 재정운영위원회의 의결을 통해 부족분을 결손처분할 수 있다. | O | X |

02 청구권리의 소멸시효가 완성된 국민건강보험료는 결손처분할 수 없다. | O | X |

03 보험료의 결손처분을 한 후에는 압류할 수 있는 다른 재산이 있음이 발견되더라도 이를 취소할 수 없다. | O | X |

04 만일 납부의무자가 보험료를 과오납부한 경우, 그 과오납금을 납부의무자에게 환급하기 전에 보험료, 연체금, 체납처분비에 우선 충당하여야 한다. | O | X |

05 국세는 징수 순위에서 국민건강보험료에 우선한다. | O | X |

06 국민건강보험료는 징수 순위에서 지방세에 우선한다. | O | X |

07 국민건강보험료의 징수는 전세권·질권·저당권·담보권이 설정되지 않는 일반채권에 우선한다. | O | X |

08 담보권의 설정을 등기 또는 등록한 사실이 증명되는 재산의 매각대금에서 국민건강보험료를 징수하는 것은 그 담보권으로 담보된 채권에 우선한다. | O | X |

09 국민건강보험공단은 보험료 과오납금의 잔여분이 있다면 납부의무자에게 환급하여야 한다. | O | X |

10 국민건강보험공단은 보험료 과오납금의 잔여분을 환급할 때 대통령령으로 정하는 만큼의 이자를 가산해야 한다. | O | X |

[정답] 01 O 02 X 03 X 04 O 05 O
       06 X 07 O 08 X 09 O 10 O

제6장 보험료 **141**

 제84조(결손처분), 제85조(보험료등의 징수 순위), 제86조(보험료등의 충당과 환급)

01. 다음 중 보험료등의 결손처분사유에 해당하지 않는 것은?

① 체납처분이 끝났음에도 충당된 금액이 그 체납액에 미치지 못할 경우
② 권리에 대한 소멸시효가 완성된 경우
③ 보험료 납부기한의 다음 날로부터 3년이 경과한 경우
④ 징수할 가능성이 없다고 인정될 경우

02. 다음 중 국민건강보험료의 결손처분을 의결하는 기관은?

① 기획재정부
② 국민건강보험공단 이사회
③ 국민건강보험공단 재정운영위원회
④ 보건복지부

03. 다음 중 국민건강보험료보다 징수의 우선순위가 앞서는 것을 모두 고르면?

> ㉠ 국세
> ㉡ 지방세
> ㉢ 보험료 납부기한 전 매각된 저당권이 설정된 재산의 매각대금의 담보채권

① ㉠
② ㉢
③ ㉠, ㉢
④ ㉠, ㉡, ㉢

04. 국민건강보험의 가입자가 연체한 보험료와 그 연체금을 과오납부한 경우 해당 금액에 대한 처리 방법으로 옳지 않은 것을 모두 고르면?

> ㉠ 과오납부된 보험료와 연체금이 있으면 그 과오납부금을 보험료와 연체금 등에 우선 충당하여야 한다.
> ㉡ 보험료와 그 연체금의 과오납부금이 우선 충당되고 남은 금액은 국고에 귀속된다.
> ㉢ 과오납부된 보험료와 연체금의 계산에는 대통령령으로 정하는 이자를 가산한다.

① 모두 옳다.
② ㉡
③ ㉠, ㉢
④ ㉡, ㉢

05. 국민건강보험의 체납액에 대해 결손처분을 한 이후 체납자가 보험료 납입을 회피하기 위해 은닉한 재산이 있다는 사실이 밝혀졌을 때 국민건강보험공단의 대응으로 옳은 것은?

① 결손처분은 취소할 수 없으므로 대응하지 않는다.
② 지체 없이 결손처분을 취소하고 체납처분을 한다.
③ 체납자에 대하여 구상권을 행사한다.
④ 재산 은닉을 이유로 하는 행정소송을 제기한다.

제 7 장 이의신청 및 심판청구 등

법조문 익히기 제87조(이의신청)

제87조(이의신청)
① 가입자 및 피부양자의 자격, 보험료등, 보험급여, 보험급여비용에 관한 공단의 처분에 이의가 있는 자는 공단에 이의신청을 할 수 있다.
② 요양급여비용 및 요양급여의 적정성 평가 등에 관한 심사평가원의 처분에 이의가 있는 공단, 요양기관 또는 그 밖의 자는 심사평가원에 이의신청을 할 수 있다.
③ 제1항 및 제2항에 따른 이의신청(이하 "이의신청"이라 한다)은 처분이 있음을 안 날부터 90일 이내에 문서(전자문서를 포함한다)로 하여야 하며 처분이 있은 날부터 180일을 지나면 제기하지 못한다. 다만, 정당한 사유로 그 기간에 이의신청을 할 수 없었음을 소명한 경우에는 그러하지 아니하다.
④ 제3항 본문에도 불구하고 요양기관이 제48조에 따른 심사평가원의 확인에 대하여 이의신청을 하려면 같은 조 제2항에 따라 통보받은 날부터 30일 이내에 하여야 한다.
⑤ 제1항부터 제4항까지에서 규정한 사항 외에 이의신청의 방법·결정 및 그 결정의 통지 등에 필요한 사항은 대통령령으로 정한다.

조문확인 OX 문제

제87조(이의신청)

다음 조문을 읽고 맞는 것은 O, 틀린 것은 X에 V 표시하시오.

01 국민건강보험 가입자와 피부양자의 자격, 보험료, 보험급여, 보험급여 비용에 관한 국민건강보험공단의 처분에 이의가 있는 자는 국민건강보험공단에 이의신청을 할 수 있다. [O/X]

02 요양급여비용에 관한 건강보험심사평가원의 처분에 이의가 있는 자는 국민건강보험공단에 이의신청을 할 수 있다. [O/X]

03 요양급여의 적정성 평가에 대한 이의가 있는 자는 건강보험심사평가원에 이의를 신청할 수 있다. [O/X]

04 국민건강보험공단은 심사평가원의 처분에 이의가 있는 경우 이의신청을 할 수 있다. [O/X]

05 국민건강보험공단에 대한 이의신청은 처분이 있음을 안 날로부터 90일 내에 제기해야 한다. [O/X]

06 국민건강보험공단에 대한 이의신청은 처분이 있은 날로부터 180일이 지나면 제기하지 못한다. [O/X]

07 건강보험심사평가원의 요양급여 대상 여부의 확인에 대한 요양기관의 이의신청은 통보를 받은 날로부터 90일 내에 제기해야 한다. [O/X]

08 국민건강보험공단에 대한 이의신청의 기간을 초과하였다면 그 사유에 관계없이 해당 처분에 대해서는 이의신청을 할 수 없다. [O/X]

09 국민건강보험공단에 대한 이의신청은 전자문서의 형태로도 할 수 있다. [O/X]

10 건강보험심사평가원에 대한 이의신청은 직접 방문하여 구두로 할 수 있다. [O/X]

[정답] 01 O 02 X 03 O 04 O 05 O 06 O 07 X 08 X 09 O 10 X

제87조(이의신청)

01. 다음은 국민건강보험공단에 대한 이의신청의 기한에 대한 내용이다. 빈칸에 들어갈 내용이 순서대로 바르게 나열된 것은?

> 국민건강보험공단에 대한 이의신청은 처분이 있음을 안 날로부터 (　) 이내에 문서로 하여야 하며, 처분이 있은 날로부터 (　)이 지나면 제기하지 못한다.

① 15일, 30일
② 30일, 90일
③ 90일, 180일
④ 1년, 3년

02. 다음 중 건강보험심사평가원의 요양급여 대상 여부 확인에 대한 요양기관의 이의신청 기한은?

① 통보를 받은 날로부터 30일 이내
② 통보를 받은 날로부터 60일 이내
③ 통보를 보낸 날로부터 30일 이내
④ 통보를 보낸 날로부터 90일 이내

03. 다음 중 국민건강보험공단에 대한 이의신청의 사유가 되는 국민건강보험공단의 처분에 해당하는 것을 모두 고르면?

> ㉠ 국민건강보험의 가입자와 피부양자의 자격 설정
> ㉡ 요양급여비용의 적정성 평가
> ㉢ 보험급여비용의 지급

① ㉡
② ㉢
③ ㉠, ㉢
④ ㉠, ㉡, ㉢

04. 다음 중 건강보험심사평가원에 대한 이의신청의 사유가 되는 건강보험심사평가원의 처분에 해당하는 것을 모두 고르면?

> ㉠ 요양급여의 적정성 평가
> ㉡ 보험료의 부과
> ㉢ 의료시설의 운영

① ㉠
② ㉢
③ ㉠, ㉡
④ ㉠, ㉡, ㉢

05. 다음 중 국민건강보험공단과 건강보험심사평가원에 이의신청을 하는 절차에 대한 설명으로 옳지 않은 것은?

① 국민건강보험공단과 건강보험심사평가원에 대한 이의신청은 전자문서의 형태로 할 수 있다.
② 건강보험심사평가원에 대한 이의신청을 할 수 있는 주체에는 국민건강보험공단을 포함한다.
③ 이의신청기간을 초과한 이의신청에 대해서는 이의신청을 받은 기관이 기한 초과에 정당한 사유가 없음을 증명해야 한다.
④ 이의신청에 관한 결정과 그 통지 방법 등 세부사항은 대통령령으로 정한다.

법조문 익히기 — 제88조(심판청구), 제89조(건강보험분쟁조정위원회), 제90조(행정소송)

제88조(심판청구)

① 이의신청에 대한 결정에 불복하는 자는 제89조에 따른 건강보험분쟁조정위원회에 심판청구를 할 수 있다. 이 경우 심판청구의 제기기간 및 제기방법에 관하여는 제87조 제3항을 준용한다.

② 제1항에 따라 심판청구를 하려는 자는 대통령령으로 정하는 심판청구서를 제87조 제1항 또는 제2항에 따른 처분을 한 공단 또는 심사평가원에 제출하거나 제89조에 따른 건강보험분쟁조정위원회에 제출하여야 한다.

③ 제1항 및 제2항에서 규정한 사항 외에 심판청구의 절차·방법·결정 및 그 결정의 통지 등에 필요한 사항은 대통령령으로 정한다.

제89조(건강보험분쟁조정위원회)

① 제88조에 따른 심판청구를 심리·의결하기 위하여 보건복지부에 건강보험분쟁조정위원회(이하 "분쟁조정위원회"라 한다)를 둔다.

② 분쟁조정위원회는 위원장을 포함하여 60명 이내의 위원으로 구성하고, 위원장을 제외한 위원 중 1명은 당연직위원으로 한다. 이 경우 공무원이 아닌 위원이 전체 위원의 과반수가 되도록 하여야 한다.

③ 분쟁조정위원회의 회의는 위원장, 당연직위원 및 위원장이 매 회의마다 지정하는 7명의 위원을 포함하여 총 9명으로 구성하되, 공무원이 아닌 위원이 과반수가 되도록 하여야 한다.

④ 분쟁조정위원회는 제3항에 따른 구성원 과반수의 출석과 출석위원 과반수의 찬성으로 의결한다.

⑤ 분쟁조정위원회를 실무적으로 지원하기 위하여 분쟁조정위원회에 사무국을 둔다.

⑥ 제1항부터 제5항까지에서 규정한 사항 외에 분쟁조정위원회 및 사무국의 구성 및 운영 등에 필요한 사항은 대통령령으로 정한다.

⑦ 분쟁조정위원회의 위원 중 공무원이 아닌 사람은 「형법」 제129조부터 제132조까지의 규정을 적용할 때 공무원으로 본다.

제90조(행정소송)

공단 또는 심사평가원의 처분에 이의가 있는 자와 제87조에 따른 이의신청 또는 제88조에 따른 심판청구에 대한 결정에 불복하는 자는 「행정소송법」에서 정하는 바에 따라 행정소송을 제기할 수 있다.

조문확인 OX 문제
제88조(심판청구), 제89조(건강보험분쟁조정위원회), 제90조(행정소송)

■ 다음 조문을 읽고 맞는 것은 O, 틀린 것은 X에 V 표시하시오.

01 이의신청에 대한 결정에 불복하는 자는 건강보험분쟁조정위원회에 심판청구를 할 수 있다. [O] [X]

02 건강보험분쟁위원회의 소속 기관은 국민건강보험공단이다. [O] [X]

03 심판청구를 하려는 자는 심판청구서를 작성하여 반드시 건강보험분쟁조정위원회로 제출하여야 한다. [O] [X]

04 건강보험분쟁조정위원회는 위원장과 당연직위원 1명을 포함하여 60명 이내의 위원으로 구성한다. [O] [X]

05 건강보험분쟁조정위원회의 위원 구성에는 공무원이 아닌 위원이 전체 위원의 과반수가 되어서는 안 된다. [O] [X]

06 분쟁조정위원회의 회의는 위원장, 당연직위원 및 위원장이 지명한 7명의 위원으로 구성하되, 이 중 공무원이 아닌 위원이 과반수가 되어서는 안 된다. [O] [X]

07 분쟁조정위원회는 구성원 과반수의 출석과 구성원 과반수의 찬성으로 의결한다. [O] [X]

08 분쟁조정위원회를 실무적으로 지원하기 위하여 분쟁조정위원회에 사무국을 둔다. [O] [X]

09 분쟁조정위원회의 위원 중 공무원이 아닌 사람은 「형법」상 수뢰죄의 적용에 있어서 공무원으로 의제된다. [O] [X]

10 국민건강보험공단 또는 심사평가원의 처분에 이의가 있는 자와 이의신청 또는 심판청구에 대한 결정에 불복하는 자는 행정소송을 제기할 수 있다. [O] [X]

[정답] 01 O 02 X 03 X 04 O 05 X 06 X 07 X 08 O 09 O 10 O

제7장 이의신청 및 심판청구 등

제88조(심판청구), 제89조(건강보험분쟁조정위원회), 제90조(행정소송)

01. 다음 중 심판청구에 대한 설명으로 옳지 않은 것은?

① 국민건강보험공단에의 이의신청에 대한 결정에 불복하는 자는 건강보험분쟁조정위원회에 심판청구를 할 수 있다.
② 심판청구를 하려는 자는 건강보험분쟁조정위원회에 심판청구서를 제출하여야 하며, 이의신청에 따라 처분을 한 공단에 제출한 심판청구서는 효력이 없다.
③ 건강보험분쟁조정위원회 내에는 위원회의 업무를 지원하는 사무국을 둔다.
④ 심판청구의 제기방법에 대해서는 이의신청의 내용을 준용한다.

02. 건강보험분쟁조정위원회의 구성에 대한 설명으로 옳지 않은 것은?

① 위원장을 포함한 60명 이내의 위원으로 구성한다.
② 위원장을 제외한 위원 중 4명은 당연직위원으로 구성한다.
③ 위원 중 공무원이 아닌 사람은 「형법」 제129조부터 제132조(수뢰죄)의 규정을 적용할 때 공무원으로 본다.
④ 건강보험분쟁조정위원회 사무국은 위원회를 실무적으로 지원한다.

03. 다음 중 국민건강보험공단의 처분에 대한 행정소송을 제기할 수 있는 경우를 모두 고르면?

㉠ 공단의 처분에 이의가 있는 자
㉡ 이의신청의 결정에 불복하는 자
㉢ 심판청구의 결정에 불복하는 자

① ㉠
② ㉢
③ ㉡, ㉢
④ ㉠, ㉡, ㉢

04. 건강보험분쟁조정위원회가 개최하는 회의의 구성에 대한 설명으로 옳지 않은 것은?

① 회의는 위원장이 매 회의마다 지정하여 구성한 7명의 위원을 포함한다.
② 회의는 위원장과 당연직위원을 포함하여 총 9명의 인원으로 구성한다.
③ 회의는 구성원 과반수의 출석과 출석위원 과반수의 찬성으로 의결한다.
④ 회의를 구성하는 위원은 공무원인 위원이 과반수가 되어야 한다.

05. 다음 중 건강보험분쟁조정위원회에 심판청구를 제기할 수 있는 경우를 모두 고른 것은?

┌───┐
│ ㉠ 이의신청에 대한 국민건강보험공단의 결정에 불복하는 자 │
│ ㉡ 이의신청에 대한 건강보험심사평가원의 결정에 불복하는 자 │
│ ㉢ 행정소송에 대한 행정법원의 판결에 불복하는 자 │
└───┘

① ㉢   ② ㉠, ㉡
③ ㉡, ㉢   ④ ㉠, ㉡, ㉢

제 8 장 보칙

국민건강보험법

법조문 익히기 — 제91조(시효), 제92조(기간 계산), 제93조(근로자의 권익 보호), 제94조(신고 등), 제95조(소득 축소·탈루 자료의 송부 등)

제91조(시효)

① 다음 각 호의 권리는 3년 동안 행사하지 아니하면 소멸시효가 완성된다.
1. 보험료, 연체금 및 가산금을 징수할 권리
2. 보험료, 연체금 및 가산금으로 과오납부한 금액을 환급받을 권리
3. 보험급여를 받을 권리
4. 보험급여 비용을 받을 권리
5. 제47조 제3항 후단에 따라 과다납부된 본인일부부담금을 돌려받을 권리
6. 제61조에 따른 근로복지공단의 권리

② 제1항에 따른 시효는 다음 각 호의 어느 하나의 사유로 중단된다.
1. 보험료의 고지 또는 독촉
2. 보험급여 또는 보험급여 비용의 청구

③ 휴직자등의 보수월액보험료를 징수할 권리의 소멸시효는 제79조 제5항에 따라 고지가 유예된 경우 휴직 등의 사유가 끝날 때까지 진행하지 아니한다.

④ 제1항에 따른 소멸시효기간, 제2항에 따른 시효 중단 및 제3항에 따른 시효 정지에 관하여 이 법에서 정한 사항 외에는 「민법」에 따른다.

제92조(기간 계산)

이 법이나 이 법에 따른 명령에 규정된 기간의 계산에 관하여 이 법에서 정한 사항 외에는 「민법」의 기간에 관한 규정을 준용한다.

제93조(근로자의 권익 보호)

제6조 제2항 각 호의 어느 하나에 해당하지 아니하는 모든 사업장의 근로자를 고용하는 사용자는 그가 고용한 근로자가 이 법에 따른 직장가입자가 되는 것을 방해하거나 자신이 부담하는 부담금이 증가되는 것을 피할 목적으로 정당한 사유 없이 근로자의 승급 또는 임금 인상을 하지 아니하거나 해고나 그 밖의 불리한 조치를 할 수 없다.

제94조(신고 등)

① 공단은 사용자, 직장가입자 및 세대주에게 다음 각 호의 사항을 신고하게 하거나 관계 서류(전자적 방법으로 기록된 것을 포함한다. 이하 같다)를 제출하게 할 수 있다.
1. 가입자의 거주지 변경
2. 가입자의 보수·소득
3. 그 밖에 건강보험사업을 위하여 필요한 사항

② 공단은 제1항에 따라 신고한 사항이나 제출받은 자료에 대하여 사실 여부를 확인할 필요가 있으면 소속 직원이 해당 사항에 관하여 조사하게 할 수 있다.

③ 제2항에 따라 조사를 하는 소속 직원은 그 권한을 표시하는 증표를 지니고 관계인에게 보여주어야 한다.

제95조(소득 축소 · 탈루 자료의 송부 등)
① 공단은 제94조 제1항에 따라 신고한 보수 또는 소득 등에 축소 또는 탈루(脫漏)가 있다고 인정하는 경우에는 보건복지부장관을 거쳐 소득의 축소 또는 탈루에 관한 사항을 문서로 국세청장에게 송부할 수 있다.
② 국세청장은 제1항에 따라 송부받은 사항에 대하여 「국세기본법」 등 관련 법률에 따른 세무조사를 하면 그 조사 결과 중 보수 · 소득에 관한 사항을 공단에 송부하여야 한다.
③ 제1항 및 제2항에 따른 송부 절차 등에 필요한 사항은 대통령령으로 정한다.

조문확인 OX 문제

제91조(시효), 제92조(기간 계산), 제93조(근로자의 권익 보호), 제94조(신고 등), 제95조(소득 축소 · 탈루 자료의 송부 등)

■ 다음 조문을 읽고 맞는 것은 O, 틀린 것은 X에 V 표시하시오.

01 국민건강보험공단이 보험료, 연체금 및 가산금을 징수할 권리는 이를 5년 동안 행사하지 않으면 소멸시효가 완성된다. [O X]

02 국민건강보험의 가입자가 보험급여를 받을 권리는 3년 동안 행사하지 않으면 소멸시효가 완성된다. [O X]

03 국민건강보험공단이 국민건강보험의 가입자에게 국민건강보험료의 납입고지를 하면 보험료를 징수할 권리의 소멸시효는 중단된다. [O X]

04 휴직을 이유로 국민건강보험료의 고지가 유예된 휴직자의 보수월액보험료를 징수할 권리는 그 휴직사유가 끝날 때까지 진행되지 않는다. [O X]

05 사용자는 자신이 부담하는 부담금이 증가하는 것을 피할 목적으로 정당한 사유 없이 그가 고용한 근로자의 승급 또는 임금 인상을 하지 아니하거나 해고나 그 밖의 불리한 조치를 할 수 없다. [O X]

06 국민건강보험공단은 사용자로부터 제출받은 자료에 대한 사실 판단의 확인을 위해서는 보건복지부에 관련 자료의 조사를 요청해야 한다. [O X]

07 국민건강보험공단은 신고받은 보수 또는 소득에 축소 또는 탈루(脫漏)가 있다고 인정할 경우 이에 관한 사항을 문서로 작성하여 기획재정부에 송부할 수 있다. [O X]

[정답] 01 X 02 O 03 O 04 O 05 O 06 X 07 X

제91조(시효), 제92조(기간 계산), 제93조(근로자의 권익 보호), 제94조(신고 등), 제95조(소득 축소·탈루 자료의 송부 등)

01. 국민건강보험공단이 보험료를 징수할 권리의 소멸시효는?

① 1년 ② 3년
③ 10년 ④ 20년

02. 다음 중 국민건강보험에 관한 권리의 시효 중단 사유가 아닌 것은?

① 보험료의 고지 ② 보험료의 독촉
③ 보험급여의 청구 ④ 국민건강보험공단에 대한 이의신청

03. 다음 중 보험료를 징수할 권리의 소멸시효의 진행이 정지되는 경우는?

① 보험가입자가 사망한 경우
② 휴직을 이유로 납입고지가 유예된 경우
③ 납입고지서를 발송한 경우
④ 연체한 보험료에 대한 체납처분이 진행된 경우

04. 다음 내용의 빈칸 ㉠, ㉡에 들어갈 단어로 옳은 것은?

> 공단은 신고를 통해 제출받은 서류의 보수 또는 소득 등에 축소 혹은 탈루가 있다고 인정되는 경우 (㉠)를 거쳐 소득의 축소 또는 탈루에 관한 사항을 문서로 작성하여 (㉡)에게 송부할 수 있다.

	㉠	㉡
①	건강보험정책심의위원회	보건복지부장관
②	건강보험정책심의위원회	국세청장
③	보건복지부장관	국세청장
④	보건복지부장관	기획재정부장관

05. 국민건강보험공단이 보험가입자인 세대주 A 씨가 소득을 축소하여 신고하였는지 여부에 대해 조사하는 과정에 대한 설명으로 옳지 않은 것을 모두 고르면?

> ㉠ 국민건강보험공단은 세대주 A 씨에게 소득에 관한 사항을 포함한 자료를 제출하도록 함에 있어 전자적 방법으로 기록된 서류의 제출은 인정하지 않는다.
> ㉡ 국민건강보험공단 소속 직원이 직접 세대주 A 씨를 찾아가 A 씨의 소득을 조사할 경우, 소속 직원은 그 권한을 표시하는 증표를 A 씨에게 제시할 필요는 없다.
> ㉢ 국세청이 국민건강보험공단으로부터 A 씨가 소득을 축소하여 신고하였다는 조사내용을 근거로 A 씨에 대해 세무조사를 실시하는 경우 국세청장은 그 결과 중 A 씨의 보수·소득에 관한 사항을 국민건강보험공단에게 송부해야 한다.

① ㉠, ㉡
② ㉠, ㉢
③ ㉡, ㉢
④ ㉠, ㉡, ㉢

법조문 익히기 — 제96조(자료의 제공), 제96조의2(금융정보등의 제공 등)

제96조(자료의 제공)

① 공단은 국가, 지방자치단체, 요양기관, 「보험업법」에 따른 보험회사 및 보험료율 산출 기관, 「공공기관의 운영에 관한 법률」에 따른 공공기관, 그 밖의 공공단체 등에 대하여 다음 각 호의 업무를 수행하기 위하여 주민등록·가족관계등록·국세·지방세·토지·건물·출입국관리 등의 자료로서 대통령령으로 정하는 자료를 제공하도록 요청할 수 있다.
1. 가입자 및 피부양자의 자격 관리, 보험료의 부과·징수, 보험급여의 관리 등 건강보험사업의 수행
2. 제14조 제1항 제11호에 따른 업무의 수행

② 심사평가원은 국가, 지방자치단체, 요양기관, 「보험업법」에 따른 보험회사 및 보험료율 산출 기관, 「공공기관의 운영에 관한 법률」에 따른 공공기관, 그 밖의 공공단체 등에 대하여 요양급여비용을 심사하고 요양급여의 적정성을 평가하기 위하여 주민등록·출입국관리·진료기록·의약품공급 등의 자료로서 대통령령으로 정하는 자료를 제공하도록 요청할 수 있다.

③ 보건복지부장관은 관계 행정기관의 장에게 제41조의2에 따른 약제에 대한 요양급여비용 상한금액의 감액 및 요양급여의 적용 정지를 위하여 필요한 자료를 제공하도록 요청할 수 있다.

④ 제1항부터 제3항까지의 규정에 따라 자료 제공을 요청받은 자는 성실히 이에 따라야 한다.

⑤ 공단 또는 심사평가원은 요양기관, 「보험업법」에 따른 보험회사 및 보험료율 산출 기관에 제1항 또는 제2항에 따른 자료의 제공을 요청하는 경우 자료 제공 요청 근거 및 사유, 자료 제공 대상자, 대상기간, 자료 제공 기한, 제출 자료 등이 기재된 자료제공요청서를 발송하여야 한다.

⑥ 제1항 및 제2항에 따른 국가, 지방자치단체, 요양기관, 「보험업법」에 따른 보험료율 산출 기관 그 밖의 공공기관 및 공공단체가 공단 또는 심사평가원에 제공하는 자료에 대하여는 사용료와 수수료 등을 면제한다.

제96조의2(금융정보등의 제공 등)

① 공단은 제72조 제1항 단서에 따른 지역가입자의 재산보험료부과점수 산정을 위하여 필요한 경우 「신용정보의 이용 및 보호에 관한 법률」 제32조 및 「금융실명거래 및 비밀보장에 관한 법률」 제4조 제1항에도 불구하고 지역가입자가 제72조 제3항에 따라 제출한 동의 서면을 전자적 형태로 바꾼 문서에 의하여 「신용정보의 이용 및 보호에 관한 법률」 제2조 제6호에 따른 신용정보집중기관 또는 금융회사등(이하 이 조에서 "금융기관등"이라 한다)의 장에게 금융정보등을 제공하도록 요청할 수 있다.

② 제1항에 따라 금융정보등의 제공을 요청받은 금융기관등의 장은 「신용정보의 이용 및 보호에 관한 법률」 제32조 및 「금융실명거래 및 비밀보장에 관한 법률」 제4조에도 불구하고 명의인의 금융정보등을 제공하여야 한다.

③ 제2항에 따라 금융정보등을 제공한 금융기관등의 장은 금융정보등의 제공 사실을 명의인에게 통보하여야 한다. 다만, 명의인이 동의한 경우에는 「신용정보의 이용 및 보호에 관한 법률」 제32조 제7항, 제35조 제2항 및 「금융실명거래 및 비밀보장에 관한 법률」 제4조의2 제1항에도 불구하고 통보하지 아니할 수 있다.

④ 제1항부터 제3항까지에서 규정한 사항 외에 금융정보등의 제공 요청 및 제공 절차 등에 필요한 사항은 대통령령으로 정한다.

조문확인 OX 문제
제96조(자료의 제공), 제96조의2(금융정보등의 제공 등)

■ 다음 조문을 읽고 맞는 것은 O, 틀린 것은 X에 V 표시하시오.

01 국민건강보험공단은 보험회사 및 보험료율 산출 기관에 대해 보험료의 부과·징수에 관한 업무를 수행하기 위해 대통령령으로 정하는 자료의 제출을 요청할 수 있다. | O | X |

02 건강보험심사평가원은 요양급여의 적정성을 평가하기 위해 공공기관에 출입국관리 관련 자료를 제공하도록 요청할 수 있다. | O | X |

03 보건복지부장관은 관계행정기관의 장에게 약제에 대한 요양급여비용의 상한금액의 감액을 위해 필요한 자료를 제공하도록 요청할 수 있다. | O | X |

04 국민건강보험공단은 보험료율 산출 기관에 자료의 제공을 요청할 경우 자료 제공 요청의 근거 및 사유를 포함한 자료제공요청서를 발송하여야 한다. | O | X |

05 지역가입자의 재산보험료부가점수의 산정을 위한 금융정보등의 제공 사실을 동의하는 서면을 전자적 형태로 바꾼 문서로는 금융정보등의 제공을 요청할 수 없다. | O | X |

06 지방자치단체는 국민건강보험공단의 요청에 따라 제공하는 자료에 대해 그 사용료 혹은 수수료를 받을 수 있다. | O | X |

07 국민건강보험공단에 금융정보를 제공한 경우 금융기관의 장은 명의인의 동의에 관계없이 해당 사실을 명의인에게 통보해야 한다. | O | X |

[정답] 01 O 02 O 03 O 04 O 05 X 06 X 07 X

법조문 익히기 — 제96조의3(가족관계등록 전산정보의 공동이용), 제96조의4(서류의 보존), 제97조(보고와 검사)

제96조의3(가족관계등록 전산정보의 공동이용)

① 공단은 제96조 제1항 각 호의 업무를 수행하기 위하여 「전자정부법」에 따라 「가족관계의 등록 등에 관한 법률」 제9조에 따른 전산정보자료를 공동이용(「개인정보 보호법」 제2조 제2호에 따른 처리를 포함한다)할 수 있다.

② 법원행정처장은 제1항에 따라 공단이 전산정보자료의 공동이용을 요청하는 경우 그 공동이용을 위하여 필요한 조치를 취하여야 한다.

③ 누구든지 제1항에 따라 공동이용하는 전산정보자료를 그 목적 외의 용도로 이용하거나 활용하여서는 아니 된다.

제96조의4(서류의 보존)

① 요양기관은 요양급여가 끝난 날부터 5년간 보건복지부령으로 정하는 바에 따라 제47조에 따른 요양급여비용의 청구에 관한 서류를 보존하여야 한다. 다만, 약국 등 보건복지부령으로 정하는 요양기관은 처방전을 요양급여비용을 청구한 날부터 3년간 보존하여야 한다.

② 사용자는 3년간 보건복지부령으로 정하는 바에 따라 자격 관리 및 보험료 산정 등 건강보험에 관한 서류를 보존하여야 한다.

③ 제49조 제3항에 따라 요양비를 청구한 준요양기관은 요양비를 지급받은 날부터 3년간 보건복지부령으로 정하는 바에 따라 요양비 청구에 관한 서류를 보존하여야 한다.

④ 제51조 제2항에 따라 보조기기에 대한 보험급여를 청구한 자는 보험급여를 지급받은 날부터 3년간 보건복지부령으로 정하는 바에 따라 보험급여 청구에 관한 서류를 보존하여야 한다.

제97조(보고와 검사)

① 보건복지부장관은 사용자, 직장가입자 또는 세대주에게 가입자의 이동·보수·소득이나 그 밖에 필요한 사항에 관한 보고 또는 서류 제출을 명하거나, 소속 공무원이 관계인에게 질문하게 하거나 관계 서류를 검사하게 할 수 있다.

② 보건복지부장관은 요양기관(제49조에 따라 요양을 실시한 기관을 포함한다)에 대하여 요양·약제의 지급 등 보험급여에 관한 보고 또는 서류 제출을 명하거나, 소속 공무원이 관계인에게 질문하게 하거나 관계 서류를 검사하게 할 수 있다.

③ 보건복지부장관은 보험급여를 받은 자에게 해당 보험급여의 내용에 관하여 보고하게 하거나, 소속 공무원이 질문하게 할 수 있다.

④ 보건복지부장관은 제47조 제7항에 따라 요양급여비용의 심사청구를 대행하는 단체(이하 "대행청구단체"라 한다)에 필요한 자료의 제출을 명하거나, 소속 공무원이 대행청구에 관한 자료 등을 조사·확인하게 할 수 있다.

⑤ 보건복지부장관은 제41조의2에 따른 약제에 대한 요양급여비용 상한금액의 감액 및 요양급여의 적용 정지를 위하여 필요한 경우에는 「약사법」 제47조 제2항에 따른 의약품공급자에 대하여 금전, 물품, 편익, 노무, 향응, 그 밖의 경제적 이익등 제공으로 인한 의약품 판매 질서 위반 행위에 관한 보고 또는 서류 제출을 명하거나, 소속 공무원이 관계인에게 질문하게 하거나 관계 서류를 검사하게 할 수 있다.

⑥ 제1항부터 제5항까지의 규정에 따라 질문·검사·조사 또는 확인을 하는 소속 공무원은 그 권한을 표시하는 증표를 지니고 관계인에게 보여주어야 한다.
⑦ 보건복지부장관은 제1항부터 제5항까지에 따른 질문·검사·조사 또는 확인 업무를 효율적으로 수행하기 위하여 대통령령으로 정하는 바에 따라 공단 또는 심사평가원으로 하여금 그 업무를 지원하게 할 수 있다.
⑧ 제1항부터 제6항까지에 따른 질문·검사·조사 또는 확인의 내용·절차·방법 등에 관하여 이 법에서 정하는 사항을 제외하고는 「행정조사기본법」에서 정하는 바에 따른다.

조문확인 OX 문제

제96조의3(가족관계등록 전산정보의 공동이용), 제96조의4(서류의 보존), 제97조(보고와 검사)

■ 다음 조문을 읽고 맞는 것은 O, 틀린 것은 X에 V 표시하시오.

01 국민건강보험공단은 자료제공업무를 수행하기 위해 「전자정부법」에 따라 전산정보자료를 공동이용할 수 있다. — O X

02 요양기관은 요양급여를 제공한 날부터 5년간 보건복지부령에 정하는 바에 따라 요양급여비용의 청구에 관한 서류를 보존하여야 한다. — O X

03 약국은 처방전을 요양급여비용을 청구한 날부터 3년간 이를 보존하여야 한다. — O X

04 사용자는 2년간 보험료 산정 등 건강보험에 관한 서류를 보존하여야 한다. — O X

05 보건복지부장관은 요양기관에 대하여 요양·약제의 지급 등 보험급여에 관한 보고를 명할 수 있다. — O X

06 보건복지부장관은 보험급여를 받은 자에게 해당 보험급여의 내용에 관하여 소속 공무원이 질문하게 할 수 있다. — O X

07 보건복지부장관은 요양급여비용의 심사청구를 대행하는 업체에게 필요한 자료의 제출을 명할 수 있다. — O X

[정답] 01 O 02 X 03 O 04 X 05 O 06 O 07 O

제96조(자료의 제공), 제96조의2(금융정보등의 제공 등), 제96조의3(가족관계등록 전산정보의 공동이용), 제96조의4(서류의 보존), 제97조(보고와 검사)

01. 요양기관의 요양급여비용의 청구에 관한 서류의 보존연한은 요양급여가 끝난 날로부터 몇 년인가?

① 1년
② 3년
③ 5년
④ 10년

02. 다음 내용의 빈칸에 공통으로 들어갈 내용은?

- 약국 등 보건복지부령으로 정하는 요양기관은 처방전을 요양급여비용을 청구한 날로부터 (　　)간 보존해야 한다.
- 사용자는 (　　)간 자격 관리 및 보험료 산정 등의 건강보험에 관한 서류를 보존해야 한다.

① 6개월
② 1년
③ 3년
④ 5년

03. 다음 중 보건복지부장관이 소속 공무원에게 관계 서류를 검사하도록 명령할 수 있도록 하는 대상을 모두 고르면?

㉠ 세대주
㉡ 요양기관
㉢ 요양급여비용의 심사청구를 대행하는 대행청구단체
㉣ 의약품공급자

① ㉢
② ㉠, ㉡
③ ㉡, ㉢, ㉣
④ ㉠, ㉡, ㉢, ㉣

04. 국민건강보험공단이 신용정보집중기관에게 금융정보의 제공을 요청하는 절차에 관한 내용으로 옳지 않은 것은?

① 국민건강보험공단은 지역가입자의 보험료부과점수의 산정을 목적으로 신용정보집중기관에 해당 지역가입자의 금융정보를 제공해 줄 것을 요청할 수 있다.
② 국민건강보험공단은 지역가입자가 신용정보집중기관이 공단에 금융정보를 제공하는 것에 동의하는 내용의 서면을 전자적 형태로 바꾼 문서를 근거로 이를 요청할 수 있다.
③ 지역가입자의 금융정보를 제공한 신용정보집중기관은 해당 사실을 그 명의인에게 통보하여야 한다.
④ 지역가입자가 신용정보집중기관이 정보를 제공하였다는 사실을 통보받지 않음에 동의하였음을 이유로 신용정보집중기관의 통지의무가 면제되지는 않는다.

05. 건강보험심사평가원이 국가와 지방자치단체, 요양기관과 공공기관 등에 자료의 제공을 요청하는 절차에 관한 내용으로 옳지 않은 것은?

① 건강보험심사평가원은 요양급여의 적정성을 평가하기 위해 국가와 지방자치단체, 공공기관으로부터 주민등록·출입국관리 등의 자료를 제공하도록 요청할 수 있다.
② 요양기관은 건강보험심사평가원이 규정에 따라 자료의 제공을 요청할 경우 이에 성실히 따라야 한다.
③ 건강보험심사평가원은 요양기관에 대해 자료의 제공을 요청할 경우 그 근거와 사유 등이 기재된 자료제공요청서를 발송하여야 한다.
④ 국가와 지방자치단체가 건강보험심사평가원에게 제공하는 자료에 대해서는 대통령령으로 정하는 기준에 따라 그 사용료나 수수료를 부과한다.

법조문 익히기 — 제98조(업무정지)

제98조(업무정지)

① 보건복지부장관은 요양기관이 다음 각 호의 어느 하나에 해당하면 그 요양기관에 대하여 1년의 범위에서 기간을 정하여 업무정지를 명할 수 있다. 이 경우 보건복지부장관은 그 사실을 공단 및 심사평가원에 알려야 한다.
1. 속임수나 그 밖의 부당한 방법으로 보험자·가입자 및 피부양자에게 요양급여비용을 부담하게 한 경우
2. 제97조 제2항에 따른 명령에 위반하거나 거짓 보고를 하거나 거짓 서류를 제출하거나, 소속 공무원의 검사 또는 질문을 거부·방해 또는 기피한 경우
3. 정당한 사유 없이 요양기관이 제41조의3 제1항에 따른 결정을 신청하지 아니하고 속임수나 그 밖의 부당한 방법으로 행위·치료재료를 가입자 또는 피부양자에게 실시 또는 사용하고 비용을 부담시킨 경우

② 제1항에 따라 업무정지 처분을 받은 자는 해당 업무정지기간 중에는 요양급여를 하지 못한다.

③ 제1항에 따른 업무정지 처분의 효과는 그 처분이 확정된 요양기관을 양수한 자 또는 합병 후 존속하는 법인이나 합병으로 설립되는 법인에 승계되고, 업무정지 처분의 절차가 진행 중인 때에는 양수인 또는 합병 후 존속하는 법인이나 합병으로 설립되는 법인에 대하여 그 절차를 계속 진행할 수 있다. 다만, 양수인 또는 합병 후 존속하는 법인이나 합병으로 설립되는 법인이 그 처분 또는 위반사실을 알지 못하였음을 증명하는 경우에는 그러하지 아니하다.

④ 제1항에 따른 업무정지 처분을 받았거나 업무정지 처분의 절차가 진행 중인 자는 행정처분을 받은 사실 또는 행정처분절차가 진행 중인 사실을 보건복지부령으로 정하는 바에 따라 양수인 또는 합병 후 존속하는 법인이나 합병으로 설립되는 법인에 지체 없이 알려야 한다.

⑤ 제1항에 따른 업무정지를 부과하는 위반행위의 종류, 위반 정도 등에 따른 행정처분기준이나 그 밖에 필요한 사항은 대통령령으로 정한다.

조문확인 OX 문제
제98조(업무정지)

■ 다음 조문을 읽고 맞는 것은 O, 틀린 것은 X에 V 표시하시오.

01 보건복지부장관은 속임수나 그 밖의 부당한 방법으로 보험자·가입자 및 피부양자에게 요양급여비용을 부담하게 한 요양기관에 대해 3년의 범위에서 기간을 정하여 업무정지를 명할 수 있다. [O / X]

02 보건복지부장관은 요양기관에 업무정지를 명할 경우 그 사실을 국민건강보험공단 및 심사평가원에 알려야 한다. [O / X]

03 보건복지부장관은 요양기관이 소속 공무원의 검사 또는 질문을 기피하였음을 이유로는 업무정지를 명할 수 없다. [O / X]

04 업무정지 처분을 받은 요양기관은 해당 업무기간 중에는 요양급여를 할 수 없다. [O / X]

05 업무정지 처분의 효과는 그 처분이 확정된 요양기관을 양수한 자에 승계되며, 처분절차가 진행 중이라면 그 양수인에 대해 절차를 계속 진행할 수 있다. [O / X]

06 업무정치처분을 받은 요양기관을 합병하여 법인을 새로 설립하는 경우에는 업무정지처분의 효과를 승계하지 않는다. [O / X]

07 업무정지 처분을 받은 요양기관을 합병하여 그 처분효과를 승계받아야 하는 법인은 해당 사실을 알지 못하였음을 증명하더라도 이에 대항할 수 없다. [O / X]

08 업무정지 처분을 받은 요양기관을 양도하는 양도인은 그 양수인에게 행정처분을 받은 사실을 지체 없이 알려야 한다. [O / X]

[정답] 01 X 02 O 03 X 04 O 05 O 06 X 07 X 08 O

제8장 보칙

법조문 익히기 — 제99조(과징금)

제99조(과징금)

① 보건복지부장관은 요양기관이 제98조 제1항 제1호 또는 제3호에 해당하여 업무정지 처분을 하여야 하는 경우로서 그 업무정지 처분이 해당 요양기관을 이용하는 사람에게 심한 불편을 주거나 보건복지부장관이 정하는 특별한 사유가 있다고 인정되면 업무정지 처분을 갈음하여 속임수나 그 밖의 부당한 방법으로 부담하게 한 금액의 5배 이하의 금액을 과징금으로 부과·징수할 수 있다. 이 경우 보건복지부장관은 12개월의 범위에서 분할납부를 하게 할 수 있다.

② 보건복지부장관은 제41조의2 제3항에 따라 약제를 요양급여에서 적용 정지하는 경우 다음 각 호의 어느 하나에 해당하는 때에는 요양급여의 적용 정지에 갈음하여 대통령령으로 정하는 바에 따라 다음 각 호의 구분에 따른 범위에서 과징금을 부과·징수할 수 있다. 이 경우 보건복지부장관은 12개월의 범위에서 분할납부를 하게 할 수 있다.

1. 환자 진료에 불편을 초래하는 등 공공복리에 지장을 줄 것으로 예상되는 때 : 해당 약제에 대한 요양급여비용 총액의 100분의 200을 넘지 아니하는 범위
2. 국민 건강에 심각한 위험을 초래할 것이 예상되는 등 특별한 사유가 있다고 인정되는 때 : 해당 약제에 대한 요양급여비용 총액의 100분의 60을 넘지 아니하는 범위

③ 보건복지부장관은 제2항 전단에 따라 과징금 부과 대상이 된 약제가 과징금이 부과된 날부터 5년의 범위에서 대통령령으로 정하는 기간 내에 다시 제2항 전단에 따른 과징금 부과 대상이 되는 경우에는 대통령령으로 정하는 바에 따라 다음 각 호의 구분에 따른 범위에서 과징금을 부과·징수할 수 있다.

1. 제2항 제1호에서 정하는 사유로 과징금 부과대상이 되는 경우 : 해당 약제에 대한 요양급여비용 총액의 100분의 350을 넘지 아니하는 범위
2. 제2항 제2호에서 정하는 사유로 과징금 부과대상이 되는 경우 : 해당 약제에 대한 요양급여비용 총액의 100분의 100을 넘지 아니하는 범위

④ 제2항 및 제3항에 따라 대통령령으로 해당 약제에 대한 요양급여비용 총액을 정할 때에는 그 약제의 과거 요양급여 실적 등을 고려하여 1년간의 요양급여 총액을 넘지 않는 범위에서 정하여야 한다.

⑤ 보건복지부장관은 제1항에 따른 과징금을 납부하여야 할 자가 납부기한까지 이를 내지 아니하면 대통령령으로 정하는 절차에 따라 그 과징금 부과 처분을 취소하고 제98조 제1항에 따른 업무정지 처분을 하거나 국세 체납처분의 예에 따라 이를 징수한다. 다만, 요양기관의 폐업 등으로 제98조 제1항에 따른 업무정지 처분을 할 수 없으면 국세 체납처분의 예에 따라 징수한다.

⑥ 보건복지부장관은 제2항 또는 제3항에 따른 과징금을 납부하여야 할 자가 납부기한까지 이를 내지 아니하면 국세 체납처분의 예에 따라 징수한다.

⑦ 보건복지부장관은 과징금을 징수하기 위하여 필요하면 다음 각 호의 사항을 적은 문서로 관할 세무서의 장 또는 지방자치단체의 장에게 과세정보의 제공을 요청할 수 있다.

1. 납세자의 인적사항
2. 사용 목적
3. 과징금 부과 사유 및 부과 기준

⑧ 제1항부터 제3항까지의 규정에 따라 징수한 과징금은 다음 각 호 외의 용도로는 사용할 수 없다. 이 경우 제2항 제1호 및 제3항 제1호에 따라 징수한 과징금은 제3호의 용도로 사용하여야 한다.
1. 제47조 제3항에 따라 공단이 요양급여비용으로 지급하는 자금
2. 「응급의료에 관한 법률」에 따른 응급의료기금의 지원
3. 「재난적의료비 지원에 관한 법률」에 따른 재난적의료비 지원사업에 대한 지원

⑨ 제1항부터 제3항까지의 규정에 따른 과징금의 금액과 그 납부에 필요한 사항 및 제8항에 따른 과징금의 용도별 지원 규모, 사용 절차 등에 필요한 사항은 대통령령으로 정한다.

조문확인 OX 문제

제99조(과징금)

■ 다음 조문을 읽고 맞는 것은 O, 틀린 것은 X에 V 표시하시오.

01 보건복지부장관은 요양기관에 대해 업무정지 처분이 해당 요양기관을 이용하는 사람에게 심한 불편을 줄 우려가 있다면 그 업무정지 처분을 갈음하여 과징금을 부과할 수 있다. (O / X)

02 속임수나 그 밖의 부당한 방법으로 보험자·가입자 및 피부양자에게 요양급여비용을 부담하게 한 경우의 과징금은 그 금액의 2배 이상으로 한다. (O / X)

03 요양기관이 납부해야 하는 과징금을 분할납부할 수 없다. (O / X)

04 과징금의 부과대상이 되는 약제의 요양급여비용 총액은 그 약제의 과거 요양급여 실적을 고려하여 1년간의 요양급여 총액을 넘지 않는 범위에서 정하여야 한다. (O / X)

05 보건복지부장관은 과징금을 납부하여야 하는 자가 납부기한까지 이를 내지 않는 경우 국세 체납처분의 예에 따라 이를 징수하고, 필요시 관할 세무관서의 장에게 과세정보의 제공을 요청할 수 있다. (O / X)

06 요양기관으로부터 징수한 과징금은 요양급여비용, 응급의료기금, 재난적의료비 지원사업에 관한 지원 외의 용도로는 사용할 수 없다. (O / X)

[정답] 01 O 02 X 03 X 04 O 05 O
06 O

법조문 익히기 — 제100조(위반사실의 공표)

제100조(위반사실의 공표)
① 보건복지부장관은 관련 서류의 위조·변조로 요양급여비용을 거짓으로 청구하여 제98조 또는 제99조에 따른 행정처분을 받은 요양기관이 다음 각 호의 어느 하나에 해당하면 그 위반 행위, 처분 내용, 해당 요양기관의 명칭·주소 및 대표자 성명, 그 밖에 다른 요양기관과의 구별에 필요한 사항으로서 대통령령으로 정하는 사항을 공표할 수 있다. 이 경우 공표 여부를 결정할 때에는 그 위반행위의 동기, 정도, 횟수 및 결과 등을 고려하여야 한다.
1. 거짓으로 청구한 금액이 1천 500만 원 이상인 경우
2. 요양급여비용 총액 중 거짓으로 청구한 금액의 비율이 100분의 20 이상인 경우
② 보건복지부장관은 제1항에 따른 공표 여부 등을 심의하기 위하여 건강보험공표심의위원회(이하 이 조에서 "공표심의위원회"라 한다)를 설치·운영한다.
③ 보건복지부장관은 공표심의위원회의 심의를 거친 공표대상자에게 공표대상자인 사실을 알려 소명자료를 제출하거나 출석하여 의견을 진술할 기회를 주어야 한다.
④ 보건복지부장관은 공표심의위원회가 제3항에 따라 제출된 소명자료 또는 진술된 의견을 고려하여 공표대상자를 재심의한 후 공표대상자를 선정한다.
⑤ 제1항부터 제4항까지에서 규정한 사항 외에 공표의 절차·방법, 공표심의위원회의 구성·운영 등에 필요한 사항은 대통령령으로 정한다.

조문확인 OX 문제

제100조(위반사실의 공표)

■ 다음 조문을 읽고 맞는 것은 O, 틀린 것은 X에 V 표시하시오.

01 보건복지부장관은 요양기관이 요양급여비용을 거짓으로 청구한 금액이 1,000만 원 이상인 경우 그 위반행위와 해당 요양기관에 관한 사항을 공표할 수 있다. O X

02 요양기관이 요양급여비용을 거짓으로 청구함을 이유로 공표될 수 있는 내용에는 해당 요양기관의 명칭 외에 주소, 대표자의 성명까지를 포함한다. O X

03 보건복지부장관은 요양급여비용의 총액 중 거짓으로 청구한 비율이 100분의 10 이상인 경우 해당 요양기관의 위반행위에 관한 사항을 공표할 수 있다. O X

04 보건복지부장관은 요양급여비용을 거짓으로 청구한 요양기관에 대한 위반사실을 공표할 때 그 위반행위의 동기, 정도, 횟수 및 결과 등을 고려하여야 한다. O X

05 국민건강보험공단은 요양급여비용을 거짓으로 청구함을 이유로 하는 위반사실의 공표 여부를 심의하기 위한 건강보험공표심의위원회를 설치·운영한다. O X

06 공표대상자가 된 사실을 확인한 요양기관은 그에 대한 소명자료를 제출할 수 있다. O X

07 건강보험공표심의위원회는 공표대상자가 직접 진술한 의견을 고려하여 공표대상자를 재심의한다. O X

[정답] 01 X 02 O 03 X 04 O 05 X
        06 O 07 O

제98조(업무정지), 제99조(과징금), 제100조(위반사실의 공표)

01. 다음 내용의 빈칸 ㉠, ㉡에 들어갈 숫자로 옳은 것은?

> 서류의 위·변조로 요양급여비용을 거짓으로 청구한 요양기관의 위법사실의 공표대상의 기준은 다음과 같다.
> 1. 요양기관이 거짓으로 청구한 금액이 (㉠)만 원 이상인 경우
> 2. 요양급여비용의 총액 중 거짓으로 청구한 금액의 비율이 100분의 (㉡) 이상인 경우

	㉠	㉡		㉠	㉡
①	1,500	20	②	2,000	20
③	2,000	10	④	3,000	10

02. 다음 중 국민건강보험공단이 요양기관의 업무정지 처분을 갈음하여 징수한 과징금의 사용처로 적절하지 않은 것은?

① 국민건강보험료 경감 대상자의 보험료 경감에 대한 지원
② 재난적의료비 지원사업에 대한 지원
③ 응급의료기금의 지원
④ 요양급여비용의 지급하는 자금

03. 다음 중 요양기관에 대한 보건복지부장관의 업무정지명령의 대상이 되는 경우가 아닌 것은?

① 부당한 방법으로 보험자에게 요양급여비용을 부담하게 한 경우
② 요양기관에 대한 보건복지부장관의 서류제출명령을 위반한 경우
③ 정당한 사유 없이 치료재료의 요양급여대상 결정 신청을 하지 않고 이를 가입자에게 사용하여 비용을 부담시킨 경우
④ 업무상 알게 된 정보를 누설하거나 직무목적 외의 용도로 이용한 경우

04. 요양기관의 업무정지 처분의 효과에 대한 설명으로 옳지 않은 것은?

① 업무정지 처분을 받은 자는 해당 업무정지기간 중에는 요양급여를 하지 못한다.
② 업무정지기간 중 해당 요양기관을 양수한 자는 그 처분의 효과를 승계한다.
③ 업무정지기간에 대한 행정처분절차가 진행 중에 해당 요양기관과 합병하여 새로운 법인이 설립되는 경우 그 처분의 효과를 승계하지 않는다.
④ 업무정지기간 중에 있거나 업무정지에 대한 행정처분절차가 진행 중인 경우 해당 요양기관을 인계하는 양도인은 그 사실을 양수인에게 지체 없이 알려야 한다.

05. 다음은 과징금 부과대상이 된 약제에 대한 규정이다. 빈칸 ㉠, ㉡에 들어갈 숫자로 옳은 것은?

> 환자 진료에 불편을 초래하는 등 공공복리에 지장을 줄 것으로 예상되어 과징금 부과 대상이 된 약제가 과징금이 부과된 날부터 (㉠)년의 범위에서 대통령령으로 정하는 기간 내에 다시 과징금 부과 대상이 되는 경우, 보건복지부장관은 해당 약제에 대한 요양급여비용 총액의 100분의 (㉡)을 넘지 아니하는 범위에서 과징금을 부과·징수할 수 있다.

	㉠	㉡			㉠	㉡
①	3	60		②	3	200
③	5	100		④	5	350

법조문 익히기 — 제101조(제조업자 등의 금지행위 등)

제101조(제조업자 등의 금지행위 등)

① 「약사법」에 따른 의약품의 제조업자·위탁제조판매업자·수입자·판매업자 및 「의료기기법」에 따른 의료기기 제조업자·수입업자·수리업자·판매업자·임대업자(이하 "제조업자등"이라 한다)는 약제·치료재료와 관련하여 제41조의3에 따라 요양급여대상 여부를 결정하거나 제46조에 따라 요양급여비용을 산정할 때에 다음 각 호의 행위를 하여 보험자·가입자 및 피부양자에게 손실을 주어서는 아니 된다.

1. 제98조 제1항 제1호에 해당하는 요양기관의 행위에 개입
2. 보건복지부, 공단 또는 심사평가원에 거짓 자료의 제출
3. 그 밖에 속임수나 보건복지부령으로 정하는 부당한 방법으로 요양급여대상 여부의 결정과 요양급여비용의 산정에 영향을 미치는 행위

② 보건복지부장관은 제조업자등이 제1항에 위반한 사실이 있는지 여부를 확인하기 위하여 그 제조업자등에게 관련 서류의 제출을 명하거나, 소속 공무원이 관계인에게 질문을 하게 하거나 관계 서류를 검사하게 하는 등 필요한 조사를 할 수 있다. 이 경우 소속 공무원은 그 권한을 표시하는 증표를 지니고 이를 관계인에게 보여주어야 한다.

③ 공단은 제1항을 위반하여 보험자·가입자 및 피부양자에게 손실을 주는 행위를 한 제조업자등에 대하여 손실에 상당하는 금액(이하 이 조에서 "손실 상당액"이라 한다)을 징수한다.

④ 공단은 제3항에 따라 징수한 손실 상당액 중 가입자 및 피부양자의 손실에 해당되는 금액을 그 가입자나 피부양자에게 지급하여야 한다. 이 경우 공단은 가입자나 피부양자에게 지급하여야 하는 금액을 그 가입자 및 피부양자가 내야하는 보험료등과 상계할 수 있다.

⑤ 제3항에 따른 손실 상당액의 산정, 부과·징수절차 및 납부방법 등에 관하여 필요한 사항은 대통령령으로 정한다.

조문확인 OX 문제
제101조(제조업자 등의 금지행위 등)

■ 다음 조문을 읽고 맞는 것은 O, 틀린 것은 X에 ∨ 표시하시오.

01 의약품의 제조업자가 속임수나 그 밖의 부당한 방법으로 국민건강보험 가입자에게 요양급여비용을 부담하는 데 개입한 경우 공단은 제조업자로부터 손실에 상당하는 금액을 징수하여 이를 가입자에게 지급하여야 한다. [O / X]

02 의약품의 수입자는 요양급여대상 여부를 결정함에 있어 보건복지부, 공단 또는 심사평가원에 거짓 자료를 제출하여 보험자에게 손실을 주어서는 아니 된다. [O / X]

03 보건복지부장관은 의료기기 판매업자가 부당한 방법으로 보험자에게 요양급여비용을 부담하게 한 사실에 개입하였는지 여부를 판단하기 위해 관련 서류의 제출을 명할 수 있다. [O / X]

04 보건복지부장관은 의료기 수입업자가 요양급여비용을 산정하는 과정에서 거짓 자료를 제출한 사실을 확인하기 위해 소속 공무원에게 관계 서류를 검사하게 할 수 있다. [O / X]

05 보건복지부장관 소속 공무원이 의약품의 제조업자가 요양급여대상 여부 결정 과정에서 거짓 자료를 제출한 사실을 확인하고자 관계인에게 질문을 하기 위해서는 그 권한을 표시하는 증표를 관계인에게 보여주어야 한다. [O / X]

06 국민건강보험공단은 의약품의 수입자로부터 손실 상당액을 징수하여 이를 가입자에게 지급할 경우 이를 그 가입자가 내야 하는 보험료와 상계할 수 없다. [O / X]

[정답] 01 O 02 O 03 O 04 X 05 O 06 X

법조문 익히기

제101조의2(약제에 대한 쟁송 시 손실상당액의 징수 및 지급), 제102조(정보의 유지 등)

제101조의2(약제에 대한 쟁송 시 손실상당액의 징수 및 지급)

① 공단은 제41조의2에 따른 요양급여비용 상한금액의 감액 및 요양급여의 적용 정지 또는 제41조의3에 따른 조정(이하 이 조에서 "조정등"이라 한다)에 대하여 약제의 제조업자등이 청구 또는 제기한「행정심판법」에 따른 행정심판 또는「행정소송법」에 따른 행정소송에 대하여 행정심판위원회 또는 법원의 결정이나 재결, 판결이 다음 각 호의 요건을 모두 충족하는 경우에는 조정등이 집행정지된 기간 동안 공단에 발생한 손실에 상당하는 금액을 약제의 제조업자등에게서 징수할 수 있다.
1. 행정심판위원회 또는 법원이 집행정지 결정을 한 경우
2. 행정심판이나 행정소송에 대한 각하 또는 기각(일부 기각을 포함한다) 재결 또는 판결이 확정되거나 청구 취하 또는 소취하로 심판 또는 소송이 종결된 경우

② 공단은 제1항의 심판 또는 소송에 대한 결정이나 재결, 판결이 다음 각 호의 요건을 모두 충족하는 경우에는 조정등으로 인하여 약제의 제조업자등에게 발생한 손실에 상당하는 금액을 지급하여야 한다.
1. 행정심판위원회 또는 법원의 집행정지 결정이 없거나 집행정지 결정이 취소된 경우
2. 행정심판이나 행정소송에 대한 인용(일부 인용을 포함한다) 재결 또는 판결이 확정된 경우

③ 제1항에 따른 손실에 상당하는 금액은 집행정지 기간 동안 공단이 지급한 요양급여비용과 집행정지가 결정되지 않았다면 공단이 지급하여야 할 요양급여비용의 차액으로 산정한다. 다만, 요양급여대상에서 제외되거나 요양급여의 적용을 정지하는 내용의 조정등의 경우에는 요양급여비용 차액의 100분의 40을 초과할 수 없다.

④ 제2항에 따른 손실에 상당하는 금액은 해당 조정등이 없었다면 공단이 지급하여야 할 요양급여비용과 조정등에 따라 공단이 지급한 요양급여비용의 차액으로 산정한다. 다만, 요양급여대상에서 제외되거나 요양급여의 적용을 정지하는 내용의 조정등의 경우에는 요양급여비용 차액의 100분의 40을 초과할 수 없다.

⑤ 공단은 제1항 또는 제2항에 따라 손실에 상당하는 금액을 징수 또는 지급하는 경우 대통령령으로 정하는 이자를 가산하여야 한다.

⑥ 그 밖에 제1항에 따른 징수절차, 제2항에 따른 지급절차, 제3항 및 제4항에 따른 손실에 상당하는 금액의 산정기준 및 기간, 제5항에 따른 가산금 등 징수 및 지급에 필요한 세부사항은 보건복지부령으로 정한다.

제102조(정보의 유지 등)

공단, 심사평가원 및 대행청구단체에 종사하였던 사람 또는 종사하는 사람은 다음 각 호의 행위를 하여서는 아니 된다.
1. 가입자 및 피부양자의 개인정보(「개인정보 보호법」 제2조 제1호의 개인정보를 말한다. 이하 "개인정보"라 한다)를 누설하거나 직무상 목적 외의 용도로 이용 또는 정당한 사유 없이 제3자에게 제공하는 행위
2. 업무를 수행하면서 알게 된 정보(제1호의 개인정보는 제외한다)를 누설하거나 직무상 목적 외의 용도로 이용 또는 제3자에게 제공하는 행위

조문확인 OX 문제 — 제101조의2(약제에 대한 쟁송 시 손실상당액의 징수 및 지급), 제102조(정보의 유지 등)

■ 다음 조문을 읽고 맞는 것은 O, 틀린 것은 X에 ∨ 표시하시오.

01 국민건강보험공단은 요양급여비용 상한금액의 감액에 대해 약제의 제조업자가 제기한 행정소송이 기각되어 소송이 종결된 경우 그로 인한 집행정지로 발생한 공단의 손실에 상당하는 금액을 징수할 수 있다. | O | X |

02 국민건강보험공단은 요양급여의 적용 정지에 대해 약제의 제조업자가 청구한 행정심판의 인용이 확정된 경우 이로 인해 발생한 손실에 상당하는 금액을 지급하여야 한다. | O | X |

03 집행정지로 인해 발생한 공단의 손실에 상당한 금액을 징수하는 경우 그 금액은 실제로 지급한 요양급여비용에 만일 집행정지가 결정되지 않았다면 공단이 지급하여야 할 요양급여비용의 차액으로 산정한다. | O | X |

04 국민건강보험공단이 약제의 제조업자로부터 요양급여의 적용 정지로 인해 발생한 손실에 상당하는 금액을 지급하는 경우에는 이자를 가산하지 않는다. | O | X |

05 약제의 제조업자가 국민건강보험공단의 요양급여 적용 정지에 따른 행정소송에서 인용판결이 확정되어 손실에 상당하는 금액을 지급하는 경우에는 대통령령으로 정하는 이자를 가산하여야 한다. | O | X |

06 국민건강보험공단의 직원은 가입자 및 피부양자의 개인정보를 직무상의 이유로 이용하여서는 안 된다. | O | X |

07 국민건강보험공단의 임원은 업무를 수행하게 되면서 알게 정보를 퇴직 후에 누설하여서는 안 된다. | O | X |

08 건강보험심사평가원의 임원은 업무를 수행하게 되면서 알게 된 가입자의 개인정보를 직무상 목적 외의 용도로 이용하여서는 안 된다. | O | X |

[정답] 01 O 02 O 03 O 04 X 05 O 06 X 07 O 08 O

법조문 익히기 — 제103조(공단 등에 대한 감독 등), 제104조(포상금 등의 지급)

제103조(공단 등에 대한 감독 등)

① 보건복지부장관은 공단과 심사평가원의 경영목표를 달성하기 위하여 다음 각 호의 사업이나 업무에 대하여 보고를 명하거나 그 사업이나 업무 또는 재산상황을 검사하는 등 감독을 할 수 있다.
1. 제14조 제1항 제1호부터 제13호까지의 규정에 따른 공단의 업무 및 제63조 제1항 제1호부터 제8호까지의 규정에 따른 심사평가원의 업무
2. 「공공기관의 운영에 관한 법률」 제50조에 따른 경영지침의 이행과 관련된 사업
3. 이 법 또는 다른 법령에서 공단과 심사평가원이 위탁받은 업무
4. 그 밖에 관계 법령에서 정하는 사항과 관련된 사업

② 보건복지부장관은 제1항에 따른 감독상 필요한 경우에는 정관이나 규정의 변경 또는 그 밖에 필요한 처분을 명할 수 있다.

제104조(포상금 등의 지급)

① 공단은 다음 각 호의 어느 하나에 해당하는 자 또는 재산을 신고한 사람에 대하여 포상금을 지급할 수 있다. 다만, 공무원이 그 직무와 관련하여 제4호에 따른 은닉재산을 신고한 경우에는 그러하지 아니한다.
1. 속임수나 그 밖의 부당한 방법으로 보험급여를 받은 사람
2. 속임수나 그 밖의 부당한 방법으로 다른 사람이 보험급여를 받도록 한 자
3. 속임수나 그 밖의 부당한 방법으로 보험급여 비용을 받은 요양기관 또는 보험급여를 받은 준요양기관 및 보조기기 판매업자
4. 제57조에 따라 징수금을 납부하여야 하는 자의 은닉재산

② 공단은 건강보험 재정을 효율적으로 운영하는 데에 이바지한 요양기관에 대하여 장려금을 지급할 수 있다.

③ 제1항 제4호의 "은닉재산"이란 징수금을 납부하여야 하는 자가 은닉한 현금, 예금, 주식, 그 밖에 재산적 가치가 있는 유형·무형의 재산을 말한다. 다만, 다음 각 호의 어느 하나에 해당하는 재산은 제외한다.
1. 「민법」 제406조 등 관계 법령에 따라 사해행위(詐害行爲) 취소소송의 대상이 되어 있는 재산
2. 공단이 은닉사실을 알고 조사 또는 강제징수 절차에 착수한 재산
3. 그 밖에 은닉재산 신고를 받을 필요가 없다고 인정되어 대통령령으로 정하는 재산

④ 제1항 및 제2항에 따른 포상금 및 장려금의 지급 기준과 범위, 절차 및 방법 등에 필요한 사항은 대통령령으로 정한다.

조문확인 OX 문제
제103조(공단 등에 대한 감독 등), 제104조(포상금 등의 지급)

■ 다음 조문을 읽고 맞는 것은 O, 틀린 것은 X에 V 표시하시오.

01 보건복지부장관은 국민건강보험공단의 경영목표를 달성하기 위해 업무에 관한 사항의 보고를 명할 수 있다. | O | X |

02 보건복지부장관은 건강보험심사평가원의 업무에 대한 감독권을 행사할 수 있다. | O | X |

03 국민건강보험공단이 다른 법령에 의해 위탁받은 업무는 보건복지부장관의 감독 대상에 포함되지 않는다. | O | X |

04 보건복지부장관은 국민건강보험공단 정관의 변경을 명할 수는 없다. | O | X |

05 국민건강보험공단은 속임수나 그 밖의 부당한 방법으로 보험급여 비용을 지급받은 요양기관을 신고한 사람에 대하여 포상금을 지급할 수 있다. | O | X |

06 국민건강보험공단은 건강보험의 재정을 효율적으로 운영함에 이바지한 요양기관에 대해 장려금을 지급할 수 있다. | O | X |

07 국민건강보험공단으로부터 포상금의 지급 대상이 되는 은닉재산이란 징수금을 납부하여야 하는 자가 은닉한 재산적 가치가 있는 유형·무형의 재산을 의미한다. | O | X |

08 사해행위 취소소송의 대상이 되어 있는 재산을 은닉재산으로 국민건강보험공단에 신고하는 것은 포상금의 지급 대상에서 제외된다. | O | X |

09 국민건강보험공단이 은닉사실을 알고 이에 대한 강제징수 절차에 들어가기 전 조사에 착수한 재산을 은닉재산으로 신고하는 것은 포상금의 지급 대상에서 포함된다. | O | X |

[정답] 01 O 02 O 03 X 04 X 05 O
       06 O 07 O 08 X 09 X

법조문 익히기

제105조(유사명칭의 사용금지), 제106조(소액 처리), 제107조(끝수 처리), 제108조의2(보험재정에 대한 정부지원)

제105조(유사명칭의 사용금지)

① 공단이나 심사평가원이 아닌 자는 국민건강보험공단, 건강보험심사평가원 또는 이와 유사한 명칭을 사용하지 못한다.

② 이 법으로 정하는 건강보험사업을 수행하는 자가 아닌 자는 보험계약 또는 보험계약의 명칭에 국민건강보험이라는 용어를 사용하지 못한다.

제106조(소액 처리)

공단은 징수하여야 할 금액이나 반환하여야 할 금액이 1건당 2천 원 미만인 경우(제47조 제5항, 제57조 제5항 후단 및 제101조 제4항 후단에 따라 각각 상계 처리할 수 있는 본인일부부담금 환급금 및 가입자나 피부양자에게 지급하여야 하는 금액은 제외한다)에는 징수 또는 반환하지 아니한다.

제107조(끝수 처리)

보험료등과 보험급여에 관한 비용을 계산할 때 「국고금관리법」 제47조에 따른 끝수는 계산하지 아니한다.

제108조 삭제 〈2023. 6. 13.〉

제108조의2(보험재정에 대한 정부지원)

① 국가는 매년 예산의 범위에서 해당 연도 보험료 예상 수입액의 100분의 14에 상당하는 금액을 국고에서 공단에 지원한다.

② 공단은 「국민건강증진법」에서 정하는 바에 따라 같은 법에 따른 국민건강증진기금에서 자금을 지원받을 수 있다.

③ 공단은 제1항에 따라 지원된 재원을 다음 각 호의 사업에 사용한다.
1. 가입자 및 피부양자에 대한 보험급여
2. 건강보험사업에 대한 운영비
3. 제75조 및 제110조 제4항에 따른 보험료 경감에 대한 지원

④ 공단은 제2항에 따라 지원된 재원을 다음 각 호의 사업에 사용한다.
1. 건강검진 등 건강증진에 관한 사업
2. 가입자와 피부양자의 흡연으로 인한 질병에 대한 보험급여
3. 가입자와 피부양자 중 65세 이상 노인에 대한 보험급여

조문확인 OX 문제

제105조(유사명칭의 사용금지), 제106조(소액 처리), 제107조(끝수 처리), 제108조의2(보험재정에 대한 정부지원)

■ 다음 조문을 읽고 맞는 것은 O, 틀린 것은 X에 V 표시하시오.

01 국민건강보험공단이 아닌 자는 '국민건강보험공단'과 유사한 명칭을 사용하지 못한다. [O X]

02 「국민건강보험법」으로 정하는 건강보험사업을 수행하는 자가 아닌 자는 보험계약의 명칭에 '국민건강보험'이라는 용어를 사용하지 못한다. [O X]

03 국민건강보험공단은 가입자에게 반환하여야 할 금액이 1건당 2천 원 미만이라는 이유로 이를 반환하지 않으면 안 된다. [O X]

04 보험급여에 관한 비용을 계산할 때 「국고금관리법」 제47조에 따른 끝수는 계산하지 아니한다. [O X]

05 국가는 매년 해당 연도 국민건강보험료 예상 수입액의 100분의 14에 상당하는 금액을 국민건강보험공단에 지원한다. [O X]

06 국민건강보험공단이 국가로부터 지원받은 재원은 건강보험사업에 대한 운영비로 사용되어야 한다. [O X]

07 국민건강보험공단이 국가로부터 지원받은 재원은 「장애인복지법」에 따라 등록된 장애인에 대한 보험료 경감에 대한 지원에 사용되어야 한다. [O X]

08 국민건강보험공단이 국민건강증진기금에서 지원받은 재원은 건강검진 등 건강증진에 관한 사업에 사용되어야 한다. [O X]

09 국민건강보험공단이 국민건강증진지금에서 지원받은 재원은 가입자의 흡연으로 인한 질병에 대한 보험급여로는 사용하지 않는다. [O X]

[정답] 01 O 02 O 03 X 04 O 05 O
       06 O 07 O 08 O 09 X

제101조(제조업자 등의 금지행위 등), 제101조의2(약제에 대한 쟁송 시 손실상당액의 징수 및 지급), 제102조(정보의 유지 등), 제103조(공단 등에 대한 감독 등), 제104조(포상금 등의 지급), 제105조(유사명칭의 사용금지), 제106조(소액 처리), 제107조(끝수 처리), 제108조의2(보험재정에 대한 정부지원)

01. 요양급여에 대한 국민건강보험공단이 요양급여비용을 감액한 것에 대해 약제의 제조업자들이 제기한 행정소송의 결과가 다음과 같을 때 다음 중 옳지 않은 것은?

> 행정법원이 행정소송 중 국민건강보험공단에게 해당 요양급여비용의 감액에 대해 집행정지 결정을 하였으며, 해당 소송은 기각되어 요양급여비용의 감액이 확정되었다.

① 국민건강보험공단은 행정소송 중에 집행정지된 기간 동안 공단에 발생한 손실에 상당하는 금액을 약제의 제조업자로부터 징수할 수 있다.
② 행정소송 중 발생한 집행정지로 인해 국민건강보험공단에게 발생한 손실에 상당하는 금액은 집행정지 기간 동안 국민건강보험공단이 지급한 요양급여비용 전액으로 한다.
③ 만일 행정법원이 국민건강보험공단에게 집행정지의 결정을 취소하였다면 국민건강보험공단은 해당 소송을 제기한 약제의 제조업자에게 손실액을 징수할 수 없다.
④ 집행정지로 인해 국민건강보험공단이 입은 손실에 상당하는 금액을 징수할 경우 대통령령으로 정하는 이자를 가산한다.

02. 다음 중 국민건강보험공단이 징수금을 납부해야 하는 자가 은닉하고 있는 재산을 신고한 사람에 대해 포상금을 지급하지 않는 경우를 모두 고르면?

> ㉠ 재산적 가치를 상실한 유형의 은닉재산
> ㉡ 사해행위에 의한 취소소송의 대상이 되어 있는 은닉재산
> ㉢ 신고 당시 이미 공단이 은닉사실을 알고 조사에 착수한 은닉재산
> ㉣ 국세청 직원이 징수금 미납자에 대한 세무조사 중 발견한 은닉재산

① ㉠, ㉡, ㉢ ② ㉠, ㉡, ㉣
③ ㉡, ㉢, ㉣ ④ ㉠, ㉡, ㉢, ㉣

03. 보건복지부는 의약품 판매업자 A 씨가 속임수나 그 밖의 부당한 방법으로 보험가입자 C에게 요양급여비용을 과다 부담하게 한 사실로 업무정지 처분을 받은 B 요양기관의 행위에 개입하였는지 여부에 대해 조사하고 있다. 이에 대한 「국민건강보험법」의 규정으로 옳지 않은 것은?

① 보건복지부장관은 해당 사실을 확인하기 위해 소속 공무원을 파견하여 의약품 판매업자 A 씨에게 직접 질문을 하게 할 수 있다.
② 의약품 판매업자 A 씨가 B 요양기관의 행위에 개입하여 보험자에게 손실을 주는 행위를 한 사실이 인정되면 국민건강보험공단은 그 손실에 상당하는 금액을 징수한다.
③ 보험가입자 C에게 지급해야 하는 징수액은 C가 납부해야 하는 보험료와 상계할 수 없다.
④ A 씨에게 손실 상당액을 징수하는 절차에 대해서는 대통령령으로 정한다.

04. 다음은 국민건강보험공단이 「국민건강보험법」에 따라 징수하거나 반환하는 금액이 소액인 경우 이를 처리하는 기준에 관한 내용이다. 빈칸에 들어갈 금액은?

> 국민건강보험공단은 징수하여야 할 금액이나 반환하여야 할 금액이 1건당 (   ) 미만인 경우에는 이를 징수 또는 반환하지 않는다. 단 각각 상계처리할 수 있는 본인부담 환급금 및 가입자나 피부양자에게 지급해야 하는 금액은 제외한다.

① 2천 원　　　　　　　　② 1천 원
③ 10원　　　　　　　　　④ 1원

05. 국민건강보험공단에 대한 보건복지부장관의 업무 감독에 대한 설명으로 옳지 않은 것은?

① 보건복지부장관은 국민건강보험공단이 「공공기관의 운영에 관한 법률」 제50조에 따른 경영지침의 이행과 관련된 사업을 감독하고 이에 대한 보고를 명할 수 있다.
② 국민건강보험공단의 업무에 대한 보건복지부장관의 감독에는 공단이 「국민건강보험법」 이외의 법령을 통해 위탁받은 사무를 포함하지 않는다.
③ 보건복지부장관은 국민건강보험공단에 대해 감독상 필요를 이유로 공단 정관의 변경을 명할 수 있다.
④ 보건복지부장관은 국민건강보험공단의 경영목표를 달성하기 위한 공단의 재산상황을 검사할 수 있다.

법조문 익히기 — 제109조(외국인 등에 대한 특례)

제109조(외국인 등에 대한 특례)

① 정부는 외국 정부가 사용자인 사업장의 근로자의 건강보험에 관하여는 외국 정부와 한 합의에 따라 이를 따로 정할 수 있다.

② 국내에 체류하는 재외국민 또는 외국인(이하 "국내체류 외국인등"이라 한다)이 적용대상사업장의 근로자, 공무원 또는 교직원이고 제6조 제2항 각 호의 어느 하나에 해당하지 아니하면서 다음 각 호의 어느 하나에 해당하는 경우에는 제5조에도 불구하고 직장가입자가 된다.

1. 「주민등록법」 제6조 제1항 제3호에 따라 등록한 사람
2. 「재외동포의 출입국과 법적 지위에 관한 법률」 제6조에 따라 국내거소신고를 한 사람
3. 「출입국관리법」 제31조에 따라 외국인등록을 한 사람

③ 제2항에 따른 직장가입자에 해당하지 아니하는 국내체류 외국인등이 다음 각 호의 요건을 모두 갖춘 경우에는 제5조에도 불구하고 지역가입자가 된다.

1. 보건복지부령으로 정하는 기간 동안 국내에 거주하였거나 해당 기간 동안 국내에 지속적으로 거주할 것으로 예상할 수 있는 사유로서 보건복지부령으로 정하는 사유에 해당될 것
2. 다음 각 목의 어느 하나에 해당할 것
   가. 제2항 제1호 또는 제2호에 해당하는 사람
   나. 「출입국관리법」 제31조에 따라 외국인등록을 한 사람으로서 보건복지부령으로 정하는 체류자격이 있는 사람

④ 제2항 각 호의 어느 하나에 해당하는 국내체류 외국인등이 다음 각 호의 요건을 모두 갖춘 경우에는 제5조에도 불구하고 공단에 신청하면 피부양자가 될 수 있다.

1. 직장가입자와의 관계가 제5조 제2항 각 호의 어느 하나에 해당할 것
2. 제5조 제3항에 따른 피부양자 자격의 인정 기준에 해당할 것
3. 국내 거주기간 또는 거주사유가 제3항 제1호에 따른 기준에 해당할 것. 다만, 직장가입자의 배우자 및 19세 미만 자녀(배우자의 자녀를 포함한다)에 대해서는 그러하지 아니하다.

⑤ 제2항부터 제4항까지의 규정에도 불구하고 다음 각 호에 해당되는 경우에는 가입자 및 피부양자가 될 수 없다.

1. 국내체류가 법률에 위반되는 경우로서 대통령령으로 정하는 사유가 있는 경우
2. 국내체류 외국인등이 외국의 법령, 외국의 보험 또는 사용자와의 계약 등에 따라 제41조에 따른 요양급여에 상당하는 의료보장을 받을 수 있어 사용자 또는 가입자가 보건복지부령으로 정하는 바에 따라 가입 제외를 신청한 경우

⑥ 제2항부터 제5항까지의 규정에서 정한 사항 외에 국내체류 외국인등의 가입자 또는 피부양자 자격의 취득 및 상실에 관한 시기·절차 등에 필요한 사항은 제5조부터 제11조까지의 규정을 준용한다. 다만, 국내체류 외국인등의 특성을 고려하여 특별히 규정해야 할 사항은 대통령령으로 다르게 정할 수 있다.

⑦ 가입자인 국내체류 외국인등이 매월 2일 이후 지역가입자의 자격을 취득하고 그 자격을 취득한 날이 속하는 달에 보건복지부장관이 고시하는 사유로 해당 자격을 상실한 경우에는 제69조 제2항 본문에도 불구하고 그 자격을 취득한 날이 속하는 달의 보험료를 부과하여 징수한다.

⑧ 국내체류 외국인등(제9항 단서의 적용을 받는 사람에 한정한다)에 해당하는 지역가입자의 보험료는 제78조 제1항 본문에도 불구하고 그 직전 월 25일까지 납부하여야 한다. 다만, 다음 각 호에 해당되는 경우에는 공단이 정하는 바에 따라 납부하여야 한다.
1. 자격을 취득한 날이 속하는 달의 보험료를 징수하는 경우
2. 매월 26일 이후부터 말일까지의 기간에 자격을 취득한 경우
⑨ 제7항과 제8항에서 정한 사항 외에 가입자인 국내체류 외국인등의 보험료 부과·징수에 관한 사항은 제69조부터 제86조까지의 규정을 준용한다. 다만, 대통령령으로 정하는 국내체류 외국인등의 보험료 부과·징수에 관한 사항은 그 특성을 고려하여 보건복지부장관이 다르게 정하여 고시할 수 있다.
⑩ 공단은 지역가입자인 국내체류 외국인등(제9항 단서의 적용을 받는 사람에 한정한다)이 보험료를 대통령령으로 정하는 기간 이상 체납한 경우에는 제53조 제3항에도 불구하고 체납일부터 체납한 보험료를 완납할 때까지 보험급여를 하지 아니한다. 이 경우 제53조 제3항 각 호 외의 부분 단서 및 같은 조 제5항·제6항은 적용하지 아니한다.
⑪ 제10항에도 불구하고 체류자격 및 체류기간 등 국내체류 외국인등의 특성을 고려하여 특별히 규정하여야 할 사항은 대통령령으로 다르게 정할 수 있다.

조문확인 OX문제

제109조(외국인 등에 대한 특례)

■ 다음 조문을 읽고 맞는 것은 O, 틀린 것은 X에 V 표시하시오.

01 정부는 외국 정부가 사용자인 사업장의 근로자의 건강보험에 관하여 외국 정부와 한 합의에 따라 이를 따로 정할 수 있다. [O / X]

02 국내에 체류 중인 재외국민이 「주민등록법」에 따라 재외국민으로 등록하였다면 고용기간 1개월 미만의 일용근로자도 직장가입자가 될 수 있다. [O / X]

03 보건복지부령으로 정하는 기간 동안 국내에 거주하고 있는 재외국민이 「주민등록법」에 따라 재외국민으로 등록하였다면 지역가입자가 될 수 있다. [O / X]

04 국민건강보험의 가입요건을 충족한 외국인은 외국의 법령이나 보험 또는 사용자와의 계약에 의해 요양급여에 상당하는 의료보장을 받을 수 있음을 이유로 국민건강보험의 가입제외신청을 할 수 있다. [O / X]

05 국민건강보험 가입자 중 대통령령으로 정하는 국내체류 외국인에 해당하는 지역가입자의 보험료는 그 직전 월 15일까지 납부하여야 한다. [O / X]

06 국민건강보험 가입자 중 대통령령으로 정하는 국내체류 외국인이 보험료를 체납할 경우에는 국민건강보험공단으로부터 분할납부의 승인을 받을 수 있다. [O / X]

[정답] 01 O 02 X 03 O 04 O 05 X
06 X

법조문 익히기 제110조(실업자에 대한 특례), 제111조(권한의 위임)

제110조(실업자에 대한 특례)
① 사용관계가 끝난 사람 중 직장가입자로서의 자격을 유지한 기간이 보건복지부령으로 정하는 기간 동안 통산 1년 이상인 사람은 지역가입자가 된 이후 최초로 제79조에 따라 지역가입자 보험료를 고지받은 날부터 그 납부기한에서 2개월이 지나기 이전까지 공단에 직장가입자로서의 자격을 유지할 것을 신청할 수 있다.
② 제1항에 따라 공단에 신청한 가입자(이하 "임의계속가입자"라 한다)는 제9조에도 불구하고 대통령령으로 정하는 기간 동안 직장가입자의 자격을 유지한다. 다만, 제1항에 따른 신청 후 최초로 내야 할 직장가입자 보험료를 그 납부기한부터 2개월이 지난 날까지 내지 아니한 경우에는 그 자격을 유지할 수 없다.
③ 임의계속가입자의 보수월액은 보수월액보험료가 산정된 최근 12개월간의 보수월액을 평균한 금액으로 한다.
④ 임의계속가입자의 보험료는 보건복지부장관이 정하여 고시하는 바에 따라 그 일부를 경감할 수 있다.
⑤ 임의계속가입자의 보수월액보험료는 제76조 제1항 및 제77조 제1항 제1호에도 불구하고 그 임의계속가입자가 전액을 부담하고 납부한다.
⑥ 임의계속가입자가 보험료를 납부기한까지 내지 아니하는 경우 그 급여제한에 관하여는 제53조 제3항·제5항 및 제6항을 준용한다. 이 경우 "제69조 제5항에 따른 세대단위의 보험료"는 "제110조 제5항에 따른 보험료"로 본다.
⑦ 임의계속가입자의 신청 방법·절차 등에 필요한 사항은 보건복지부령으로 정한다.

제111조(권한의 위임)
이 법에 따른 보건복지부장관의 권한은 대통령령으로 정하는 바에 따라 그 일부를 특별시장·광역시장·특별자치시장·도지사 또는 특별자치도지사에게 위임할 수 있다.

조문확인 OX 문제

제110조(실업자에 대한 특례), 제111조(권한의 위임)

■ 다음 조문을 읽고 맞는 것은 O, 틀린 것은 X에 V 표시하시오.

01 사용관계가 끝난 사람 중 직장가입자로서의 자격을 유지한 기간이 1년 이상이라면 국민건강보험공단에 직장가입자로서의 자격을 유지할 것을 신청할 수 있다. [O] [X]

02 직장가입자가 임의계속가입자가 되기 위해서는 지역가입자가 된 이후 최초로 지역가입자 보험료를 고지받은 날부터 그 납부기한에서 2개월이 지나기 전까지 이를 신청하여야 한다. [O] [X]

03 임의계속가입자는 신청 후 최초로 내야 할 직장가입자 보험료를 납부기한부터 2개월이 지난 날까지 내지 아니하면 그 자격을 유지할 수 없다. [O] [X]

04 임의계속가입자의 보수월액은 보수월액보험료가 산정된 최근 3개월간의 보수월액을 평균한 금액으로 한다. [O] [X]

05 임의계속가입자의 보수월액보험료는 임의계속가입자가 되기 전 직장의 사용자가 전액을 부담한다. [O] [X]

06 임의계속가입자의 보수월액보험료의 납부의무자는 해당 임의계속가입자이다. [O] [X]

07 국민건강보험공단은 임의계속가입자가 보험료를 납부기한까지 내지 아니하는 경우에도 급여를 제한할 수 있다. [O] [X]

08 「국민건강보험법」에 따른 보건복지부장관의 권한은 대통령령에 따라 그 일부를 특별자치시장에게 위임할 수 있다. [O] [X]

[정답] 01 O 02 O 03 O 04 X 05 X 06 O 07 O 08 O

법조문 익히기 — 제112조(업무의 위탁), 제113조(징수위탁보험료등의 배분 및 납입 등), 제114조(출연금의 용도 등), 제114조의2(벌칙 적용에서 공무원 의제)

제112조(업무의 위탁)

① 공단은 대통령령으로 정하는 바에 따라 다음 각 호의 업무를 체신관서, 금융기관 또는 그 밖의 자에게 위탁할 수 있다.
1. 보험료의 수납 또는 보험료납부의 확인에 관한 업무
2. 보험급여비용의 지급에 관한 업무
3. 징수위탁근거법의 위탁에 따라 징수하는 연금보험료, 고용보험료, 산업재해보상보험료, 부담금 및 분담금 등(이하 "징수위탁보험료등"이라 한다)의 수납 또는 그 납부의 확인에 관한 업무

② 공단은 그 업무의 일부를 국가기관, 지방자치단체 또는 다른 법령에 따른 사회보험 업무를 수행하는 법인이나 그 밖의 자에게 위탁할 수 있다. 다만, 보험료와 징수위탁보험료등의 징수 업무는 그러하지 아니하다.
③ 제2항에 따라 공단이 위탁할 수 있는 업무 및 위탁받을 수 있는 자의 범위는 보건복지부령으로 정한다.

제113조(징수위탁보험료등의 배분 및 납입 등)

① 공단은 자신이 징수한 보험료와 그에 따른 징수금 또는 징수위탁보험료등의 금액이 징수하여야 할 총액에 부족한 경우에는 대통령령으로 정하는 기준, 방법에 따라 이를 배분하여 납부 처리하여야 한다. 다만, 납부의무자가 다른 의사를 표시한 때에는 그에 따른다.
② 공단은 징수위탁보험료등을 징수한 때에는 이를 지체 없이 해당 보험별 기금에 납입하여야 한다.

제114조(출연금의 용도 등)

① 공단은 「국민연금법」, 「산업재해보상보험법」, 「고용보험법」 및 「임금채권보장법」에 따라 국민연금기금, 산업재해보상보험및예방기금, 고용보험기금 및 임금채권보장기금으로부터 각각 지급받은 출연금을 제14조 제1항 제11호에 따른 업무에 소요되는 비용에 사용하여야 한다.
② 제1항에 따라 지급받은 출연금의 관리 및 운용 등에 필요한 사항은 대통령령으로 정한다.

제114조의2(벌칙 적용에서 공무원 의제)

제4조 제1항에 따른 심의위원회 및 제100조 제2항에 따른 건강보험공표심의위원회 위원 중 공무원이 아닌 사람은 「형법」 제127조 및 제129조부터 제132조까지의 규정을 적용할 때에는 공무원으로 본다.

조문확인 OX 문제

제112조(업무의 위탁), 제113조(징수위탁보험료등의 배분 및 납입 등), 제114조(출연금의 용도 등), 제114조의2(벌칙 적용에서 공무원 의제)

■ 다음 조문을 읽고 맞는 것은 O, 틀린 것은 X에 V 표시하시오.

01 국민건강보험공단은 보험료의 납부의 확인에 관한 업무를 체신관서, 금융기관 또는 그 밖의 자에게 위탁할 수 있다. ☐ O ☐ X

02 국민건강보험공단의 보험급여비용 지급에 관한 업무는 다른 기관에 위탁할 수 없다. ☐ O ☐ X

03 국민건강보험공단은 징수위탁근거법에 따른 징수위탁보험료의 납부의 확인을 금융기관에 위탁할 수 없다. ☐ O ☐ X

04 국민건강보험공단의 보험료 징수 업무는 다른 기관에 위탁할 수 없다. ☐ O ☐ X

05 국민건강보험공단은 징수한 보험료와 징수금 또는 징수위탁보험료등의 금액이 징수하여야 할 총액에 부족한 경우에는 대통령령으로 정하는 기준에 따라 이를 배분한다. ☐ O ☐ X

06 국민건강보험공단은 징수위탁보험료를 징수한 때에는 지체 없이 해당 보험별 기금에 납입하여야 한다. ☐ O ☐ X

07 국민건강보험공단은 「국민연금법」, 「산업재해보상보험법」, 「고용보험법」 및 「임금채권보장법」에 따라 국민연금기금, 산업재해보상보험및예방기금, 고용보험기금 및 임금채권보장기금으로부터 각각 지급받은 출연금을 각 업무에 소요되는 비용에 사용하여야 한다. ☐ O ☐ X

08 건강보험정책심의위원회와 건강보험공표심의위원회의 위원 중 공무원이 아닌 사람은 「형법」 제127조(공무상 비밀의 누설)의 규정을 적용할 때에는 공무원으로 본다. ☐ O ☐ X

[정답] 01 O 02 X 03 X 04 O 05 O 06 O 07 O 08 O

제109조(외국인 등에 대한 특례), 제110조(실업자에 대한 특례), 제111조(권한의 위임), 제112조(업무의 위탁), 제113조(징수위탁보험료등의 배분 및 납입 등), 제114조(출연금의 용도 등), 제114조의2(벌칙 적용에서 공무원 의제)

01. 다음 중 국내에 체류하고 있는 외국인 교직원이 직장가입자가 될 수 있는 경우가 아닌 것은?

① 주민등록을 한 경우
② 보건복지부령으로 정하는 기간 동안 국내에 거주할 것으로 예상될 경우
③ 외국인등록을 한 경우
④ 국내거소신고를 한 경우

02. 직장가입자에 해당하지 않는 국내체류 외국인은 보건복지부령으로 정하는 기간 동안 국내에 거주한 경우, 일정한 요건을 충족한다면 지역가입자가 될 수 있다. 다음 중 그 요건으로 옳은 것을 모두 고르면?

㉠ 주민등록을 한 외국인
㉡ 국내거소신고를 한 외국인
㉢ 보건복지부령으로 정하는 체류자격을 갖추고 외국인등록을 한 외국인

① ㉡
② ㉢
③ ㉠, ㉢
④ ㉠, ㉡, ㉢

03. 다음 중 직장가입자인 국내체류 외국인의 피부양자가 될 수 있는 경우의 개수는?

㉠ 직장가입자의 배우자
㉡ 직장가입자의 직계존속
㉢ 직장가입자의 직계비속
㉣ 직장가입자의 형제·자매
㉤ 직장가입자의 직계비속의 배우자

① 2개
② 3개
③ 4개
④ 5개

04. 다음은 실업자에 대해 임의로 직장가입자로의 자격을 유지하게 하는 '임의계속가입자'에 대한 내용이다. 다음 빈칸에 들어갈 내용을 순서대로 바르게 연결한 것은?

> 사용인과의 사용관계가 끝난 사람 중 직장가입자로서의 자격을 유지한 기간이 통산 (　　) 이상인 사람은 지역가입자가 된 이후 지역가입자 보험료를 고지받은 날부터 그 납부기한에서 (　　)이 지나기 전까지 공단에 직장가입자로서의 자격을 유지할 것을 신청할 수 있다.

① 1년, 2개월　　　② 1년, 6개월
③ 3년, 2개월　　　④ 6개월, 3개월

05. 다음 중 다른 기관에 위탁할 수 없는 국민건강보험공단의 업무는?

① 보험료의 수납　　　② 보험급여비용의 지급
③ 보험료의 징수　　　④ 징수위탁보험료의 납부 확인

06. 다음 중 징수위탁근거법에 따라 위탁받은 업무에 소요되는 비용에 사용되는 출연금에 해당하지 않는 것은?

① 국민연금기금　　　② 임금채권보장기금
③ 고용보험기금　　　④ 국민건강증진기금

제 9 장 벌칙

> **법조문 익히기** 제115조(벌칙), 제116조(벌칙), 제117조(벌칙), 제118조(양벌 규정)

제115조(벌칙)

① 제102조 제1호를 위반하여 가입자 및 피부양자의 개인정보를 누설하거나 직무상 목적 외의 용도로 이용 또는 정당한 사유 없이 제3자에게 제공한 자는 5년 이하의 징역 또는 5천만 원 이하의 벌금에 처한다.

② 다음 각 호의 어느 하나에 해당하는 자는 3년 이하의 징역 또는 3천만 원 이하의 벌금에 처한다.
1. 대행청구단체의 종사자로서 거짓이나 그 밖의 부정한 방법으로 요양급여비용을 청구한 자
2. 제102조 제2호를 위반하여 업무를 수행하면서 알게 된 정보를 누설하거나 직무상 목적 외의 용도로 이용 또는 제3자에게 제공한 자

③ 제96조의3 제3항을 위반하여 공동이용하는 전산정보자료를 같은 조 제1항에 따른 목적 외의 용도로 이용하거나 활용한 자는 3년 이하의 징역 또는 1천만 원 이하의 벌금에 처한다.

④ 거짓이나 그 밖의 부정한 방법으로 보험급여를 받거나 타인으로 하여금 보험급여를 받게 한 사람은 2년 이하의 징역 또는 2천만 원 이하의 벌금에 처한다.

⑤ 다음 각 호의 어느 하나에 해당하는 자는 1년 이하의 징역 또는 1천만 원 이하의 벌금에 처한다.
1. 제42조의2 제1항 및 제3항을 위반하여 선별급여를 제공한 요양기관의 개설자
2. 제47조 제7항을 위반하여 대행청구단체가 아닌 자로 하여금 대행하게 한 자
3. 제93조를 위반한 사용자
4. 제98조 제2항을 위반한 요양기관의 개설자
5. 삭제 〈2019. 4. 23.〉

제116조(벌칙)

제97조 제2항을 위반하여 보고 또는 서류 제출을 하지 아니한 자, 거짓으로 보고하거나 거짓 서류를 제출한 자, 검사나 질문을 거부·방해 또는 기피한 자는 1천만 원 이하의 벌금에 처한다.

제117조(벌칙)

제42조 제5항을 위반한 자 또는 제49조 제2항을 위반하여 요양비 명세서나 요양 명세를 적은 영수증을 내주지 아니한 자는 500만 원 이하의 벌금에 처한다.

제118조(양벌 규정)

법인의 대표자나 법인 또는 개인의 대리인, 사용인, 그 밖의 종사자가 그 법인 또는 개인의 업무에 관하여 제115조부터 제117조까지의 규정 중 어느 하나에 해당하는 위반행위를 하면 그 행위자를 벌하는 외에 그 법인 또는 개인에게도 해당 조문의 벌금형을 과(科)한다. 다만, 법인 또는 개인이 그 위반행위를 방지하기 위하여 해당 업무에 관하여 상당한 주의와 감독을 게을리하지 아니한 경우에는 그러하지 아니하다.

조문확인 OX 문제

제115조(벌칙), 제116조(벌칙), 제117조(벌칙), 제118조(양벌 규정)

■ 다음 조문을 읽고 맞는 것은 O, 틀린 것은 X에 V 표시하시오.

01 국민건강보험공단의 임직원이 국민건강보험 가입자의 개인정보를 누설할 경우 5년 이하의 징역 또는 5천만 원 이하의 벌금에 처한다. [O | X]

02 국민건강보험공단의 임직원이 업무 수행 중 알게 된 정보를 누설할 경우 5년 이하의 징역 또는 5천만 원 이하의 벌금에 처한다. [O | X]

03 대행청구단체의 종사자가 거짓이나 그 밖의 부정한 방법으로 요양급여비용을 청구할 경우 3년 이하의 징역 또는 3천만 원 이하의 벌금에 처한다. [O | X]

04 거짓이나 그 밖의 부정한 방법으로 보험급여를 받은 사람은 2년 이하의 징역 또는 2천만 원 이하의 벌금에 처한다. [O | X]

05 업무정지기간 중 요양급여를 제공한 요양기관의 개설자는 2년 이하의 징역 또는 2천만 원 이하의 벌금에 처한다. [O | X]

06 사업장의 근로자를 고용하는 사용자는 자신이 부담하는 부담금이 증가하는 것을 피할 목적으로 근로자의 승급 또는 임금 인상을 하지 않는 사용자는 1년 이하의 징역 또는 1천만 원 이하의 벌금에 처한다. [O | X]

07 대행청구단체가 아닌 자에게 요양급여비용의 청구를 대행하게 한 자는 500만 원 이하의 벌금에 처한다. [O | X]

08 보건복지부장관의 서류제출명령을 위반하여 서류제출을 하지 않은 자는 1년 이하의 징역 또는 1천만 원 이하에 벌금에 처한다. [O | X]

09 요양을 받은 사람에게 요양비 명세서를 발급해주지 않는 자는 500만 원 이하의 벌금에 처한다. [O | X]

10 법인의 대표자가 「국민건강보험법」 제115조부터 제117조까지의 규정 중 어느 하나를 위반한 경우 그 법인에게도 해당 조문의 벌금형을 과한다. [O | X]

[정답] 01 O 02 X 03 O 04 O 05 X 06 O 07 X 08 X 09 O 10 O

제115조(벌칙), 제116조(벌칙), 제117조(벌칙), 제118조(양벌 규정)

01. 가입자 및 피부양자의 개인정보를 누설하거나 직무상 목적 외의 용도로 이용 또는 정당한 사유 없이 제3자에게 제공한 자에 대한 처벌규정으로 옳은 것은?

① 5년 이하의 징역 또는 5천만 원 이하의 벌금
② 3년 이하의 징역 또는 3천만 원 이하의 벌금
③ 2년 이하의 징역 또는 2천만 원 이하의 벌금
④ 1년 이하의 징역 또는 1천만 원 이하의 벌금

02. 거짓이나 그 밖의 부정한 방법으로 요양급여비용을 청구한 대행청구단체 종사자에 대한 처벌규정으로 옳은 것은?

① 1천만 원 이하의 벌금
② 1년 이하의 징역 또는 1천만 원 이하의 벌금
③ 3년 이하의 징역 또는 3천만 원 이하의 벌금
④ 500만 원 이하의 과태료

03. 국민건강보험료 부담금 증가를 피할 목적으로 정당한 사유 없이 근로자를 해고한 사용자에 대한 처벌규정으로 옳은 것은?

① 500만 원 이하의 과태료
② 1년 이하의 징역 또는 1천만 원 이하의 벌금
③ 2년 이하의 징역 또는 2천만 원 이하의 벌금
④ 3년 이하의 징역 또는 3천만 원 이하의 벌금

04. 타인으로 하여금 거짓이나 그 밖의 부정한 방법으로 보험급여를 받게 한 자에 대한 처벌규정으로 옳은 것은?

① 500만 원 이하의 벌금
② 1년 이하의 징역 또는 1천만 원 이하의 벌금
③ 2년 이하의 징역 또는 2천만 원 이하의 벌금
④ 3년 이하의 징역 또는 3천만 원 이하의 벌금

05. 준요양기관이 요양은 받은 사람에게 요양비 명세서나 요양 명세를 적은 영수증을 내주지 않는 경우에 대한 처벌규정으로 옳은 것은?

① 500만 원 이하의 벌금
② 500만 원 이하의 과태료
③ 200만 원 이하의 과태료
④ 100만 원 이하의 과태료

법조문 익히기 — 제119조(과태료)

제119조(과태료)

① 삭제 〈2013. 5. 22.〉

② 삭제 〈2013. 5. 22.〉

③ 다음 각 호의 어느 하나에 해당하는 자에게는 500만 원 이하의 과태료를 부과한다.
1. 제7조를 위반하여 신고를 하지 아니하거나 거짓으로 신고한 사용자
2. 정당한 사유 없이 제94조 제1항을 위반하여 신고·서류제출을 하지 아니하거나 거짓으로 신고·서류제출을 한 자
3. 정당한 사유 없이 제97조 제1항, 제3항, 제4항, 제5항을 위반하여 보고·서류제출을 하지 아니하거나 거짓으로 보고·서류제출을 한 자
4. 제98조 제4항을 위반하여 행정처분을 받은 사실 또는 행정처분절차가 진행 중인 사실을 지체 없이 알리지 아니한 자
5. 정당한 사유 없이 제101조 제2항을 위반하여 서류를 제출하지 아니하거나 거짓으로 제출한 자

④ 다음 각 호의 어느 하나에 해당하는 자에게는 100만 원 이하의 과태료를 부과한다.
1. 삭제 〈2016. 3. 22.〉
2. 삭제 〈2018. 12. 11.〉
3. 제12조 제4항을 위반하여 정당한 사유 없이 건강보험증이나 신분증명서로 가입자 또는 피부양자의 본인 여부 및 그 자격을 확인하지 아니하고 요양급여를 실시한 자
4. 제96조의4를 위반하여 서류를 보존하지 아니한 자
5. 제103조에 따른 명령을 위반한 자
6. 제105조를 위반한 자

⑤ 제3항 및 제4항에 따른 과태료는 대통령령으로 정하는 바에 따라 보건복지부장관이 부과·징수한다.

조문확인 OX 문제

제119조(과태료)

■ 다음 조문을 읽고 맞는 것은 O, 틀린 것은 X에 V 표시하시오.

01 직장가입자가 되는 근로자를 사용하는 사업장이 됐음에도 이를 14일 이내에 보험자에게 신고하지 않거나 거짓으로 신고할 경우 500만 원 이하의 과태료를 부과한다. O X

02 국민건강보험공단에 사업장의 폐업 사실을 신고하지 않은 경우 그 사용자에게 500만 원 이하의 과태료를 부과한다. O X

03 보건복지부장관의 서류제출명령에 거짓으로 제출한 직장가입자에 대해 500만 원 이하의 벌금에 처한다. O X

04 행정처분절차가 진행 중인 사실을 양수인에게 지체 없이 알리지 않고 요양기관을 양도한 자에 대해서는 500만 원 이하의 과태료를 부과한다. O X

05 정당한 사유 없이 의약품의 제조업자가 요양급여비용의 산정을 위한 보건복지부장관의 관련 서류제출명령에 불응할 경우 500만 원 이하의 과태료를 부과한다. O X

06 3년간 자격 관리 및 보험료 산정 등 건강보험에 관한 서류를 보존하지 않은 사용자에 대해서는 100만 원 이하의 과태료를 부과한다. O X

07 업무정지 처분 절차가 진행 중에 있는 요양기관을 양도한 양도인이 양수인에게 그 사실을 지체 없이 알리지 않은 경우 100만 원 이하의 과태료를 부과한다. O X

08 건강보험사업을 수행하는 자가 아닌 자가 보험계약의 명칭에 '국민건강보험'이라는 표현을 사용한 경우 100만 원 이하의 과태료를 부과한다. O X

09 법인의 대표자가 「국민건강보험법」에서 과태료를 규정한 조항에 해당하게 될 경우, 그 법인에게도 해당 조문의 과태료를 부과한다. O X

10 「국민건강보험법」에서 규정하는 과태료는 대통령령으로 정하는 바에 따라 보건복지부장관이 부과·징수한다. O X

[정답] 01 O 02 O 03 X 04 O 05 O
06 O 07 X 08 O 09 X 10 O

 제119조(과태료)

01. 다음 중 100만 원 이하의 과태료 부과대상에 해당하는 경우는?

① 정당한 이유 없이 요양급여를 거부한 요양기관
② 정당한 사유 없이 보건복지부장관의 서류제출명령에 불응해 서류를 제출하지 않은 직장가입자
③ 정당한 사유 없이 보건복지부장관의 서류제출명령에 불응하여 서류를 제출을 하지 않은 의약품 제조업자
④ 요양급여비용을 청구한 후 3년간 처방전을 보존하지 않은 약국

02. 직장가입자를 사용하는 사업자가 휴업 후 14일 이내에 보험자에게 신고하지 않은 경우의 처벌규정으로 옳은 것은?

① 1천만 원 이하의 벌금
② 500만 원 이하의 벌금
③ 500만 원 이하의 과태료
④ 100만 원 이하의 과태료

03. 보건복지부장관으로부터 업무정지 처분을 받은 자가 양수인에게 그 사실을 알리지 않고 요양기관을 양도한 자에 대한 처벌규정으로 옳은 것은?

① 1천만 원 이하의 벌금
② 500만 원 이하의 벌금
③ 500만 원 이하의 과태료
④ 100만 원 이하의 과태료

04. 국민건강보험공단 이외의 기관이 그 기관명에 '국민건강보험공단'과 유사한 명칭을 사용하였을 때의 처벌규정으로 옳은 것은?

① 처벌되지 않는다.
② 100만 원 이하의 과태료
③ 500만 원 이하의 과태료
④ 500만 원 이하의 벌금

05. 다음 중 「국민건강보험법」상 과태료를 부과하는 주체는 누구인가?

① 대통령
② 보건복지부장관
③ 국민건강관리공단 이사장
④ 소속 지방자치단체의 장

국민 건강보험 공단
직무시험

키워드 >>> 가입자의 종류
국민건강보험공단 징수이사
요양급여비용의 지급
건강검진
체납보험료의 납부
외국인 등에 대한 특례

분석 >>> 국민건강보험법 직무시험은 단답형 문제와 자료를 해석하는 응용문제를 통해 수험생들이 조문을 얼마나 정확하게 알고 있는가와 함께 조문의 내용을 얼마나 이해하고 있는지, 수험생들이 국민건강보험법의 정보를 실무에 적용할 수 있는 능력을 가지고 있는지를 함께 측정하는 추세로 진행되고 있다. 이에 따라 사례를 바탕으로 출제되는 문제나 자료를 제시하고 이를 분석해야 하는 문제들에 대한 경험과 대비가 필요하다.

국민건강보험법

파트 2 기출예상모의고사

1회 기출예상문제
2회 기출예상문제
3회 기출예상문제
4회 기출예상문제
5회 기출예상문제

01. 다음 중 「국민건강보험법」의 입법목적은?

① 국민의 노령, 장애 또는 사망에 대한 연금급여를 통한 국민의 생활 안정과 복지 증진
② 국민의 질병·부상에 대한 보험급여를 통한 국민보건 향상과 사회보장 증진
③ 노인의 신체활동과 가사활동 지원을 통한 국민의 노후건강증진 및 생활안정
④ 근로자의 업무상 재해에 대한 신속하고 공정한 보상과 재해근로자의 사회 복귀 촉진

02. 다음에서 설명하는 기구의 명칭은?

1. 설립근거 : 「국민건강보험법」 제4조
2. 소속 : 보건복지부장관
3. 구성
   (1) 위원장 : 보건복지부차관
   (2) 부위원장 : 위원 중 위원장이 지명하는 1명
   (3) 위원 : 위원장, 부위원장 포함 총 25명
4. 주요 업무
   (1) 국민건강보험종합계획 및 연도별 시행계획에 관한 사항 심의
   (2) 요양급여의 기준 심의 및 의결
   (3) 요양급여비용에 관한 사항 심의 및 의결
   (4) 직장가입자와 지역가입자의 보험료율, 지역가입자의 재산보험료부과점수당 금액 심의 및 의결
   (5) 요양급여의 각 항목에 대한 상대가치점수 심의 및 의결
   (6) 약제·치료재료별 요양급여비용의 상한 심의 및 의결
   (7) 건강보험에 대한 주요사항으로 위원장이 회의에 부치는 사항

① 국민건강보험공단 재정운영위원회
② 진료심사평가위원회
③ 건강보험정책심의위원회
④ 장기요양위원회

03. 다음 중 국민건강보험의 가입자격이 변동 또는 상실되는 시기로 옳지 않은 것은?

① 보험가입자가 사망한 경우 : 사망한 날의 다음 날 가입자격 상실
② 건강보험을 적용받고 있던 사람이 유공자 등 의료보호대상자가 되어 건강보험의 적용배제를 신청한 경우 : 적용배제를 승인한 날 가입자격 상실
③ 직장가입자인 근로자가 그 사용관계가 끝난 경우 : 사용관계 종료일의 다음 날 가입자격 변동
④ 지역가입자가 적용대상사업장의 사용자가 된 경우 : 사용자가 된 날 가입자격 변동

04. 다음 중 건강보험심사평가원의 업무에 해당하지 않는 것은?

① 요양급여비용의 심사
② 요양급여의 적정성 평가
③ 건강보험가입자 및 피부양자의 자격 관리
④ 건강보험 심사기준 및 평가기준의 개발

05. 다음은 국민건강보험공단 정관 인사규정의 일부이다. 빈칸에 공통으로 들어갈 내용으로 옳은 것은?

> 제9조(채용의 원칙 등) ① (　　　)은/는 직군·직렬·직급별로 직무수행에 필요한 지식 및 응용역량을 검사하는 공개경쟁시험으로 직원을 채용한다.
> ② (　　　)은/는 직원 채용 시 임직원의 가족을 우대해서는 아니 되며, 성별·신체조건·용모·학력·연령 등에 대한 불합리한 차별 없이 공정한 경쟁을 할 수 있도록 균등한 기회를 보장해야 한다.
> ③ (　　　)은/는 근무예정 지역 또는 근무예정 부서를 미리 정하여 5년 이상 해당 지역 또는 부서에 근무하는 것을 조건으로 직원을 채용할 수 있다.
> ④ (　　　)은/는 직원을 채용하려면 채용인원, 합격자 결정 기준 등이 포함된 채용계획을 중앙위원회의 심의·의결을 거쳐 수립해야 한다.
> ⑤ (　　　)은/는 제4항에 따라 수립한 채용계획을 변경하려면 중앙위원회의 심의·의결을 거쳐야 한다.
> ⑥ 공단 직원을 채용하기 위한 시험의 방법, 절차, 합격자 결정, 그 밖에 채용에 필요한 사항은 규칙으로 정한다.

① 보건복지부장관
② 이사장
③ 총무상임이사
④ 각 지역본부장

국민건강보험공단 직무시험

06. 다음 중 국민건강보험의 대상이 되는 요양급여대상에 해당하지 않는 것은?

① 이송(移送) ② 자가진단
③ 간호   ④ 예방 · 재활

07. 다음 중 요양기관에 대한 설명으로 옳은 것을 모두 고르면?

> ㄱ. 요양기관은 정당한 이유 없이 요양급여를 거부할 수 없다.
> ㄴ. 보건소, 한국희귀 · 필수의약품센터는 모두 요양기관에 해당한다.
> ㄷ. 업무정지기간 중의 요양기관도 긴급한 사유로 출산에 대한 요양을 제공하였다면 해당 요양기관은 공단에 그 요양급여비용을 청구할 수 있다.
> ㄹ. 현역 병사에게 요양급여를 제공한 경우 이를 제공한 요양기관은 그 요양급여비용의 지급을 국방부장관에게 직접 요청해야 한다.

① ㄱ, ㄴ   ② ㄱ, ㄹ
③ ㄴ, ㄷ   ④ ㄷ, ㄹ

08. 다음은 국민건강보험제도의 기능에 대한 글이다. 이에 대한 「국민건강보험법」상의 내용으로 옳지 않은 것은?

> 질병은 개인의 경제생활에 지장을 주어 소득을 떨어뜨리고 다시 건강을 악화시키는 악순환을 초래하기 때문에 각 개인의 경제적 능력에 따른 일정한 부담으로 재원을 조성하고 개별 부담과 관계없이 필요에 따라 균등한 급여를 제공하여 질병의 치료부담을 경감시키는 건강보험은 소득재분배 기능을 수행한다.

① 직장가입자의 보수월액은 직장가입자가 지급받는 보수를 기준으로 산정한다.
② 지역가입자의 재산보험료부과점수는 지역가입자의 재산을 기준으로 산정한다.
③ 직장가입자의 소득월액보험료는 직장가입자의 보수를 제외한 소득이 대통령령으로 정하는 금액 미만인 경우에 적용된다.
④ 본인이 연간 부담하는 본인일부부담금의 상한액은 가입자의 소득수준 등에 따라 결정한다.

09. 국민건강보험료의 고액·상습체납자 인적사항 공개에 대한 설명으로 옳지 않은 것은?

① 공단은 보험료 납부능력이 있음에도 납부기한의 다음 날부터 1년이 경과한 보험료, 연체금과 체납처분비의 총액이 1천만 원 이상인 체납자의 인적사항을 공개할 수 있다.
② 공단은 인적사항 공개대상자에게 해당 사실을 유선으로 통지하고 소명의 기회를 부여하여야 한다.
③ 고액·상습체납자의 인적사항은 관보 혹은 공단 인터넷 홈페이지를 통해 공개된다.
④ 체납자의 인적사항에 대한 공개 여부를 심의하는 보험료정보공개심의위원회를 공단에 둔다.

10. 국가유공자 A 씨의 국민건강보험 적용에 대한 설명으로 옳지 않은 것은?

① A 씨는 국민건강보험료를 경감받을 수 있다.
② A 씨가 「국가유공자 등 예우 및 지원에 관한 법률」에 따른 의료보호대상자라면 A 씨는 국민건강보험의 가입대상에서 제외된다.
③ 만일 국민건강보험을 적용받고 있던 중 국가유공자로 인정받아 의료보호대상자가 된 경우라면 A 씨는 국가유공자로 인정받은 날로부터 국민건강보험에서 자동 탈퇴된다.
④ A 씨는 「국가유공자 등 예우 및 지원에 관한 법률」에 따라 의료보호대상자가 되더라도 신청을 통해 국민건강보험의 적용대상이 될 수 있다.

11. 국민건강보험공단의 업무에 대한 설명으로 옳지 않은 것은?

① 「공공기관의 정보공개에 관한 법률」의 정보공개의무는 국가기관과 지방자치단체를 대상으로 하므로 공공기관인 국민건강보험공단은 해당 법률에 따른 정보공개의무를 지지 않는다.
② 국민건강보험공단은 특정인이 공단 시설을 이용할 경우 공단 정관에 따라 그 시설의 이용에 따른 수수료와 사용료를 징수할 수 있다.
③ 국민건강보험공단은 자산의 증식사업을 위해 공단의 업무에 사용할 부동산을 매입하고 이를 임대할 수 있다.
④ 국민건강보험공단은 보험료의 수납과 납부 확인에 대한 업무를 체신관서, 금융기관 등에 위탁할 수 있다.

12. 국민건강보험 급여의 제한에 대한 설명으로 옳지 않은 것은?

① 고의로 의료기관의 진단을 기피하는 경우 국민건강보험급여의 제공을 제한한다.
② 보수월액보험료의 납부의무를 지는 사용자가 보수월액보험료를 체납하는 경우에는 그 체납에 직장가입자 본인의 귀책사유가 있는 경우에만 보험급여를 제한할 수 있다.
③ 피보험자가 급여제한기간 중 보험급여를 받은 경우, 공단이 이를 통지한 날로부터 2개월 이내에 체납된 보험료를 완납했다면 그 체납기간 중에 받은 보험급여는 보험급여로 인정한다.
④ 피보험자가 공단으로부터 분할납부를 승인받은 경우에는 그 즉시 보험급여를 할 수 있다.

13. 다음 국민건강보험료의 독촉 및 체납에 대한 설명으로 옳지 않은 것은?

① 체납처분으로 압류한 재산의 공매에 전문지식이 필요한 경우 한국자산관리공사에 수수료를 지급하고 공매를 대행하게 할 수 있다.
② 보험료의 독촉 대상인 직장가입자의 사용자가 2명 이상인 경우 복수의 사용자들 모두에게 독촉을 해야 해당 독촉의 효력이 발생한다.
③ 체납처분대상인 법인의 해산 등 긴급하게 보험료 체납처분을 해야 될 경우 체납처분 전에 압류사실 등이 기재된 통보서를 발송하지 않을 수 있다.
④ 보험료의 체납처분이 끝났으나 체납액에 충당될 배분금액이 그 체납액에 미치지 못하는 경우 재정운영위원회의 의결을 받아 보험료를 결손처분할 수 있다.

14. 다음 「국민건강보험법」의 벌칙 규정에 대한 설명으로 옳지 않은 것은?

① 가입자 및 피부양자의 개인정보를 누설하거나 직무상 목적 외의 용도로 이용한 자는 5년 이하의 징역 또는 5천만 원 이하의 벌금에 처한다.
② 가입자·피부양자 또는 가입자·피부양자였던 사람이 자격을 잃은 후 자격을 증명하던 서류를 사용하여 보험급여를 받은 경우 그가 받은 보험급여에 상당하는 금액 이하의 과태료를 부과한다.
③ 법인의 대표자가 그 법인의 업무에 관하여 「국민건강보험법」상 벌칙 규정에 해당하는 위반행위를 하면 그 행위자를 벌하는 외에 그 법인에게도 해당 조문의 벌금형을 과한다.
④ 과태료는 대통령령으로 정하는 바에 따라 보건복지부장관이 부과·징수한다.

15. 다음 자료를 참고할 때 「국민건강보험법」에 제시된 내용으로 적절하지 않은 것은?

〈자료 1〉
「상법」 제212조(사원의 책임) ① 회사의 재산으로 회사의 채무를 완제할 수 없는 때에는 각 사원은 연대하여 변제할 책임이 있다.
② 회사재산에 대한 강제집행이 주효하지 못한 때에도 전항과 같다.
③ 전항의 규정은 사원이 회사에 변제의 자력이 있으며 집행이 용이한 것을 증명한 때에는 적용하지 아니한다.

해당 규정에서의 '회사'는 무한책임사원으로만 구성된 합자회사, '사원'은 무한책임사원을 의미한다. 무한책임사원은 회사의 대표권과 소유권, 운영에 대한 결정권을 가진 대신 회사에 대한 무제한의 책임의무를 진다.
만일 회사의 채무불이행, 즉 회사가 채무를 갚지 못할 경우에는 무한책임사원은 자신이 가진 회사의 지분이 어느 정도인가를 불문하고 자신의 재산을 이용해서라도 회사의 채무에 대한 모든 2차적 책임을 지어야 한다.

〈자료 2〉
과점주주란 주식회사 지분의 50%를 초과한 만큼을 소유하여 실질적으로 회사를 지배하고 있는 지배주주, 대주주를 의미한다. 여기서의 50%는 주주 개인을 포함하여 그와 관계된 친족 등 특수관계인의 지분을 모두 합친 것을 의미한다.
이처럼 과점주주는 곧 주식회사의 주인이므로 그만큼 회사에 대한 책임을 같이 지게 된다. 예를 들어, 주식회사가 납부해야 할 국세나 체납처분비를 납부하지 못하게 될 경우 「국세기본법」 제39조에 의해 그 주식회사의 과점주주에게 그 부족분에 대한 제2차 납세의무를 지게 되어있다. 밴저민 프랭클린의 말처럼, 죽음과 세금은 피할 수 없는 것이다(In this world nothing can be said to be certain, except death and taxes).

① 법인의 재산으로 법인이 납부해야 할 보험료의 체납처분비를 납부할 수 없는 경우, 해당 법인의 무한책임사원은 그 부족분에 대한 제2차 납부의무를 진다.
② 무한책임사원이 다수인 경우 각자 그 법인의 무한책임사원의 수만큼 나눈 비율분의 책임을 진다.
③ 과점주주는 그 주식회사가 납부해야 할 보험료의 부족분에 대한 제2차 납부의무를 진다.
④ 과점주주의 제2차 납부의무에는 과점주주의 실질적인 권리지분의 비율만큼의 상한이 있다.

16. 다음 글의 빈칸에 들어갈 내용으로 옳은 것은?

> 과오납 보험료 환급의무가 발생한 후 오랜 세월이 경과한 뒤에도 언제나 환급을 청구할 수 있도록 한다면, 재정운영의 예측가능성이 감소되어 재정의 안정적이고 효율적인 운영이 어려워지게 된다. 그러므로 과오납 보험료 환급청구권에 대하여 (   )이라는 단기의 소멸시효를 두는 것은 가입자와 국가 사이에 존재하는 권리의무관계를 조기에 확정하고 예산 수립의 불안정성을 제거하여 보험재정을 합리적으로 운용하기 위한 것으로, 그 입법목적은 정당하다.
>
> 헌법재판소 2012. 11. 29. 2011헌마814 전원재판부

① 1년
② 3년
③ 5년
④ 10년

17. 다음 보도자료에 관한 「국민건강보험법」의 내용으로 옳은 것은?

> 국민건강보험공단은 ○○교회(담임목사 전○○) 등 일부 단체를 중심으로 국가(지자체)의 격리지시 위반, 행정명령 위반, 역학조사 거부 및 방역방해 행위 등으로 코로나19 확진자가 급증하는 상황과 관련하여 「국민건강보험법」에 근거해 급여의 제한 또는 구상권을 청구할 계획이라고 밝혔다.
> 공단은 「감염병 예방 및 관리에 관한 법률」을 위반하여 코로나19로 확진되어 건강보험으로 진료를 받거나 타인에게 전파하여 진료를 받게 한 경우, 해당 단체나 개인에 대하여 「국민건강보험법」 제53조 제1항 제1호, 제57조 제1항 및 제58조 제1항에 따라 공단이 부담한 진료비에 대하여 부당이득금 환수 및 구상권을 청구할 계획이다.
> 공단은 이를 위하여 소송전담팀을 구성하고, 방역당국과 지자체 협조를 받아 법률위반 사실관계를 확인하고, 사례별 법률 검토, 손해액 산정, 부당이득금 환수 또는 구상금 청구 순으로 진행할 예정이다.

① 공단은 범죄행위의 경중에 관계없이 이를 원인으로 하는 보험급여를 하지 않는다.
② 제3자의 행위로 인해 발생한 보험급여사유로 공단이 보험가입자에게 보험급여를 할 경우, 공단은 그 제3자에게 보험가입자에 들어간 비용 한도의 손해배상을 청구할 수 있다.
③ 보험급여를 제공받은 가입자가 그 보험급여의 발생원인의 부당함이 급여 제공 후에 밝혀진 경우, 이미 제공된 보험급여에 대해서는 이를 환수할 수는 없다.
④ 공단의 구상권 청구에 있어 보험급여사유의 발생 원인을 제공한 제3자가 가입자에게 제공한 손해배상 여부는 검토하지 않는다.

18. 다음은 국민건강보험급여에 관한 공단 처분의 구제절차를 도식화한 자료이다. 이에 대한 설명으로 옳은 것은?

이의신청	→	심판청구	→	(㉠)
이의신청위원회		(㉡)		행정법원(1심)

① ㉠에 들어갈 절차는 행정심판이다.
② ㉠에 들어갈 절차는 이의신청에 대한 불복으로 제기할 수 없다.
③ ㉡에 들어갈 기구는 보건복지부 소속으로 한다.
④ ㉡에 들어갈 기구는 그 위원 구성의 과반수가 공무원이어야 한다.

19. 외국인의 국민건강보험 가입에 대한 내용으로 옳지 않은 것은?

① 국외에서 체류 중인 재외국민은 외국인의 국민건강보험 특례조항의 적용을 받지 않는다.
② 외국 정부가 사용자인 사업장의 근로자의 건강보험은 외국 정부와의 합의로 이를 따로 정할 수 있다.
③ 국내체류 외국인이라는 이유로 보험료 납부일이 다르게 설정되지는 않는다.
④ 국내체류 외국인 중 외국인등록을 한 장기근로자는 국민건강보험에 가입할 수 있다.

20. 다음은 국민건강보험공단의 수입 구성을 정리한 내용이다. 밑줄 친 ㉠ ~ ㉢에 대한 설명으로 옳지 않은 것은?

- ㉠ 보험료 : 「국민건강보험법」 제69조 등
- 정부지원금
  - ㉡ 국고지원금 : 「국민건강보험법」 제108조의2
  - ㉢ 건강증진기금 : 「국민건강증진법」 부칙 제6619호 제2항
- 기타 수입(연체금, 부당이득금, 기타징수금 등)

① ㉠ : 건강보험사업에 드는 비용을 충당하기 위하여 징수한다.
② ㉡ : 해당 연도에 발생할 것으로 예상되는 ㉠의 20%를 국고로 지원받는다.
③ ㉡ : 보험료 경감사유에 해당하는 가입자의 지원에 사용된다.
④ ㉢ : 국민건강보험공단의 건강검진사업에 사용된다.

2회 기출예상문제

시험시간 : 20분 | 문항수 : 20문항

▶ 정답과 해설 36쪽

01. 다음 중 「국민건강보험법」상 '사용자'에 해당하지 않는 사람은?

① 근로자가 소속되어 있는 사업장의 사업주
② 공무원이 소속되어 있는 기관의 장
③ 사단법인의 이사장
④ 사립학교의 운영자

02. 다음 중 국민건강보험의 자격 취득 시기로 옳은 것을 모두 고르면?

ㄱ. 수급권자가 그 대상자에서 제외된 날
ㄴ. 직장가입자의 피부양자가 그 자격을 상실한 날
ㄷ. 유공자등 의료보호대상자가 그 대상에서 제외된 날
ㄹ. 유공자등 의료보호대상자가 국민건강보험의 적용을 신청한 경우 그 신청일

① ㄱ, ㄴ
② ㄱ, ㄷ, ㄹ
③ ㄴ, ㄷ, ㄹ
④ ㄱ, ㄴ, ㄷ, ㄹ

03. 다음은 직장가입자의 소득월액보험료를 구하는 식이다. 이에 대한 설명으로 옳지 않은 것은?

$$소득월액보험료 = (연간\ 보수\ 외\ 소득 - 대통령령으로\ 정하는\ 금액) \times \frac{1}{(?)} \times 보험료율$$

① 보수 외 소득이란 보수월액의 산정에 포함되는 보수를 제외한 이자소득, 연금소득 등의 직장가입자의 소득을 의미한다.
② '?'에 들어갈 숫자는 12이다.
③ 보수 외 소득이 대통령령으로 정하는 금액의 미만인 경우에는 위 계산식에 따라 산정한 금액만큼 직장가입자의 국민건강보험료를 공제한다.
④ 국외에서 업무에 종사하고 있는 직장가입자의 소득월액보험료율은 4% 이내에서 건강보험정책심의위원회의 의결을 거쳐 대통령령으로 정한다.

04. 다음 중 국민건강보험의 피부양자에 해당하는 사람을 모두 고르면?

| ㄱ. 직장가입자의 배우자 | ㄴ. 직장가입자의 직계존속 |
| ㄷ. 직장가입자의 직계비속의 배우자 | ㄹ. 직장가입자의 형제·자매의 배우자 |

① ㄱ, ㄴ
② ㄴ, ㄷ
③ ㄱ, ㄴ, ㄷ
④ ㄱ, ㄷ, ㄹ

05. 강원도 원주시에 거주하는 국민건강보험공단 직원 A 씨에 대한 「국민건강보험법」 적용에 대한 설명으로 옳지 않은 것은?

① A 씨는 직장가입자인 '근로자'에 해당한다.
② A 씨가 영리를 목적으로 직무 외의 사업에 종사하기 위해서는 공단 이사장의 허가를 필요로 한다.
③ 만일 A 씨가 뇌물수수로 처벌을 받을 경우에는 공무원의 처벌기준이 적용된다.
④ A 씨의 배우자는 피부양자가 될 수 있다.

06. 건강보험료 체납자에게 보험료의 분할납부에 대한 고지를 하고자 한다. 다음 중 그 고지내용으로 적절하지 않은 것은?

① 보험료를 3회 이상 체납한 가입자에 대해 체납처분과 함께 보험료 분할납부 신청을 할 수 있음을 알리고 관련 사항을 안내해야 한다.
② 분할납부를 승인받은 후 해당 보험료를 1회 이상 납부한 경우 보험급여를 받을 수 있다.
③ 공단은 분할납부 승인 후 정당한 사유 없이 5회 이상 보험료를 납부하지 않을 경우 해당 가입자에게 보험급여를 실시하지 않을 수 있다.
④ 공단이 3회에 걸친 보험료 분할납부를 승인한 경우 해당 가입자가 3회 이상 보험료를 납부하지 아니하면 그 분할납부의 승인이 취소된다.

07. 다음 공고문의 빈칸에 들어갈 직위에 대한 설명으로 옳지 않은 것은?

국민건강보험공단 상임이사 초빙 공고

국민의 평생건강을 책임지는
「국민건강보험공단」에서 전문성과 역량을 갖춘
상임이사를 다음과 같이 모시고자 합니다.

1. 공모직위 및 업무

공모직위	업무
( )	자격부과실, 통합징수실, 고객지원실 업무 총괄

2. 임기
   - 임명일로부터 2년, 성과계약 이행실적 평가 결과에 따라 1년 단위 연임 가능

3. 지원 자격
   - 경영, 경제 및 사회보험에 관한 학식과 경험이 풍부한 사람
   - 위원회가 정하는 단위 부서장 이상의 경력이 있는 사람
   - 「국민건강보험법」 제14조 제1항 제2호 및 제11호의 업무에 관한 전문지식과 경륜을 갖추고 경영혁신을 추진할 수 있는 사람
   - 「정관」 제13조에서 정한 임원의 결격사유에 해당하지 아니하는 사람

(이하 생략)

---

① 국민건강보험공단은 해당 상임이사를 추천하기 위해 다른 상임이사추천위원회와 별도의 추천위원회를 둔다.
② 추천위원회는 국민건강보험공단의 이사를 위원으로 하고, 위원장은 국민건강보험공단 이사장이 지명하는 이사로 한다.
③ 추천위원회는 해당 상임이사를 모집하기 위해 주요 일간신문에 모집 공고를 내고, 이와 별도로 추천위원회가 자체적으로 적임자를 조사하여서는 안 된다.
④ 추천위원회는 해당 상임이사 후보와 계약 조건을 협의하고, 국민건강보험공단 이사장은 협의 결과에 따라 해당 후보와 계약을 체결한다.

08. 다음은 「국민건강보험법」상 어떤 급여제도를 적용하기 위한 평가 항목별 척도의 일부이다. 이에 해당하는 급여제도의 명칭은?

> 1. 치료효과성 : 치료효과성을 입증한 경우
>   - 대체 가능한 급여항목과 비교 시 치료효과성이 동등 이상임을 중요한 임상지표로 입증한 경우
>   - 치료재료의 경우 치료에 필수불가결한 재료로서 질병의 직접 치료 목적으로 사용되는 경우
>   - 진단검사의 경우 진단정확도의 증가를 입증하였으며 이를 통해 치료성적 향상을 기대할 수 있는 경우
> 2. 비용효과성 : 비용·효과적인 경우
>   - 대체 가능한 급여항목에 비해 유사하거나 개선되었으면서 비용이 동일 또는 절감된 경우
> 3. 대체가능성 : 대체 가능하지 않은 경우
>   - 해당 환자에게 선택 가능한 동일 목적의 급여 항목이 없는 경우
> 4. 사회적 요구도 : 보험급여에 대한 사회적 요구가 높은 경우
>   - 세부 평가요소*를 종합적으로 고려한 결과 급여에 대한 사회적 관심과 파급력이 크다고 판단한 경우
>
> * 재정 영향, 연령, 사회적 취약계층 대상 여부, 의료적 중대성, 유병률(특정 시점에서 일정 지역의 인구 대비 환자 수의 비율), 환자의 경제적 부담, 비의료 영역의 부담 정도 및 급여 후 사용량 관리로 인한 이득 등 비용효과분석에서 고려하기 힘든 기타 편익

① 방문요양급여제도 ② 선별급여제도
③ 부가급여제도   ④ 시설급여제도

09. 요양급여비용의 산정과 지급에 대한 설명으로 옳지 않은 것은?

① 보건복지부장관은 보건복지부 소속 재정운영위원회의 심의를 거쳐 요양급여비용의 계약을 체결해야 한다.
② 전문요양기관과 상급종합병원은 요양급여비용의 산정을 다른 요양기관과 달리 할 수 있다.
③ 계약기간이 만료되는 해의 5월 31일까지 요양급여비용 산정 계약이 체결되지 않는 경우, 보건복지부장관은 건강보험정책심의위원회의 의결을 거쳐 그 해 6월 30일까지 요양급여비용을 정한다.
④ 대한병원협회는 병원의 요양급여비용 심사청구를 대행할 수 있다.

10. 다음 중 보험급여의 지급제한 사유에 해당하는 것을 모두 고르면?

ㄱ. 고의로 사고를 발생시킨 경우
ㄴ. 의도적으로 보험급여의 지급을 위한 의료 진단을 기피하는 경우
ㄷ. 공무상 발생한 부상으로 「국민건강보험법」 외의 규정에 따른 보상을 받은 경우
ㄹ. 본인의 과실로 인한 범죄행위로 인정된 행위에 의해 발생한 부상의 경우
ㅁ. 대통령령으로 정하는 기간을 초과하여 국민건강보험료를 체납한 경우

① ㄱ, ㄴ, ㅁ
② ㄱ, ㄴ, ㄷ, ㅁ
③ ㄴ, ㄷ, ㄹ, ㅁ
④ ㄱ, ㄴ, ㄷ, ㄹ, ㅁ

11. 건강보험증에 관한 설명으로 옳지 않은 것은?

① 국민건강보험공단은 별도의 신청이 없더라도 국민건강보험의 가입자에게 건강보험증을 발급하여야 한다.
② 가입자 또는 피부양자가 요양급여를 받을 때에는 건강보험증을 요양기관에 제출하여야 한다. 단 본인 여부를 확인할 수 있는 신분증명서를 제출하여 요양기관이 그 자격을 확인할 수 있다면 제출하지 않을 수 있다.
③ 가입자 또는 피부양자가 천재지변으로 인해 건강보험증을 제출할 수 없다면 건강보험증 없이 요양급여를 받을 수 있다.
④ 누구든지 건강보험증을 다른 사람에게 양도하거나 양도받아 보험급여를 받아서는 안 된다.

12. 다음 〈보기〉에서 설명하고 있는 국민건강보험공단의 사업은?

보기

국민의료비 부담완화를 위한 건강보험 보장성 강화 대책의 일환으로 2018년부터 추진되고 있는 이 사업은 질병·부상 등으로 가구의 부담능력을 넘어서는 의료비가 발생했을 때, 경제적으로 충분한 치료를 받지 못하는 문제가 발생하지 않도록 건강보험이 보장하지 않는 부분에 대한 의료비를 지원함으로써 모든 국민의 의료접근성을 보장하고, 건강보호에 이바지하려고 함을 그 목적으로 하고 있다.
이에 국민건강보험공단은 해당 사업에 사용하는 비용을 충당하기 위해 매년 예산의 범위에서 출연할 수 있음을 「국민건강보험법」 제39조의2에서 규정하고 있다.

① 산업재해보상보험사업　　　　② 장기요양사업
③ 재난적의료비 지원사업　　　　④ 국민연금사업

13. 다음 〈자료〉를 통해 추론할 수 없는 사실은?

> **자료**
>
> 건강보험 재정통합 하에서 보험가입자 간의 소득파악율의 차이는 보험료 부담의 평등 관점에서 헌법적으로 간과할 수 없는 본질적인 차이이다.
>
> 직장가입자의 소득은 거의 전부 파악되는 데 반하여, 지역가입자의 소득은 일부분밖에 파악되지 않는다는 점에서 현저한 차이가 있는바, 소득파악률과 소득형태에서 차이가 있는 직장가입자와 지역가입자의 보험료부담의 형평을 보장하기 위하여 직장근로자의 경우에는 기본적으로 보수만을 기준으로, 소득 파악이 어려운 지역가입자의 경우에는 소득뿐만 아니라 재산, 생활수준, 경제활동참가율 등 다양한 변수를 참작한 추정소득을 기준으로 하도록 한 것이 보험료 부담의 평등원칙에 위배된다고 보기 어렵다.
>
> 또한 직장가입자와 지역가입자의 소득파악률의 격차가 점차 좁혀지고 있는 점, 지역가입자의 보험료 산정방식을 합리적으로 개선하기 위한 노력이 계속되고 있는 점, 건강보험정책심의위원회를 통하여 가입자 간 보험료 부담의 집단적 형평이 확보될 수 있는 점 등을 종합하여 볼 때, 심판대상조항은 직장가입자와 지역가입자의 본질적 차이를 고려하여 각자의 경제적 능력에 상응하게 보험료를 산정하도록 하는 것이다.
>
> 헌법재판소 2016. 12. 29. 2015헌바99 전원재판부

① 지역가입자가 속한 세대의 월별 보험료액 산정에는 직장가입자와 달리 가입자의 재산도 고려한다.
② 직장가입자의 월별 보험료액을 결정하는 보수월액은 직장가입자가 지급받은 보수를 기준으로 산정한다.
③ 건강보험정책심의위원회는 직장가입자와 지역가입자의 보험료에 관한 사항을 심의·의결한다.
④ 월별 보험료액은 가입자의 보험료 평균액의 일정 비율에 해당하는 금액을 고려하여 상한 및 하한을 정한다.

14. 다음 직장가입자와 그 사용자의 보수월액보험료 납부에 대한 설명으로 옳지 않은 것은?

① 직장가입자는 본인의 보수월액보험료의 100분의 50을 부담한다.
② 국가나 지방자치단체는 소속 공무원의 보수월액보험료의 100분의 50을 부담한다.
③ 사립학교에 근무하는 교원인 교직원의 사용자는 교직원의 보수월액보험료의 100분의 50을 부담한다.
④ 직장가입자의 보수월액보험료는 보수에서 공제되어 납부된다.

15. 다음 건강보험심사평가원에 대한 설명으로 옳지 않은 것은?

① 건강보험심사평가원은 국민건강보험공단 소속의 기관이다.
② 건강보험심사평가원에는 원장과 이사 15명 및 감사 1명을 두고, 원장과 이사 중 4명 및 감사는 상임으로 한다.
③ 건강보험심사평가원은 업무의 효율적인 수행을 위해 진료심사평가위원회를 두고, 진료과목별 분과위원회를 둘 수 있다.
④ 건강보험심사평가원은 요양급여비용의 심사를 위해 국민건강보험공단으로부터 부담금을 징수할 수 있다.

16. 국민건강보험공단 직원 A 씨는 국민건강보험료 미납자를 대상으로 독촉장을 발부하는 업무를 담당하고 있다. 다음 중 독촉장의 발부에 대한 설명으로 옳지 않은 것은?

① 보수월액보험료를 납부하지 않은 회사에 공동소유주가 있어 그 소유주들에게 모두 독촉장을 발송해야 했다.
② 독촉장에는 10일 이상, 15일 이하의 납부기한을 명시해야 한다.
③ 우편송달을 제외한 독촉장의 송달에 대해서는 「국세기본법」의 규정을 준용한다.
④ 보수월액보험료를 납부하지 않은 법인의 재산으로는 체납된 보험료를 충당할 수 없어 그 법인의 무한책임사원에게 독촉장을 발송하였다.

17. 다음은 「국민건강보험법」상 국민건강보험공단과 심사평가원의 처분에 관한 이의제기 절차를 도식화한 것이다. 이에 대한 설명으로 옳은 것은?

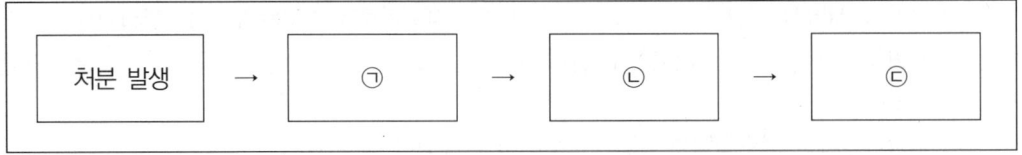

① ㉠은 심사청구, ㉡은 재심사청구, ㉢은 행정소송이다.
② ㉡의 심리·의결은 국민건강보험공단 내 건강보험분쟁조정위원회가 주관한다.
③ ㉠에 대한 불복으로 ㉡을 거치지 않고 바로 ㉢을 제기할 수 있다.
④ 처분에 대한 이의제기로 ㉠을 거치지 않고 바로 ㉡을 신청할 수 있다.

18. 다음 「국민건강보험법」의 소멸시효규정에 대한 설명으로 옳지 않은 것은?

① 국민건강보험공단으로부터 3년간 보험급여를 청구할 권리를 행사하지 않으면 시효로 소멸된다.
② 국민건강보험공단이 가입자로부터 보험료를 징수할 권리는 가입자에게 보험료를 고지한 후 3년이 지나면 시효로 소멸된다.
③ 휴직자의 보수월액보험료를 징수할 권리에 대한 소멸시효는 보험료 납입고지가 유예된 후 휴직이 끝날 때까지 진행되지 않는다.
④ 소멸시효기간의 기산점(기간의 계산이 시작되는 지점)은 「민법」의 규정을 준용한다.

19. 직장가입자 K 씨는 5년 간 다니던 직장에서 퇴사하면서 임의계속가입을 신청하기 위해 국민건강보험공단을 방문하였다. K 씨가 담당 직원에게 받을 안내로 잘못된 것은?

① 혹시 퇴사한 날짜가 언제인지 알 수 있을까요? 임의계속가입은 지역가입자 보험료를 고지받은 날로부터 그 납부기한에서 2개월 이내에 신청하셔야 합니다.
② 임의계속가입 신청 후 최초 2개월 동안 보험료를 납부하지 않으시면 직장가입자 자격을 유지할 수 없으신 점 유의하세요.
③ 임의계속가입기간동안의 보수월액보험료는 원래 직장에 다니실 때처럼 100분의 50을 부담하시면 되십니다.
④ 임의계속가입기간동안 납부하실 보수월액보험료의 보수월액은 최근 12개월간의 보수월액을 평균해서 계산한다는 점 참고하세요.

20. 다음 중 「국민건강보험법」상 과태료 부과 대상이 아닌 것은?

① 고용한 근로자가 직장가입자가 되는 것을 방해한 사용자
② 건강보험사업 수행과 무관한 보험 상품의 명칭에 국민건강보험이라는 용어를 사용한 보험사
③ 양수인에게 업무정지 처분 사실을 알리지 않은 요양기관의 양도인
④ 보건복지부장관의 서류제출 명령을 거부하고 서류를 제출하지 않은 사용자

직무시험 3회 기출예상문제

시험시간: 20분 | 문항수: 20문항

▶ 정답과 해설 40쪽

01. 다음 중 「국민건강보험법」에서 정의하는 '근로자'에 해당하는 사람은?

① 춘천시청 기획행정국 행정지원과장
② 주식회사 ○○케미컬 이사
③ 사립 ○○고등학교 3학년 부장교사
④ 충청북도 옥천군수

02. 다음 중 건강보험정책심의위원회의 위원이 될 수 없는 사람은?

① 보건복지부장관(위원장 추천)
② 한국노동조합총연맹 부위원장(한국노동조합총연맹 추천)
③ 국민건강보험공단 급여상임이사(공단 이사장 추천)
④ 한국농업경영인중앙연합회 중앙회장(농어업인단체 추천)

03. 다음 중 국민건강보험공단의 업무가 아닌 것을 모두 고르면?

㉠ 요양급여의 적정성 평가
㉡ 의료시설의 운영
㉢ 보험급여 비용의 지급
㉣ 요양급여 비용의 심사
㉤ 장기요양보험료율의 심의
㉥ 국민건강보험 가입자 및 피부양자의 자격 관리

① ㉠, ㉢, ㉣
② ㉠, ㉣, ㉤
③ ㉡, ㉣, ㉤
④ ㉣, ㉤, ㉥

04. 다음 글의 요지로 가장 적절한 것은?

> 사회보험으로서의 건강보험은 그 본질상 강제적 요소가 수반될 수밖에 없다. 보험가입자로서는 그가 지불하는 보험료가 예상의료비용을 초과하는 경우 가입을 하지 않으려 할 것이고, 보험자로서는 질병위험도가 높아 예상의료비용이 보험료를 초과하는 경우 피보험자의 가입을 거부하려 할 것이나, 이런 경우에도 강제로 가입하도록 하여 원칙적으로 전국민을 포괄적 적용대상으로 하여야만 소득수준이나 질병위험도에 관계없이 모든 국민에게 의료보장을 제공하고자 하는 그 본래의 기능을 다할 수 있기 때문이다. 즉, 사회보험의 목적은 국민 개개인에게 절실히 필요한 의료보험을 제공하고 보험가입자 간의 소득재분배효과를 거두고자 하는 것이며, 이러한 목적은 동일위험집단에 속한 구성원에게 법률로써 가입을 강제하고 소득재분배를 하기에 적합한 방식으로 보험료를 부과함으로써 달성될 수 있는 것이다.
>
> 헌법재판소 2013. 7. 15. 2010헌바51 전원재판부

① 보험재정에 관한 사실관계는 매우 다양하고 수시로 변화될 것이 예상되는 바, 사회·경제적 상황에 따라 수시로 변화될 것이 예상되는 건강보험의 특성상 보험료를 탄력적으로 규율할 필요성이 크다.
② 국민으로 하여금 건강보험에 강제로 가입하도록 한 것은 경제적인 약자에게 기본적인 의료서비스를 제공하고 소득재분배 및 위험분산의 효과를 거두기 위한 조치이다.
③ 모든 국민을 단일 보험자에 의한 건강보험에 강제로 가입시켜 보험료를 징수하는 것은 공법상의 단체에 강제로 가입하지 않을 자유와 재산권을 침해한다.
④ 「국민건강보험법」은 보험급여를 실시함으로써 국민보건 향상과 사회보장 증진에 이바지함을 목적으로 한다.

05. 다음 국민건강보험공단의 임원에 대한 설명으로 옳지 않은 것은?

① 이사장은 임원추천위원회에서 복수의 추천을 받아 보건복지부장관의 제청으로 대통령이 임명하며, 임기는 3년이다.
② 국민건강보험공단의 보험료와 징수금 관련 업무를 수행하는 징수이사는 비상임이사이다.
③ 비상임이사는 국민건강보험공단의 정관에 따라 실비변상(實費辨償)을 받을 수 있다.
④ 이사장이 부득이한 사유로 그 직무를 수행할 수 없을 때에는 정관으로 정하는 바에 따라 상임이사 중 1명이 그 직무를 대행한다.

06. 다음은 가족의 범위에 관한 「민법」 규정이다. 이를 참고하여 「국민건강보험법」상의 피부양자에 대해 잘못 이해한 것은? (단, '나'는 직장가입자이다)

> 「민법」 제779조(가족의 범위) ① 다음의 자는 가족으로 한다.
>   1. 배우자, 직계혈족* 및 형제자매
>   2. 직계혈족의 배우자, 배우자의 직계혈족 및 배우자의 형제자매
> ② 제1항 제2호의 경우에는 생계를 같이 하는 경우에 한한다.
> * 직계혈족 : 자신의 직계존속과 직계비속

① 나의 배우자는 가족이면서 동시에 피부양자가 될 수 있다.
② 나의 배우자의 직계혈족은 가족이면서 동시에 피부양자가 될 수 있다.
③ 나의 배우자의 형제자매는 가족이 될 수 있지만, 나의 피부양자가 될 수는 없다.
④ 나의 형제자매는 나와 생계를 같이 하고 있지 않더라도 가족이면서 동시에 피부양자가 될 수 있다.

07. 다음 중 요양기관이 아닌 것을 모두 고르면?

> ㉠ 약국
> ㉡ 한국희귀·필수의약품센터
> ㉢ 보건소
> ㉣ 사회복지시설
> ㉤ 보건진료소
> ㉥ 산후조리원

① ㉠, ㉡
② ㉡, ㉣
③ ㉢, ㉤
④ ㉣, ㉥

08. 아래 제도에 관련된 계약에 대한 설명으로 옳지 않은 것은?

- 수가(酬價)제도 개요
  건강보험 행위별수가제(fee-for-service)는 의료기관에서 의료인이 제공한 서비스(행위, 약제, 치료재료 등)에 대해 서비스별로 가격(수가)을 정하여 사용량과 가격에 의해 진료비를 지불하는 제도로 우리나라는 의료보험 도입 당시부터 채택하고 있다.
  또한 행위별수가제의 보완 및 의료자원의 효율적 활용을 위하여 「질병군별 포괄수가제(DRG)」와 「정액수가제(요양병원, 보건기관 등)」도 병행하여 실시하고 있다.

- 진료수가 산출구조

  수가금액 = 상대가치점수 × 유형별 환산지수(점수당 단가)

  ※ 진료수가는 진료행위별로 분류된 각 수가항목별 점수에 요양기관 유형별 환산지수(점수당 단가)를 곱하여 금액으로 나타낸다.

  - 상대가치점수 : 의료행위(요양급여)에 소요되는 시간·노력 등의 업무량, 인력·시설·장비 등 자원의 양, 요양급여의 위험도 및 발생빈도를 종합적으로 고려하여 산정한 가치를 의료행위별로 비교하여 상대적인 점수로 나타낸 것
  - 환산지수(점수당 단가) : 상대가치점수를 금액으로 바꾸어주는 지표

① 국민건강보험공단의 이사장과 의약계를 대표하는 사람들 간의 계약으로, 계약이 체결되면 해당 계약은 공단과 각 요양기관 사이에 체결된 것으로 본다.
② 계약기간은 1년이며, 건강보험정책심의위원회가 심의·의결을 거쳐 그 직전 계약만료일이 속하는 연도의 5월 31일까지 체결해야 한다.
③ 요양기관의 약제·치료재료는 해당 계약과 별도로 산정될 수 있다.
④ 계약으로 결정된 진료비는 건강보험심사평가원의 심사를 거쳐 지급되며, 요양기관은 해당 심사의 청구를 의료기관 단체가 대행하게 할 수 있다.

09. 「국민건강보험법」에서 규정하고 있는 요양급여를 위한 건강검진의 종류 및 대상에 대한 설명으로 옳지 않은 것은?

① 일반건강검진은 직장가입자, 20세 이상의 지역가입자와 피부양자를 대상으로 한다.
② 암검진은 「암관리법」에 따라 암 검진주기에 해당하는 사람을 대상으로 한다.
③ 청소년건강검진은 6세 이상 20세 미만의 미성년자를 대상으로 한다.
④ 영유아건강검진은 6세 미만의 가입자 및 피부양자를 대상으로 한다.

10. 다음 중 「국민건강보험법」상 보험급여의 제한에 대한 설명으로 옳지 않은 것은?

① 민간의료보험금 편취를 목적으로 의도적으로 교통사고를 일으켜 발생한 상해의 수술비는 「국민건강보험법」상의 보험급여대상에 해당되지 않는다.
② 공무원이 공무상 질병으로 인해 「공무원 재해보상법」상 소정의 급여를 제공받은 경우 그와 같은 사유로 「국민건강보험법」의 보험급여를 중복하여 받을 수는 없다.
③ 가입자가 일정 기간 보험료를 체납한 경우 그 체납된 보험료를 완납할 때까지 해당 가입자의 보험급여를 실시하지 않을 수 있으나, 그 피부양자에 대해서는 보험급여를 실시해야 한다.
④ 횡령죄로 교도소에 수감되어 있는 사람이 외래진료로 요양기관에서 수술을 받은 경우에는 보험급여대상에 해당되지 않으나, 대신 요양급여를 실시한다.

11. 직장가입자와 지역가입자의 차이를 비교한 표의 내용으로 옳지 않은 것은?

가입자	직장가입자		지역가입자
보험료의 종류	보수월액보험료	소득월액보험료	
납부의무자	① 직장가입자	직장가입자	② 가입자가 속한 세대의 지역가입자 전원이 연대하여 납부 (단 소득 및 재산이 없는 미성년자 등은 납부의무 면제)
실 납부자	직장가입자 ③ 사업주, 국가, 지방자치단체 등		
부과 기준	보수	기준금액을 초과하는 보수 외 소득	④ 소득, 재산을 기준으로 산정한 보험료부과점수
면제 사유	국외에 체류하는 경우 「국민건강보험법」 제6조 제2항 제2호에 해당하게 된 경우 교도소, 그 밖에 이에 준하는 시설에 수용되어 있는 경우		

12. 다음 표에서 국민건강보험료의 종류별 부담자와 납부의무자가 올바르게 연결된 것은?

	종류	보험료부담자	납부의무자
①	근로자의 보수월액보험료	근로자, 사업주	근로자
②	공무원의 소득월액보험료	공무원, 국가/지방자치단체	국가/지방자치단체
③	지역가입자	가입자가 속한 세대 내 지역가입자 전원	소득 및 재산이 없는 미성년자를 제외한 세대 내 지역가입자 전원
④	사립학교 교원의 소득월액보험료	교원, 사용자	사용자

13. 다음 자료에 관한 제도의 설명으로 옳지 않은 것은?

〈건강보험 고액 · 상습 체납자 공개〉

납부기한의 다음 날부터 (㉠)년이 경과한 (㉡)만 원 이상의 고액 · 상습 체납자의 명단을 공개합니다.

국민건강보험공단은 납부기한의 다음 날부터 (㉠)년이 경과한 보험료, 연체금과 체납처분비(결손처분한 보험료, 연체금과 체납 처분비로서 징수권 소멸시효가 완성되지 아니한 것 포함)의 총액이 (㉡)만 원 이상인 체납자의 인적사항을 공단 홈페이지 또는 관보를 통해 공개하고 있습니다.
※ 「국민건강보험법」 제83조 및 같은 법 시행령 제48조

고액 · 상습 체납 공개대상자 명단은 서면으로 통지 후 소명의 기회를 부여하였으며 공단의 (㉢)의 최종 심의를 거쳐 공개됨을 알려드립니다.

고액 · 상습 체납자 명단의 일부 또는 전부를 사용하여 특정인의 명예를 훼손할 경우에는 형사상 명예훼손죄로 처벌을 받거나 민사상 손해배상의 책임을 질 수 있습니다.

〈건강보험 법인 고액 · 상습 체납자 명단〉

(단위 : 만 원)

연번	법인	대표자명	법인주소	대표자주소	체납기간	총체납액	납부기한	체납요지
1	A	김○○	○○○	○○○	○○	○○	○○	○○
2	C	이○○	○○○	○○○	○○	○○	○○	○○
3	K	김○○	○○○	○○○	○○	○○	○○	○○

(이하 생략)

① ㉠에는 1, ㉡에는 1,000이 들어간다.
② ㉢에는 '보험료정보공개심의위원회'가 들어간다.
③ 체납된 보험료, 연체금과 체납처분비와 관련하여 행정소송이 진행 중인 경우에도 그 인적사항을 공개할 수 있다.
④ 국민건강관리공단은 고액 · 상습 체납 공개대상자에게 서면 통지 후 6개월 뒤 체납액의 납부 이행 등을 감안하여 공개대상자를 선정한다.

14. 다음 중 직장가입자에 해당하는 사람은?

   ① 전환복무 중인 경찰청 소속 의무경찰
   ② 고용기간 3주의 단기 아르바이트생
   ③ 소정근로시간 80시간 초과의 1년 계약직 사립학교 직원
   ④ 무보수 명예직의 지방자치단체 소속 명예사회복지공무원

15. 보험료의 결손처분에 대한 설명으로 옳지 않은 것은?

   ① 보험료 체납에 대한 강제징수 결과 체납액에 충당할 배분액이 그 체납액에 미치지 못할 경우 그 부족분은 결손처분할 수 있다.
   ② 보험료의 결손처분을 위해서는 재정운영위원회의 의결을 거쳐야 한다.
   ③ 공단은 공익목적으로 필요한 경우 종합신용정보집중기관의 요구에 따라 결손처분한 금액이 500만 원 이상인 자의 인적사항 관련 자료를 제공할 수 있다.
   ④ 결손처분 후에는 다른 압류할 수 있는 재산이 발견된 경우에도 결손처분을 취소할 수는 없다.

16. 다음 「행정소송법」의 내용에서 ㉠에 대응하는 「국민건강보험법」의 절차가 아닌 것은?

   > 「행정소송법」 제18조(행정심판과의 관계) ① 취소소송은 법령의 규정에 의하여 당해 처분에 대한 ㉠ 행정심판을 제기할 수 있는 경우에도 이를 거치지 아니하고 제기할 수 있다. 다만, 다른 법률에 당해 처분에 대한 행정심판의 재결을 거치지 아니하면 취소소송을 제기할 수 없다는 규정이 있는 때에는 그러하지 아니하다.

   ① 국민건강보험공단에 대한 이의신청
   ② 국민건강보험공단에 대한 심사청구
   ③ 건강보험심사평가원에 대한 이의신청
   ④ 건강보험분쟁조정위원회에 대한 심판청구

17. 다음 〈보기〉에서 소멸시효의 기간이 3년인 것의 개수는?

> **보기**
> ㄱ. 국민건강보험료를 징수할 권리 행사
> ㄴ. 국민건강보험급여를 받을 권리 행사
> ㄷ. 과오납한 보험료 연체금을 환급받을 피보험자의 권리 행사
> ㄹ. 휴직자 등의 보수월보험료를 징수할 권리 행사
> ㅁ. 보험급여비용을 받을 권리 행사
> ㅂ. 과다납부한 본인일부부담금을 돌려받을 권리 행사

① 3개
② 4개
③ 5개
④ 6개

18. 「국민건강보험법」상 국민건강보험공단에의 서류제출에 대한 설명으로 옳지 않은 것은?

① 가입자가 거주지를 이전한 경우 국민건강보험공단은 관계 서류를 제출하게 할 수 있다.
② 가입자의 보수·소득의 변천이 있는 경우 국민건강보험공단은 관계 서류를 제출하게 할 수 있다.
③ 국민건강보험공단은 가입자가 제출한 서류의 사실 여부를 공단 소속 직원이 조사하게 할 수 있다.
④ 가입자가 신고한 내용에 소득 축소 혹은 누락이 있다고 인정하는 경우 국세청장에게 직접 문서를 송부하여 세무조사를 받게 할 수 있다.

19. 「국민건강보험법」에서 규정하는 의약품의 제조업자 등의 금지행위에 대한 설명으로 옳지 않은 것은?

① 보건복지부장관은 의약품 제조업자가 부당하게 약제·치료재료에 관한 요양급여대상 여부 결정에 영향을 미쳐 보험자에게 손실을 줄 경우 이에 상당하는 금액을 징수할 수 있다.
② 보건복지부장관은 의약품의 제조업자가 거짓 자료를 제출했는지 여부를 확인하기 위해 소속 공무원으로 하여금 관계 서류를 검사하게 할 수 있다.
③ 의약품 제조업자의 금지행위로 징수한 징수금 중 가입자 및 피부양자의 손실에 해당하는 금액은 그 가입자 및 피부양자가 내야 하는 보험료와 상계할 수 있다.
④ 의약품의 제조업자는 요양기관이 속임수나 그 밖의 방법으로 보험자·가입자 및 피부양자에게 요양급여비용을 부담하는 행위에 개입해서는 안 된다.

20. 다음은 요양기관의 업무정지에 대한 글이다. 이를 읽고 나눈 대화의 내용으로 옳지 않은 것은?

> 보건복지부장관이 「국민건강보험법」에 의거 업무정지처분을 받은 요양기관 100개소를 점검한 결과, 50개소 요양기관이 업무정지 기간 중 영업을 한 것으로 적발되었다. 업무정지 이행실태 조사대상기관은 아래와 같다.
>
> 1. 동일 장소에서 편법으로 개설자를 타인 명의로 개설하고 실질적인 경영을 하면서 부당하게 요양급여비용을 청구하고 있는 기관
>   - 업무정지 처분을 받은 요양기관의 개설자(A 의사)가 형식적으로 요양기관을 폐업하고 봉직의(B 의사)로 새로 개설한 요양기관을 운영하는 경우로서 봉직의(B 의사)가 환자를 진료하고 업무정지 기간이 끝나자 바로 봉직의(B 의사)가 개설자(A 의사)에게 양도한 사례
>   - B 의사는 업무정지 기간동안 요양급여비용을 수령한 후 A 의사 통장에 입금하고 A 의사로부터 일정금액의 보수를 받고 고용 근무하였으며 A 의사가 실질적으로 의료기관을 운영한 사례
> 2. 요양기관을 폐업하지 않고 계속 개설하면서 요양급여비용 심사의뢰 또는 원외처방전을 부당하게 발행하는 기관
>   - A 의사는 업무정지 기간 중 환자를 진료한 후 본인부담금만 받고 요양급여비용을 청구하지 않았으며 원외처방전을 발행한 사례

① 갑 : 부정한 방법으로 요양급여를 받은 사람은 1년 이내의 업무정지, 1년 이하의 징역 혹은 1,500만 원 이하의 벌금에 처해져.
② 을 : 그리고 그런 요양기관을 신고한 사람은 대통령령으로 정한 포상금도 받을 수 있대.
③ 병 : 업무정지를 받은 요양기관이 그 기간 중에 요양급여를 제공하면 다시 1년 이하의 징역 혹은 1,000만 원 이하의 벌금에 처해져.
④ 정 : 반대로 건강보험 재정을 효율적으로 운영하는 데 이바지한 요양기관은 장려금을 지급하기도 한다니, 요양기관의 정직한 청구를 위한 상과 벌을 모두 갖추고 있구나.

4회 기출예상문제

시험시간: 20분 문항수: 20문항

▶ 정답과 해설 44쪽

01. 다음 〈보기〉의 빈칸에 알맞은 단어로 묶인 것은?

---보기---

「국민건강보험법」제3조(정의) 이 법에서 사용하는 용어의 뜻은 다음과 같다.
1. "근로자"란 직업의 종류와 관계없이 근로의 대가로 (㉠)을/를 받아 생활하는 사람으로서 (㉡)와/과 교직원을 제외한 사람을 말한다.
2. "사용자"란 다음 각 목의 어느 하나에 해당하는 자를 말한다.
   가. 근로자가 소속되어 있는 사업장의 사업주
   나. (㉡)이/가 소속되어 있는 기관의 장으로서 대통령령으로 정하는 사람
   다. 교직원이 소속되어있는 (㉢)학교를 설립·운영하는 자

	㉠	㉡	㉢		㉠	㉡	㉢
①	보수	공무원	사립	②	용역	일용직 근로자	사립
③	보수	일용직 근로자	공립	④	용역	공무원	공립

02. 다음 〈보기〉 중 건강보험정책심의위원회에 대한 설명으로 옳지 않은 것을 모두 고르면?

---보기---

ㄱ. 건강보험정책심의위원회는 건강보험정책을 심의하고 의결하기 위한 보건복지부장관 소속의 기관이다.
ㄴ. 건강보험정책심의위원회의 위원장은 보건복지부차관이다.
ㄷ. 위원의 구성에는 건강보험에 대한 학식과 경험이 풍부한 사람 4명을 포함한다.
ㄹ. 위원의 구성에는 국민건강보험공단의 이사장의 추천을 받은 사람 1명을 포함한다.
ㅁ. 위원의 구성에는 시민단체의 추천을 받은 사람 1명을 포함한다.
ㅂ. 중앙행정기관 소속 공무원을 제외한 위원의 임기는 3년이다.

① 0개   ② 1개
③ 2개   ④ 3개

03. 다음 중 〈보기〉에 대한 「국민건강보험법」상의 해결책으로 적절한 것은?

> **보기**
>
> 국가유공자는 보훈병원에서 무료로 진료를 받을 수 있고, 국가유공자의 직계가족 역시 보훈병원에서 진료를 받으면 진료비 할인혜택을 받을 수 있습니다. 하지만 국민건강보험은 국내에 거주하는 국민이면 강제로 가입하게 되어 보험료를 납부하기 때문에, 보훈병원을 주로 이용하게 될 국가유공자는 같은 보험료를 납부하면서 상대적으로 국민건강보험의 혜택을 적게 누리게 되는 문제가 발생합니다.

① 국가유공자는 소득월액의 산정에서 일반 가입자와 다른 계산식이 적용된다.
② 국가유공자는 신청을 통해 국민건강보험에서 탈퇴할 수 있다.
③ 직장가입자인 국가유공자는 국가로부터 보수월액보험료의 전액을 지원받는다.
④ 지역가입자인 국가유공자는 보험료부과점수의 산정에서 일반가입자와 다른 기준으로 산정된다.

04. 다음 국민건강보험공단의 운영에 대한 설명으로 옳지 않은 것은?

① 국민건강보험공단은 국민건강보험의 보험자이다.
② 공단의 직원은 해당 직무 외에 영리를 목적으로 하는 사업에 종사할 수 없다.
③ 공단의 직원은 「형법」상 배임죄의 적용에 있어서 공무원으로 본다.
④ 공단은 국민건강보험과 국민연금사업에 관한 회계를 통합하여 처리한다.

05. 국민건강보험공단의 예산 운용에 대한 설명으로 옳은 것은?

① 공단의 예산에 관한 사항은 정관으로 규정하며, 이를 변경하기 위해서는 보건복지부장관의 인가를 요구한다.
② 국가는 매년 예산의 범위에서 직전 연도 보험료수익의 14%를 공단에 지원한다.
③ 보험재정에 관한 사항을 심의·의결하기 위해 공단 내에 이사장을 위원장으로 하는 재정운영위원회를 둔다.
④ 공단은 매 회계연도마다 결산보고서와 사업보고서를 작성하여 국회 소관 상임위원회에 보고하고 이를 공고한다.

06. 다음은 국민건강보험공단 임원진의 임명절차와 임기를 정리한 표이다. 다음 ㉠ ~ ㉥ 중 틀린 것의 개수는?

임원	이사장	상임이사(징수이사)	비상임이사	감사
추천인	㉠ 임원추천위원회	상임이사추천위원회 (징수이사추천위원회)	(법 제20조 제4항, 시행령 제10조)	임원추천위원회
제청인	㉡ 보건복지부장관			㉢ 보건복지부장관
임명인	대통령	이사장	㉣ 이사장	㉤ 대통령
임기	3년	㉥ 2년	2년 (공무원 제외)	2년

① 2개　　　　　　　　　　　　② 3개
③ 4개　　　　　　　　　　　　④ 5개

07. 다음 〈보기〉에서 개별 법률과 그에 관한 「국민건강보험법」의 내용이 바르게 연결된 개수는?

보기

㉠ 「석면피해구제법」 – 국민건강보험공단은 석면 노출에 의한 피해를 구제하기 위한 석면피해구제기금의 징수업무를 위탁받아 이를 수행한다.
㉡ 「공공기관의 운영에 관한 법률」 – 국민건강보험공단의 임원 결격사유를 규정한다.
㉢ 「민법」 – 국민건강보험공단은 사단법인에 관한 규정을 준용한다.
㉣ 「행정소송법」 – 국민건강보험공단의 처분에 이의가 있는 자는 행정소송을 제기할 수 있다.
㉤ 「장애인복지법」 – 장애인으로 등록된 사람은 국민건강보험료를 감면받을 수 있다.

① 2개　　　　　　　　　　　　② 3개
③ 4개　　　　　　　　　　　　④ 5개

08. 국민건강보험급여에 대한 설명으로 옳은 것을 모두 고르면?

> ㉠ 질병의 예방이나 치료 후의 재활훈련은 요양급여에 해당되지 않는다.
> ㉡ 한방병원은 요양기관에 해당하지 않는다.
> ㉢ 요양기관은 정당한 이유 없이 요양급여를 거부할 수 없다.
> ㉣ 선별급여는 보건복지부장관이 정하는 조건을 충족하는 요양기관만이 실시하게 할 수 있다.
> ㉤ 6세 미만의 영유아를 대상으로 하는 건강검진은 보험급여에 해당되지 않는다.

① ㉠, ㉢, ㉣
② ㉡, ㉢, ㉤
③ ㉢, ㉣
④ ㉠, ㉤

09. 다음 「약사법」 제47조 제2항 위반에 대한 「국민건강보험법」상의 제재규정을 도식화한 내용에서 틀린 것은?

1차	지급받을 약제의 요양급여비용에서 ① 20% 이내에서 감액
	5년 내 같은 위반행위 적발 시 ↓
2차	지급받을 약제의 요양급여비용의 ② 60% 이내에서 감액
	③ 5년 내 같은 위반행위 적발 시 ↓
3차	④ 1년 이내의 기간을 정해 요양급여의 적용 정지

10. 요양급여비용의 본인일부부담에 대한 설명으로 옳지 않은 것을 모두 고르면?

> ㉠ 선별급여는 다른 요양급여에 비해 본인일부부담의 비율이 낮다.
> ㉡ 연간 본인일부부담금의 총액이 가입자별로 정해진 상한을 초과할 경우에는 그 초과분은 다음 해로 이전된다.
> ㉢ 연간 본인일부부담금의 상한은 가입자의 소득수준 등에 따라 대통령령으로 정한다.

① ㉠, ㉡
② ㉠, ㉢
③ ㉡, ㉢
④ ㉠, ㉡, ㉢

11. 국민건강보험의 취약계층 지원에 관한 내용으로 옳지 않은 것은?

① 「의료급여법」에 따라 의료급여를 받는 의료급여 수급권자는 국민건강보험에 가입할 수 있다.
② 만 65세 이상의 보험가입자는 그 보험료의 일부를 경감할 수 있다.
③ 국민건강보험공단은 「장애인복지법」에 따라 등록한 장애인을 대상으로 보조기기에 대한 보험급여를 할 수 있다.
④ 보건복지부장관은 5년마다 수립하는 국민건강보험종합계획에 취약계층 지원에 관한 내용을 포함해야 한다.

12. 다음 〈보기〉에 관한 「국민건강보험법」상의 내용으로 옳은 것은?

보기

만일 누군가가 다른 사람의 빚(채무)을 대신 갚아준다면, 그 빚을 갚아준 사람은 채무자에 대한 상환청구권을 가지게 된다. 이때의 상환청구권을 구상권(求償權)이라 한다. 즉 외관상으로는 빚을 대신 갚아주는 것이지만 그 실질은 채권자가 바뀐 것에 불과하고 채무자가 빚을 갚아야 하는 의무에는 큰 영향을 주지 않는다. 이는 주로 보증채무의 이행이나, 공공기관이 채권자의 권리를 보호해주기 위한 장치로 활용된다.

① 공단은 제3자의 보험급여사유로 가입자에게 보험급여를 한 경우 그 급여에 들어간 비용 한도 내에서 제3자에게 손해배상을 청구할 수 있다.
② 보험급여를 받은 사람이 제3자에게 이미 손해배상을 받은 경우엔 받은 금액의 정도를 불문하고 공단에 보험급여를 추가로 받을 수 없다.
③ 공단으로부터 보험급여를 받을 권리는 양도할 수 있다.
④ 가해자인 제3자에게 청구할 손해액의 산정에서 피해자의 귀책사유는 고려되지 않는다.

13. 직장가입자의 보수월액보험료에 대한 설명으로 옳지 않은 것은?

① 보수월액보험료는 보수월액×보험료율로 산정한다.
② 보수월액보험료에는 가입자의 보험료 평균액을 고려하여 대통령령으로 정한 기준에 따른 하한이 존재한다.
③ 휴직자의 보수월액보험료는 복직 후 지급될 것으로 예상되는 보수월액을 기준으로 산정한다.
④ 국가나 지방자치단체로부터 지급받은 실비변상은 보수월액에서 제외된다.

14. 다음 중 국민건강보험 가입자와 그 보험료의 부담비율을 바르게 연결한 것은?

① 사립학교 교원의 보수월액보험료 : 직장가입자 50%, 국가 30%, 사립학교 운영자 20%
② 휴직 중인 직장가입자의 소득월액보험료 : 직장가입자 50%, 직장가입자의 사용자 50%
③ 공무원의 보수월액보험료 : 직장가입자 50%, 소속 국가 또는 지방자치단체 50%
④ 임의계속가입자인 실업자의 보수월액보험료 : 실업자 50%, 직전 회사의 사용자 50%

15. 다음 자료와 관련된 국민건강보험료의 납입 방식에 대한 설명으로 옳지 않은 것은?

지역가입자 신용카드 자동이체 신청서
(본 신청서는 카드명의인이 직접 작성하여야 합니다.)

납부자번호	건강보험		납부자명		
	국민연금				
주민등록번호		연락처	자택 :	휴대폰 :	
주　　소	(　－　)				
	▫ 전체(▫ 건강·장기요양보험 ▫ 국민연금)				
신청내용	▫ 신규		▫ 변경	▫ 해지	
카드사명		카드번호		카드유효기간	
카드 명의인		카드 명의인 주민번호		카드 명의인 전화번호	
적용시작(종료)월	월	이체 희망일	▫ 익월 10일 ▫ 말일	▫ 25일 (선납 외국인만 해당)	(시작월 7월, 이체희망일이 '익월 10일' 경우 8월 10일 최초 승인됨)

① 신용카드가 아닌 직불카드로도 국민건강보험료를 납부할 수 있다.
② 신용카드로 보험료의 납부를 대행하는 기관은 그 대가로 국민건강보험공단으로부터 납부대행수수료를 받을 수 있다.
③ 보험료를 신용카드 자동이체로 납부하는 국민건강보험가입자는 그 보험료를 감액받을 수 있다.
④ 보험료의 납부일은 대행기관의 납부승인일로 한다.

16. 국민건강보험공단은 직장가입자 A 씨로부터 국민건강보험료 과오납부를 이유로 그 차액을 반환할 것을 요구받았다. 이에 대한 조치사항으로 적절하지 않은 것은?

① 만일 A 씨가 체납한 국민건강보험료가 있다면 과오납금을 여기에 우선 충당한다.
② A 씨의 과오납금 계산에는 대통령령으로 정하는 이자를 가산해야 한다.
③ 공단은 A 씨에게 반환해야 하는 금액이 1건당 2,000원 미만인 경우에는 반환하지 않는다.
④ A 씨가 과오납금을 환급받을 권리는 A 씨가 1년 동안 이를 행사하지 않으면 소멸한다.

17. 다음 건강보험분쟁조정위원회에 대한 설명으로 옳지 않은 것은?

① 건강보험분쟁조정위원회의 회의는 60명 이내의 위원 중 위원장과 1명의 당연직위원, 위원장이 지정하는 7명의 위원을 포함하여 총 9명으로 구성한다.
② 건강보험분쟁조정위원회의 회의는 과반수를 공무원으로 구성하여야 한다.
③ 건강보험분쟁조정위원회의 회의는 구성원 과반수의 출석과 출석위원 과반수의 찬성으로 의결한다.
④ 건강보험분쟁조정위원회의 위원 중 공무원이 아닌 사람의 수뢰죄 적용에 대해서는 공무원으로 본다.

18. 다음 외국인의 국민건강보험 가입에 대한 설명으로 옳지 않은 것은?

① 외국인 등록을 하고 「출입구관리법」에 따라 90일 이상 국내에 체류한 외국인 근로자는 국민건강보험의 직장가입자가 된다.
② 대통령령으로 정하는 국내체류 외국인은 보험료를 체납할 경우 보험료를 완납할 때까지 보험급여대상에서 제외된다.
③ 국내 소재 기업의 사용자인 외국인은 모두 국민건강보험의 가입대상에 포함된다.
④ 주한대사관 등 외국 정부가 사용자인 사업장의 근로자의 건강보험에 대해서는 외국 정부와의 합의로 따로 정할 수 있다.

19. 다음 중 「국민건강보험법」상의 공단의 처분에 대한 구제절차의 순서로 가장 적절한 것은?

① 이의신청 → 행정소송 → 심판청구
② 행정소송 → 이의신청 → 심판청구
③ 심판청구 → 이의신청 → 행정소송
④ 이의신청 → 심판청구 → 행정소송

20. 다음 안내문의 제도와 관련된 「국민건강보험법」의 규정에 대한 설명으로 옳지 않은 것은?

- 부당청구 요양기관 신고 제도
  부당청구 요양기관 신고는 요양기관·의약업체 종사자 또는 일반인이 요양기관의 구체적인 허위, 부당청구 허위 사실을 기재한 내용 및 증거자료를 가지고 국민건강보험공단 지역본부에 신고하는 제도입니다.

- 신고인 구분
  - 요양기관 종사자 : 의사, 약사, 간호사, 간호조무사, 의료기사, 직원 등
  - 의약업체 종사자 : 약제·치료재료 제조·판매 업체 종사자(임·직원)
  - 일반 신고인 : 종사자에 해당하지 않는 일반인
  - 진료받은 내용 신고인 : 본인 또는 가족의 잘못된 진료받은 내용 신고인
    (진료받은 내용 신고·처리는 별도 운영)

- 신고방법
  - 공단(지역본부·지사)에 신고
  - 인터넷, 방문, 우편, 팩스 방법으로 신고 : 신고서 서식 제공
  ※ 전화는 상담만 가능하므로 상담 후 인터넷, 방문, 우편, 팩스 방법으로 신고

① 보건복지부장관은 속임수나 그 밖의 부당한 방법으로 보험자·가입자 및 피부양자에게 요양급여비용을 부담하게 한 요양기관에 대해 500만 원 이하의 과태료를 부과할 수 있다.
② 국민건강보험공단은 부당한 방법으로 보험급여 비용을 지급받은 요양기관을 신고한 사람에게 포상금을 지급할 수 있다.
③ 요양기관이 가입자나 피부양자로부터 속임수나 그 밖의 부당한 방법으로 요양급여비용을 받은 경우 공단은 이를 징수하여 가입자나 피부양자에게 지체 없이 지급하여야 한다.
④ 국민건강보험공단은 요양기관이 부당이득을 챙긴 사실이 적발되어 징수금을 납부해야 함에도 이를 납부하지 않는 경우 납부기한을 정하여 독촉할 수 있다.

직무시험 5회 기출예상문제

시험시간 : 20분 | 문항수 : 20문항

▶ 정답과 해설 49쪽

01. 다음 〈자료〉에 대한 설명으로 옳지 않은 것은?

자료

1. 수립 개요
   (1) 수립 근거
      ① 「국민건강보험법」 제3조의2에 근거
         – 보건복지부장관이 「국민건강보험종합계획」에 따라 매년 연도별 시행계획을 수립하고, 매년 시행계획에 따른 추진실적을 평가
         – 시행계획은 건강보험정책심의위원회 심의를 거쳐 수립하고, (㉠)에 보고

   (중략)

2. 세부 추진과제
   (1) 평생건강을 뒷받침하는 보장성 강화
   (2) 의료 질과 환자 중심의 보상 강화
   (3) 건강보험의 지속가능성 제고
   (4) 건강보험의 신뢰 확보 및 미래 대비 강화

---

① 국민건강보험종합계획에는 건강보험정책의 보장성 강화의 추진계획 및 추진방법, 건강보험의 중장기 재정 전망 및 운영에 관한 내용을 포함하고 있다.
② 빈칸 ㉠에는 '국회 소관 상임위원회'가 들어간다.
③ 건강보험정책심의위원회는 매년 연도별 시행계획에 따른 추진실적을 평가하여야 한다.
④ 매년 연도별 시행계획을 수립하고 그 추진실적을 평가하기 위해 관련 기관의 장은 자료의 제출을 요구받을 수 있고, 특별한 사유가 없다면 이에 응해야 한다.

02. 다음 중 직장가입자의 피부양자에 해당하지 않는 사람은? (단, 선택지의 사람은 모두 기준 이하의 소득으로 직장가입자에게 생계를 의존하고 있다)

① 직장가입자의 친동생
② 직장가입자의 친조카
③ 직장가입자의 며느리
④ 직장가입자의 조부모

03. 다음 국민건강보험의 가입자에 대한 설명으로 옳지 않은 것을 모두 고르면?

> ㄱ. 대한민국 국민이라면 누구나 국민건강보험의 가입자 또는 피부양자가 된다.
> ㄴ. 지역가입자는 직장가입자와 그 피부양자를 제외한 가입자를 의미한다.
> ㄷ. 국민건강보험의 가입자는 사망한 날로부터 그 자격을 상실한다.
> ㄹ. 국민건강보험자는 신청을 통해 건강보험증을 발급받을 수 있다.

① ㄱ, ㄴ
② ㄱ, ㄷ
③ ㄴ, ㄷ
④ ㄷ, ㄹ

04. 다음 〈보기〉에서 국민건강보험공단의 구성에 대한 설명으로 옳은 것의 개수는?

보기

> ㄱ. 대한민국 국민이 아닌 사람은 공단의 임원이 될 수 없다.
> ㄴ. 공단의 이사장과 감사는 임원추천위원회의 추천과 보건복지부장관의 제청을 통해 대통령이 임명한다.
> ㄷ. 이사장의 임기는 3년, 이사와 감사의 임기는 각각 2년이다.
> ㄹ. 징수이사는 상임이사이다.
> ㅁ. 요양급여비용의 계약을 위해 공단 내에 재정운영위원회를 둔다.

① 2개
② 3개
③ 4개
④ 5개

05. 다음 중 국민건강보험공단의 소속이 아닌 것을 모두 고르면?

> ㉠ 건강보험분쟁조정위원회
> ㉡ 건강보험정책심의위원회
> ㉢ 진료심사평가위원회
> ㉣ 징수이사추천위원회

① ㉠, ㉡
② ㉡, ㉣
③ ㉠, ㉡, ㉢
④ ㉠, ㉡, ㉢, ㉣

06. 다음 「국민연금법」의 내용과 관련된 국민건강보험공단의 업무에 대한 설명으로 옳은 것은?

> 「국민연금법」 제88조(연금보험료의 부과·징수 등) ① 보건복지부장관은 국민연금사업 중 연금보험료의 징수에 관하여 이 법에서 정하는 사항을 건강보험공단에 위탁한다.

① 국민건강보험공단이 위탁받아 징수한 국민연금보험료는 지체 없이 국민연금기금에 납입해야 한다.
② 국민연금보험료의 징수에 관한 회계는 공단의 다른 회계와 통합하여 처리해야 한다.
③ 국민건강보험공단이 징수한 국민연금보험료의 수납 업무는 금융기관 등에 위탁할 수 없다.
④ 국민건강보험공단은 국민연금보험료의 징수에 관한 업무를 다른 법령에 따른 사회보험 업무를 수행하는 다른 법인에 위탁할 수 있다.

07. 다음 약제(藥劑)의 요양급여 적용에 대한 설명으로 옳지 않은 것은?

① 치료효과성이 불확실하여 추가 검증이 필요한 단계의 약제는 요양급여의 대상이 될 수 없다.
② 의약품의 판매 질서를 위반한 약제에 대해서는 보건복지부장관이 단계적으로 그 요양급여비용을 일부 감액하거나 지급을 정지할 수 있다.
③ 해외에서 제조된 신약을 요양급여대상에 포함하고자 할 경우, 약제의 수입업자는 보건복지부장관에게 요양급여대상의 여부를 결정해 줄 것을 신청할 수 있다.
④ 환자의 진료에 반드시 필요하다고 인정되는 약제는 신청 없이 보건복지부장관 직권으로 요양급여대상에 포함될 수 있다.

08. 「국민건강보험법」상 서류의 보관과 제출에 대한 설명으로 옳지 않은 것은?

① 보건복지부장관은 보험급여에 대해 허위서류를 제출한 요양기관에 대해 1년 이내의 업무정지를 명할 수 있다.
② 보건복지부장관은 의약품의 제조업자가 요양기관의 부당한 요양급여신청사실에 개입했는지를 확인하기 위한 관련 서류의 제출을 명할 수 있다.
③ 공단은 세대주에게 국민건강보험 가입자의 보수·소득에 대한 자료를 제출하게 할 수 있다.
④ 약국은 처방전을 그 요양급여비용을 청구한 날로부터 5년간 보존해야 한다.

09. 다음에서 설명하고 있는 요양급여는?

거동불편자 의료접근성 개선을 위한 왕진 활성화 추진
- 보건복지부, 2019년 제21차 건강보험정책심의위원회 개최 -

보건복지부는 재택의료와 관련된 국민건강보험법 및 시행규칙 개정에 따른 후속조치로 재택의료 활성화 추진계획을 보고하였다.
현재 국민건강보험은 의료기관 내에서의 입원과 외래 위주로 제도가 설계되어 환자가 의료기관 밖에서는 제대로 된 의료서비스를 이용하기 어려운 구조였다. 이에 보건복지부는 재택의료 지원제도를 체계화하여 노인, 중증환자 등 거동불편자의 의료접근성을 개선하고 국민의 다양한 의료적 수요에 대응하기 위해「재택의료 활성화 추진계획」을 마련하였다. 지역사회 의원을 대상으로「일차의료 왕진 수가 시범사업」을 추진하여 보행이 곤란하거나 불가능한 거동불편 환자에게 의사 왕진이 이루어질 수 있도록 시범 수가를 마련할 계획이다.
* (현재 왕진료) 의료기관 내의 진료와 동일하게 진찰료만 산정 가능 → (왕진료 시범수가) 왕진 1회당 약 11만 5000원 ~ 8만 원 산정, 환자는 왕진료 시범수가의 100분의 30(의원급 외래본인부담률) 부담
(이하 생략)

보건복지부 보도자료, 2019. 10. 30. 배포

① 선별급여 ② 방문요양급여
③ 재가급여 ④ 특별현금급여

10. 「국민건강보험법」상 건강검진에 대한 설명으로 적절하지 않은 것은?

① 국민건강보험공단은 질병의 조기발견과 그에 따른 요양급여를 목적으로 건강검진을 실시한다.
② 암(癌)검진도 국민건강보험공단의 건강검진업무의 대상에 포함된다.
③ 만 7세의 피부양자는 영유아건강검진의 대상이 된다.
④ 만 20세 이상의 피부양자는 일반건강검진의 대상이 된다.

11. 다음 요양비에 대한 설명으로 옳지 않은 것은?

① 수급자는 신청을 통해 요양비를 수급자 명의의 지정 계좌를 통해 지급받을 수 있다.
② 요양비등수급계좌에는 오직 요양비등만이 입금되어야 하고, 입금된 요양비는 압류할 수 없다.
③ 업무정지기간 중에 있는 요양기관에서의 요양은 요양비 지급 대상에 해당되지 않는다.
④ 보험급여의 지급이 정지되어 있는 현역병도 요양비를 받을 수 있다.

12. 〈보기〉의 빈칸에 들어갈 기관의 명칭은?

> 보기
>
> 우리 (　　　)은/는 요양기관의 진료비 심사와 요양급여의 적정성 평가, 의약품 치료재료의 관리 및 보험수가 개발 등 건강보험을 포함한 보건의료정책 개발 업무를 수행하고 지원하는 공공기관으로서의 사회적 역할과 책임을 다하고 있습니다.
> (　　　) 임직원은 국민에게 신뢰받는 글로벌 수준의 국민의료평가기관이라는 분명한 사명감을 가지고 국민 여러분의 모든 관심과 조언에 귀를 기울여 건강하고 안전한 우리나라 의료문화를 가꾸어 나가는데 최선을 다하겠습니다.
> 또한 "건강보험과 보건의료의 발전을 통한 국민 건강 증진"이라는 목표를 실현하기 위해 열린 전문역량을 토대로 업무에 임하고 있으며, 언제나 국민을 최우선의 가치를 두고 국민의 건강하고 행복한 삶에 기여하고자 노력하고 있습니다.
> (　　　)을/를 찾아주신 모든 국민 여러분의 건강과 행복한 나날을 기원합니다.
> 감사합니다.

① 건강보험심사평가원　　② 국민건강보험공단
③ 건강보험정책심의위원회　　④ 건강보험공표심의위원회

13. 국민건강보험료율에 대한 설명으로 옳은 것은?

① 직장가입자의 보험료율은 8%를 초과할 수 없다.
② 직장가입자의 보험료율은 국민건강보험공단 이사회의 의결을 거쳐 대통령령으로 정한다.
③ 지역가입자의 월별 보험료액은 보수 외 소득월액 보험료부과점수에 보험료율을 곱한 금액으로 한다.
④ 강원도 원주시 국민건강보험공단 본사로 출근하는 직장가입자와 같은 지역에 배우자와 자녀를 두고 독일에 있는 직장을 다니고 있는 직장가입자의 국민건강보험료율은 같다.

14. 다음 내용에 관한 「국민건강보험법」상의 조치로 옳지 않은 것은?

> 「의료법」 제33조 제2항에 의해 의료인이 아닌 자는 의료기관을 개설할 수 없다. 그럼에도 불구하고 비의료인이 의료인의 명의를 빌려 병원을 불법개설하기도 하는데, 이러한 병원은 명의를 대여한 의사는 해당 병원에 속하여 비의료인에게 기관 설립에 필요한 자금을 지원받는 대신, 그 비의료인이 병원 내 사무장 직책으로 실질적인 병원 경영권을 행사하는 구조를 띄어 일명 '사무장병원'이라고 한다.
> 의료인의 병원 개설 역시 한 사람이 여러 개의 의료기관을 개설할 수 없다는 '1인 1개소법' 원칙으로 제한을 받는다. 예를 들어 의료인이 다른 의료인들을 고용하여 실질적으로 의료인 한 명이 다수의 병원을 운영하는 경우 역시 사무장병원의 한 유형으로 금지된다.
> 사무장병원의 개설 및 운영은 국민에게 과잉진료 등의 부적절한 의료서비스를 제공하는 등으로 국민건강보험의 재정 누수의 원인으로 「국민건강보험법」에 의해 요양급여 환수처분과 함께 형사처벌 대상이 된다.

① 공단은 사무장병원 개설 사실이 적발되어 징수금을 납부할 의무가 있는 자가 1년 동안 1억 원 이상의 징수금을 체납할 경우 체납자의 인적사항 및 그 금액을 공개할 수 있다.
② 사무장병원을 개설한 의료인은 원래 의료기관을 설립할 수 있는 권한을 가지고 있는 자이므로 사무장병원의 설립에 대한 책임이 없다.
③ 공단은 사무장병원이 국민건강보험 가입자에게 부당하게 받은 요양급여비용을 징수한 경우 이를 해당 가입자에게 지체 없이 지급하여야 한다.
④ 공단은 사무장병원을 신고한 내부직원에 대해 대통령령으로 정한 포상금을 지급할 수 있다.

15. 다음 「국민건강보험법」상 국민건강보험공단과 심사평가원의 처분에 관한 이의신청절차에 대한 설명으로 옳지 않은 것은?

① 이의신청은 문서 제출이 원칙이나, 구술이나 전자문서를 통해서 제기할 수도 있다.
② 이의신청은 처분이 있음을 안 날로부터 90일 이내, 처분이 있은 날부터 180일 이내에 제기해야 한다.
③ 요양급여 대상 제외 여부에 대한 심사평가원의 확인에 대한 이의신청은 이를 통보받은 날로부터 30일 이내에 해야 한다.
④ 이의신청에 불복하는 자는 「행정소송법」에 따른 행정소송을 제기할 수 있다.

16. 다음 글의 빈칸에 들어갈 「국민건강보험법」상의 국민건강보험료의 종류는?

> 나. (　　　)의 도입배경
> 　　종전에는 직장가입자의 보험료는 보수만을 기준으로 산정하고, 보수 외 소득은 보험료 산정에 반영하지 않았다. 그 결과 빌딩 소유주, 대주주 등 보수 이외에 고액의 소득이 있는 직장가입자도 근로소득에만 보험료가 부과되어, 전체 소득을 기준으로 할 때 근로소득이 주 소득원인 일반 직장가입자에 비해 위 고소득자들이 보험료를 적게 부담하는 '부담의 역진성(逆進性)' 문제가 발생하였다. 또한 위 고소득자들은 모든 종합소득과 재산 등에 대해서도 보험료가 부과되는 지역가입자에 비해서도 보험료를 적게 부담하여 형평성 문제가 대두되었으며, 보험료 부담을 회피하기 위한 위장취업 등의 사례도 발생하였다.
> 　　이에 보건복지부는 2011. 11. 고액의 종합소득이 있는 경우에는 직장가입자라도 근로소득 이외의 소득에 별도의 보험료를 부과하는 방안을 마련하면서, 위 보험료 추가 부과는 정책수용성 등을 고려하여 고소득자에 대해 우선 적용하되, 향후 그 적용범위를 단계적으로 확대해 나갈 예정이라고 밝혔다.
> 　　위 방안은 그 후 입법으로 현실화되어, 2011. 12. 31. 법률 제11141호로 전부개정된 「국민건강보험법」에서 '(　　　)'가 도입되었다.
> 　　　　　　　　　　　　　　　　　　　　　헌법재판소 2019. 2. 28. 2017헌바245 전원재판부

① 보수월액보험료　　　　　② 지역월액보험료
③ 소득월액보험료　　　　　④ 장기요양보험료

17. 국민건강보험료의 면제에 대한 설명으로 옳지 않은 것은?

① 지역가입자가 1개월 이상 국외에 체류 중인 경우 그 가입자가 속한 세대의 보험료 산정에서 그 가입자의 보험료부과점수를 제외한다.
② 직장가입자가 구치소에 수감된 경우 그 수감된 기간에 해당하는 달의 보험료를 면제한다.
③ 자녀와 함께 1개월 이상 외국에서 체류하고 있던 직장가입자가 입국한 달에 자녀를 병원에 보내 보험급여를 받은 후 그 달에 다시 출국한 경우에는 해당 보험료를 면제한다.
④ 현역 병사가 9월 1일에 제대했다면 그 달의 보험료 납입대상이 될 수 있다.

18. 다음 중 보수월액보험료의 부담비가 50 : 50인 경우를 모두 고르면?

> ㄱ. 직장가입자인 공무원과 해당 공무원이 소속된 국가
> ㄴ. 교원이 아닌 직장가입자인 사립학교 교직원과 그 사용자
> ㄷ. 직장가입자인 사립학교 교원과 그 사용자
> ㄹ. 직장가입자인 근로자와 그 사업주

① ㄱ, ㄴ, ㄷ
② ㄱ, ㄴ, ㄹ
③ ㄱ, ㄷ, ㄹ
④ ㄴ, ㄷ, ㄹ

19. 국민건강보험료의 납부에 대한 설명으로 옳지 않은 것은?

① 보험료는 원칙상 다음 달 10일까지 납부해야 하나, 직장가입자의 소득월액보험료는 분기별로 납부할 수 있다.
② 보험료납입고지서를 전자문서로 고지하는 경우에는 전자문서가 납부의무자가 지정한 전자우편주소에 입력된 때에 도달한 것으로 본다.
③ 국민건강보험료를 신용카드 등으로 납부할 경우 그 납부일은 그 납부대행기관의 승인일이다.
④ 휴직자의 휴직은 보험료 경감사유에는 해당하나, 보험료 납입고지 유예의 사유는 되지 않는다.

20. 사업장의 사업주 A와 그에게 2주간 고용된 일용근로자 B와 정규직인 직장가입자 C가 있다. 다음 중 옳지 않은 설명은?

① C의 보수월액보험료 체납을 이유로 C의 보험급여를 제한하기 위해서는 그 체납에 대해 A의 귀책사유가 있음을 요구한다.
② B를 고용한 A가 B를 직장가입자로 편입하려다 적발된 경우, 공단은 A에 대해 B가 지역가입자로서 부담해야 했을 보험료의 총액에서 직장가입자의 기준으로 B에게 부과한 보험료의 총액을 제한 금액의 10%를 가산금으로 징수한다.
③ A는 C와의 임금 협상에 있어 국민건강보험료의 부담 증가를 피할 목적으로 정당한 사유 없이 C의 임금 인상 요구를 거부할 수 없다.
④ B가 A에게 지급받은 임금은 B의 국민건강보험료 산정에 반영될 것이다.

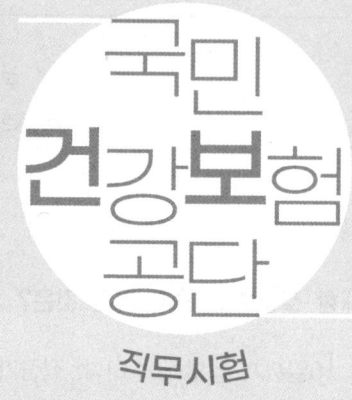

국민건강보험법

파트 3 법조문 빈칸 채우기

- 제1장 총칙
- 제2장 가입자
- 제3장 국민건강보험공단
- 제4장 보험급여
- 제5장 건강보험심사평가원
- 제6장 보험료
- 제7장 이의신청 및 심판청구 등
- 제8장 보칙
- 제9장 벌칙

제1장 총칙

▶ 정답과 해설 53쪽

제1조(목적) 이 법은 국민의 질병·부상에 대한 예방·진단·치료·재활과 출산·사망 및 건강증진에 대하여 ▓▓▓를 실시함으로써 국민보건 향상과 ▓▓▓ 증진에 이바지함을 목적으로 한다.

 답

제2조(관장) 이 법에 따른 건강보험사업은 ▓▓▓이 맡아 주관한다.

답

제3조(정의) 이 법에서 사용하는 용어의 뜻은 다음과 같다.
1. "▓▓▓"란 직업의 종류와 관계없이 근로의 대가로 보수를 받아 생활하는 사람(법인의 ▓▓▓와 그 밖의 임원을 포함한다)으로서 공무원 및 교직원을 제외한 사람을 말한다.
2. "▓▓▓"란 다음 각 목의 어느 하나에 해당하는 자를 말한다.
   가. 근로자가 소속되어 있는 사업장의 사업주
   나. 공무원이 소속되어 있는 기관의 장으로서 대통령령으로 정하는 사람
   다. 교직원이 소속되어 있는 사립학교(「사립학교교직원 연금법」제3조에 규정된 사립학교를 말한다. 이하 이 조에서 같다)를 설립·운영하는 자
3. "사업장"이란 사업소나 사무소를 말한다.
4. "공무원"이란 국가나 지방자치단체에서 상시 공무에 종사하는 사람을 말한다.
5. "교직원"이란 사립학교나 사립학교의 경영기관에서 근무하는 교원과 직원을 말한다.

 답

제3조의2(국민건강보험종합계획의 수립 등) ① 보건복지부장관은 이 법에 따른 건강보험(이하 "건강보험"이라 한다)의 건전한 운영을 위하여 제4조에 따른 ▇▇▇의 심의를 거쳐 ▇▇▇마다 국민건강보험종합계획(이하 "종합계획"이라 한다)을 수립하여야 한다. 수립된 종합계획을 변경할 때도 또한 같다.

② 종합계획에는 다음 각 호의 사항이 포함되어야 한다.
1. 건강보험정책의 기본목표 및 추진방향
2. 건강보험 보장성 강화의 추진계획 및 추진방법
3. 건강보험의 중장기 재정 전망 및 운영
4. 보험료 부과체계에 관한 사항
5. 요양급여비용에 관한 사항
6. 건강증진 사업에 관한 사항
7. 취약계층 지원에 관한 사항
8. 건강보험에 관한 통계 및 정보의 관리에 관한 사항
9. 그 밖에 건강보험의 개선을 위하여 필요한 사항으로 대통령령으로 정하는 사항

③ 보건복지부장관은 종합계획에 따라 매년 연도별 시행계획(이하 "시행계획"이라 한다)을 건강보험정책심의위원회의 심의를 거쳐 수립·시행하여야 한다.

④ 보건복지부장관은 매년 시행계획에 따른 추진실적을 평가하여야 한다.

⑤ 보건복지부장관은 다음 각 호의 사유가 발생한 경우 관련 사항에 대한 보고서를 작성하여 지체 없이 ▇▇▇ 소관 상임위원회에 보고하여야 한다.
1. 제1항에 따른 종합계획의 수립 및 변경
2. 제3항에 따른 시행계획의 수립
3. 제4항에 따른 시행계획에 따른 추진실적의 평가

⑥ 보건복지부장관은 종합계획의 수립, 시행계획의 수립·시행 및 시행계획에 따른 추진실적의 평가를 위하여 필요하다고 인정하는 경우 관계 기관의 장에게 자료의 제출을 요구할 수 있다. 이 경우 자료의 제출을 요구받은 자는 특별한 사유가 없으면 이에 따라야 한다.

⑦ 그 밖에 제1항에 따른 종합계획의 수립 및 변경, 제3항에 따른 시행계획의 수립·시행 및 제4항에 따른 시행계획에 따른 추진실적의 평가 등에 필요한 사항은 대통령령으로 정한다.

답

제4조(건강보험정책심의위원회) ① 건강보험정책에 관한 다음 각 호의 사항을 심의·의결하기 위하여 보건복지부장관 소속으로 건강보험정책심의위원회(이하 "심의위원회"라 한다)를 둔다.
1. 제3조의2 제1항 및 제3항에 따른 종합계획 및 시행계획에 관한 사항(█████은 제외한다)
2. 제41조 제3항에 따른 요양급여의 기준
3. 제45조 제3항 및 제46조에 따른 요양급여비용에 관한 사항
4. 제73조 제1항에 따른 직장가입자의 █████
5. 제73조 제3항에 따른 지역가입자의 보험료율과 █████ 당 금액
6. 그 밖에 건강보험에 관한 주요 사항으로서 대통령령으로 정하는 사항
② 심의위원회는 위원장 1명과 부위원장 1명을 포함하여 █████의 위원으로 구성한다.
③ 심의위원회의 위원장은 █████이 되고, 부위원장은 제4항 제4호의 위원 중에서 위원장이 지명하는 사람이 된다.
④ 심의위원회의 위원은 다음 각 호에 해당하는 사람을 보건복지부장관이 임명 또는 위촉한다.
1. 근로자단체 및 사용자단체가 추천하는 각 2명
2. 시민단체(「비영리민간단체지원법」 제2조에 따른 비영리민간단체를 말한다. 이하 같다), 소비자단체, 농어업인단체 및 자영업자단체가 추천하는 각 1명
3. 의료계를 대표하는 단체 및 약업계를 대표하는 단체가 추천하는 8명
4. 다음 각 목에 해당하는 8명
   가. 대통령령으로 정하는 중앙행정기관 소속 공무원 2명
   나. 국민건강보험공단의 이사장 및 건강보험심사평가원의 원장이 추천하는 각 1명
   다. 건강보험에 관한 학식과 경험이 풍부한 4명
⑤ 심의위원회 위원(제4항 제4호 가목에 따른 위원은 제외한다)의 임기는 █████으로 한다. 다만, 위원의 사임 등으로 새로 위촉된 위원의 임기는 전임위원 임기의 남은 기간으로 한다.
⑥ 보건복지부장관은 심의위원회가 제1항 제5호의2에 따라 심의한 사항을 국회에 보고하여야 한다.
⑦ 심의위원회의 운영 등에 필요한 사항은 대통령령으로 정한다.

🔲 답

제2장 가입자

▶ 정답과 해설 53쪽

제5조(적용 대상 등) ① ▨▨▨▨ 에 거주하는 국민은 건강보험의 가입자 또는 피부양자가 된다. 다만, 다음 각 호의 어느 하나에 해당하는 사람은 제외한다.
1. 「의료급여법」에 따라 의료급여를 받는 사람(이하 "수급권자"라 한다)
2. 「독립유공자예우에 관한 법률」 및 「국가유공자 등 예우 및 지원에 관한 법률」에 따라 의료보호를 받는 사람(이하 "유공자등 의료보호대상자"라 한다). 다만, 다음 각 목의 어느 하나에 해당하는 사람은 가입자 또는 피부양자가 된다.
    가. 유공자등 의료보호대상자 중 건강보험의 적용을 보험자에게 신청한 사람
    나. 건강보험을 적용받고 있던 사람이 유공자등 의료보호대상자로 되었으나 건강보험의 ▨▨▨▨ 을 보험자에게 하지 아니한 사람
② 제1항의 피부양자는 다음 각 호의 어느 하나에 해당하는 사람 중 직장가입자에게 주로 생계를 의존하는 사람으로서 소득 및 재산이 보건복지부령으로 정하는 기준 이하에 해당하는 사람을 말한다.
1. 직장가입자의 배우자
2. 직장가입자의 직계존속(배우자의 직계존속을 포함한다)
3. 직장가입자의 직계비속(배우자의 직계비속을 포함한다)과 그 ▨▨▨▨
4. 직장가입자의 ▨▨▨▨
③ 제2항에 따른 피부양자 자격의 인정 기준, 취득·상실시기 및 그 밖에 필요한 사항은 보건복지부령으로 정한다.

답

제6조(가입자의 종류) ① 가입자는 직장가입자와 지역가입자로 구분한다.
② 모든 사업장의 근로자 및 사용자와 ▨▨▨ 및 교직원은 직장가입자가 된다. 다만, 다음 각 호의 어느 하나에 해당하는 사람은 제외한다.
1. 고용 기간이 ▨▨▨ 미만인 일용근로자
2. 「병역법」에 따른 현역병(지원에 의하지 아니하고 임용된 하사를 포함한다), 전환복무된 사람 및 ▨▨▨
3. 선거에 당선되어 취임하는 공무원으로서 매월 보수 또는 보수에 준하는 급료를 받지 아니하는 사람
4. 그 밖에 사업장의 특성, 고용 형태 및 사업의 종류 등을 고려하여 대통령령으로 정하는 사업장의 근로자 및 사용자와 공무원 및 교직원
③ 지역가입자는 직장가입자와 그 ▨▨▨ 를 제외한 가입자를 말한다.
④ 삭제 〈2018. 12. 11.〉

답

제7조(사업장의 신고) 사업장의 사용자는 다음 각 호의 어느 하나에 해당하게 되면 그 때부터 ▨▨▨ 이내에 보건복지부령으로 정하는 바에 따라 보험자에게 신고하여야 한다. 제1호에 해당되어 보험자에게 신고한 내용이 변경된 경우에도 또한 같다.
1. 제6조 제2항에 따라 직장가입자가 되는 근로자·공무원 및 교직원을 사용하는 사업장(이하 "적용대상사업장"이라 한다)이 된 경우
2. ▨▨▨ · 폐업 등 보건복지부령으로 정하는 사유가 발생한 경우

답

제8조(자격의 취득 시기 등) ① 가입자는 국내에 거주하게 된 날에 직장가입자 또는 지역가입자의 자격을 얻는다. 다만, 다음 각 호의 어느 하나에 해당하는 사람은 그 해당되는 날에 각각 자격을 얻는다.
1. 수급권자이었던 사람은 그 대상자에서 제외된 날
2. 직장가입자의 피부양자이었던 사람은 그 자격을 잃은 날
3. ▨▨▨ 이었던 사람은 그 대상자에서 제외된 날
4. 제5조 제1항 제2호 가목에 따라 보험자에게 건강보험의 적용을 신청한 유공자등 의료보호대상자는 그 신청한 날

② 제1항에 따라 자격을 얻은 경우 그 직장가입자의 사용자 및 지역가입자의 ▨▨▨ 는 그 명세를 보건복지부령으로 정하는 바에 따라 자격을 취득한 날부터 ▨▨▨ 이내에 보험자에게 신고하여야 한다.

> 답

제9조(자격의 변동 시기 등) ① 가입자는 다음 각 호의 어느 하나에 해당하게 된 날에 그 자격이 변동된다.
1. 지역가입자가 적용대상사업장의 사용자로 되거나, 근로자·공무원 또는 교직원(이하 "근로자등"이라 한다)으로 사용된 날
2. 직장가입자가 다른 적용대상사업장의 사용자로 되거나 근로자등으로 사용된 날
3. 직장가입자인 근로자등이 그 사용관계가 끝난 날의 다음 날
4. 적용대상사업장에 제7조 제2호에 따른 사유가 발생한 날의 다음 날
5. ▨▨▨ 가 다른 세대로 전입한 날

② 제1항에 따라 자격이 변동된 경우 직장가입자의 사용자와 지역가입자의 세대주는 다음 각 호의 구분에 따라 그 명세를 보건복지부령으로 정하는 바에 따라 자격이 변동된 날부터 ▨▨▨ 이내에 보험자에게 신고하여야 한다.
1. 제1항 제1호 및 제2호에 따라 자격이 변동된 경우 : 직장가입자의 사용자
2. 제1항 제3호부터 제5호까지의 규정에 따라 자격이 변동된 경우 : 지역가입자의 세대주

③ 법무부장관 및 국방부장관은 직장가입자나 지역가입자가 제54조 제3호 또는 제4호에 해당하면 보건복지부령으로 정하는 바에 따라 그 사유에 해당된 날부터 ▨▨▨ 이내에 보험자에게 알려야 한다.

> 답

제9조의2(자격 취득·변동 사항의 고지) ▨▨▨은 제96조 제1항에 따라 제공받은 자료를 통하여 가입자 자격의 취득 또는 변동 여부를 확인하는 경우에는 자격 취득 또는 변동 후 최초로 제79조에 따른 ▨▨▨에게 보험료 납입 고지를 할 때 보건복지부령으로 정하는 바에 따라 자격 취득 또는 변동에 관한 사항을 알려야 한다.

답

제10조(자격의 상실 시기 등) ① 가입자는 다음 각 호의 어느 하나에 해당하게 된 날에 그 자격을 잃는다.
1. 사망한 날의 다음 날
2. 국적을 잃은 날의 다음 날
3. ▨▨▨에 거주하지 아니하게 된 날의 다음 날
4. 직장가입자의 피부양자가 된 날
5. 수급권자가 된 날
6. 건강보험을 적용받고 있던 사람이 ▨▨▨가 되어 건강보험의 적용배제신청을 한 날
② 제1항에 따라 자격을 잃은 경우 직장가입자의 사용자와 지역가입자의 세대주는 그 명세를 보건복지부령으로 정하는 바에 따라 자격을 잃은 날부터 ▨▨▨ 이내에 보험자에게 신고하여야 한다.

답

제11조(자격취득 등의 확인) ① 가입자 자격의 취득·변동 및 상실은 제8조부터 제10조까지의 규정에 따른 자격의 취득·변동 및 상실의 시기로 ▨▨▨하여 효력을 발생한다. 이 경우 ▨▨▨는 그 사실을 확인할 수 있다.
② 가입자나 가입자이었던 사람 또는 ▨▨▨나 ▨▨▨이었던 사람은 제1항에 따른 확인을 청구할 수 있다.

답

제12조(건강보험증) ① 국민건강보험공단은 가입자 또는 피부양자가 신청하는 경우 건강보험증을 발급하여야 한다.
② 가입자 또는 피부양자가 요양급여를 받을 때에는 제1항의 건강보험증을 제42조 제1항에 따른 ▨▨▨ 에 제출하여야 한다. 다만, 천재지변이나 그 밖의 부득이한 사유가 있으면 그러하지 아니하다.
③ 가입자 또는 피부양자는 제2항 본문에도 불구하고 주민등록증, 운전면허증, ▨▨▨ , 그 밖에 보건복지부령으로 정하는 본인 여부를 확인할 수 있는 신분증명서(이하 "신분증명서"라 한다)로 요양기관이 그 자격을 확인할 수 있으면 건강보험증을 제출하지 아니할 수 있다.
④ 요양기관은 가입자 또는 피부양자에게 요양급여를 실시하는 경우 보건복지부령으로 정하는 바에 따라 건강보험증이나 신분증명서로 본인 여부 및 그 자격을 확인하여야 한다. 다만, 요양기관이 가입자 또는 피부양자의 본인 여부 및 그 자격을 확인하기 곤란한 경우로서 보건복지부령으로 정하는 정당한 사유가 있을 때에는 그러하지 아니하다.
⑤ 가입자·피부양자는 제10조 제1항에 따라 자격을 잃은 후 자격을 증명하던 서류를 사용하여 보험급여를 받아서는 아니 된다.
⑥ 누구든지 건강보험증이나 신분증명서를 다른 사람에게 양도(讓渡)하거나 ▨▨▨ 하여 보험급여를 받게 하여서는 아니 된다.
⑦ 누구든지 건강보험증이나 신분증명서를 양도 또는 ▨▨▨ 를 받거나 그 밖에 이를 부정하게 사용하여 보험급여를 받아서는 아니 된다.
⑧ 제1항에 따른 건강보험증의 신청 절차와 방법, 서식과 그 교부 및 사용 등에 필요한 사항은 보건복지부령으로 정한다.

답

제3장 국민건강보험공단

▶ 정답과 해설 53쪽

제13조(보험자) 건강보험의 보험자는 ▭ 으로 한다.

> 답

제14조(업무 등) ① 공단은 다음 각 호의 업무를 관장한다.
1. 가입자 및 피부양자의 자격 관리
2. ▭ 와 그 밖에 이 법에 따른 징수금의 부과·징수
3. 보험급여의 관리
4. 가입자 및 피부양자의 질병의 조기발견·예방 및 건강관리를 위하여 요양급여 실시 현황과 건강검진 결과 등을 활용하여 실시하는 예방사업으로서 대통령령으로 정하는 사업
5. 보험급여 비용의 지급
6. 자산의 관리·운영 및 증식사업
7. 의료시설의 운영
8. 건강보험에 관한 교육훈련 및 홍보
9. 건강보험에 관한 조사연구 및 국제협력
10. 이 법에서 공단의 업무로 정하고 있는 사항
11. 「국민연금법」, 「고용보험 및 산업재해보상보험의 보험료징수 등에 관한 법률」, 「임금채권보장법」 및 「석면피해구제법」(이하 " ▭ "이라 한다)에 따라 위탁받은 업무
12. 그 밖에 이 법 또는 다른 법령에 따라 위탁받은 업무
13. 그 밖에 건강보험과 관련하여 ▭ 이 필요하다고 인정한 업무

② 제1항 제6호에 따른 자산의 관리·운영 및 증식사업은 안정성과 수익성을 고려하여 다음 각 호의 방법에 따라야 한다.
1. 체신관서 또는 「은행법」에 따른 은행에의 예입 또는 신탁
2. 국가·지방자치단체 또는 「은행법」에 따른 은행이 직접 발행하거나 채무이행을 보증하는 ▭ 의 매입
3. 특별법에 따라 설립된 법인이 발행하는 유가증권의 매입
4. 「자본시장과 금융투자업에 관한 법률」에 따른 신탁업자가 발행하거나 같은 법에 따른 집합투자업자가 발행하는 ▭ 의 매입
5. 공단의 업무에 사용되는 부동산의 취득 및 일부 임대
6. 그 밖에 공단 자산의 증식을 위하여 대통령령으로 정하는 사업

③ 공단은 특정인을 위하여 업무를 제공하거나 공단 ▭ 을 이용하게 할 경우 공단의 정관으로

정하는 바에 따라 그 업무의 제공 또는 ▨▨의 이용에 대한 수수료와 사용료를 징수할 수 있다.
④ 공단은 「공공기관의 정보공개에 관한 법률」에 따라 건강보험과 관련하여 보유·관리하고 있는 정보를 공개한다.

> 답

제15조(법인격 등) ① 공단은 ▨▨으로 한다.
② 공단은 주된 ▨▨의 소재지에서 설립등기를 함으로써 성립한다.

> 답

제16조(사무소) ① 공단의 주된 사무소의 소재지는 ▨▨으로 정한다.
② 공단은 필요하면 정관으로 정하는 바에 따라 ▨▨를 둘 수 있다.

> 답

제17조(정관) ① 공단의 정관에는 다음 각 호의 사항을 적어야 한다.
1. 목적
2. 명칭
3. 사무소의 소재지
4. 임직원에 관한 사항
5. 이사회의 운영
6. ▨▨에 관한 사항
7. 보험료 및 보험급여에 관한 사항
8. 예산 및 결산에 관한 사항
9. 자산 및 회계에 관한 사항
10. 업무와 그 집행
11. 정관의 ▨▨에 관한 사항
12. 공고에 관한 사항

② 공단은 정관을 변경하려면 ▨▨의 인가를 받아야 한다.

> 답

제18조(등기) 공단의 ▨▨▨등기에는 다음 각 호의 사항을 포함하여야 한다.
 1. ▨▨▨
 2. 명칭
 3. 주된 사무소 및 분사무소의 소재지
 4. ▨▨▨의 성명·주소 및 주민등록번호

답

제19조(해산) 공단의 해산에 관하여는 ▨▨▨로 정한다.

답

제20조(임원) ① 공단은 임원으로서 이사장 1명, 이사 14명 및 감사 1명을 둔다. 이 경우 이사장, 이사 중 5명 및 감사는 상임으로 한다.
 ② 이사장은 「공공기관의 운영에 관한 법률」 제29조에 따른 임원추천위원회(이하 "임원추천위원회"라 한다)가 복수로 추천한 사람 중에서 ▨▨▨의 제청으로 ▨▨▨이 임명한다.
 ③ 상임이사는 보건복지부령으로 정하는 추천 절차를 거쳐 ▨▨▨이 임명한다.
 ④ 비상임이사는 다음 각 호의 사람을 ▨▨▨이 임명한다.
 1. 노동조합·사용자단체·시민단체·소비자단체·농어업인단체 및 노인단체가 추천하는 각 1명
 2. 대통령령으로 정하는 바에 따라 추천하는 관계 공무원 3명
 ⑤ 감사는 임원추천위원회가 복수로 추천한 사람 중에서 ▨▨▨의 제청으로 대통령이 임명한다.
 ⑥ 제4항에 따른 비상임이사는 정관으로 정하는 바에 따라 실비변상(實費辨償)을 받을 수 있다.
 ⑦ 이사장의 임기는 ▨▨▨, 이사(공무원인 이사는 제외한다)와 감사의 임기는 각각 ▨▨▨으로 한다.

답

제21조(징수이사) ① 상임이사 중 제14조 제1항 제2호 및 제11호의 업무를 담당하는 이사(이하 "징수이사"라 한다)는 경영, 경제 및 사회보험에 관한 학식과 경험이 풍부한 사람으로서 보건복지부령으로 정하는 자격을 갖춘 사람 중에서 선임한다.
② 징수이사 후보를 추천하기 위하여 공단에 ▨▨▨를 위원으로 하는 징수이사추천위원회(이하 "추천위원회"라 한다)를 둔다. 이 경우 추천위원회의 위원장은 ▨▨▨이 지명하는 이사로 한다.
③ 추천위원회는 주요 ▨▨▨에 징수이사 후보의 모집 공고를 하여야 하며, 이와 별도로 적임자로 판단되는 징수이사 후보를 조사하거나 전문단체에 조사를 의뢰할 수 있다.
④ 추천위원회는 제3항에 따라 모집한 사람을 보건복지부령으로 정하는 징수이사 후보 심사기준에 따라 심사하여야 하며, 징수이사 후보로 추천될 사람과 계약 조건에 관하여 협의하여야 한다.
⑤ 이사장은 제4항에 따른 심사와 협의 결과에 따라 징수이사 후보와 계약을 체결하여야 하며, 이 경우 제20조 제3항에 따른 ▨▨▨의 임명으로 본다.
⑥ 제4항에 따른 계약 조건에 관한 협의, 제5항에 따른 계약 체결 등에 필요한 사항은 보건복지부령으로 정한다.

🅰 답

제22조(임원의 직무) ① 이사장은 공단을 대표하고 업무를 총괄하며, 임기 중 공단의 ▨▨▨에 대하여 책임을 진다.
② 상임이사는 이사장의 명을 받아 공단의 업무를 집행한다.
③ 이사장이 부득이한 사유로 그 직무를 수행할 수 없을 때에는 정관으로 정하는 바에 따라 ▨▨▨ 중 1명이 그 직무를 대행하고, ▨▨▨가 없거나 그 직무를 대행할 수 없을 때에는 정관으로 정하는 임원이 그 직무를 대행한다.
④ 감사는 공단의 업무, 회계 및 재산 상황을 감사한다.

🅰 답

제23조(임원 결격사유) 다음 각 호의 어느 하나에 해당하는 사람은 공단의 임원이 될 수 없다.
1. ▨▨▨이 아닌 사람
2. 「공공기관의 운영에 관한 법률」 제34조 제1항 각 호의 어느 하나에 해당하는 사람

제24조(임원의 당연퇴임 및 해임) ① 임원이 제23조 각 호의 어느 하나에 해당하게 되거나 임명 당시 그에 해당하는 사람으로 확인되면 그 임원은 당연퇴임한다.
② 임명권자는 임원이 다음 각 호의 어느 하나에 해당하면 그 임원을 해임할 수 있다.
1. 신체장애나 정신장애로 직무를 수행할 수 없다고 인정되는 경우
2. 직무상 의무를 위반한 경우
3. 고의나 ▨▨▨로 공단에 손실이 생기게 한 경우
4. 직무 여부와 관계없이 ▨▨▨를 손상하는 행위를 한 경우
5. 이 법에 따른 보건복지부장관의 명령을 위반한 경우

제25조(임원의 겸직 금지 등) ① 공단의 상임임원과 직원은 그 직무 외에 ▨▨▨를 목적으로 하는 사업에 종사하지 못한다.
② 공단의 상임임원이 임명권자 또는 제청권자의 허가를 받거나 공단의 직원이 ▨▨▨의 허가를 받은 경우에는 ▨▨▨ 목적의 업무를 겸할 수 있다.

제26조(이사회) ① 공단의 주요 사항(「공공기관의 운영에 관한 법률」 제17조 제1항 각 호의 사항을 말한다)을 ▢▢▢ · 의결하기 위하여 공단에 이사회를 둔다.
② 이사회는 이사장과 이사로 구성한다.
③ ▢▢▢는 이사회에 출석하여 발언할 수 있다.
④ 이사회의 의결 사항 및 운영 등에 필요한 사항은 대통령령으로 정한다.

답

제27조(직원의 임면) ▢▢▢은 정관으로 정하는 바에 따라 직원을 임면(任免)한다.

답

제28조(벌칙 적용 시 공무원 의제) 공단의 임직원은 「▢▢▢」 제129조부터 제132조까지의 규정을 적용할 때 공무원으로 본다.

답

제29조(규정 등) 공단의 조직·인사·보수 및 회계에 관한 규정은 이사회의 의결을 거쳐 ▢▢▢의 승인을 받아 정한다.

답

제30조(대리인의 선임) 이사장은 공단 업무에 관한 모든 ▨▨상의 행위 또는 ▨▨ 외의 행위를 대행하게 하기 위하여 공단의 이사 또는 ▨▨ 중에서 대리인을 선임할 수 있다.

> 답

제31조(대표권의 제한) ① 이사장은 공단의 이익과 자기의 이익이 상반되는 사항에 대하여는 공단을 대표하지 못한다. 이 경우 ▨▨가 공단을 대표한다.
② 공단과 이사장 사이의 ▨▨은 제1항을 준용한다.

> 답

제32조(이사장 권한의 위임) 이 법에 규정된 이사장의 권한 중 급여의 제한, 보험료의 ▨▨ 등 대통령령으로 정하는 사항은 정관으로 정하는 바에 따라 ▨▨의 장에게 위임할 수 있다.

> 답

제33조(재정운영위원회) ① 제45조 제1항에 따른 요양급여비용의 ▨▨ 및 제84조에 따른 ▨▨ 등 보험재정에 관련된 사항을 심의·의결하기 위하여 공단에 재정운영위원회를 둔다.
② 재정운영위원회의 위원장은 제34조 제1항 제3호에 따른 위원 중에서 ▨▨한다.

> 답

제34조(재정운영위원회의 구성 등) ① 재정운영위원회는 다음 각 호의 위원으로 구성한다.
1. ▩▩▩를 대표하는 위원 10명
2. ▩▩▩를 대표하는 위원 10명
3. ▩▩▩을 대표하는 위원 10명
② 제1항에 따른 위원은 다음 각 호의 사람을 ▩▩▩이 임명하거나 위촉한다.
1. 제1항 제1호의 위원은 노동조합과 사용자단체에서 추천하는 각 5명
2. 제1항 제2호의 위원은 대통령령으로 정하는 바에 따라 농어업인단체·도시자영업자단체 및 시민단체에서 추천하는 사람
3. 제1항 제3호의 위원은 대통령령으로 정하는 관계 ▩▩▩ 및 건강보험에 관한 학식과 경험이 풍부한 사람
③ 재정운영위원회 위원(공무원인 위원은 제외한다)의 임기는 ▩▩▩으로 한다. 다만, 위원의 사임 등으로 새로 위촉된 위원의 임기는 전임위원 임기의 남은 기간으로 한다.
④ 재정운영위원회의 운영 등에 필요한 사항은 대통령령으로 정한다.

답

제35조(회계) ① 공단의 회계연도는 ▩▩▩의 회계연도에 따른다.
② 공단은 직장가입자와 지역가입자의 재정을 ▩▩▩하여 운영한다.
③ 공단은 건강보험사업 및 ▩▩▩의 위탁에 따른 국민연금사업·고용보험사업·산업재해보상보험사업·임금채권보장사업에 관한 회계를 공단의 다른 회계와 구분하여 각각 회계처리하여야 한다.

답

제36조(예산) 공단은 ▩▩▩마다 예산안을 편성하여 ▩▩▩의 의결을 거친 후 보건복지부장관의 승인을 받아야 한다. 예산을 변경할 때에도 또한 같다.

답

국민건강보험공단 직무시험

제37조(차입금) 공단은 지출할 현금이 부족한 경우에는 차입할 수 있다. 다만, ▢▢▢ 이상 장기로 차입하려면 ▢▢▢의 승인을 받아야 한다.

> 답

제38조(준비금) ① 공단은 회계연도마다 결산상의 ▢▢▢ 중에서 그 연도의 보험급여에 든 비용의 100분의 ▢▢▢ 이상에 상당하는 금액을 그 연도에 든 비용의 100분의 ▢▢▢ 에 이를 때까지 준비금으로 적립하여야 한다.

② 제1항에 따른 준비금은 부족한 보험급여 비용에 충당하거나 지출할 현금이 부족할 때 외에는 사용할 수 없으며, 현금 지출에 준비금을 사용한 경우에는 해당 회계연도 중에 이를 보전(補塡)하여야 한다.

③ 제1항에 따른 준비금의 관리 및 운영 방법 등에 필요한 사항은 ▢▢▢ 이 정한다.

> 답

제39조(결산) ① 공단은 회계연도마다 결산보고서와 ▢▢▢ 를 작성하여 다음해 ▢▢▢ 까지 보건복지부장관에게 보고하여야 한다.

② 공단은 제1항에 따라 결산보고서와 ▢▢▢ 를 보건복지부장관에게 보고하였을 때에는 보건복지부령으로 정하는 바에 따라 그 내용을 ▢▢▢ 하여야 한다.

> 답

제39조의2(재난적의료비 지원사업에 대한 출연) 공단은 「재난적의료비 지원에 관한 법률」에 따른 재난적의료비 지원사업에 사용되는 비용에 충당하기 위하여 매년 〇〇〇〇〇 의 범위에서 출연할 수 있다. 이 경우 출연 금액의 상한 등에 필요한 사항은 대통령령으로 정한다.

> 답

제40조(「민법」의 준용) 공단에 관하여 이 법과 「공공기관의 운영에 관한 법률」에서 정한 사항 외에는 「민법」 중 〇〇〇〇 에 관한 규정을 준용한다.

> 답

제4장 보험급여

▶ 정답과 해설 54쪽

제41조(요양급여) ① 가입자와 피부양자의 질병, 부상, ▆▆▆ 등에 대하여 다음 각 호의 요양급여를 실시한다.
1. 진찰·검사
2. 약제(藥劑)·치료재료의 지급
3. 처치·수술 및 그 밖의 치료
4. 예방·재활
5. 입원
6. 간호
7. ▆▆▆

② 제1항에 따른 요양급여(이하 "요양급여"라 한다)의 범위(이하 "요양급여대상"이라 한다)는 다음 각 호와 같다.
1. 제1항 각 호의 요양급여(제1항 제2호의 ▆▆▆ 는 제외한다) : 제4항에 따라 ▆▆▆ 이 비급여대상으로 정한 것을 제외한 일체의 것
2. 제1항 제2호의 ▆▆▆ : 제41조의3에 따라 요양급여대상으로 보건복지부장관이 결정하여 고시한 것

③ 요양급여의 방법·절차·범위·상한 등의 기준은 보건복지부령으로 정한다.

④ ▆▆▆ 은 제3항에 따라 요양급여의 기준을 정할 때 업무나 ▆▆▆ 에 지장이 없는 질환에 대한 치료 등 보건복지부령으로 정하는 사항은 요양급여대상에서 제외되는 사항(이하 "비급여대상"이라 한다)으로 정할 수 있다.

답

제41조의2(약제에 대한 요양급여비용 상한금액의 감액 등) ① 보건복지부장관은 「약사법」 제47조 제2항의 위반과 관련된 제41조 제1항 제2호의 약제에 대하여는 요양급여비용 상한금액(제41조 제3항에 따라 약제별 요양급여비용의 상한으로 정한 금액을 말한다. 이하 같다)의 100분의 ▆▆▆ 을 넘지 아니하는 범위에서 그 금액의 일부를 감액할 수 있다.

② 보건복지부장관은 제1항에 따라 요양급여비용의 상한금액이 감액된 약제가 감액된 날부터 ▆▆▆ 의 범위에서 대통령령으로 정하는 기간 내에 다시 제1항에 따른 감액의 대상이 된 경우에는 요양급여비용 상한금액의 100분의 ▆▆▆ 을 넘지 아니하는 범위에서 요양급여비용 상한금액의 일부를 감액할 수 있다.

③ 보건복지부장관은 제2항에 따라 요양급여비용의 상한금액이 감액된 약제가 감액된 날부터

▨▨의 범위에서 대통령령으로 정하는 기간 내에 다시 「약사법」 제47조 제2항의 위반과 관련된 경우에는 해당 약제에 대하여 ▨▨의 범위에서 기간을 정하여 요양급여의 적용을 ▨▨할 수 있다.
④ 제1항부터 제3항까지의 규정에 따른 요양급여비용 상한금액의 감액 및 요양급여 적용 ▨▨의 기준, 절차, 그 밖에 필요한 사항은 대통령령으로 정한다.

> 답

제41조의3(행위·치료재료 및 약제에 대한 요양급여대상 여부의 결정 및 조정) ① 제42조에 따른 ▨▨, 치료재료의 제조업자·▨▨ 등 보건복지부령으로 정하는 자는 요양급여대상 또는 ▨▨으로 결정되지 아니한 제41조 제1항 제1호·제3호·제4호의 요양급여에 관한 행위 및 제41조 제1항 제2호의 치료재료(이하 "행위·치료재료"라 한다)에 대하여 요양급여대상 여부의 결정을 보건복지부장관에게 신청하여야 한다.
② 「약사법」에 따른 약제의 제조업자·▨▨ 등 보건복지부령으로 정하는 자(이하 "약제의 제조업자등"이라 한다)는 요양급여대상에 포함되지 아니한 제41조 제1항 제2호의 약제(이하 이 조에서 "약제"라 한다)에 대하여 보건복지부장관에게 요양급여대상 여부의 결정을 신청할 수 있다.
③ 제1항 및 제2항에 따른 신청을 받은 보건복지부장관은 정당한 사유가 없으면 보건복지부령으로 정하는 기간 이내에 요양급여대상 또는 비급여대상의 여부를 결정하여 신청인에게 통보하여야 한다.
④ 보건복지부장관은 제1항 및 제2항에 따른 신청이 없는 경우에도 환자의 진료상 반드시 필요하다고 보건복지부령으로 정하는 경우에는 ▨▨으로 행위·치료재료 및 약제의 요양급여대상의 여부를 결정할 수 있다.
⑤ 보건복지부장관은 제41조 제2항 제2호에 따라 요양급여대상으로 결정하여 고시한 약제에 대하여 보건복지부령으로 정하는 바에 따라 요양급여대상 여부, 범위, 요양급여비용 ▨▨ 등을 직권으로 조정할 수 있다.
⑥ 제1항 및 제2항에 따른 요양급여대상 여부의 결정 신청의 시기, 절차, 방법 및 업무의 위탁 등에 필요한 사항, 제3항과 제4항에 따른 요양급여대상 여부의 결정 절차 및 방법, 제5항에 따른 직권조정 사유·절차 및 방법 등에 관한 사항은 보건복지부령으로 정한다.

> 답

제41조의4(선별급여) ① 요양급여를 결정함에 있어 ▨▨▨ 또는 치료효과성 등이 불확실하여 그 검증을 위하여 추가적인 ▨▨▨ 가 필요하거나, ▨▨▨ 이 낮아도 가입자와 피부양자의 건강회복에 잠재적 이득이 있는 등 대통령령으로 정하는 경우에는 예비적인 요양급여인 선별급여로 지정하여 실시할 수 있다.
② ▨▨▨ 은 대통령령으로 정하는 절차와 방법에 따라 제1항에 따른 선별급여(이하 "선별급여"라 한다)에 대하여 주기적으로 요양급여의 ▨▨▨ 을 평가하여 요양급여 여부를 다시 결정하고, 제41조 제3항에 따른 요양급여의 기준을 조정하여야 한다.

답

제41조의5(방문요양급여) 가입자 또는 피부양자가 질병이나 부상으로 ▨▨▨ 이 불편한 경우 등 보건복지부령으로 정하는 사유에 해당하는 경우에는 가입자 또는 피부양자를 직접 방문하여 제41조에 따른 요양급여를 실시할 수 있다.

답

제42조(요양기관) ① 요양급여(간호와 이송은 제외한다)는 다음 각 호의 요양기관에서 실시한다. 이 경우 보건복지부장관은 공익이나 ▨▨▨ 에 비추어 요양기관으로 적합하지 아니한 대통령령으로 정하는 의료기관 등은 요양기관에서 제외할 수 있다.
1. 「의료법」에 따라 개설된 의료기관
2. 「약사법」에 따라 등록된 약국
3. 「약사법」 제91조에 따라 설립된 ▨▨▨
4. 「지역보건법」에 따른 ▨▨▨ · 보건의료원 및 보건지소
5. 「농어촌 등 보건의료를 위한 특별조치법」에 따라 설치된 보건진료소
② 보건복지부장관은 효율적인 요양급여를 위하여 필요하면 보건복지부령으로 정하는 바에 따라 시설·장비·인력 및 진료과목 등 보건복지부령으로 정하는 기준에 해당하는 요양기관을 ▨▨▨ 으로 인정할 수 있다. 이 경우 해당 ▨▨▨ 에 인정서를 발급하여야 한다.
③ 보건복지부장관은 제2항에 따라 인정받은 요양기관이 다음 각 호의 어느 하나에 해당하는 경우에는 그 인정을 취소한다.
1. 제2항 전단에 따른 인정기준에 미달하게 된 경우

2. 제2항 후단에 따라 발급받은 인정서를 반납한 경우

④ 제2항에 따라 ▮▮▮ 으로 인정된 요양기관 또는 「의료법」 제3조의4에 따른 ▮▮▮ 에 대하여는 제41조 제3항에 따른 요양급여의 절차 및 제45조에 따른 요양급여비용을 다른 요양기관과 달리 할 수 있다.

⑤ 제1항·제2항 및 제4항에 따른 요양기관은 ▮▮▮ 없이 요양급여를 거부하지 못한다.

▮답

제42조의2(요양기관의 선별급여 실시에 대한 관리) ① 제42조 제1항에도 불구하고, 선별급여 중 ▮▮▮ 의 축적 또는 의료 이용의 관리가 필요한 경우에는 ▮▮▮ 이 해당 선별급여의 실시 조건을 사전에 정하여 이를 충족하는 요양기관만이 해당 선별급여를 실시할 수 있다.

② 제1항에 따라 선별급여를 실시하는 요양기관은 제41조의4 제2항에 따른 해당 선별급여의 평가를 위하여 필요한 자료를 제출하여야 한다.

③ ▮▮▮ 은 요양기관이 제1항에 따른 선별급여의 실시 조건을 충족하지 못하거나 제2항에 따른 자료를 제출하지 아니할 경우에는 해당 선별급여의 실시를 제한할 수 있다.

④ 제1항에 따른 선별급여의 실시 조건, 제2항에 따른 자료의 제출, 제3항에 따른 선별급여의 실시 제한 등에 필요한 사항은 보건복지부령으로 정한다.

▮답

제43조(요양기관 현황에 대한 신고) ① 요양기관은 제47조에 따라 ▮▮▮ 을 최초로 청구하는 때에 요양기관의 시설·장비 및 인력 등에 대한 현황을 제62조에 따른 ▮▮▮ 에 신고하여야 한다.

② 요양기관은 제1항에 따라 신고한 내용(제45조에 따른 요양급여비용의 증감에 관련된 사항만 해당한다)이 변경된 경우에는 그 변경된 날부터 ▮▮▮ 이내에 보건복지부령으로 정하는 바에 따라 ▮▮▮ 에 신고하여야 한다.

③ 제1항 및 제2항에 따른 신고의 범위, 대상, 방법 및 절차 등에 필요한 사항은 보건복지부령으로 정한다.

▮답

제44조(비용의 일부부담) ① 요양급여를 받는 자는 대통령령으로 정하는 바에 따라 비용의 일부(이하 "본인일부부담금"이라 한다)를 본인이 부담한다. 이 경우 선별급여에 대해서는 다른 요양급여에 비하여 본인일부부담금을   조정할 수 있다.

② 본인이 연간 부담하는 다음 각 호의 금액의 합계액이 대통령령으로 정하는 금액(이하 이 조에서 "본인부담상한액"이라 한다)을 초과한 경우에는   이 그 초과 금액을 부담하여야 한다. 이 경우   은 당사자에게 그 초과 금액을 통보하고, 이를 지급하여야 한다.

1. 본인일부부담금의 총액
2. 제49조 제1항에 따른 요양이나 출산의 비용으로 부담한 금액(요양이나 출산의 비용으로 부담한 금액이 보건복지부장관이 정하여 고시한 금액보다 큰 경우에는 그 고시한 금액으로 한다)에서 같은 항에 따라 요양비로 지급받은 금액을 제외한 금액

③ 제2항에 따른 본인부담상한액은 가입자의   등에 따라 정한다.

④ 제2항 각 호에 따른 금액 및 합계액의 산정 방법, 본인부담상한액을 넘는 금액의 지급 방법 및 제3항에 따른 가입자의   등에 따른 본인부담상한액 설정 등에 필요한 사항은 대통령령으로 정한다.

답

제45조(요양급여비용의 산정 등) ① 요양급여비용은 공단의 이사장과 대통령령으로 정하는   를 대표하는 사람들의 계약으로 정한다. 이 경우 계약기간은   으로 한다.

② 제1항에 따라 계약이 체결되면 그 계약은 공단과 각 요양기관 사이에 체결된 것으로 본다.

③ 제1항에 따른 계약은 그 직전 계약기간 만료일이 속하는 연도의   까지 체결하여야 하며, 그 기한까지 계약이 체결되지 아니하는 경우 보건복지부장관이 그 직전 계약기간 만료일이 속하는 연도의   까지 심의위원회의 의결을 거쳐 요양급여비용을 정한다. 이 경우 보건복지부장관이 정하는 요양급여비용은 제1항 및 제2항에 따라 계약으로 정한 요양급여비용으로 본다.

④ 제1항 또는 제3항에 따라 요양급여비용이 정해지면 보건복지부장관은 그 요양급여비용의 명세를 지체 없이 고시하여야 한다.

⑤ 공단의 이사장은 제33조에 따른   의 심의·의결을 거쳐 제1항에 따른 계약을 체결하여야 한다.

⑥   은 공단의 이사장이 제1항에 따른 계약을 체결하기 위하여 필요한 자료를 요청하면 그 요청에 성실히 따라야 한다.

⑦ 제1항에 따른 계약의 내용과 그 밖에 필요한 사항은 대통령령으로 정한다.

답

제46조(약제·치료재료에 대한 요양급여비용의 산정) 제41조 제1항 제2호의 약제·치료재료(이하 "약제·치료재료"라 한다)에 대한 요양급여비용은 제45조에도 불구하고 요양기관의 약제·치료재료 〇〇〇 등을 고려하여 〇〇〇으로 정하는 바에 따라 달리 산정할 수 있다.

답

제47조(요양급여비용의 청구와 지급 등) ① 요양기관은 공단에 요양급여비용의 지급을 청구할 수 있다. 이 경우 제2항에 따른 요양급여비용에 대한 심사청구는 공단에 대한 요양급여비용의 청구로 본다.
② 제1항에 따라 요양급여비용을 청구하려는 요양기관은 심사평가원에 요양급여비용의 심사청구를 하여야 하며, 심사청구를 받은 심사평가원은 이를 심사한 후 지체 없이 그 내용을 공단과 요양기관에 알려야 한다.
③ 제2항에 따라 심사 내용을 통보받은 공단은 지체 없이 그 내용에 따라 요양급여비용을 요양기관에 지급한다. 이 경우 이미 낸 〇〇〇이 제2항에 따라 통보된 금액보다 더 많으면 요양기관에 지급할 금액에서 더 많이 낸 금액을 공제하여 해당 가입자에게 지급하여야 한다.
④ 공단은 제3항 전단에 따라 요양급여비용을 요양기관에 지급하는 경우 해당 요양기관이 제77조 제1항 제1호에 따라 공단에 납부하여야 하는 보험료 또는 그 밖에 이 법에 따른 〇〇〇을 체납한 때에는 요양급여비용에서 이를 공제하고 지급할 수 있다.
⑤ 공단은 제3항 후단에 따라 가입자에게 지급하여야 하는 금액을 그 가입자가 내야 하는 보험료와 그 밖에 이 법에 따른 징수금(이하 "보험료등"이라 한다)과 〇〇〇할 수 있다.
⑥ 공단은 심사평가원이 제47조의4에 따라 요양급여의 적정성을 평가하여 공단에 통보하면 그 평가 결과에 따라 요양급여비용을 가산하거나 감액 조정하여 지급한다. 이 경우 평가 결과에 따라 요양급여비용을 가산하거나 감액하여 지급하는 기준은 보건복지부령으로 정한다.
⑦ 요양기관은 제2항에 따른 심사청구를 다음 각 호의 단체가 대행하게 할 수 있다.
1. 「의료법」 제28조 제1항에 따른 의사회·치과의사회·〇〇〇·조산사회 또는 같은 조 제6항에 따라 신고한 각각의 지부 및 분회
2. 「의료법」 제52조에 따른 의료기관 단체
3. 「약사법」 제11조에 따른 약사회 또는 같은 법 제14조에 따라 신고한 지부 및 분회
⑧ 제1항부터 제7항까지의 규정에 따른 요양급여비용의 청구·심사·지급 등의 방법과 절차에 필요한 사항은 보건복지부령으로 정한다.

답

제47조의2(요양급여비용의 지급 보류) ① 제47조 제3항에도 불구하고 공단은 요양급여비용의 지급을 청구한 요양기관이 「의료법」 제4조 제2항, 제33조 제2항·제8항 또는 「약사법」 제20조 제1항, 제21조 제1항을 위반하였거나, 「의료법」 제33조 제10항 또는 「약사법」 제6조 제3항·제4항을 위반하여 개설·운영되었다는 사실을 수사기관의 수사 결과로 확인한 경우에는 해당 요양기관이 청구한 요양급여비용의 지급을 보류할 수 있다. 이 경우 요양급여비용 지급 보류 처분의 효력은 해당 요양기관이 그 ▓▓▓ 이후 청구하는 요양급여비용에 대해서도 미친다.
② 공단은 제1항에 따라 요양급여비용의 지급을 보류하기 전에 해당 요양기관에 의견 제출의 기회를 주어야 한다.
③ 공단은 요양기관이 「의료법」 제4조 제2항, 제33조 제2항·제8항 또는 「약사법」 제20조 제1항, 제21조 제1항을 위반한 혐의나 「의료법」 제33조 제10항 또는 「약사법」 제6조 제3항·제4항을 위반하여 개설·운영된 혐의에 대하여 법원에서 무죄 판결이 선고된 경우 그 선고 이후 실시한 요양급여에 한정하여 해당 요양기관이 청구하는 요양급여비용을 지급할 수 있다.
④ 법원의 ▓▓▓ 판결이 확정되는 등 대통령령으로 정하는 사유로 제1항에 따른 요양기관이 「의료법」 제4조 제2항, 제33조 제2항·제8항 또는 「약사법」 제20조 제1항, 제21조 제1항을 위반한 혐의나 「의료법」 제33조 제10항 또는 「약사법」 제6조 제3항·제4항을 위반하여 개설·운영된 혐의가 입증되지 아니한 경우에는 공단은 지급보류 처분을 취소하고, 지급 보류된 요양급여비용에 지급 보류된 기간 동안의 ▓▓▓를 가산하여 해당 요양기관에 지급하여야 한다. 이 경우 이자는 「민법」 제379조에 따른 법정이율을 적용하여 계산한다.
⑤ 제1항 및 제2항에 따른 지급 보류 절차 및 의견 제출의 절차 등에 필요한 사항, 제3항에 따른 지급 보류된 요양급여비용 및 ▓▓▓의 지급 절차 등에 필요한 사항은 대통령령으로 정한다.

> 답

제47조의3(요양급여비용의 차등 지급) ▓▓▓ 의료자원의 불균형 및 의료서비스 격차의 해소 등을 위하여 ▓▓▓로 요양급여비용을 달리 정하여 지급할 수 있다.

> 답

제47조의4(요양급여의 적정성 평가) ① 심사평가원은 요양급여에 대한 의료의 질을 향상시키기 위하여 요양급여의 적정성 평가(이하 이 조에서 "평가"라 한다)를 실시할 수 있다.
② 심사평가원은 요양기관의 ▨▨▨ · 시설 · 장비, 환자안전 등 요양급여와 관련된 사항을 포함하여 평가할 수 있다.
③ 심사평가원은 평가 결과를 평가대상 요양기관에 통보하여야 하며, 평가 결과에 따라 ▨▨▨을 가산 또는 감산할 경우에는 그 결정사항이 포함된 평가 결과를 가감대상 요양기관 및 ▨▨▨에 통보하여야 한다.
④ 제1항부터 제3항까지에 따른 평가의 기준 · 범위 · 절차 · 방법 등에 필요한 사항은 보건복지부령으로 정한다.

> 답

제48조(요양급여 대상 여부의 확인 등) ① 가입자나 피부양자는 ▨▨▨ 외에 자신이 부담한 비용이 제41조 제4항에 따라 요양급여 대상에서 제외되는 비용인지 여부에 대하여 ▨▨▨에 확인을 요청할 수 있다.
② 제1항에 따른 확인 요청을 받은 ▨▨▨은 그 결과를 요청한 사람에게 알려야 한다. 이 경우 확인을 요청한 비용이 요양급여 대상에 해당되는 비용으로 확인되면 그 내용을 공단 및 관련 요양기관에 알려야 한다.
③ 제2항 후단에 따라 통보받은 요양기관은 받아야 할 금액보다 더 많이 징수한 금액(이하 "과다본인부담금"이라 한다)을 지체 없이 확인을 요청한 사람에게 지급하여야 한다. 다만, ▨▨▨은 해당 요양기관이 과다본인부담금을 지급하지 아니하면 해당 요양기관에 지급할 요양급여비용에서 과다본인부담금을 공제하여 확인을 요청한 사람에게 지급할 수 있다.
④ 제1항부터 제3항까지에 따른 확인 요청의 범위, 방법, 절차, 처리기간 등 필요한 사항은 보건복지부령으로 정한다.

> 답

제49조(요양비) ① 공단은 가입자나 피부양자가 보건복지부령으로 정하는 [　　]하거나 그 밖의 부득이한 사유로 요양기관과 비슷한 기능을 하는 기관으로서 보건복지부령으로 정하는 기관(제98조 제1항에 따라 [　　] 중인 요양기관을 포함한다. 이하 "준요양기관"이라 한다)에서 질병·부상·출산 등에 대하여 요양을 받거나 요양기관이 아닌 장소에서 [　　]한 경우에는 그 요양급여에 상당하는 금액을 보건복지부령으로 정하는 바에 따라 가입자나 피부양자에게 요양비로 지급한다.
② 준요양기관은 보건복지부장관이 정하는 요양비 명세서나 요양 명세를 적은 영수증을 요양을 받은 사람에게 내주어야 하며, 요양을 받은 사람은 그 명세서나 영수증을 [　　]에 제출하여야 한다.
③ 제1항 및 제2항에도 불구하고 준요양기관은 요양을 받은 가입자나 피부양자의 [　　]이 있는 경우 공단에 요양비의 지급을 직접 청구할 수 있다. 이 경우 공단은 지급이 청구된 내용의 적정성을 심사하여 준요양기관에 요양비를 지급할 수 있다.
④ 제3항에 따른 준요양기관의 요양비 지급 청구, 공단의 적정성 심사 등에 필요한 사항은 보건복지부령으로 정한다.

답

제50조(부가급여) 공단은 이 법에서 정한 요양급여 외에 대통령령으로 정하는 바에 따라 [　　] 진료비, 장제비, 상병수당, 그 밖의 급여를 실시할 수 있다.

답

제51조(장애인에 대한 특례) ① 공단은 「장애인복지법」에 따라 등록한 장애인인 가입자 및 피부양자에게는 「장애인·노인 등을 위한 보조기기 지원 및 활용촉진에 관한 법률」 제3조 제2호에 따른 보조기기(이하 이 조에서 "보조기기"라 한다)에 대하여 보험급여를 할 수 있다.
② 장애인인 가입자 또는 피부양자에게 보조기기를 [　　]한 자는 가입자나 피부양자의 [　　]이 있는 경우 공단에 보험급여를 직접 청구할 수 있다. 이 경우 공단은 지급이 청구된 내용의 적정성을 심사하여 보조기기를 [　　]한 자에게 보조기기에 대한 보험급여를 지급할 수 있다.
③ 제1항에 따른 보조기기에 대한 보험급여의 범위·방법·절차, 제2항에 따른 보조기기 [　　]의 보험급여 청구, 공단의 적정성 심사 및 그 밖에 필요한 사항은 보건복지부령으로 정한다.

답

제52조(건강검진) ① 공단은 가입자와 피부양자에 대하여 질병의 조기 발견과 그에 따른 요양급여를 하기 위하여 건강검진을 실시한다.
② 제1항에 따른 건강검진의 종류 및 대상은 다음 각 호와 같다.
1. ▨▨▨▨ : 직장가입자, 세대주인 지역가입자, ▨▨▨▨ 이상인 지역가입자 및 20세 이상인 피부양자
2. 암검진 : 「암관리법」 제11조 제2항에 따른 암의 종류별 검진주기와 ▨▨▨▨ 등에 해당하는 사람
3. 영유아건강검진 : ▨▨▨▨ 미만의 가입자 및 피부양자
③ 제1항에 따른 건강검진의 검진항목은 성별, 연령 등의 특성 및 ▨▨▨▨ 에 맞게 설계되어야 한다.
④ 제1항에 따른 건강검진의 횟수·절차와 그 밖에 필요한 사항은 대통령령으로 정한다.

답

제53조(급여의 제한) ① 공단은 보험급여를 받을 수 있는 사람이 다음 각 호의 어느 하나에 해당하면 보험급여를 하지 아니한다.
1. 고의 또는 ▨▨▨▨ 로 인한 범죄행위에 그 원인이 있거나 ▨▨▨▨ 로 사고를 일으킨 경우
2. 고의 또는 중대한 과실로 공단이나 요양기관의 요양에 관한 지시에 따르지 아니한 경우
3. 고의 또는 중대한 과실로 제55조에 따른 문서와 그 밖의 물건의 제출을 거부하거나 질문 또는 진단을 기피한 경우
4. 업무 또는 ▨▨▨▨ 로 생긴 질병·부상·재해로 다른 법령에 따른 보험급여나 보상(報償) 또는 보상(補償)을 받게 되는 경우
② 공단은 보험급여를 받을 수 있는 사람이 다른 법령에 따라 국가나 ▨▨▨▨ 로부터 보험급여에 상당하는 급여를 받거나 보험급여에 상당하는 비용을 지급받게 되는 경우에는 그 한도에서 보험급여를 하지 아니한다.
③ 공단은 가입자가 대통령령으로 정하는 기간 이상 다음 각 호의 보험료를 체납한 경우 그 체납한 보험료를 완납할 때까지 그 가입자 및 ▨▨▨▨ 에 대하여 보험급여를 실시하지 아니할 수 있다. 다만, 월별 보험료의 총체납횟수(이미 납부된 체납보험료는 총체납횟수에서 제외하며, 보험료의 체납기간은 고려하지 아니한다)가 대통령령으로 정하는 횟수 미만이거나 가입자 및 피부양자의 소득·재산 등이 대통령령으로 정하는 기준 미만인 경우에는 그러하지 아니하다.
1. 제69조 제4항 제2호에 따른 보수 외 ▨▨▨▨ 보험료
2. 제69조 제5항에 따른 ▨▨▨▨ 단위의 보험료
④ 공단은 제77조 제1항 제1호에 따라 납부의무를 부담하는 사용자가 제69조 제4항 제1호에 따른 ▨▨▨▨ 보험료를 체납한 경우에는 그 체납에 대하여 직장가입자 본인에게 귀책사유가 있는 경우에 한하여 제3항의 규정을 적용한다. 이 경우 해당 직장가입자의 ▨▨▨▨ 에게도 제3항의 규정을 적용

한다.

⑤ 제3항 및 제4항에도 불구하고 제82조에 따라 공단으로부터 분할납부 승인을 받고 그 승인된 보험료를 [　　] 이상 낸 경우에는 보험급여를 할 수 있다. 다만, 제82조에 따른 분할납부 승인을 받은 사람이 정당한 사유 없이 [　　] (같은 조 제1항에 따라 승인받은 분할납부 횟수가 [　　] 미만인 경우에는 해당 분할납부 횟수를 말한다. 이하 이 조에서 같다) 이상 그 승인된 보험료를 내지 아니한 경우에는 그러하지 아니하다.

⑥ 제3항 및 제4항에 따라 보험급여를 하지 아니하는 기간(이하 이 항에서 "급여제한기간"이라 한다)에 받은 보험급여는 다음 각 호의 어느 하나에 해당하는 경우에만 보험급여로 인정한다.

1. 공단이 급여제한기간에 보험급여를 받은 사실이 있음을 가입자에게 통지한 날부터 [　　] 이 지난 날이 속한 달의 납부기한 이내에 체납된 보험료를 완납한 경우
2. 공단이 급여제한기간에 보험급여를 받은 사실이 있음을 가입자에게 통지한 날부터 [　　] 이 지난 날이 속한 달의 납부기한 이내에 제82조에 따라 분할납부 승인을 받은 체납보험료를 [　　] 이상 낸 경우. 다만, 제82조에 따른 분할납부 승인을 받은 사람이 정당한 사유 없이 [　　] 이상 그 승인된 보험료를 내지 아니한 경우에는 그러하지 아니하다.

답

제54조(급여의 정지) 보험급여를 받을 수 있는 사람이 다음 각 호의 어느 하나에 해당하면 그 기간에는 보험급여를 하지 아니한다. 다만, 제3호 및 제4호의 경우에는 제60조에 따른 [　　]를 실시한다.

1. 삭제 〈2020. 4. 7.〉
2. 에 체류하는 경우
3. 제6조 제2항 제2호에 해당하게 된 경우
4. [　　], 그 밖에 이에 준하는 시설에 수용되어 있는 경우

답

제55조(급여의 확인) ▮▮▮▮ 은 보험급여를 할 때 필요하다고 인정되면 보험급여를 받는 사람에게 문서와 그 밖의 물건을 제출하도록 요구하거나 관계인을 시켜 질문 또는 진단하게 할 수 있다.

답

제56조(요양비 등의 지급) 공단은 이 법에 따라 지급의무가 있는 요양비 또는 ▮▮▮▮ 의 청구를 받으면 ▮▮▮▮ 이를 지급하여야 한다.

답

제56조의2(요양비등수급계좌) ① 공단은 이 법에 따른 보험급여로 지급되는 현금(이하 "요양비등"이라 한다)을 받는 수급자의 신청이 있는 경우에는 요양비등을 ▮▮▮▮ 명의의 지정된 계좌(이하 "요양비등수급계좌"라 한다)로 입금하여야 한다. 다만, 정보통신장애나 그 밖에 대통령령으로 정하는 불가피한 사유로 요양비등수급계좌로 이체할 수 없을 때에는 직접 ▮▮▮▮ 으로 지급하는 등 대통령령으로 정하는 바에 따라 요양비등을 지급할 수 있다.
② 요양비등수급계좌가 개설된 금융기관은 요양비등수급계좌에 ▮▮▮▮ 만이 입금되도록 하고, 이를 관리하여야 한다.
③ 제1항 및 제2항에 따른 요양비등수급계좌의 신청 방법·절차와 관리에 필요한 사항은 대통령령으로 정한다.

답

제57조(부당이득의 징수) ① 공단은 속임수나 그 밖의 부당한 방법으로 보험급여를 받은 사람·▨▨ 및 ▨▨ 판매업자나 보험급여 비용을 받은 요양기관에 대하여 그 보험급여나 보험급여 비용에 상당하는 금액을 징수한다.

② 공단은 제1항에 따라 속임수나 그 밖의 부당한 방법으로 보험급여 비용을 받은 요양기관이 다음 각 호의 어느 하나에 해당하는 경우에는 해당 요양기관을 ▨▨ 한 자에게 그 요양기관과 연대하여 같은 항에 따른 징수금을 납부하게 할 수 있다.

1. 「의료법」제33조 제2항을 위반하여 의료기관을 개설할 수 없는 자가 ▨▨의 면허나 의료법인 등의 명의를 대여받아 개설·운영하는 의료기관
2. 「약사법」제20조 제1항을 위반하여 약국을 개설할 수 없는 자가 ▨▨ 등의 면허를 대여받아 개설·운영하는 약국
3. 「의료법」제4조 제2항 또는 제33조 제8항·제10항을 위반하여 개설·운영하는 의료기관
4. 「약사법」제21조 제1항을 위반하여 개설·운영하는 약국
5. 「약사법」제6조 제3항·제4항을 위반하여 면허를 대여받아 개설·운영하는 약국

③ 사용자나 가입자의 거짓 보고나 거짓 증명(제12조 제5항을 위반하여 ▨▨이나 신분증명서를 양도·대여하여 다른 사람이 보험급여를 받게 하는 것을 포함한다), 요양기관의 거짓 진단이나 거짓 확인(제12조 제4항을 위반하여 건강보험증이나 신분증명서로 가입자 또는 피부양자의 본인 여부 및 그 자격을 확인하지 아니한 것을 포함한다) 또는 준요양기관이나 보조기기를 판매한 자의 속임수 및 그 밖의 부당한 방법으로 보험급여가 실시된 경우 공단은 이들에게 보험급여를 받은 사람과 연대하여 제1항에 따른 징수금을 내게 할 수 있다.

④ 공단은 속임수나 그 밖의 부당한 방법으로 보험급여를 받은 사람과 같은 ▨▨에 속한 가입자(속임수나 그 밖의 부당한 방법으로 보험급여를 받은 사람이 피부양자인 경우에는 그 ▨▨를 말한다)에게 속임수나 그 밖의 부당한 방법으로 보험급여를 받은 사람과 연대하여 제1항에 따른 징수금을 내게 할 수 있다.

⑤ 요양기관이 가입자나 피부양자로부터 속임수나 그 밖의 부당한 방법으로 요양급여비용을 받은 경우 공단은 해당 요양기관으로부터 이를 징수하여 가입자나 피부양자에게 지체 없이 지급하여야 한다. 이 경우 공단은 가입자나 피부양자에게 지급하여야 하는 금액을 그 가입자 및 피부양자가 내야 하는 보험료등과 ▨▨ 할 수 있다.

답

제57조의2(부당이득 징수금 체납자의 인적사항등 공개) ① 공단은 제57조 제2항 각 호의 어느 하나에 해당하여 같은 조 제1항 및 제2항에 따라 징수금을 납부할 의무가 있는 요양기관 또는 요양기관을 개설한 자가 제79조 제1항에 따라 납입 고지 문서에 기재된 납부기한의 다음 날부터 ◻◻◻ 이 경과한 징수금을 ◻◻◻ 원 이상 체납한 경우 징수금 발생의 원인이 되는 위반행위, 체납자의 인적사항 및 체납액 등 대통령령으로 정하는 사항(이하 이 조에서 "인적사항등"이라 한다)을 공개할 수 있다. 다만, 체납된 징수금과 관련하여 제87조에 따른 ◻◻◻, 제88조에 따른 ◻◻◻ 가 제기되거나 ◻◻◻ 이 계류 중인 경우 또는 그 밖에 체납된 금액의 일부 납부 등 대통령령으로 정하는 사유가 있는 경우에는 그러하지 아니하다.
② 제1항에 따른 인적사항등의 공개 여부를 심의하기 위하여 ◻◻◻ 에 부당이득징수금체납정보공개심의위원회를 둔다.
③ 공단은 부당이득징수금체납정보공개심의위원회의 심의를 거친 인적사항등의 공개대상자에게 공개대상자임을 ◻◻◻ 으로 통지하여 소명의 기회를 부여하여야 하며, 통지일부터 ◻◻◻ 이 경과한 후 체납자의 납부이행 등을 고려하여 공개대상자를 선정한다.
④ 제1항에 따른 인적사항등의 공개는 ◻◻◻ 에 게재하거나 공단 인터넷 홈페이지에 게시하는 방법으로 한다.
⑤ 제1항부터 제4항까지에서 규정한 사항 외에 인적사항등의 공개 절차 및 부당이득징수금체납정보공개심의위원회의 구성·운영 등에 필요한 사항은 대통령령으로 정한다.

답

제58조(구상권) ① 공단은 제3자의 행위로 보험급여사유가 생겨 가입자 또는 피부양자에게 보험급여를 한 경우에는 그 급여에 들어간 비용 한도에서 그 ◻◻◻ 에게 손해배상을 청구할 권리를 얻는다.
② 제1항에 따라 보험급여를 받은 사람이 제3자로부터 이미 ◻◻◻ 을 받은 경우에는 공단은 그 배상액 한도에서 보험급여를 하지 아니한다.

답

제59조(수급권 보호) ① 보험급여를 받을 권리는 ▨▨▨ 하거나 압류할 수 없다.
② 제56조의2 제1항에 따라 요양비등수급계좌에 입금된 요양비등은 ▨▨▨ 할 수 없다.

답

제60조(현역병 등에 대한 요양급여비용 등의 지급) ① 공단은 제54조 제3호 및 제4호에 해당하는 사람이 요양기관에서 대통령령으로 정하는 치료 등(이하 이 조에서 "요양급여"라 한다)을 받은 경우 그에 따라 공단이 부담하는 비용(이하 이 조에서 "요양급여비용"이라 한다)과 제49조에 따른 ▨▨▨ 를 ▨▨▨ · 국방부장관 · 경찰청장 · 소방청장 또는 해양경찰청장으로부터 예탁 받아 지급할 수 있다. 이 경우 ▨▨▨ · 국방부장관 · 경찰청장 · 소방청장 또는 해양경찰청장은 예산상 불가피한 경우 외에는 ▨▨▨ 들어갈 것으로 예상되는 요양급여비용과 요양비를 대통령령으로 정하는 바에 따라 미리 공단에 예탁하여야 한다.
② 요양급여, 요양급여비용 및 요양비 등에 관한 사항은 제41조, 제41조의4, 제42조, 제42조의2, 제44조부터 제47조까지, 제47조의2, 제48조, 제49조, 제55조, 제56조, 제56조의2 및 제59조 제2항을 준용한다.

답

제61조(요양급여비용의 정산) 공단은 「산업재해보상보험법」 제10조에 따른 ▨▨▨ 이 이 법에 따라 요양급여를 받을 수 있는 사람에게 「산업재해보상보험법」 제40조에 따른 요양급여를 지급한 후 그 지급결정이 ▨▨▨ 되어 해당 요양급여의 비용을 청구하는 경우에는 그 요양급여가 이 법에 따라 실시할 수 있는 요양급여에 상당한 것으로 인정되면 그 요양급여에 해당하는 금액을 지급할 수 있다.

답

제5장 건강보험심사평가원

제62조(설립) 요양급여비용을 심사하고 요양급여의 적정성을 평가하기 위하여 ▮▮▮▮을 설립한다.

답

제63조(업무 등) ① 심사평가원은 다음 각 호의 업무를 관장한다.
1. ▮▮▮▮의 심사
2. ▮▮▮▮의 적정성 평가
3. 심사기준 및 평가기준의 개발
4. 제1호부터 제3호까지의 규정에 따른 업무와 관련된 조사연구 및 국제협력
5. 다른 법률에 따라 지급되는 급여비용의 심사 또는 의료의 적정성 평가에 관하여 위탁받은 업무
6. 그 밖에 이 법 또는 다른 법령에 따라 위탁받은 업무
7. 건강보험과 관련하여 보건복지부장관이 필요하다고 인정한 업무
8. 그 밖에 보험급여 비용의 심사와 보험급여의 적정성 평가와 관련하여 대통령령으로 정하는 업무

② 제1항 제8호에 따른 보험급여의 적정성 평가의 기준·절차·방법 등에 필요한 사항은 ▮▮▮▮이 정하여 고시한다.

답

제64조(법인격 등) ① 심사평가원은 ▮▮▮▮으로 한다.
② 심사평가원은 주된 사무소의 소재지에서 ▮▮▮▮등기를 함으로써 성립한다.

답

제65조(임원) ① 심사평가원에 임원으로서 원장, 이사 15명 및 감사 1명을 둔다. 이 경우 원장, 이사 중 4명 및 감사는 상임으로 한다.
② 원장은 □□□가 복수로 추천한 사람 중에서 보건복지부장관의 제청으로 □□□이 임명한다.
③ 상임이사는 보건복지부령으로 정하는 추천 절차를 거쳐 원장이 임명한다.
④ 비상임이사는 다음 각 호의 사람 중에서 10명과 대통령령으로 정하는 바에 따라 추천한 관계 공무원 1명을 보건복지부장관이 임명한다.
1. □□□이 추천하는 1명
2. 의약관계단체가 추천하는 5명
3. 노동조합·사용자단체·소비자단체 및 농어업인단체가 추천하는 각 1명
⑤ 감사는 임원추천위원회가 복수로 추천한 사람 중에서 □□□의 제청으로 □□□이 임명한다.
⑥ 제4항에 따른 □□□는 정관으로 정하는 바에 따라 실비변상을 받을 수 있다.
⑦ 원장의 임기는 □□□, 이사(공무원인 이사는 제외한다)와 감사의 임기는 각각 □□□으로 한다.

 답

제66조(진료심사평가위원회) ① 심사평가원의 업무를 효율적으로 수행하기 위하여 심사평가원에 진료심사평가위원회(이하 "심사위원회"라 한다)를 둔다.
② 심사위원회는 위원장을 포함하여 □□□명 이내의 상근 심사위원과 □□□명 이내의 비상근 심사위원으로 구성하며, □□□별 분과위원회를 둘 수 있다.
③ 제2항에 따른 상근 심사위원은 심사평가원의 원장이 보건복지부령으로 정하는 사람 중에서 임명한다.
④ 제2항에 따른 비상근 심사위원은 심사평가원의 원장이 보건복지부령으로 정하는 사람 중에서 위촉한다.
⑤ 심사평가원의 원장은 심사위원이 다음 각 호의 어느 하나에 해당하면 그 심사위원을 해임 또는 해촉할 수 있다.
1. 신체장애나 정신장애로 직무를 수행할 수 없다고 인정되는 경우
2. 직무상 의무를 위반하거나 직무를 게을리한 경우
3. 고의나 □□□로 심사평가원에 손실이 생기게 한 경우
4. 직무 여부와 관계없이 품위를 손상하는 행위를 한 경우
⑥ 제1항부터 제5항까지에서 규정한 사항 외에 심사위원회 위원의 자격·임기 및 심사위원회의 구성·운영 등에 필요한 사항은 보건복지부령으로 정한다.

 답

제66조의2(진료심사평가위원회 위원의 겸직) ① 「고등교육법」 제14조 제2항에 따른 교원 중 교수·부교수 및 조교수는 「국가공무원법」 제64조 및 「사립학교법」 제55조 제1항에도 불구하고 ▨▨▨의 허가를 받아 진료심사평가위원회 위원의 직무를 겸할 수 있다.
② 제1항에 따라 대학의 교원이 진료심사평가위원회 위원을 겸하는 경우 필요한 사항은 대통령령으로 정한다.

답

제67조(자금의 조달 등) ① 심사평가원은 제63조 제1항에 따른 업무(같은 항 제5호에 따른 업무는 제외한다)를 하기 위하여 ▨▨▨으로부터 부담금을 징수할 수 있다.
② 심사평가원은 제63조 제1항 제5호에 따라 급여비용의 심사 또는 의료의 적정성 평가에 관한 업무를 위탁받은 경우에는 위탁자로부터 ▨▨▨를 받을 수 있다.
③ 제1항과 제2항에 따른 부담금 및 ▨▨▨의 금액·징수 방법 등에 필요한 사항은 보건복지부령으로 정한다.

답

제68조(준용 규정) 심사평가원에 관하여 제14조 제3항·제4항, 제16조, 제17조(같은 조 제1항 제6호 및 제7호는 제외한다), 제18조, 제19조, 제22조부터 제32조까지, 제35조 제1항, 제36조, 제37조, 제39조 및 제40조를 준용한다. 이 경우 "공단"은 "▨▨▨"으로, "이사장"은 "▨▨▨"으로 본다.

답

제6장 보험료

제69조(보험료) ① 공단은 _____ 에 드는 비용에 충당하기 위하여 제77조에 따른 보험료의 납부의무자로부터 보험료를 징수한다.

② 제1항에 따른 보험료는 가입자의 자격을 취득한 날이 속하는 달의 다음 달부터 가입자의 자격을 잃은 날의 _____ 이 속하는 달까지 징수한다. 다만, 가입자의 자격을 매월 _____ 에 취득한 경우 또는 제5조 제1항 제2호 가목에 따른 건강보험 적용 신청으로 가입자의 자격을 취득하는 경우에는 그 달부터 징수한다.

③ 제1항 및 제2항에 따라 보험료를 징수할 때 가입자의 자격이 변동된 경우에는 변동된 날이 속하는 달의 보험료는 변동되기 전의 자격을 기준으로 징수한다. 다만, 가입자의 자격이 매월 _____ 에 변동된 경우에는 변동된 자격을 기준으로 징수한다.

④ _____ 의 월별 보험료액은 다음 각 호에 따라 산정한 금액으로 한다.

1. 보수월액보험료 : 제70조에 따라 산정한 보수월액에 제73조 제1항 또는 제2항에 따른 보험료율을 곱하여 얻은 금액
2. 보수 외 소득월액보험료 : 제71조 제1항에 따라 산정한 보수 외 소득월액에 제73조 제1항 또는 제2항에 따른 보험료율을 곱하여 얻은 금액

⑤ _____ 의 월별 보험료액은 다음 각호의 구분에 따라 산정한 금액을 합산한 금액으로 한다. 이 경우 보험료액은 _____ 단위로 산정한다.

1. 소득 : 제71조 제2항에 따라 산정한 지역가입자의 _____ 에 제73조 제3항에 따른 보험료율을 곱하여 얻은 금액
2. 재산 : 제72조에 따라 산정한 _____ 에 제73조 제3항에 따른 재산보험료부과점수당 금액을 곱하여 얻은 금액

⑥ 제4항 및 제5항에 따른 월별 보험료액은 가입자의 보험료 평균액의 일정비율에 해당하는 금액을 고려하여 _____ 으로 정하는 기준에 따라 상한 및 하한을 정한다.

답

제70조(보수월액) ① 제69조 제4항 제1호에 따른 [   ]의 보수월액은 직장가입자가 지급받는 보수를 기준으로 하여 산정한다.

② 휴직이나 그 밖의 사유로 보수의 [   ]가 지급되지 아니하는 가입자(이하 "휴직자등"이라 한다)의 보수월액보험료는 해당 사유가 생기기 전 달의 보수월액을 기준으로 산정한다.

③ 제1항에 따른 보수는 근로자등이 근로를 제공하고 사용자·국가 또는 지방자치단체로부터 지급받는 금품([   ]적인 성격을 갖는 금품은 제외한다)으로서 대통령령으로 정하는 것을 말한다. 이 경우 보수 관련 자료가 없거나 불명확한 경우 등 대통령령으로 정하는 사유에 해당하면 [   ]이 정하여 고시하는 금액을 보수로 본다.

④ 제1항에 따른 보수월액의 산정 및 보수가 지급되지 아니하는 사용자의 보수월액의 산정 등에 필요한 사항은 대통령령으로 정한다.

답

제71조(소득월액) ① 직장가입자의 보수 외 소득월액은 제70조에 따른 보수월액의 산정에 포함된 보수를 제외한 [   ]의 소득(이하 "[   ]"이라 한다)이 대통령령으로 정하는 금액을 초과하는 경우 다음의 계산식에 따른 값을 보건복지부령으로 적하는 바에 따라 평가하여 산정한다.

> (연간 [   ] - 대통령령으로 정하는 금액) × [   ]

② 지역가입자의 소득월액은 지역가입자의 연간 소득을 [   ]로 나눈 값을 보건복지부령으로 정하는 바에 따라 평가하여 산정한다.

③ 제1항, 제2항에 따른 소득의 구체적인 범위, 소득월액을 산정하는 기준, 방법 등 소득월액의 산정에 필요한 사항은 대통령령으로 정한다.

답

제72조(재산보험료부과점수) ① 제69조 제5항 제2호에 따른 재산보험료부과점수는 지역가입자의 재산을 기준으로 산정한다. 다만, 대통령령으로 정하는 지역가입자가 ▢▢▢를 목적으로 대통령령으로 정하는 기준 이하의 주택을 구입 또는 임차하기 위하여 다음 각 호의 어느 하나에 해당하는 대출을 받고 그 사실을 공단에 통보하는 경우에는 해당 대출금액을 대통령령으로 정하는 바에 따라 평가하여 재산보험료부과점수 산정 시 ▢▢▢한다.

1. 「금융실명거래 및 비밀보장에 관한 법률」 제2조 제1호에 따른 금융회사(이하 "금융회사등"이라 한다)으로부터 받은 ▢▢▢
2. 「주택도시기금법」에 따른 주택도시기금을 재원으로 하는 대출 등 보건복지부장관이 정하여 고시하는 대출

② 제1항에 따라 재산보험료부과점수의 산정방법과 산정기준을 정할 때 법령에 따라 ▢▢▢의 행사가 제한되는 재산에 대하여는 다른 재산과 달리 정할 수 있다.

③ 지역가입자는 제1항 단서에 따라 공단에 통보할 때 「신용정보의 이용 및 보호에 관한 법률」 제2조 제1호에 따른 신용정보, 「금융실명거래 및 비밀보장에 관한 법률」 제2조 제2호에 따른 ▢▢▢, 같은 조 제3호에 따른 금융거래의 내용에 대한 자료·정보 중 ▢▢▢ 등 대통령령으로 정하는 자료·정보(이하 "금융정보등"이라 한다)를 공단에 제출하여야 하며, 제1항 단서에 따른 재산보험료부과점수 산정을 위하여 필요한 금융정보등을 공단에 제공하는 것에 대하여 동의한다는 ▢▢▢을 함께 제출하여야 한다.

④ 제1항 및 제2항에 따른 재산보험료부과점수의 산정방법·산정기준 등에 필요한 사항은 대통령령으로 정한다.

제72조의3(보험료 부과제도에 대한 적정성 평가) ① 보건복지부장관은 제5조에 따른 [　　] 인정기준(이하 이 조에서 "인정기준"이라 한다)과 제69조부터 제72조까지의 규정에 따른 보험료, 보수월액, 소득월액 및 재산보험료부과점수의 산정 기준 및 방법 등(이하 이 조에서 "산정기준"이라 한다)에 대하여 적정성을 평가하고, 이 법 시행일로부터 [　　] 이 경과한 때 이를 조정하여야 한다.
② 보건복지부장관은 제1항에 따른 적정성 평가를 하는 경우에는 다음 각 호를 종합적으로 고려하여야 한다.
1. 제4조 제1항 제5호의2 나목에 따라 심의위원회가 심의한 가입자의 [　　] 파악 현황 및 개선 방안
2. 공단의 소득 관련 자료 보유 현황
3. 「소득세법」 제4조에 따른 종합소득(종합과세되는 종합소득과 분리과세되는 종합소득을 포함한다) 과세 현황
4. [　　]에게 부과되는 보험료와 [　　]에게 부과되는 보험료 간 형평성
5. 제1항에 따른 인정기준 및 산정기준의 조정으로 인한 보험료 변동
6. 그 밖에 적정성 평가 대상이 될 수 있는 사항으로서 보건복지부장관이 정하는 사항
③ 제1항에 따른 적정성 평가의 절차, 방법 및 그 밖에 적정성 평가를 위하여 필요한 사항은 대통령령으로 정한다.

답

제73조(보험료율 등) ① 직장가입자의 보험료율은 1천분의 [　　]의 범위에서 심의위원회의 의결을 거쳐 대통령령으로 정한다.
② [　　]에서 업무에 종사하고 있는 직장가입자에 대한 보험료율은 제1항에 따라 정해진 보험료율의 100분의 50으로 한다.
③ 지역가입자의 보험료율과 재산보험료부과점수당 금액은 심의위원회의 [　　]을 거쳐 대통령령으로 정한다.

답

제74조(보험료의 면제) ① 공단은 직장가입자가 제54조 제2호부터 제4호까지의 어느 하나에 해당하는 경우(같은 조 제2호에 해당하는 경우에는 ▮▮▮▮ 이상의 기간으로서 대통령령으로 정하는 기간 이상 국외에 체류하는 경우에 한정한다. 이하 이 조에서 같다) 그 가입자의 보험료를 면제한다. 다만, 제54조 제2호에 해당하는 직장가입자의 경우에는 국내에 거주하는 ▮▮▮▮가 없을 때에만 보험료를 면제한다.
② 지역가입자가 제54조 제2호부터 제4호까지의 어느 하나에 해당하면 그 가입자가 속한 ▮▮▮▮의 보험료를 산정할 때 그 가입자의 제71조 제2항에 따른 소득월액 및 제72조에 따른 재산보험료부과점수를 제외한다.
③ 제1항에 따른 보험료의 면제나 제2항에 따라 보험료의 산정에서 제외되는 소득월액 및 재산보험료부과점수에 대하여는 제54조 제2호부터 제4호까지의 어느 하나에 해당하는 급여정지 사유가 생긴 날이 속하는 달의 다음 달부터 사유가 없어진 날이 속하는 달까지 적용한다. 다만, 다음 각 호의 어느 하나에 해당하는 경우에는 그 달의 보험료를 면제하지 아니하거나 보험료의 산정에서 소득월액 및 재산보험료부과점수를 제외하지 아니한다.
1. 급여정지 사유가 매월 ▮▮▮▮에 없어진 경우
2. 제54조 제2호에 해당하는 가입자 또는 그 피부양자가 국내에 입국하여 입국일이 속하는 달에 보험급여를 받고 ▮▮▮▮에 출국하는 경우

▮답

제75조(보험료의 경감 등) ① 다음 각 호의 어느 하나에 해당하는 가입자 중 보건복지부령으로 정하는 가입자에 대하여는 그 가입자 또는 그 가입자가 속한 세대의 보험료의 일부를 경감할 수 있다.
1. 섬 · 벽지(僻地) · 농어촌 등 대통령령으로 정하는 지역에 거주하는 사람
2. ▮▮▮▮세 이상인 사람
3. 「장애인복지법」에 따라 등록한 장애인
4. 「국가유공자 등 예우 및 지원에 관한 법률」 제4조 제1항 제4호, 제6호, 제12호, 제15호 및 제17호에 따른 국가유공자
5. ▮▮▮▮
6. 그 밖에 생활이 어렵거나 ▮▮▮▮ 등의 사유로 보험료를 경감할 필요가 있다고 보건복지부장관이 정하여 고시하는 사람
② 제77조에 따른 보험료 납부의무자가 다음 각 호의 어느 하나에 해당하는 경우에는 대통령령으로 정하는 바에 따라 보험료를 감액하는 등 재산상의 이익을 제공할 수 있다.
1. 제81조의6 제1항에 따라 보험료의 납입 고지 또는 독촉을 ▮▮▮▮로 받는 경우
2. 보험료를 계좌 또는 ▮▮▮▮ 자동이체의 방법으로 내는 경우

③ 제1항에 따른 보험료 경감의 방법·절차 등에 필요한 사항은 보건복지부장관이 정하여 고시한다.

> 답

제76조(보험료의 부담) ① 직장가입자의 보수월액보험료는 직장가입자와 다음 각 호의 구분에 따른 자가 각각 보험료액의 100분의 50씩 부담한다. 다만, 직장가입자가 교직원으로서 〇〇〇에 근무하는 교원이면 보험료액은 그 〇〇〇가 100분의 50을, 제3조 제2호 다목에 해당하는 사용자가 100분의 30을, 〇〇〇가 100분의 20을 각각 부담한다.
1. 직장가입자가 근로자인 경우에는 제3조 제2호 가목에 해당하는 사업주
2. 직장가입자가 공무원인 경우에는 그 공무원이 소속되어 있는 국가 또는 지방자치단체
3. 직장가입자가 교직원(〇〇〇에 근무하는 교원은 제외한다)인 경우에는 제3조 제2호 다목에 해당하는 사용자
② 직장가입자의 보수 외 소득월액보험료는 직장가입자가 부담한다.
③ 지역가입자의 보험료는 그 가입자가 속한 세대의 지역가입자 전원이 〇〇〇하여 부담한다.
④ 직장가입자가 교직원인 경우 제3조 제2호 다목에 해당하는 사용자가 부담액 전부를 부담할 수 없으면 그 부족액을 〇〇〇에 속하는 회계에서 부담하게 할 수 있다.

> 답

제77조(보험료 납부의무) ① 직장가입자의 보험료는 다음 각 호의 구분에 따라 그 각 호에서 정한 자가 납부한다.
1. 보수월액보험료 : 사용자. 이 경우 사업장의 사용자가 2명 이상인 때에는 그 사업장의 사용자는 해당 직장가입자의 보험료를 연대하여 납부한다.
2. 보수 외 소득월액보험료 : 〇〇〇
② 지역가입자의 보험료는 그 가입자가 속한 세대의 지역가입자 전원이 연대하여 납부한다. 다만, 소득 및 재산이 없는 〇〇〇와 소득 및 재산 등을 고려하여 대통령령으로 정하는 기준에 해당하는 〇〇〇는 납부의무를 부담하지 아니한다.
③ 사용자는 보수월액보험료 중 직장가입자가 부담하여야 하는 그 달의 보험료액을 그 〇〇〇에서 공제하여 납부하여야 한다. 이 경우 직장가입자에게 공제액을 알려야 한다.

> 답

제77조의2(제2차 납부의무) ① 법인의 재산으로 그 법인이 납부하여야 하는 보험료, 연체금 및 체납처분비를 충당하여도 부족한 경우에는 해당 법인에게 보험료의 납부의무가 부과된 날 현재의 ▨▨▨ 책임사원 또는 과점주주(「국세기본법」 제39조 각 호의 어느 하나에 해당하는 자를 말한다)가 그 부족한 금액에 대하여 제2차 납부의무를 진다. 다만, 과점주주의 경우에는 그 부족한 금액을 그 법인의 발행주식 총수(의결권이 없는 주식은 제외한다) 또는 출자총액으로 나눈 금액에 해당 과점주주가 실질적으로 권리를 행사하는 주식 수(▨▨▨ 이 없는 주식은 제외한다) 또는 출자액을 곱하여 산출한 금액을 한도로 한다.

② 사업이 양도·양수된 경우에 양도일 이전에 양도인에게 납부의무가 부과된 보험료, 연체금 및 체납처분비를 양도인의 재산으로 충당하여도 부족한 경우에는 사업의 ▨▨▨ 이 그 부족한 금액에 대하여 양수한 재산의 가액을 한도로 제2차 납부의무를 진다. 이 경우 양수인의 범위 및 양수한 재산의 가액은 대통령령으로 정한다.

답

제78조(보험료의 납부기한) ① 제77조 제1항 및 제2항에 따라 보험료 납부의무가 있는 자는 가입자에 대한 그 달의 보험료를 그 다음 달 ▨▨▨ 까지 납부하여야 한다. 다만, 직장가입자의 소득월액보험료 및 지역가입자의 보험료는 보건복지부령으로 정하는 바에 따라 분기별로 납부할 수 있다.

② 공단은 제1항에도 불구하고 납입 고지의 송달 지연 등 보건복지부령으로 정하는 사유가 있는 경우 납부의무자의 신청에 따라 제1항에 따른 납부기한부터 ▨▨▨ 의 범위에서 납부기한을 연장할 수 있다. 이 경우 납부기한 연장을 신청하는 방법, 절차 등에 필요한 사항은 보건복지부령으로 정한다.

답

제78조의2(가산금) ① 사업장의 사용자가 대통령령으로 정하는 사유에 해당되어 직장가입자가 될 수 없는 자를 제8조 제2항 또는 제9조 제2항을 위반하여 거짓으로 보험자에게 직장가입자로 신고한 경우 공단은 제1호의 금액에서 제2호의 금액을 뺀 금액의 100분의 ▨에 상당하는 가산금을 그 ▨에게 부과하여 징수한다.
1. 사용자가 직장가입자로 신고한 사람이 직장가입자로 처리된 기간 동안 그 가입자가 제69조 제5항에 따라 부담하여야 하는 보험료의 총액
2. 제1호의 기간 동안 공단이 해당 가입자에 대하여 제69조 제4항에 따라 산정하여 부과한 보험료의 총액
② 제1항에도 불구하고, 공단은 가산금이 ▨이거나 그 밖에 가산금을 징수하는 것이 적절하지 아니하다고 인정되는 등 대통령령으로 정하는 경우에는 징수하지 아니할 수 있다.

답

제79조(보험료등의 납입 고지) ① 공단은 보험료등을 징수하려면 그 금액을 결정하여 납부의무자에게 다음 각 호의 사항을 적은 문서로 납입 고지를 하여야 한다.
1. 징수하려는 보험료등의 종류
2. 납부해야 하는 금액
3. ▨ 및 장소
② 삭제 〈2023. 5. 19.〉
③ 삭제 〈2023. 5. 19.〉
④ 직장가입자의 사용자가 2명 이상인 경우 또는 지역가입자의 세대가 2명 이상으로 구성된 경우 그 중 1명에게 한 고지는 해당 사업장의 다른 사용자 또는 세대 구성원인 다른 지역가입자 ▨에게 효력이 있는 것으로 본다.
⑤ 휴직자등의 보험료는 휴직 등의 사유가 끝날 때까지 보건복지부령으로 정하는 바에 따라 납입 고지를 ▨할 수 있다.
⑥ 공단은 제77조의2에 따른 ▨ 납부의무자에게 납입의 고지를 한 경우에는 해당 법인인 사용자 및 사업 양도인에게 그 사실을 통지하여야 한다.

답

제79조의2(신용카드등으로 하는 보험료등의 납부) ① 공단이 납입 고지한 보험료등을 납부하는 자는 보험료등의 납부를 대행할 수 있도록 대통령령으로 정하는 기관 등(이하 이 조에서 "보험료등납부대행기관"이라 한다)을 통하여 신용카드, ▨▨ 등(이하 이 조에서 "신용카드등"이라 한다)으로 납부할 수 있다.
② 제1항에 따라 신용카드등으로 보험료등을 납부하는 경우에는 보험료등납부대행기관의 ▨▨ 을 납부일로 본다.
③ 보험료등납부대행기관은 보험료등의 납부자로부터 보험료등의 납부를 대행하는 대가로 ▨▨ 를 받을 수 있다.
④ 보험료등납부대행기관의 지정 및 운영, ▨▨ 등에 필요한 사항은 대통령령으로 정한다.

▣ 답

제80조(연체금) ① 공단은 보험료등의 납부의무자가 납부기한까지 보험료등을 내지 아니하면 그 납부기한이 지난 날부터 매 ▨▨ 이 경과할 때마다 다음 각 호에 해당하는 연체금을 징수한다.
1. 제69조에 따른 보험료 또는 제53조 제3항에 따른 보험급여 제한 기간 중 받은 보험급여에 대한 징수금을 체납한 경우 : 해당 체납금액의 1천500분의 1에 해당하는 금액. 이 경우 연체금은 해당 체납금액의 1천분의 ▨▨ 을 넘지 못한다.
2. 제1호 외에 이 법에 따른 징수금을 체납한 경우 : 해당 체납금액의 1천분의 1에 해당하는 금액. 이 경우 연체금은 해당 체납금액의 1천분의 ▨▨ 을 넘지 못한다.
② 공단은 보험료등의 납부의무자가 체납된 보험료등을 내지 아니하면 납부기한 후 ▨▨ 이 지난 날부터 매 1일이 경과할 때마다 다음 각 호에 해당하는 연체금을 제1항에 따른 연체금에 더하여 징수한다.
1. 제69조에 따른 보험료 또는 제53조 제3항에 따른 보험급여 제한 기간 중 받은 보험급여에 대한 징수금을 체납한 경우 : 해당 체납금액의 6천분의 1에 해당하는 금액. 이 경우 연체금은 해당 체납금액의 1천분의 ▨▨ 을 넘지 못한다.
2. 제1호 외에 이 법에 따른 징수금을 체납한 경우 : 해당 체납금액의 3천분의 1에 해당하는 금액. 이 경우 연체금은 해당 체납금액의 1천분의 ▨▨ 을 넘지 못한다.
③ 공단은 제1항 및 제2항에도 불구하고 천재지변이나 그 밖에 보건복지부령으로 정하는 부득이한 사유가 있으면 제1항 및 제2항에 따른 연체금을 징수하지 아니할 수 있다.

▣ 답

제81조(보험료등의 독촉 및 체납처분) ① 공단은 제57조, 제77조, 제77조의2, 제78조의2 및 제101조에 따라 보험료등을 내야 하는 자가 보험료등을 내지 아니하면 기한을 정하여 독촉할 수 있다. 이 경우 직장가입자의 사용자가 2명 이상인 경우 또는 지역가입자의 세대가 2명 이상으로 구성된 경우에는 그 중 1명에게 한 독촉은 해당 사업장의 다른 사용자 또는 세대 구성원인 다른 지역가입자 모두에게 효력이 있는 것으로 본다.

② 제1항에 따라 독촉할 때에는 ▮▮▮▮ 이상 ▮▮▮▮ 이내의 납부기한을 정하여 독촉장을 발부하여야 한다.

③ 공단은 제1항에 따른 독촉을 받은 자가 그 납부기한까지 보험료등을 내지 아니하면 보건복지부장관의 승인을 받아 국세 체납처분의 예에 따라 이를 징수할 수 있다.

④ 공단은 제3항에 따라 체납처분을 하기 전에 보험료등의 체납 내역, 압류 가능한 재산의 종류, 압류 예정 사실 및 「국세징수법」 제41조 제18호에 따른 소액금융재산에 대한 압류금지 사실 등이 포함된 통보서를 발송하여야 한다. 다만, 법인 ▮▮▮▮ 등 긴급히 체납처분을 할 필요가 있는 경우로서 대통령령으로 정하는 경우에는 그러하지 아니하다.

⑤ 공단은 제3항에 따른 국세 체납처분의 예에 따라 압류하거나 제81조의2 제1항에 따라 압류한 재산의 공매에 대하여 전문지식이 필요하거나 그 밖에 특수한 사정으로 직접 공매하는 것이 적당하지 아니하다고 인정하는 경우에는 ▮▮▮▮ 에 공매를 대행하게 할 수 있다. 이 경우 공매는 공단이 한 것으로 본다.

⑥ 공단은 제5항에 따라 ▮▮▮▮ 가 공매를 대행하면 보건복지부령으로 정하는 바에 따라 수수료를 지급할 수 있다.

> 답

제81조의2(부당이득 징수금의 압류) ① 제81조에도 불구하고 공단은 보험급여 비용을 받은 요양기관이 다음 각 호의 요건을 모두 갖춘 경우에는 제57조 제1항에 따른 징수금의 한도에서 해당 요양기관 또는 그 요양기관을 개설한 자(같은 조 제2항에 따라 해당 요양기관과 연대하여 징수금을 납부하여야 하는 자를 말한다. 이하 이 조에서 같다)의 재산을   의 승인을 받아 압류할 수 있다.
1. 「의료법」 제33조 제2항 또는 「약사법」 제20조 제1항을 위반하였다는 사실로 기소된 경우
2. 요양기관 또는 요양기관을 개설한 자에게 강제집행, 국세 강제징수 등 대통령령으로 정하는 사유가 있어 그 재산을 압류할 필요가 있는 경우
② 공단은 제1항에 따라 재산을 압류하였을 때에는 해당 요양기관 또는 그 요양기관을 개설한 자에게   로 그 압류 사실을 통지하여야 한다.
③ 공단은 다음 각 호의 어느 하나에 해당할 때에는 제1항에 따른 압류를 즉시 해제하여야 한다.
1. 제2항에 따른 통지를 받은 자가 제57조 제1항에 따른 징수금에 상당하는 다른 재산을   로 제공하고 압류 해제를 요구하는 경우
2. 법원의   판결이 확정되는 등 대통령령으로 정하는 사유로 해당 요양기관이 「의료법」 제33조 제2항 또는 「약사법」 제20조 제1항을 위반한 혐의가 입증되지 아니한 경우
④ 제1항에 따른 압류 및 제3항에 따른 압류 해제에 관하여 이 법에서 규정한 것 외에는 「국세징수법」을 준용한다.

답

제81조의3(체납 또는 결손처분 자료의 제공) ① 공단은 보험료 징수 및 제57조에 따른 징수금(같은 조 제2항 각 호의 어느 하나에 해당하여 같은 조 제1항 및 제2항에 따라 징수하는 금액에 한정한다. 이하 이 조에서 "부당이득금"이라 한다)의 징수 또는 공익목적을 위하여 필요한 경우에 「신용정보의 이용 및 보호에 관한 법률」 제25조 제2항 제1호의   이 다음 각 호의 어느 하나에 해당하는 체납자 또는 결손처분자의   · 체납액 또는 결손처분액에 관한 자료(이하 이 조에서 "체납 등 자료"라 한다)를 요구할 때에는 그 자료를 제공할 수 있다. 다만, 체납된 보험료나 이 법에 따른 그 밖의 징수금과 관련하여 행정심판 또는   이 계류 중인 경우, 제82조 제1항에 따라   를 승인받은 경우 중 대통령령으로 정하는 경우, 그 밖에 대통령령으로 정하는 사유가 있을 때에는 그러하지 아니하다.
1. 이 법에 따른 납부기한의 다음 날부터 1년이 지난 보험료 및 그에 따른 연체금과 체납처분비의 총액이   이상인 자
2. 이 법에 따른 납부기한의 다음 날부터 1년이 지난 부당이득금 및 그에 따른 연체금과 체납처분비의 총액이 1억 원 이상인 자
3. 제84조에 따라 결손처분한 금액의 총액이 500만 원 이상인 자
② 공단은 제1항에 따라 종합신용정보집중기관에 체납등 자료를 제공하기 전에 해당 체납자 또는

결손처분자에게 그 사실을 서면으로 통지하여야 한다. 이 경우 통지를 받은 체납자가 체납액을 납부하거나 체납액 납부계획서를 제출하는 경우 공단은 종합신용정보집중기관에 체납등 자료를 제공하지 아니하거나 체납등 자료의 제공을 유예할 수 있다.
③ 체납등 자료의 제공절차에 필요한 사항은 대통령령으로 정한다.
④ 제1항에 따라 체납등 자료를 제공받은 자는 이를 업무 외의 목적으로 누설하거나 이용하여서는 아니 된다.

> 답

제81조의4(보험료의 납부증명) ① 제77조에 따른 보험료의 납부의무자(이하 이 조에서 "납부의무자"라 한다)는 국가, 지방자치단체 또는 「공공기관의 운영에 관한 법률」제4조에 따른 공공기관(이하 이 조에서 "공공기관"이라 한다)으로부터 공사·제조·구매·용역 등 대통령령으로 정하는 계약의 대가를 지급받는 경우에는 보험료와 그에 따른 연체금 및 체납처분비의 납부사실을 증명하여야 한다. 다만, 납부의무자가 ▨▨▨의 전부 또는 일부를 체납한 보험료로 납부하려는 경우 등 대통령령으로 정하는 경우에는 그러하지 아니하다.
② 납부의무자가 제1항에 따라 납부사실을 증명하여야 할 경우 제1항의 계약을 담당하는 주무관서 또는 공공기관은 납부의무자의 동의를 받아 ▨▨▨에 조회하여 보험료와 그에 따른 연체금 및 체납처분비의 납부여부를 확인하는 것으로 제1항에 따른 납부증명을 갈음할 수 있다.

> 답

제81조의5(서류의 송달) 제79조 및 제81조에 관한 서류의 송달과 전자문서에 의한 납입 고지 등에 관하여 제81조의6에서 정하지 아니한 사항에 관하여는 「국세기본법」제8조(같은 조 제2항 단서는 제외한다)부터 제12조까지의 규정을 준용한다. 다만, ▨▨▨에 의하는 경우 그 방법은 대통령령으로 정하는 바에 따른다.

> 답

국민건강보험공단 직무시험

제81조의6(전자문서에 의한 납입 고지 등) ① ▢▢▢가 제79조 제1항에 따른 납입 고지 또는 제81조 제1항에 따른 독촉을 전자문서교환방식 등에 의한 전자문서로 해줄 것을 신청하는 경우에는 공단은 전자문서로 고지 또는 독촉할 수 있다. 이 경우 전자문서 고지 및 독촉에 대한 신청 방법·절차 등에 필요한 사항은 보건복지부령으로 정한다.

② 공단이 제1항에 따라 전자문서로 고지 또는 독촉하는 경우에는 전자문서가 보건복지부령으로 정하는 정보통신망에 저장되거나 납부의무자가 지정한 ▢▢▢에 입력된 때에 납입 고지 또는 독촉이 그 납부의무자에게 도달된 것으로 본다.

답

제82조(체납보험료의 분할납부) ① 공단은 보험료를 3회 이상 체납한 자가 신청하는 경우 보건복지부령으로 정하는 바에 따라 분할납부를 승인할 수 있다.

② 공단은 보험료를 ▢▢▢ 이상 체납한 자에 대하여 제81조 제3항에 따른 체납처분을 하기 전에 제1항에 따른 분할납부를 신청할 수 있음을 알리고, 보건복지부령으로 정하는 바에 따라 분할납부 신청의 절차·방법 등에 관한 사항을 안내하여야 한다.

③ 공단은 제1항에 따라 분할납부 승인을 받은 자가 정당한 사유 없이 ▢▢▢(제1항에 따라 승인받은 분할납부 횟수가 ▢▢▢ 미만인 경우에는 해당 분할납부 횟수를 말한다) 이상 그 승인된 보험료를 납부하지 아니하면 그 분할납부의 승인을 취소한다.

④ 분할납부의 승인과 취소에 관한 절차·방법·기준 등에 필요한 사항은 보건복지부령으로 정한다.

답

제83조(고액·상습체납자의 인적사항 공개) ① 공단은 이 법에 따른 납부기한의 ▨▨▨부터 ▨▨▨이 경과한 보험료, 연체금과 체납처분비(제84조에 따라 결손처분한 보험료, 연체금과 체납처분비로서 징수권 소멸시효가 완성되지 아니한 것을 포함한다)의 총액이 ▨▨▨ 이상인 체납자가 납부능력이 있음에도 불구하고 체납한 경우 그 인적사항·체납액 등(이하 이 조에서 "인적사항등"이라 한다)을 공개할 수 있다. 다만, 체납된 보험료, 연체금과 체납처분비와 관련하여 제87조에 따른 ▨▨▨, 제88조에 따른 ▨▨▨가 제기되거나 행정소송이 계류 중인 경우 또는 그 밖에 체납된 금액의 일부 납부 등 대통령령으로 정하는 사유가 있는 경우에는 그러하지 아니하다.
② 제1항에 따른 체납자의 인적사항등에 대한 공개 여부를 심의하기 위하여 공단에 보험료정보공개심의위원회를 둔다.
③ 공단은 보험료정보공개심의위원회의 심의를 거친 인적사항등의 공개대상자에게 공개대상자임을 서면으로 통지하여 소명의 기회를 부여하여야 하며, 통지일부터 ▨▨▨이 경과한 후 체납액의 납부이행 등을 감안하여 공개대상자를 선정한다.
④ 제1항에 따른 체납자 인적사항등의 공개는 ▨▨▨에 게재하거나 공단 인터넷 홈페이지에 게시하는 방법에 따른다.
⑤ 제1항부터 제4항까지의 규정에 따른 체납자 인적사항등의 공개와 관련한 납부능력의 기준, 공개 절차 및 위원회의 구성·운영 등에 필요한 사항은 대통령령으로 정한다.

답

제84조(결손처분) ① 공단은 다음 각 호의 어느 하나에 해당하는 사유가 있으면 ▨▨▨의 의결을 받아 보험료등을 결손처분할 수 있다.
1. 체납처분이 끝나고 체납액에 충당될 배분금액이 그 체납액에 미치지 못하는 경우
2. 해당 권리에 대한 ▨▨▨가 완성된 경우
3. 그 밖에 징수할 가능성이 없다고 인정되는 경우로서 대통령령으로 정하는 경우
② 공단은 제1항 제3호에 따라 결손처분을 한 후 압류할 수 있는 다른 재산이 있는 것을 발견한 때에는 지체 없이 그 처분을 ▨▨▨하고 체납처분을 하여야 한다.

답

제85조(보험료등의 징수 순위) 보험료등은 [　　]와 [　　]를 제외한 다른 채권에 [　　]하여 징수한다. 다만, 보험료등의 납부기한 전에 전세권·질권·저당권 또는 「동산·채권 등의 담보에 관한 법률」에 따른 담보권의 설정을 등기 또는 등록한 사실이 증명되는 재산을 매각할 때에 그 매각대금 중에서 보험료등을 징수하는 경우 그 전세권·질권·저당권 또는 「동산·채권 등의 담보에 관한 법률」에 따른 담보권으로 담보된 채권에 대하여는 그러하지 아니하다.

답

제86조(보험료등의 충당과 환급) ① 공단은 납부의무자가 보험료등·연체금 또는 체납처분비로 낸 금액 중 과오납부(過誤納付)한 금액이 있으면 대통령령으로 정하는 바에 따라 그 과오납금을 보험료등·연체금 또는 체납처분비에 우선 충당하여야 한다.
② 공단은 제1항에 따라 충당하고 남은 금액이 있는 경우 대통령령으로 정하는 바에 따라 [　　]에게 환급하여야 한다.
③ 제1항 및 제2항의 경우 과오납금에 대통령령으로 정하는 [　　]를 가산하여야 한다.

답

제7장 이의신청 및 심판청구

제87조(이의신청) ① 가입자 및 피부양자의 자격, 보험료등, 보험급여, 보험급여비용에 관한 공단의 처분에 이의가 있는 자는 공단에 이의신청을 할 수 있다.
② 요양급여비용 및 요양급여의 적정성 평가 등에 관한 _____ 의 처분에 이의가 있는 공단, 요양기관 또는 그 밖의 자는 심사평가원에 이의신청을 할 수 있다.
③ 제1항 및 제2항에 따른 이의신청(이하 "이의신청"이라 한다)은 처분이 있음을 안 날부터 _____ 이내에 문서(전자문서를 포함한다)로 하여야 하며 처분이 있은 날부터 _____ 을 지나면 제기하지 못한다. 다만, 정당한 사유로 그 기간에 이의신청을 할 수 없었음을 소명한 경우에는 그러하지 아니하다.
④ 제3항 본문에도 불구하고 요양기관이 제48조에 따른 심사평가원의 확인에 대하여 이의신청을 하려면 같은 조 제2항에 따라 통보받은 날부터 _____ 이내에 하여야 한다.
⑤ 제1항부터 제4항까지에서 규정한 사항 외에 이의신청의 방법·결정 및 그 결정의 통지 등에 필요한 사항은 대통령령으로 정한다.

답

제88조(심판청구) ① _____ 에 대한 결정에 불복하는 자는 제89조에 따른 _____ 에 심판청구를 할 수 있다. 이 경우 심판청구의 제기기간 및 제기방법에 관하여는 제87조 제3항을 준용한다.
② 제1항에 따라 심판청구를 하려는 자는 대통령령으로 정하는 _____ 를 제87조 제1항 또는 제2항에 따른 처분을 한 공단 또는 심사평가원에 제출하거나 제89조에 따른 건강보험분쟁조정위원회에 제출하여야 한다.
③ 제1항 및 제2항에서 규정한 사항 외에 심판청구의 절차·방법·결정 및 그 결정의 통지 등에 필요한 사항은 대통령령으로 정한다.

답

제89조(건강보험분쟁조정위원회) ① 제88조에 따른 심판청구를 심리·의결하기 위하여 보건복지부에 건강보험분쟁조정위원회(이하 "분쟁조정위원회"라 한다)를 둔다.

② 분쟁조정위원회는 위원장을 포함하여 60명 이내의 위원으로 구성하고, 위원장을 제외한 위원 중 1명은 당연직위원으로 한다. 이 경우 공무원이 아닌 위원이 전체 위원의 ▉▉▉ 가 되도록 하여야 한다.

③ 분쟁조정위원회의 회의는 위원장, 당연직위원 및 ▉▉▉ 이 매 회의마다 지정하는 ▉▉▉ 의 위원을 포함하여 총 ▉▉▉ 으로 구성하되, 공무원이 아닌 위원이 과반수가 되도록 하여야 한다.

④ 분쟁조정위원회는 제3항에 따른 구성원 과반수의 출석과 출석위원 과반수의 찬성으로 의결한다.

⑤ 분쟁조정위원회를 실무적으로 지원하기 위하여 분쟁조정위원회에 사무국을 둔다.

⑥ 제1항부터 제5항까지에서 규정한 사항 외에 분쟁조정위원회 및 사무국의 구성 및 운영 등에 필요한 사항은 대통령령으로 정한다.

⑦ 분쟁조정위원회의 위원 중 공무원이 아닌 사람은 「형법」 제129조부터 제132조까지의 규정을 적용할 때 ▉▉▉ 으로 본다.

답

제90조(행정소송) 공단 또는 심사평가원의 처분에 이의가 있는 자와 제87조에 따른 ▉▉▉ 또는 제88조에 따른 ▉▉▉ 에 대한 결정에 불복하는 자는 「▉▉▉」에서 정하는 바에 따라 행정소송을 제기할 수 있다.

답

제8장 보칙

제91조(시효) ① 다음 각 호의 권리는 ▢▢ 동안 행사하지 아니하면 소멸시효가 완성된다.
1. 보험료, 연체금 및 가산금을 징수할 권리
2. 보험료, 연체금 및 가산금으로 과오납부한 금액을 환급받을 권리
3. 보험급여를 받을 권리
4. 보험급여 비용을 받을 권리
5. 제47조 제3항 후단에 따라 ▢▢ 된 본인일부부담금을 돌려받을 권리
6. 제61조에 따른 근로복지공단의 권리
② 제1항에 따른 시효는 다음 각 호의 어느 하나의 사유로 ▢▢ 된다.
1. 보험료의 고지 또는 ▢▢
2. 보험급여 또는 보험급여 비용의 청구
③ 휴직자등의 ▢▢ 를 징수할 권리의 소멸시효는 제79조 제5항에 따라 고지가 유예된 경우 휴직 등의 사유가 끝날 때까지 진행하지 아니한다.
④ 제1항에 따른 소멸시효기간, 제2항에 따른 시효 ▢▢ 및 제3항에 따른 시효 정지에 관하여 이 법에서 정한 사항 외에는 「민법」에 따른다.

답

제92조(기간 계산) 이 법이나 이 법에 따른 명령에 규정된 기간의 계산에 관하여 이 법에서 정한 사항 외에는 「▢▢」의 기간에 관한 규정을 준용한다.

답

제93조(근로자의 권익 보호) 제6조 제2항 각 호의 어느 하나에 해당하지 아니하는 모든 사업장의 근로자를 고용하는 사용자는 그가 고용한 근로자가 이 법에 따른 ▢▢ 가 되는 것을 방해하거나 자신이 부담하는 부담금이 증가되는 것을 피할 목적으로 정당한 사유 없이 근로자의 승급 또는 ▢▢ 을 하지 아니하거나 ▢▢ 나 그 밖의 불리한 조치를 할 수 없다.

답

제94조(신고 등) ① 공단은 사용자, 직장가입자 및 ▮▮▮▮에게 다음 각 호의 사항을 신고하게 하거나 관계 서류(전자적 방법으로 기록된 것을 포함한다. 이하 같다)를 제출하게 할 수 있다.
 1. 가입자의 ▮▮▮▮ 변경
 2. 가입자의 보수·소득
 3. 그 밖에 건강보험사업을 위하여 필요한 사항
② 공단은 제1항에 따라 신고한 사항이나 제출받은 자료에 대하여 사실 여부를 확인할 필요가 있으면 소속 직원이 해당 사항에 관하여 조사하게 할 수 있다.
③ 제2항에 따라 조사를 하는 소속 직원은 그 권한을 표시하는 ▮▮▮▮를 지니고 관계인에게 보여주어야 한다.

답

제95조(소득 축소·탈루 자료의 송부 등) ① 공단은 제94조 제1항에 따라 신고한 보수 또는 소득 등에 축소 또는 탈루(脫漏)가 있다고 인정하는 경우에는 ▮▮▮▮을 거쳐 소득의 축소 또는 탈루에 관한 사항을 문서로 ▮▮▮▮에게 송부할 수 있다.
② ▮▮▮▮은 제1항에 따라 송부받은 사항에 대하여「국세기본법」등 관련 법률에 따른 세무조사를 하면 그 조사 결과 중 보수·소득에 관한 사항을 ▮▮▮▮에 송부하여야 한다.
③ 제1항 및 제2항에 따른 송부 절차 등에 필요한 사항은 대통령령으로 정한다.

답

제96조(자료의 제공) ① ▨▨▨은 국가, 지방자치단체, 요양기관, 「보험업법」에 따른 보험회사 및 보험료율 산출 기관, 「공공기관의 운영에 관한 법률」에 따른 공공기관, 그 밖의 공공단체 등에 대하여 다음 각 호의 업무를 수행하기 위하여 주민등록·가족관계등록·국세·지방세·토지·건물·출입국관리 등의 자료로서 대통령령으로 정하는 자료를 제공하도록 요청할 수 있다.
1. 가입자 및 피부양자의 자격 관리, 보험료의 부과·징수, 보험급여의 관리 등 건강보험사업의 수행
2. 제14조 제1항 제11호에 따른 업무의 수행

② ▨▨▨은 국가, 지방자치단체, 요양기관, 「보험업법」에 따른 보험회사 및 보험료율 산출 기관, 「공공기관의 운영에 관한 법률」에 따른 공공기관, 그 밖의 공공단체 등에 대하여 요양급여비용을 심사하고 요양급여의 적정성을 평가하기 위하여 주민등록·출입국관리·진료기록·의약품공급 등의 자료로서 대통령령으로 정하는 자료를 제공하도록 요청할 수 있다.

③ 보건복지부장관은 관계 행정기관의 장에게 제41조의2에 따른 ▨▨▨에 대한 요양급여비용 상한금액의 감액 및 요양급여의 적용 정지를 위하여 필요한 자료를 제공하도록 요청할 수 있다.

④ 제1항부터 제3항까지의 규정에 따라 자료 제공을 요청받은 자는 성실히 이에 따라야 한다.

⑤ 공단 또는 심사평가원은 요양기관, 「보험업법」에 따른 보험회사 및 보험료율 산출 기관에 제1항 또는 제2항에 따른 자료의 제공을 요청하는 경우 자료 제공 요청 근거 및 사유, 자료 제공 대상자, 대상기간, 자료 제공 기한, 제출 자료 등이 기재된 ▨▨▨를 발송하여야 한다.

⑥ 제1항 및 제2항에 따른 국가, 지방자치단체, 요양기관, 「보험업법」에 따른 보험료율 산출 기관 그 밖의 공공기관 및 공공단체가 공단 또는 심사평가원에 제공하는 자료에 대하여는 사용료와 수수료 등을 ▨▨▨한다.

답

국민건강보험공단 직무시험

제96조의2(금융정보등의 제공 등) ① 공단은 제72조 제1항 단서에 따른 지역가입자의 ▨▨▨ 산정을 위하여 필요한 경우 「신용정보의 이용 및 보호에 관한 법률」 제32조 및 「금융실명거래 및 비밀보장에 관한 법률」 제4조 제1항에도 불구하고 지역가입자가 제72조 제3항에 따라 제출한 동의 서면을 ▨▨▨로 바꾼 문서에 의하여 「신용정보의 이용 및 보호에 관한 법률」 제2조 제6호에 따른 신용정보집중기관 또는 금융회사등(이하 이 조에서 "금융기관등"이라 한다)의 장에게 금융정보등을 제공하도록 요청할 수 있다.

② 제1항에 따라 금융정보등의 제공을 요청받은 금융기관등의 장은 「신용정보의 이용 및 보호에 관한 법률」 제32조 및 「금융실명거래 및 비밀보장에 관한 법률」 제4조에도 불구하고 명의인의 금융정보등을 제공하여야 한다.

③ 제2항에 따라 금융정보등을 제공한 금융기관등의 장은 금융정보등의 제공 사실을 명의인에게 통보하여야 한다. 다만, 명의인이 ▨▨▨ 한 경우에는 「신용정보의 이용 및 보호에 관한 법률」 제32조 제7항, 제35조 제2항 및 「금융실명거래 및 비밀보장에 관한 법률」 제4조의2 제1항에도 불구하고 통보하지 아니할 수 있다.

④ 제1항부터 제3항까지에서 규정한 사항 외에 금융정보등의 제공 요청 및 제공 절차 등에 필요한 사항은 대통령령으로 정한다.

답

제96조의3(가족관계등록 전산정보의 공동이용) ① 공단은 제96조 제1항 각 호의 업무를 수행하기 위하여 「전자정부법」에 따라 「가족관계의 등록 등에 관한 법률」 제9조에 따른 전산정보자료를 공동이용(「개인정보 보호법」 제2조 제2호에 따른 처리를 포함한다)할 수 있다.

② ▨▨▨ 은 제1항에 따라 공단이 전산정보자료의 공동이용을 요청하는 경우 그 공동이용을 위하여 필요한 조치를 취하여야 한다.

③ 누구든지 제1항에 따라 공동이용하는 전산정보자료를 그 ▨▨▨ 의 용도로 이용하거나 활용하여서는 아니 된다.

답

제96조의4(서류의 보존) ① 요양기관은 요양급여가 끝난 날부터 ▨▨▨ 간 보건복지부령으로 정하는 바에 따라 제47조에 따른 요양급여비용의 청구에 관한 서류를 보존하여야 한다. 다만, 약국 등 보건복지부령으로 정하는 요양기관은 ▨▨▨ 을 요양급여비용을 청구한 날부터 3년간 보존하여야 한다.
② 사용자는 ▨▨▨ 간 보건복지부령으로 정하는 바에 따라 자격 관리 및 보험료 산정 등 건강보험에 관한 서류를 보존하여야 한다.
③ 제49조 제3항에 따라 요양비를 청구한 ▨▨▨ 은 요양비를 지급받은 날부터 3년간 보건복지부령으로 정하는 바에 따라 요양비 청구에 관한 서류를 보존하여야 한다.
④ 제51조 제2항에 따라 ▨▨▨ 에 대한 보험급여를 청구한 자는 보험급여를 지급받은 날부터 3년간 보건복지부령으로 정하는 바에 따라 보험급여 청구에 관한 서류를 보존하여야 한다.

> 답

제97조(보고와 검사) ① 보건복지부장관은 사용자, 직장가입자 또는 세대주에게 가입자의 이동·보수·소득이나 그 밖에 필요한 사항에 관한 보고 또는 서류 제출을 명하거나, 소속 공무원이 관계인에게 질문하게 하거나 관계 서류를 검사하게 할 수 있다.
② 보건복지부장관은 요양기관(제49조에 따라 요양을 실시한 기관을 포함한다)에 대하여 요양·약제의 지급 등 ▨▨▨ 에 관한 보고 또는 서류 제출을 명하거나, 소속 공무원이 관계인에게 질문하게 하거나 관계 서류를 검사하게 할 수 있다.
③ 보건복지부장관은 보험급여를 받은 자에게 해당 보험급여의 내용에 관하여 보고하게 하거나, 소속 공무원이 질문하게 할 수 있다.
④ 보건복지부장관은 제47조 제7항에 따라 요양급여비용의 ▨▨▨ 를 대행하는 단체(이하 "대행청구단체"라 한다)에 필요한 자료의 제출을 명하거나, 소속 공무원이 대행청구에 관한 자료 등을 조사·확인하게 할 수 있다.
⑤ 보건복지부장관은 제41조의2에 따른 ▨▨▨ 에 대한 요양급여비용 상한금액의 감액 및 요양급여의 적용 정지를 위하여 필요한 경우에는 「약사법」 제47조 제2항에 따른 의약품공급자에 대하여 금전, 물품, 편익, 노무, 향응, 그 밖의 ▨▨▨ 이익등 제공으로 인한 의약품 판매 질서 위반 행위에 관한 보고 또는 서류 제출을 명하거나, 소속 공무원이 관계인에게 질문하게 하거나 관계 서류를 검사하게 할 수 있다.
⑥ 제1항부터 제5항까지의 규정에 따라 질문·검사·조사 또는 확인을 하는 소속 공무원은 그 ▨▨▨ 을 표시하는 증표를 지니고 관계인에게 보여주어야 한다.
⑦ 보건복지부장관은 제1항부터 제5항까지에 따른 질문·검사·조사 또는 확인 업무를 효율적으로 수행하기 위하여 대통령령으로 정하는 바에 따라 ▨▨▨ 또는 심사평가원으로 하여금 그 업무를 지원하게 할 수 있다.

⑧ 제1항부터 제6항까지에 따른 질문·검사·조사 또는 확인의 내용·절차·방법 등에 관하여 이 법에서 정하는 사항을 제외하고는 「행정조사기본법」에서 정하는 바에 따른다.

> 답

제98조(업무정지) ① 보건복지부장관은 요양기관이 다음 각 호의 어느 하나에 해당하면 그 요양기관에 대하여 ▒▒▒▒의 범위에서 기간을 정하여 업무정지를 명할 수 있다.
1. 속임수나 그 밖의 부당한 방법으로 보험자·가입자 및 피부양자에게 ▒▒▒▒을 부담하게 한 경우
2. 제97조 제2항에 따른 명령에 위반하거나 거짓 보고를 하거나 거짓 서류를 제출하거나, 소속 공무원의 ▒▒▒▒ 또는 질문을 거부·방해 또는 기피한 경우
3. 정당한 사유 없이 요양기관이 제41조의3 제1항에 따른 결정을 신청하지 아니하고 속임수나 그 밖의 부당한 방법으로 행위·치료재료를 가입자 또는 피부양자에게 실시 또는 사용하고 비용을 부담시킨 경우

② 제1항에 따라 업무정지 처분을 받은 자는 해당 업무정지기간 중에는 요양급여를 하지 못한다.
③ 제1항에 따른 업무정지 처분의 효과는 그 처분이 확정된 요양기관을 양수한 자 또는 합병 후 존속하는 법인이나 합병으로 설립되는 법인에 ▒▒▒▒되고, 업무정지 처분의 절차가 진행 중인 때에는 양수인 또는 합병 후 존속하는 법인이나 합병으로 설립되는 법인에 대하여 그 절차를 계속 진행할 수 있다. 다만, 양수인 또는 합병 후 존속하는 법인이나 합병으로 설립되는 법인이 그 처분 또는 위반사실을 ▒▒▒▒을 증명하는 경우에는 그러하지 아니하다.
④ 제1항에 따른 업무정지 처분을 받았거나 업무정지 처분의 절차가 진행 중인 자는 행정처분을 받은 사실 또는 행정처분절차가 진행 중인 사실을 보건복지부령으로 정하는 바에 따라 양수인 또는 합병 후 존속하는 법인이나 합병으로 설립되는 법인에 지체 없이 알려야 한다.
⑤ 제1항에 따른 업무정지를 부과하는 위반행위의 종류, 위반 정도 등에 따른 행정처분기준이나 그 밖에 필요한 사항은 대통령령으로 정한다.

> 답

제99조(과징금) ① 보건복지부장관은 요양기관이 제98조 제1항 제1호 또는 제3호에 해당하여 업무정지 처분을 하여야 하는 경우로서 그 업무정지 처분이 해당 요양기관을 이용하는 사람에게 심한 불편을 주거나 보건복지부장관이 정하는 특별한 사유가 있다고 인정되면 업무정지 처분을 갈음하여 속임수나 그 밖의 부당한 방법으로 부담하게 한 금액의 ▨▨▨ 이하의 금액을 과징금으로 부과·징수할 수 있다. 이 경우 보건복지부장관은 ▨▨▨의 범위에서 분할납부를 하게 할 수 있다.
② 보건복지부장관은 제41조의2 제3항에 따라 약제를 요양급여에서 적용 정지하는 경우 다음 각 호의 어느 하나에 해당하는 때에는 요양급여의 적용 정지에 갈음하여 대통령령으로 정하는 바에 따라 다음 각 호의 구분에 따른 범위에서 과징금을 부과·징수할 수 있다. 이 경우 보건복지부장관은 ▨▨▨의 범위에서 분할납부를 하게 할 수 있다.
1. 환자 진료에 불편을 초래하는 등 공공복리에 지장을 줄 것으로 예상되는 때 : 해당 약제에 대한 요양급여비용 총액의 100분의 ▨▨▨을 넘지 아니하는 범위
2. 국민 건강에 심각한 위험을 초래할 것이 예상되는 등 특별한 사유가 있다고 인정되는 때 : 해당 약제에 대한 요양급여비용 총액의 100분의 ▨▨▨을 넘지 아니하는 범위
③ 보건복지부장관은 제2항 전단에 따라 과징금 부과 대상이 된 약제가 과징금이 부과된 날부터 ▨▨▨의 범위에서 대통령령으로 정하는 기간 내에 다시 제2항 전단에 따른 과징금 부과 대상이 되는 경우에는 대통령령으로 정하는 바에 따라 다음 각 호의 구분에 따른 범위에서 과징금을 부과·징수할 수 있다.
1. 제2항 제1호에서 정하는 사유로 과징금 부과대상이 되는 경우 : 해당 약제에 대한 요양급여비용 총액의 100분의 ▨▨▨을 넘지 아니하는 범위
2. 제2항 제2호에서 정하는 사유로 과징금 부과대상이 되는 경우 : 해당 약제에 대한 요양급여비용 총액의 100분의 ▨▨▨을 넘지 아니하는 범위
④ 제2항 및 제3항에 따라 대통령령으로 해당 약제에 대한 요양급여비용 총액을 정할 때에는 그 약제의 과거 요양급여 실적 등을 고려하여 ▨▨▨간의 요양급여 총액을 넘지 않는 범위에서 정하여야 한다.
⑤ 보건복지부장관은 제1항에 따른 과징금을 납부하여야 할 자가 납부기한까지 이를 내지 아니하면 대통령령으로 정하는 절차에 따라 그 과징금 부과 처분을 취소하고 제98조 제1항에 따른 업무정지 처분을 하거나 국세 체납처분의 예에 따라 이를 징수한다. 다만, 요양기관의 ▨▨▨ 등으로 제98조 제1항에 따른 업무정지 처분을 할 수 없으면 국세 체납처분의 예에 따라 징수한다.
⑥ 보건복지부장관은 제2항 또는 제3항에 따른 과징금을 납부하여야 할 자가 납부기한까지 이를 내지 아니하면 국세 체납처분의 예에 따라 징수한다.
⑦ 보건복지부장관은 과징금을 징수하기 위하여 필요하면 다음 각 호의 사항을 적은 문서로 관할 ▨▨▨의 장 또는 지방자치단체의 장에게 과세정보의 제공을 요청할 수 있다.
1. 납세자의 인적사항
2. 사용 목적
3. 과징금 부과 사유 및 부과 기준
⑧ 제1항부터 제3항까지의 규정에 따라 징수한 과징금은 다음 각 호 외의 용도로는 사용할 수 없다. 이 경우 제2항 제1호 및 제3항 제1호에 따라 징수한 과징금은 제3호의 용도로 사용하여야 한다.

1. 제47조 제3항에 따라 공단이 요양급여비용으로 지급하는 자금
2. 「응급의료에 관한 법률」에 따른 _____의 지원
3. 「_____ 지원에 관한 법률」에 따른 _____ 지원사업에 대한 지원
⑨ 제1항부터 제3항까지의 규정에 따른 과징금의 금액과 그 납부에 필요한 사항 및 제8항에 따른 과징금의 용도별 지원 규모, 사용 절차 등에 필요한 사항은 대통령령으로 정한다.

> 답

제100조(위반사실의 공표) ① 보건복지부장관은 관련 서류의 위조·변조로 요양급여비용을 거짓으로 청구하여 제98조 또는 제99조에 따른 행정처분을 받은 요양기관이 다음 각 호의 어느 하나에 해당하면 그 위반 행위, 처분 내용, 해당 요양기관의 명칭·주소 및 대표자 성명, 그 밖에 다른 요양기관과의 구별에 필요한 사항으로서 대통령령으로 정하는 사항을 공표할 수 있다. 이 경우 공표 여부를 결정할 때에는 그 위반행위의 동기, 정도, 횟수 및 결과 등을 고려하여야 한다.
1. 거짓으로 청구한 금액이 _____원 이상인 경우
2. 요양급여비용 총액 중 거짓으로 청구한 금액의 비율이 100분의 _____ 이상인 경우
② 보건복지부장관은 제1항에 따른 공표 여부 등을 심의하기 위하여 건강보험공표심의위원회(이하 이 조에서 "공표심의위원회"라 한다)를 설치·운영한다.
③ 보건복지부장관은 공표심의위원회의 심의를 거친 공표대상자에게 공표대상자인 사실을 알려 _____를 제출하거나 출석하여 의견을 진술할 기회를 주어야 한다.
④ 보건복지부장관은 공표심의위원회가 제3항에 따라 제출된 _____ 또는 진술된 의견을 고려하여 공표대상자를 재심의한 후 공표대상자를 선정한다.
⑤ 제1항부터 제4항까지에서 규정한 사항 외에 공표의 절차·방법, 공표심의위원회의 구성·운영 등에 필요한 사항은 대통령령으로 정한다.

> 답

제101조(제조업자 등의 금지행위 등) ① 「약사법」에 따른 의약품의 제조업자 · 위탁제조판매업자 · 수입자 · 판매업자 및 「의료기기법」에 따른 의료기기 제조업자 · 수입업자 · 수리업자 · 판매업자 · 임대업자(이하 "제조업자등"이라 한다)는 약제 · 치료재료와 관련하여 제41조의3에 따라 요양급여대상 여부를 결정하거나 제46조에 따라 요양급여비용을 산정할 때에 다음 각 호의 행위를 하여 보험자 · 가입자 및 피부양자에게 손실을 주어서는 아니 된다.
1. 제98조 제1항 제1호에 해당하는 ▨▨▨의 행위에 개입
2. 보건복지부, 공단 또는 심사평가원에 거짓 자료의 제출
3. 그 밖에 속임수나 보건복지부령으로 정하는 부당한 방법으로 요양급여대상 여부의 결정과 요양급여비용의 산정에 영향을 미치는 행위

② ▨▨▨은 제조업자등이 제1항에 위반한 사실이 있는지 여부를 확인하기 위하여 그 제조업자등에게 관련 서류의 제출을 명하거나, 소속 ▨▨▨이 관계인에게 질문을 하게 하거나 관계 서류를 검사하게 하는 등 필요한 조사를 할 수 있다. 이 경우 소속 ▨▨▨은 그 권한을 표시하는 증표를 지니고 이를 관계인에게 보여주어야 한다.

③ 공단은 제1항을 위반하여 보험자 · 가입자 및 피부양자에게 손실을 주는 행위를 한 제조업자등에 대하여 손실에 상당하는 금액(이하 이 조에서 "손실 상당액"이라 한다)을 징수한다.

④ 공단은 제3항에 따라 징수한 손실 상당액 중 가입자 및 피부양자의 손실에 해당되는 금액을 그 가입자나 피부양자에게 지급하여야 한다. 이 경우 공단은 가입자나 피부양자에게 지급하여야 하는 금액을 그 가입자 및 피부양자가 내야하는 보험료등과 ▨▨▨ 할 수 있다.

⑤ 제3항에 따른 손실 상당액의 산정, 부과 · 징수절차 및 납부방법 등에 관하여 필요한 사항은 대통령령으로 정한다.

> 답

제101조의2(약제에 대한 쟁송 시 손실상당액의 징수 및 지급) ① 공단은 제41조의2에 따른 요양급여비용 상한금액의 감액 및 요양급여의 적용 정지 또는 제41조의3에 따른 조정(이하 이 조에서 "조정등"이라 한다)에 대하여 약제의 제조업자등이 청구 또는 제기한 「행정심판법」에 따른 행정심판 또는 「행정소송법」에 따른 행정소송에 대하여 행정심판위원회 또는 법원의 결정이나 재결, 판결이 다음 각 호의 요건을 모두 충족하는 경우에는 조정등이 ▒▒ 된 기간 동안 공단에 발생한 손실에 상당하는 금액을 약제의 제조업자등에게서 징수할 수 있다.
1. 행정심판위원회 또는 법원이 집행정지 결정을 한 경우
2. 행정심판이나 행정소송에 대한 ▒▒ 또는 기각(일부 기각을 포함한다) 재결 또는 판결이 확정되거나 청구취하 또는 소취하로 심판 또는 소송이 ▒▒ 된 경우
② 공단은 제1항의 심판 또는 소송에 대한 결정이나 재결, 판결이 다음 각 호의 요건을 모두 충족하는 경우에는 조정등으로 인하여 약제의 제조업자등에게 발생한 손실에 상당하는 금액을 지급하여야 한다.
1. 행정심판위원회 또는 법원의 집행정지 결정이 없거나 집행정지 결정이 ▒▒ 된 경우
2. 행정심판이나 행정소송에 대한 인용(일부 인용을 포함한다) 재결 또는 판결이 ▒▒ 된 경우
③ 제1항에 따른 손실에 상당하는 금액은 집행정지 기간 동안 공단이 지급한 요양급여비용과 집행정지가 결정되지 않았다면 공단이 지급하여야 할 요양급여비용의 차액으로 산정한다. 다만, 요양급여대상에서 제외되거나 요양급여의 적용을 정지하는 내용의 조정등의 경우에는 요양급여비용 차액의 100분의 ▒▒ 을 초과할 수 없다.
④ 제2항에 따른 손실에 상당하는 금액은 해당 조정등이 없었다면 공단이 지급하여야 할 요양급여비용과 조정등에 따라 공단이 지급한 요양급여비용의 차액으로 산정한다. 다만, 요양급여대상에서 제외되거나 요양급여의 적용을 정지하는 내용의 조정등의 경우에는 요양급여비용 차액의 100분의 ▒▒ 을 초과할 수 없다.
⑤ 공단은 제1항 또는 제2항에 따라 손실에 상당하는 금액을 징수 또는 지급하는 경우 대통령령으로 정하는 ▒▒ 를 가산하여야 한다.
⑥ 그 밖에 제1항에 따른 징수절차, 제2항에 따른 지급절차, 제3항 및 제4항에 따른 손실에 상당하는 금액의 산정기준 및 기간, 제5항에 따른 가산금 등 징수 및 지급에 필요한 세부사항은 보건복지부령으로 정한다.

답

제102조(정보의 유지 등) _____, _____ 및 _____에 종사하였던 사람 또는 종사하는 사람은 다음 각 호의 행위를 하여서는 아니 된다.
1. 가입자 및 피부양자의 개인정보(「개인정보 보호법」 제2조 제1호의 개인정보를 말한다. 이하 "개인정보"라 한다)를 누설하거나 직무상 목적 외의 용도로 이용 또는 정당한 사유 없이 제3자에게 제공하는 행위
2. 업무를 수행하면서 알게 된 정보(제1호의 개인정보는 제외한다)를 누설하거나 직무상 목적 외의 용도로 이용 또는 제3자에게 제공하는 행위

답

제103조(공단 등에 대한 감독 등) ① _____은 공단과 심사평가원의 경영목표를 달성하기 위하여 다음 각 호의 사업이나 업무에 대하여 보고를 명하거나 그 사업이나 업무 또는 _____을 검사하는 등 감독을 할 수 있다.
1. 제14조 제1항 제1호부터 제13호까지의 규정에 따른 공단의 업무 및 제63조 제1항 제1호부터 제8호까지의 규정에 따른 심사평가원의 업무
2. 「공공기관의 운영에 관한 법률」 제50조에 따른 _____의 이행과 관련된 사업
3. 이 법 또는 다른 법령에서 공단과 심사평가원이 위탁받은 업무
4. 그 밖에 관계 법령에서 정하는 사항과 관련된 사업
② _____은 제1항에 따른 감독상 필요한 경우에는 _____이나 규정의 변경 또는 그 밖에 필요한 처분을 명할 수 있다.

답

국민건강보험공단 직무시험

제104조(포상금 등의 지급) ① 공단은 다음 각 호의 어느 하나에 해당하는 자 또는 재산을 신고한 사람에 대하여 포상금을 지급할 수 있다. 다만, ▨▨ 이 그 직무와 관련하여 제4호에 따른 ▨▨ 을 신고한 경우에는 그러하지 아니한다.
1. 속임수나 그 밖의 부당한 방법으로 보험급여를 받은 사람
2. 속임수나 그 밖의 부당한 방법으로 다른 사람이 보험급여를 받도록 한 자
3. 속임수나 그 밖의 부당한 방법으로 보험급여 비용을 받은 요양기관 또는 보험급여를 받은 준요양기관 및 보조기기 판매업자
4. 제57조에 따라 징수금을 납부하여야 하는 자의 ▨▨

② 공단은 건강보험 재정을 효율적으로 운영하는 데에 이바지한 요양기관에 대하여 ▨▨ 을 지급할 수 있다.

③ 제1항 제4호의 ▨▨ 이란 징수금을 납부하여야 하는 자가 은닉한 현금, 예금, 주식, 그 밖에 재산적 가치가 있는 유형·무형의 재산을 말한다. 다만, 다음 각 호의 어느 하나에 해당하는 재산은 제외한다.
1. 「민법」 제406조 등 관계 법령에 따라 ▨▨ 취소소송의 대상이 되어 있는 재산
2. 공단이 은닉사실을 알고 조사 또는 ▨▨ 절차에 착수한 재산
3. 그 밖에 ▨▨ 신고를 받을 필요가 없다고 인정되어 대통령령으로 정하는 재산

④ 제1항 및 제2항에 따른 포상금 및 ▨▨ 의 지급 기준과 범위, 절차 및 방법 등에 필요한 사항은 대통령령으로 정한다.

답

제105조(유사명칭의 사용금지) ① 공단이나 심사평가원이 아닌 자는 국민건강보험공단, 건강보험심사평가원 또는 이와 유사한 명칭을 사용하지 못한다.

② 이 법으로 정하는 ▨▨ 사업을 수행하는 자가 아닌 자는 보험계약 또는 보험계약의 명칭에 ▨▨ 이라는 용어를 사용하지 못한다.

답

제106조(소액 처리) 공단은 징수하여야 할 금액이나 반환하여야 할 금액이 1건당 [　　] 미만인 경우(제47조 제5항, 제57조 제5항 후단 및 제101조 제4항 후단에 따라 각각 상계 처리할 수 있는 [　　] 환급금 및 가입자나 피부양자에게 지급하여야 하는 금액은 제외한다)에는 징수 또는 반환하지 아니한다.

> 답

제107조(끝수 처리) 보험료등과 보험급여에 관한 비용을 계산할 때 「[　　]」 제47조에 따른 끝수는 [　　] 하지 아니한다.

> 답

제108조의2(보험재정에 대한 정부지원) ① 국가는 매년 예산의 범위에서 해당 연도 보험료 예상 수입액의 100분의 [　　] 에 상당하는 금액을 국고에서 공단에 지원한다.
② 공단은 「국민건강증진법」에서 정하는 바에 따라 같은 법에 따른 [　　] 에서 자금을 지원받을 수 있다.
③ 공단은 제1항에 따라 지원된 재원을 다음 각 호의 사업에 사용한다.
1. 가입자 및 피부양자에 대한 보험급여
2. 건강보험사업에 대한 [　　]
3. 제75조 및 제110조 제4항에 따른 보험료 경감에 대한 지원
④ 공단은 제2항에 따라 지원된 재원을 다음 각 호의 사업에 사용한다.
1. 건강검진 등 건강증진에 관한 사업
2. 가입자와 피부양자의 [　　] 으로 인한 질병에 대한 보험급여
3. 가입자와 피부양자 중 [　　] 이상 노인에 대한 보험급여

> 답

제109조(외국인 등에 대한 특례) ① 정부는 외국 정부가 사용자인 사업장의 근로자의 건강보험에 관하여는 ▢▢▢와 한 합의에 따라 이를 따로 정할 수 있다.
② 국내에 체류하는 재외국민 또는 외국인(이하 "국내체류 외국인등"이라 한다)이 적용대상사업장의 근로자, 공무원 또는 교직원이고 제6조 제2항 각 호의 어느 하나에 해당하지 아니하면서 다음 각 호의 어느 하나에 해당하는 경우에는 제5조에도 불구하고 직장가입자가 된다.
1. 「주민등록법」 제6조 제1항 제3호에 따라 등록한 사람
2. 「재외동포의 출입국과 법적 지위에 관한 법률」 제6조에 따라 ▢▢▢를 한 사람
3. 「출입국관리법」 제31조에 따라 ▢▢▢을 한 사람
③ 제2항에 따른 직장가입자에 해당하지 아니하는 국내체류 외국인등이 다음 각 호의 요건을 모두 갖춘 경우에는 제5조에도 불구하고 지역가입자가 된다.
1. 보건복지부령으로 정하는 기간 동안 국내에 ▢▢▢하였거나 해당 기간 동안 국내에 지속적으로 ▢▢▢할 것으로 예상할 수 있는 사유로서 보건복지부령으로 정하는 사유에 해당될 것
2. 다음 각 목의 어느 하나에 해당할 것
   가. 제2항 제1호 또는 제2호에 해당하는 사람
   나. 「출입국관리법」 제31조에 따라 ▢▢▢을 한 사람으로서 보건복지부령으로 정하는 체류자격이 있는 사람
④ 제2항 각 호의 어느 하나에 해당하는 국내체류 외국인등이 다음 각 호의 요건을 모두 갖춘 경우에는 제5조에도 불구하고 공단에 신청하면 피부양자가 될 수 있다.
1. 직장가입자와의 관계가 제5조 제2항 각 호의 어느 하나에 해당할 것
2. 제5조 제3항에 따른 피부양자 자격의 인정 기준에 해당할 것
3. 국내 거주기간 또는 거주사유가 제3항 제1호에 따른 기준에 해당할 것. 다만, 직장가입자의 배우자 및 19세 미만 자녀(배우자의 자녀를 포함한다)에 대해서는 그러하지 아니하다.
⑤ 제2항부터 제4항까지의 규정에도 불구하고 다음 각 호에 해당되는 경우에는 가입자 및 피부양자가 될 수 없다.
1. 국내체류가 법률에 위반되는 경우로서 대통령령으로 정하는 사유가 있는 경우
2. 국내체류 외국인등이 외국의 법령, 외국의 ▢▢▢ 또는 사용자와의 계약 등에 따라 제41조에 따른 요양급여에 상당하는 ▢▢▢을 받을 수 있어 사용자 또는 가입자가 보건복지부령으로 정하는 바에 따라 가입 제외를 신청한 경우
⑥ 제2항부터 제5항까지의 규정에서 정한 사항 외에 국내체류 외국인등의 가입자 또는 피부양자 자격의 취득 및 상실에 관한 시기·절차 등에 필요한 사항은 제5조부터 제11조까지의 규정을 준용한다. 다만, 국내체류 외국인등의 특성을 고려하여 특별히 규정해야 할 사항은 대통령령으로 다르게 정할 수 있다.
⑦ 가입자인 국내체류 외국인등이 매월 ▢▢▢일 이후 지역가입자의 자격을 취득하고 그 자격을 취득한 날이 속하는 달에 보건복지부장관이 고시하는 사유로 해당 자격을 상실한 경우에는 제69조 제2항 본문에도 불구하고 그 자격을 취득한 날이 속하는 달의 보험료를 부과하여 징수한다.
⑧ 국내체류 외국인등(제9항 단서의 적용을 받는 사람에 한정한다)에 해당하는 지역가입자의 보험료는 제78조 제1항 본문에도 불구하고 그 직전 월 ▢▢▢일까지 납부하여야 한다. 다만, 다음 각

호에 해당되는 경우에는 공단이 정하는 바에 따라 납부하여야 한다.
1. 자격을 취득한 날이 속하는 달의 보험료를 징수하는 경우
2. 매월 ▢ 일 이후부터 말일까지의 기간에 자격을 취득한 경우
⑨ 제7항과 제8항에서 정한 사항 외에 가입자인 국내체류 외국인등의 보험료 부과·징수에 관한 사항은 제69조부터 제86조까지의 규정을 준용한다. 다만, 대통령령으로 정하는 국내체류 외국인등의 보험료 부과·징수에 관한 사항은 그 특성을 고려하여 보건복지부장관이 다르게 정하여 고시할 수 있다.
⑩ 공단은 ▢ 인 국내체류 외국인등(제9항 단서의 적용을 받는 사람에 한정한다)이 보험료를 대통령령으로 정하는 기간 이상으로 체납한 경우에는 제53조 제3항에도 불구하고 체납일부터 체납한 보험료를 완납할 때까지 보험급여를 하지 아니한다. 이 경우 제53조 제3항 각 호 외의 부분 단서 및 같은 조 제5항·제6항은 적용하지 아니한다.
⑪ 제10항에도 불구하고 체류자격 및 체류기간 등 국내체류 외국인등의 특성을 고려하여 특별히 규정하여야 할 사항은 대통령령으로 다르게 정할 수 있다.

답

제110조(실업자에 대한 특례) ① 사용관계가 끝난 사람 중 직장가입자로서의 자격을 유지한 기간이 보건복지부령으로 정하는 기간 동안 통산 ▢ 이상인 사람은 지역가입자가 된 이후 최초로 제79조에 따라 지역가입자 보험료를 고지받은 날부터 그 납부기한에서 ▢ 이 지나기 이전까지 공단에 직장가입자로서의 자격을 유지할 것을 신청할 수 있다.
② 제1항에 따라 공단에 신청한 가입자(이하 "임의계속가입자"라 한다)는 제9조에도 불구하고 대통령령으로 정하는 기간 동안 직장가입자의 자격을 유지한다. 다만, 제1항에 따른 신청 후 최초로 내야 할 직장가입자 보험료를 그 납부기한부터 ▢ 이 지난 날까지 내지 아니한 경우에는 그 자격을 유지할 수 없다.
③ 임의계속가입자의 보수월액은 보수월액보험료가 산정된 최근 ▢ 간의 보수월액을 평균한 금액으로 한다.
④ 임의계속가입자의 보험료는 보건복지부장관이 정하여 고시하는 바에 따라 그 일부를 경감할 수 있다.
⑤ 임의계속가입자의 보수월액보험료는 제76조 제1항 및 제77조 제1항 제1호에도 불구하고 그 임의계속가입자가 ▢ 을 부담하고 납부한다.
⑥ 임의계속가입자가 보험료를 납부기한까지 내지 아니하는 경우 그 급여제한에 관하여는 제53조 제3항·제5항 및 제6항을 준용한다. 이 경우 "제69조 제5항에 따른 세대단위의 보험료"는 "제110조 제5항에 따른 보험료"로 본다.
⑦ 임의계속가입자의 신청 방법·절차 등에 필요한 사항은 보건복지부령으로 정한다.

답

제111조(권한의 위임) 이 법에 따른 ▭의 권한은 대통령령으로 정하는 바에 따라 그 일부를 특별시장·광역시장·특별자치시장·도지사 또는 특별자치도지사에게 위임할 수 있다.

> 답

제112조(업무의 위탁) ① 공단은 대통령령으로 정하는 바에 따라 다음 각 호의 업무를 체신관서, ▭ 또는 그 밖의 자에게 위탁할 수 있다.
1. 보험료의 ▭ 또는 보험료납부의 확인에 관한 업무
2. 보험급여비용의 지급에 관한 업무
3. 징수위탁근거법의 위탁에 따라 징수하는 연금보험료, 고용보험료, 산업재해보상보험료, 부담금 및 분담금 등(이하 "징수위탁보험료등"이라 한다)의 수납 또는 그 납부의 확인에 관한 업무

② 공단은 그 업무의 일부를 국가기관, 지방자치단체 또는 다른 법령에 따른 사회보험 업무를 수행하는 법인이나 그 밖의 자에게 위탁할 수 있다. 다만, 보험료와 징수위탁보험료등의 ▭ 업무는 그러하지 아니하다.

③ 제2항에 따라 공단이 위탁할 수 있는 업무 및 위탁받을 수 있는 자의 범위는 보건복지부령으로 정한다.

> 답

제113조(징수위탁보험료등의 배분 및 납입 등) ① 공단은 자신이 징수한 보험료와 그에 따른 징수금 또는 징수위탁보험료등의 금액이 징수하여야 할 총액에 부족한 경우에는 대통령령으로 정하는 기준, 방법에 따라 이를 배분하여 납부 처리하여야 한다. 다만, ▭가 다른 의사를 표시한 때에는 그에 따른다.

② 공단은 징수위탁보험료등을 징수한 때에는 이를 지체 없이 해당 보험별 ▭에 납입하여야 한다.

> 답

제114조(출연금의 용도 등) ① 공단은 「＿＿＿＿」, 「산업재해보상보험법」, 「고용보험법」 및 「임금채권보장법」에 따라 ＿＿＿＿기금, 산업재해보상보험및예방기금, 고용보험기금 및 임금채권보장기금으로부터 각각 지급받은 출연금을 제14조 제1항 제11호에 따른 업무에 소요되는 비용에 사용하여야 한다.
② 제1항에 따라 지급받은 출연금의 관리 및 운용 등에 필요한 사항은 대통령령으로 정한다.

> 답

제114조의2(벌칙 적용에서 공무원 의제) 제4조 제1항에 따른 ＿＿＿＿ 및 제100조 제2항에 따른 ＿＿＿＿ 위원 중 공무원이 아닌 사람은 「형법」 제127조 및 제129조부터 제132조까지의 규정을 적용할 때에는 공무원으로 본다.

> 답

제9장 벌칙

제115조(벌칙) ① 제102조 제1호를 위반하여 가입자 및 피부양자의 개인정보를 누설하거나 직무상 목적 외의 용도로 이용 또는 정당한 사유 없이 제3자에게 제공한 자는 ▢▢ 이하의 징역 또는 ▢▢ 이하의 벌금에 처한다.
② 다음 각 호의 어느 하나에 해당하는 자는 3년 이하의 징역 또는 3천만 원 이하의 벌금에 처한다.
1. ▢▢ 의 종사자로서 거짓이나 그 밖의 부정한 방법으로 요양급여비용을 청구한 자
2. 제102조 제2호를 위반하여 업무를 수행하면서 알게 된 정보를 누설하거나 직무상 목적 외의 용도로 이용 또는 제3자에게 제공한 자
③ 제96조의3 제3항을 위반하여 공동이용하는 ▢▢ 를 같은 조 제1항에 따른 목적 외의 용도로 이용하거나 활용한 자는 3년 이하의 징역 또는 1천만 원 이하의 벌금에 처한다.
④ 거짓이나 그 밖의 부정한 방법으로 보험급여를 받거나 타인으로 하여금 보험급여를 받게 한 사람은 ▢▢ 이하의 징역 또는 2천만 원 이하의 벌금에 처한다.
⑤ 다음 각 호의 어느 하나에 해당하는 자는 ▢▢ 이하의 징역 또는 1천만 원 이하의 벌금에 처한다.
1. 제42조의2 제1항 및 제3항을 위반하여 선별급여를 제공한 요양기관의 개설자
2. 제47조 제7항을 위반하여 대행청구단체가 아닌 자로 하여금 대행하게 한 자
3. 제93조를 위반한 사용자
4. 제98조 제2항을 위반한 요양기관의 개설자
5. 삭제 〈2019. 4. 23.〉

답

제116조(벌칙) 제97조 제2항을 위반하여 보고 또는 서류 제출을 하지 아니한 자, 거짓으로 보고하거나 거짓 서류를 제출한 자, 검사나 질문을 거부·방해 또는 기피한 자는 ▢▢ 이하의 벌금에 처한다.

답

제117조(벌칙) 제42조 제5항을 위반한 자 또는 제49조 제2항을 위반하여 요양비 명세서나 요양 명세를 적은 █████ 을 내주지 아니한 자는 █████ 이하의 벌금에 처한다.

> 답

제118조(양벌 규정) 법인의 대표자나 법인 또는 개인의 대리인, 사용인, 그 밖의 종사자가 그 법인 또는 개인의 업무에 관하여 제115조부터 제117조까지의 규정 중 어느 하나에 해당하는 위반행위를 하면 그 행위자를 벌하는 외에 그 법인 또는 개인에게도 해당 조문의 █████ 을 과(科)한다. 다만, 법인 또는 개인이 그 위반행위를 방지하기 위하여 해당 업무에 관하여 상당한 주의와 █████ 을 게을리하지 아니한 경우에는 그러하지 아니하다.

> 답

제119조(과태료) ① 삭제 〈2013. 5. 22.〉

② 삭제 〈2013. 5. 22.〉

③ 다음 각 호의 어느 하나에 해당하는 자에게는 ▢ 이하의 과태료를 부과한다.

1. 제7조를 위반하여 신고를 하지 아니하거나 거짓으로 신고한 사용자
2. 정당한 사유 없이 제94조 제1항을 위반하여 신고·서류제출을 하지 아니하거나 거짓으로 신고·서류제출을 한 자
3. 정당한 사유 없이 제97조 제1항, 제3항, 제4항, 제5항을 위반하여 보고·서류제출을 하지 아니하거나 거짓으로 보고·서류제출을 한 자
4. 제98조 제4항을 위반하여 ▢을 받은 사실 또는 ▢가 진행 중인 사실을 지체 없이 알리지 아니한 자
5. 정당한 사유 없이 제101조 제2항을 위반하여 서류를 제출하지 아니하거나 거짓으로 제출한 자

④ 다음 각 호의 어느 하나에 해당하는 자에게는 ▢ 이하의 과태료를 부과한다.

1. 삭제 〈2016. 3. 22.〉
2. 삭제 〈2018. 12. 11.〉
3. 제12조 제4항을 위반하여 정당한 사유 없이 건강보험증이나 신분증명서로 가입자 또는 피부양자의 본인 여부 및 그 자격을 확인하지 아니하고 요양급여를 실시한 자
4. 제96조의4를 위반하여 서류를 보존하지 아니한 자
5. 제103조에 따른 명령을 위반한 자
6. 제105조를 위반한 자

⑤ 제3항 및 제4항에 따른 과태료는 대통령령으로 정하는 바에 따라 ▢이 부과·징수한다.

답

국민건강보험법

1회 기출예상문제

문번	답란
1	① ② ③ ④
2	① ② ③ ④
3	① ② ③ ④
4	① ② ③ ④
5	① ② ③ ④
6	① ② ③ ④
7	① ② ③ ④
8	① ② ③ ④
9	① ② ③ ④
10	① ② ③ ④
11	① ② ③ ④
12	① ② ③ ④
13	① ② ③ ④
14	① ② ③ ④
15	① ② ③ ④
16	① ② ③ ④
17	① ② ③ ④
18	① ② ③ ④
19	① ② ③ ④
20	① ② ③ ④

수험생 유의사항

※ 답안은 반드시 컴퓨터용 사인펜으로 보기와 같이 바르게 표기해야 합니다.
 (보기) ① ② ③ ❹ ⑤
※ 성명표기란 위 칸에는 성명을 한글로 쓰고 아래 칸에는 성명을 정확하게 표기하시오, (맨 왼쪽 칸부터 성과 이름은 붙여 씁니다)
※ 수험번호/월일 위 칸에는 아라비아 숫자로 쓰고 아래 칸에는 숫자와 일치하게 표기하시오.
※ 월일은 반드시 본인 주민등록번호의 생년을 제외한 월 두 자리, 일 두 자리를 표기하시오.
 (예) 1994년 1월 12일 → 0112

국민건강보험법

2회 기출예상문제

문번	답란	문번	답란
1	① ② ③ ④	11	① ② ③ ④
2	① ② ③ ④	12	① ② ③ ④
3	① ② ③ ④	13	① ② ③ ④
4	① ② ③ ④	14	① ② ③ ④
5	① ② ③ ④	15	① ② ③ ④
6	① ② ③ ④	16	① ② ③ ④
7	① ② ③ ④	17	① ② ③ ④
8	① ② ③ ④	18	① ② ③ ④
9	① ② ③ ④	19	① ② ③ ④
10	① ② ③ ④	20	① ② ③ ④

감독관 확인란

수험번호

주민등록 앞자리 생년제외월일

성명표기란

수험생 유의사항

※ 답안은 반드시 컴퓨터용 사인펜으로 보기와 같이 바르게 표기해야 합니다.
  (보기) ① ② ③ ● ⑤
※ 성명표기란 위 칸에는 성명을 한글로 쓰고 아래 칸에는 성명을 정확하게 표기하십시오. (맨 왼쪽 칸부터 성과 이름은 붙여 씁니다)
※ 수험번호/월일 위 칸에는 아라비아 숫자로 쓰고 아래 칸에는 숫자와 일치하게 표기하십시오.
※ 월일은 반드시 본인 주민등록번호의 생년을 제외한 월 두 자리, 일 두 자리를 표기하십시오.
  (예) 1994년 1월 12일 → 0112

국민건강보험법

3회 기출예상문제

문번	답란				문번	답란			
1	①	②	③	④	11	①	②	③	④
2	①	②	③	④	12	①	②	③	④
3	①	②	③	④	13	①	②	③	④
4	①	②	③	④	14	①	②	③	④
5	①	②	③	④	15	①	②	③	④
6	①	②	③	④	16	①	②	③	④
7	①	②	③	④	17	①	②	③	④
8	①	②	③	④	18	①	②	③	④
9	①	②	③	④	19	①	②	③	④
10	①	②	③	④	20	①	②	③	④

국민건강보험법

5회 기출예상문제

문번	답란
1	① ② ③ ④
2	① ② ③ ④
3	① ② ③ ④
4	① ② ③ ④
5	① ② ③ ④
6	① ② ③ ④
7	① ② ③ ④
8	① ② ③ ④
9	① ② ③ ④
10	① ② ③ ④
11	① ② ③ ④
12	① ② ③ ④
13	① ② ③ ④
14	① ② ③ ④
15	① ② ③ ④
16	① ② ③ ④
17	① ② ③ ④
18	① ② ③ ④
19	① ② ③ ④
20	① ② ③ ④

국민건강보험법

기출예상문제_연습용

문번	답란
1	① ② ③ ④
2	① ② ③ ④
3	① ② ③ ④
4	① ② ③ ④
5	① ② ③ ④
6	① ② ③ ④
7	① ② ③ ④
8	① ② ③ ④
9	① ② ③ ④
10	① ② ③ ④
11	① ② ③ ④
12	① ② ③ ④
13	① ② ③ ④
14	① ② ③ ④
15	① ② ③ ④
16	① ② ③ ④
17	① ② ③ ④
18	① ② ③ ④
19	① ② ③ ④
20	① ② ③ ④

수험생 유의사항

※ 답안은 반드시 컴퓨터용 사인펜으로 보기와 같이 바르게 표기해야 합니다.
  〈보기〉 ① ② ③ ❹ ⑤
※ 성명표기란 위 칸에는 성명을 한글로 쓰고 아래 칸에는 성명을 정확하게 표기하십시오. (맨 왼쪽 칸부터 성과 이름은 붙여 씁니다)
※ 수험번호 위 칸에는 아라비아 숫자로 쓰고 아래 칸에는 숫자와 일치하게 표기하십시오.
※ 월일은 반드시 본인 주민등록번호의 생년을 제외한 월 두 자리, 일 두 자리를 표기하십시오.
  〈예〉 1994년 1월 12일 → 0112

국민건강보험법

기출예상문제_연습용

문번	답란				문번	답란			
1	①	②	③	④	11	①	②	③	④
2	①	②	③	④	12	①	②	③	④
3	①	②	③	④	13	①	②	③	④
4	①	②	③	④	14	①	②	③	④
5	①	②	③	④	15	①	②	③	④
6	①	②	③	④	16	①	②	③	④
7	①	②	③	④	17	①	②	③	④
8	①	②	③	④	18	①	②	③	④
9	①	②	③	④	19	①	②	③	④
10	①	②	③	④	20	①	②	③	④

감독관 확인란

성명표기란

수험번호

주민등록 앞자리 생년제외 월일

수험생 유의사항

※ 답안은 반드시 컴퓨터용 사인펜으로 보기와 같이 바르게 표기해야 합니다.
(보기) ① ② ③ ④ ⑤
※ 성명표기란 위 칸에는 성명을 한글로 쓰고 아래 칸에는 성명을 정확하게 표기하십시오. (맨 왼쪽 칸부터 성과 이름은 붙여 씁니다)
※ 수험번호/월일 위 칸에는 아라비아 숫자로 쓰고 아래 칸에는 숫자와 일치하게 표기하십시오.
※ 월일은 반드시 본인 주민등록번호의 생년을 제외한 월 두 자리, 일 두 자리를 표기하십시오.
(예) 1994년 1월 12일 → 0112

대기업·금융

저마다의 일생에는,
특히 그 일생이 동터 오르는 여명기에는
모든 것을 결정짓는 한 순간이 있다.
그 순간을 다시 찾아내는 것은 어렵다.
그것은 다른 수많은 순간들의 퇴적 속에
깊이 묻혀있다.

- 장 그르니에, 섬 LES ILES

www.gosinet.co.kr **gosi**net

공기업_NCS

2025 하반기
고시넷
공기업

국민건강보험공단
국민건강보험법
행정직 | 건강직 | 기술직

NCS 직무수행능력평가

고시넷 공기업

베스트셀러!!

공기업 통합전공
핵심이론 + 문제풀이
사무직 필기시험 대비

빈출테마 이론정리 → 대표기출유형 학습 → 모의고사로 실전 대비

- 경영학 / 경제학 / 행정학 / 법학
- 주요 공기업 기출문제
- 테마별 이론 + 대표기출유형 학습
- 비전공자를 위한 상세한 해설

스마트폰에서 검색 고시넷

7장 이의신청 및 심판청구

제87조(이의신청) 심사평가원, 90일, 180일, 30일

제88조(심판청구) 이의신청, 건강보험분쟁조정위원회, 심판청구서

제89조(건강보험분쟁조정위원회) 과반수, 위원장, 7명, 9명, 공무원

제90조(행정소송) 이의신청, 심판청구, 행정소송법

8장 보칙

제91조(시효) 3년, 과다납부, 중단, 독촉, 보수월액보험료, 중단

제92조(기간 계산) 민법

제93조(근로자의 권익 보호) 직장가입자, 임금 인상, 해고

제94조(신고 등) 세대주, 거주지, 증표

제95조(소득 축소·탈루 자료의 송부 등) 보건복지부장관, 국세청장, 국세청장, 공단

제96조(자료의 제공) 공단, 심사평가원, 약제, 자료제공요청서, 면제

제96조의2(금융정보등의 제공 등) 재산보험료부과점수, 전자적 형태, 동의

제96조의3(가족관계등록 전산정보의 공동이용) 법원행정처장, 목적 외

제96조의4(서류의 보존) 5년, 처방전, 3년, 준요양기관, 보조기기

제97조(보고와 검사) 보험급여, 심사청구, 약제, 경제적, 권한, 공단

제98조(업무정지) 1년, 요양급여비용, 검사, 승계, 알지 못하였음

제99조(과징금) 5배, 12개월, 12개월, 200, 60, 5년, 350, 100, 1년, 폐업, 세무관서, 응급의료기금, 재난적의료비, 재난적의료비

제100조(위반사실의 공표) 1천500만, 20, 소명자료, 소명자료

제101조(제조업자 등의 금지행위 등) 요양기관, 보건복지부장관, 공무원, 공무원, 상계

제101조의2(약제에 대한 쟁송 시 손실상당액의 징수 및 지급) 집행정지, 각하, 종결, 취소, 확정, 40, 40, 이자

제102조(정보의 유지 등) 공단, 심사평가원, 대행청구단체

제103조(공단 등에 대한 감독 등) 보건복지부장관, 재산상황, 경영지침, 보건복지부장관, 정관

제104조(포상금 등의 지급) 공무원, 은닉재산, 은닉재산, 장려금, 은닉재산, 사해행위(詐害行爲), 강제징수, 은닉재산, 장려금

제105조(유사명칭의 사용금지) 건강보험, 국민건강보험

제106조(소액 처리) 2천 원, 본인일부부담금

제107조(끝수 처리) 국고금관리법, 계산

제108조의2(보험재정에 대한 정부지원) 14, 국민건강증진기금, 운영비, 흡연, 65세

제109조(외국인 등에 대한 특례) 외국 정부, 국내거소신고, 외국인등록, 거주, 거주, 외국인등록, 보험, 의료보장, 2, 25, 26, 지역가입자

제110조(실업자에 대한 특례) 1년, 2개월, 2개월, 12개월, 전액

제111조(권한의 위임) 보건복지부장관

제112조(업무의 위탁) 금융기관, 수납, 징수

제113조(징수위탁보험료등의 배분 및 납입 등) 납부의무자, 기금

제114조(출연금의 용도 등) 국민연금법, 국민연금

제114조의2(벌칙 적용에서 공무원 의제) 심의위원회, 건강보험공표심의위원회

9장 벌칙

제115조(벌칙) 5년, 5천만 원, 대행청구단체, 전산정보자료, 2년, 1년

제116조(벌칙) 1천만 원

제117조(벌칙) 영수증, 500만 원

제118조(양벌 규정) 벌금형, 감독

제119조(과태료) 500만 원, 행정처분, 행정처분절차, 100만 원, 보건복지부장관

제55조(급여의 확인) 공단
제56조(요양비 등의 지급) 부가급여, 지체 없이
제56조의2(요양비등수급계좌) 수급자, 현금, 요양비등
제57조(부당이득의 징수) 준요양기관, 보조기기, 개설, 의료인, 약사, 건강보험증, 세대, 직장가입자, 상계
제57조의2(부당이득 징수금 체납자의 인적사항등 공개) 1년, 1억, 이의신청, 심판청구, 행정소송, 공단, 서면, 6개월, 관보
제58조(구상권) 제3자, 손해배상
제59조(수급권 보호) 양도, 압류
제60조(현역병 등에 대한 요양급여비용 등의 지급) 요양비, 법무부장관, 법무부장관, 연간(年間)
제61조(요양급여비용의 정산) 근로복지공단, 취소

5장 건강보험심사평가원

제62조(설립) 건강보험심사평가원
제63조(업무 등) 요양급여비용, 요양급여, 보건복지부장관
제64조(법인격 등) 법인, 설립
제65조(임원) 임원추천위원회, 대통령, 공단, 기획재정부장관, 대통령, 비상임이사, 3년, 2년
제66조(진료심사평가위원회) 90, 1천, 진료과목, 중대한 과실
제66조의2(진료심사평가위원회 위원의 겸직) 소속대학 총장
제67조(자금의 조달 등) 공단, 수수료, 수수료
제68조(준용 규정) 심사평가원, 원장

6장 보험료

제69조(보험료) 건강보험사업, 전날, 1일, 1일, 직장가입자, 지역가입자, 세대, 소득월액, 재산보험료부과점수, 대통령령
제70조(보수월액) 직장가입자, 전부 또는 일부, 실비변상, 보건복지부장관

제71조(소득월액) 직장가입자, 보수 외 소득, 보수 외 소득, 1/12, 12개월
제72조(재산보험료부과점수) 실제 거주, 제외, 대출, 재산권, 금융자산, 대출금액, 서면
제72조의3(보험료 부과제도에 대한 적정성 평가) 피부양자, 4년, 소득, 직장가입자, 지역가입자
제73조(보험료율 등) 80, 국외, 의결
제74조(보험료의 면제) 1개월, 피부양자, 세대, 1일, 그 달
제75조(보험료의 경감 등) 65, 휴직자, 천재지변, 전자문서, 신용카드
제76조(보험료의 부담) 사립학교, 직장가입자, 국가, 사립학교, 연대, 학교
제77조(보험료 납부의무) 직장가입자, 미성년자, 미성년자, 보수
제77조의2(제2차 납부의무) 무한, 의결권, 양수인
제78조(보험료의 납부기한) 10일, 1개월
제78조의2(가산금) 10, 사용자, 소액
제79조(보험료등의 납입 고지) 납부기한, 모두, 유예, 제2차
제79조의2(신용카드등으로 하는 보험료등의 납부) 직불카드, 승인일, 수수료, 수수료
제80조(연체금) 1일, 20, 30, 30일, 50, 90
제81조(보험료등의 독촉 및 체납처분) 10일, 15일, 해산, 한국자산관리공사, 한국자산관리공사
제81조의2(부당이득 징수금의 압류) 보건복지부장관, 문서, 담보, 무죄
제81조의3(체납 또는 결손처분 자료의 제공) 종합신용정보집중기관, 인적사항, 행정소송, 분할납부, 500만 원
제81조의4(보험료의 납부증명) 계약대금, 공단
제81조의5(서류의 송달) 우편송달
제81조의6(전자문서에 의한 납입 고지 등) 납부의무자, 전자우편주소
제82조(체납보험료의 분할납부) 3회, 5회, 5회
제83조(고액·상습체납자의 인적사항 공개) 다음 날, 1년, 1천만 원, 이의신청, 심판청구, 6개월, 관보
제84조(결손처분) 재정운영위원회, 소멸시효, 취소
제85조(보험료등의 징수 순위) 국세, 지방세, 우선
제86조(보험료등의 충당과 환급) 납부의무자, 이자

국민건강보험공단 직무시험

유가증권, 수익증권, 시설, 시설
제15조(법인격 등) 법인, 사무소
제16조(사무소) 정관, 분사무소
제17조(정관) 재정운영위원회, 변경, 보건복지부장관
제18조(등기) 설립, 목적, 이사장
제19조(해산) 법률
제20조(임원) 보건복지부장관, 대통령, 이사장, 보건복지부장관, 기획재정부장관, 3년, 2년
제21조(징수이사) 이사, 이사장, 일간신문, 상임이사
제22조(임원의 직무) 경영성과, 상임이사, 상임이사
제23조(임원 결격사유) 대한민국 국민
제24조(임원의 당연퇴임 및 해임) 중대한 과실, 품위
제25조(임원의 겸직 금지 등) 영리, 이사장, 비영리
제26조(이사회) 심의, 감사
제27조(직원의 임면) 이사장
제28조(벌칙 적용 시 공무원 의제) 형법
제29조(규정 등) 보건복지부장관
제30조(대리인의 선임) 재판, 재판, 직원
제31조(대표권의 제한) 감사, 소송
제32조(이사장 권한의 위임) 납입고지, 분사무소
제33조(재정운영위원회) 계약, 결손처분, 호선
제34조(재정운영위원회의 구성 등) 직장가입자, 지역가입자, 공익, 보건복지부장관, 공무원, 2년
제35조(회계) 정부, 통합, 징수위탁근거법
제36조(예산) 회계연도, 이사회
제37조(차입금) 1년, 보건복지부장관
제38조(준비금) 잉여금, 5, 50, 보건복지부장관
제39조(결산) 사업보고서, 2월 말일, 사업보고서, 공고
제39조의2(재난적의료비 지원사업에 대한 출연) 예산
제40조(「민법」의 준용) 재단법인

4장 보험급여

제41조(요양급여) 출산, 이송, 약제, 보건복지부장관, 약제, 보건복지부장관, 일상생활

제41조의2(약제에 대한 요양급여비용 상한금액의 감액 등) 20, 5년, 40, 5년, 1년, 정지, 정지
제41조의3(행위·치료재료 및 약제에 대한 요양급여대상 여부의 결정 및 조정) 요양기관, 수입업자, 비급여대상, 수입업자, 직권, 상한
제41조의4(선별급여) 경제성, 근거, 경제성, 보건복지부장관, 적합성
제41조의5(방문요양급여) 거동
제42조(요양기관) 국가정책, 한국희귀·필수의약품센터, 보건소, 전문요양기관, 전문요양기관, 전문요양기관, 상급종합병원, 정당한 이유
제42조의2(요양기관의 선별급여 실시에 대한 관리) 자료, 보건복지부장관, 보건복지부장관
제43조(요양기관 현황에 대한 신고) 요양급여비용, 건강보험심사평가원, 15일, (건강보험)심사평가원
제44조(비용의 일부부담) 상향, 공단, 공단, 소득수준, 소득수준
제45조(요양급여비용의 산정 등) 의약계, 1년, 5월 31일, 6월 30일, 재정운영위원회, 심사평가원
제46조(약제·치료재료에 대한 요양급여비용의 산정) 구입금액, 대통령령
제47조(요양급여비용의 청구와 지급 등) 본인일부부담금, 징수금, 상계(相計), 한의사회
제47조의2(요양급여비용의 지급 보류) 처분, 무죄, 이자, 이자
제47조의3(요양급여비용의 차등 지급) 지역별, 지역별
제47조의4(요양급여의 적정성 평가) 인력, 요양급여비용, 공단
제48조(요양급여 대상 여부의 확인 등) 본인일부부담금, 심사평가원, 심사평가원, 공단
제49조(요양비) 긴급, 업무정지기간, 출산, 공단, 위임
제50조(부가급여) 임신·출산
제51조(장애인에 대한 특례) 판매, 위임, 판매, 판매업자
제52조(건강검진) 일반건강검진, 20세, 연령 기준, 6세, 생애 주기
제53조(급여의 제한) 중대한 과실, 고의, 공무, 지방자치단체, 피부양자, 소득월액, 세대, 보수월액, 피부양자, 1회, 5회, 5회, 2개월, 2개월, 1회, 5회
제54조(급여의 정지) 요양급여, 국외, 교도소

19

| 정답 | ④

| 해설 | 휴직자의 보험료는 휴직의 사유가 끝날 때까지 보건복지부령에 따라 납입 고지를 유예할 수 있다(「국민건강보험법」 제79조 제5항).

| 오답풀이 |
① 「국민건강보험법」 제78조 제1항
② 「국민건강보험법」 제81조의6 제2항
③ 「국민건강보험법」 제79조의2 제2항

20

| 정답 | ①

| 해설 | 직장가입자의 보수월액보험료 납입의무는 사용자에게 있으므로, 직장가입자의 보수월액보험료 체납을 이유로 직장가입자의 보험급여를 제한하기 위해서는 직장가입자 본인의 귀책사유가 있음이 요구되며(「국민건강보험법」 제53조 제4항), 사용자 귀책사유로 인한 보수월액보험료 체납을 이유로 직장가입자의 보험급여를 제한할 수는 없다.

| 오답풀이 |
② 「국민건강보험법」 제78조의2 제1항
③ 모든 직장가입자를 고용하는 사용자는 부담금의 증가를 피할 목적으로 정당한 사유 없이 근로자의 승급 또는 임금 인상을 하지 아니하거나 해고 기타 불리한 조치를 할 수 없다(「국민건강보험법」 제93조).
④ 지역가입자의 월별 보험료액은 지역가입자의 소득 및 재산을 기준으로 산정한다(「국민건강보험법」 제69조 제5항). 즉 지역가입자 B가 A에게 지급받은 임금은 B의 소득으로 보험료 산정에 반영된다.

파트3 법조문 빈칸 채우기

1장 총칙

제1조(목적) 보험급여, 사회보장
제2조(관장) 보건복지부장관
제3조(정의) 근로자, 이사, 사용자
제3조의2(국민건강보험종합계획의 수립 등) 건강보험정책심의위원회, 5년, 국회
제4조(건강보험정책심의위원회) 의결, 보험료율, 재산보험료부과점수, 25명, 보건복지부차관, 3년

2장 가입자

제5조(적용 대상 등) 국내, 적용배제신청, 배우자, 형제·자매
제6조(가입자의 종류) 공무원, 1개월, 군간부후보생, 피부양자
제7조(사업장의 신고) 14일, 휴업
제8조(자격의 취득 시기 등) 유공자등 의료보호대상자, 세대주, 14일
제9조(자격의 변동 시기 등) 지역가입자, 14일, 1개월
제9조의2(자격 취득·변동 사항의 고지) 공단, 납부의무자
제10조(자격의 상실 시기 등) 국내, 유공자등 의료보호대상자, 14일
제11조(자격취득 등의 확인) 소급, 보험자, 피부양자, 피부양자
제12조(건강보험증) 요양기관, 여권, 대여, 대여

3장 국민건강보험공단

제13조(보험자) 국민건강보험공단
제14조(업무 등) 보험료, 징수위탁근거법, 보건복지부장관,

14

| 정답 | ②

| 해설 | 「의료법」 제33조 제2항을 위반하여 의료기관을 개설할 수 없는 자가 의료인의 면허를 대여받아 의료기관을 개설한 경우, 그 요양기관을 개설한 자에게도 그 요양기관과 연대하여 징수금을 납부하게 할 수 있다(「국민건강보험법」 제57조 제2항 제1호).

| 오답풀이 |

① 징수금을 납부할 의무가 있는 요양기관 또는 요양기관을 개설한 자가 납입 고지 문서에 기재된 납부기한의 다음 날부터 1년이 경과한 징수금을 1억 원 이상 체납한 경우 징수금 발생의 원인이 되는 위반행위, 체납자의 인적사항 및 체납액 등을 공개할 수 있다(「국민건강보험법」 제57조의2 제1항).

③ 요양기관이 가입자나 피부양자로부터 속임수나 그 밖의 부당한 방법으로 요양급여비용을 받은 경우 공단은 해당 요양기관으로부터 이를 징수하여 가입자나 피부양자에게 지체 없이 지급하여야 한다(「국민건강보험법」 제57조 제5항).

④ 공단은 속임수나 그 밖의 부당한 방법으로 보험급여를 받은 사람이나 보험급여 비용을 지급받은 요양기관을 신고한 사람에 대하여 포상금을 지급할 수 있다(「국민건강보험법」 제104조 제1항).

15

| 정답 | ①

| 해설 | 이의신청은 문서 또는 전자문서로 하여야 하며(「국민건강보험법」 제87조 제3항), 구술로는 신청할 수 없다.

| 오답풀이 |

② 「국민건강보험법」 제87조 제3항

③ 「국민건강보험법」 제87조 제4항

④ 공단 또는 심사평가원의 처분에 이의가 있는 자와 이의신청 또는 심판청구에 대한 결정에 불복하는 자는 「행정소송법」에 정하는 바에 따라 행정소송을 제기할 수 있다(「국민건강보험법」 제90조). 즉 「국민건강보험법」에서 행정소송은 이의신청에 대한 불복으로 심판청구 없이 바로 제기할 수 있다.

16

| 정답 | ③

| 해설 | 소득월액보험료는 직장가입자 중 매월 지급받는 보수를 제외한 이자소득, 배당소득 등의 보수 외적인 소득(보수 외 소득)이 많은 고소득자들을 대상으로 하는 국민건강보험료 징수제도이다. 소득월액보험료는 보수 외 소득이 대통령령으로 정하는 금액을 초과할 경우에만 보험료를 부과하고 있다(「국민건강보험법」 제71조 제1항).

17

| 정답 | ③

| 해설 | 국내에 피부양자가 없고 1개월 이상 외국에서 체류 중인 직장가입자는 보험료 면제대상에 속하나, 그 가입자 또는 해당 가입자의 피부양자가 국내에 입국하여 그 달에 보험급여를 받고 그 달에 출국하는 경우에는, 그 달의 건강보험료를 면제하지 않는다(「국민건강보험법」 제74조 제3항 제2호).

| 오답풀이 |

① 「국민건강보험법」 제74조 제2항

② 「국민건강보험법」 제74조 제1항

④ 「병역법」에 따른 현역병은 보험료 면제대상에 해당하나, 급여정지사유가 매월 1일에 없어진 경우에는 그 달의 보험료 납입대상이 된다(「국민건강보험법」 제74조 제3항 제1호).

18

| 정답 | ③

| 해설 | 직장가입자의 보수월액보험료는 직장가입자와 그 사용자가 각각 100분의 50씩을 부담한다. 다만 예외로 직장가입자가 사립학교 교원인 경우에는 직장가입자가 100분의 50, 사용자가 100분의 30, 국가가 100분의 20을 부담한다(「국민건강보험법」 제76조 제1항).

| 오답풀이 |
① 요양급여를 결정함에 있어 경제성 또는 치료효과성 등이 불확실하여 그 검증을 위하여 추가적인 근거가 필요하거나, 경제성이 낮아도 가입자와 피부양자의 건강회복에 잠재적 이득이 있는 등의 경우 예비적인 요양급여인 선별급여로 지정하여 실시할 수 있다(「국민건강보험법」 제41조의4 제1항).
③ 재가급여는 가족과 함께 생활하는 65세 이상의 노인 혹은 노인성 질환을 가진 자에게 장기요양요원이 방문요양, 방문목욕 등 「노인장기요양보험법」상의 장기요양급여를 제공하는 것을 의미한다(「노인장기요양보험법」 제23조 제1항 제1호).
④ 특별현금급여는 「노인장기요양보험법」상의 장기요양급여를 수급받는 사람이 장기요양기관 이외의 방법으로 장기요양급여를 받은 경우 국민건강보험공단이 그 비용을 직접 현금으로 지급하는 것을 의미한다(「노인장기요양보험법」 제23조 제1항 제3호).

10

| 정답 | ③

| 해설 | 영유아건강검진은 만 6세 미만의 가입자 및 피부양자를 대상으로 한다(「국민건강보험법」 제52조 제2항 제3호).
| 오답풀이 |
① 「국민건강보험법」 제52조 제1항
② 「국민건강보험법」 제52조 제2항 제2호
④ 일반건강검진은 직장가입자, 세대주인 지역가입자, 만 20세 이상인 지역가입자 및 피부양자를 대상으로 한다(「국민건강보험법」 제52조 제2항 제1호).

> 보충 플러스+
> 연령의 계산
> 「민법」 제158조에 따라 연령계산에는 출생일을 산입한다. 즉 법률에서는 특별한 표시가 없는 한 연령의 계산은 만 나이로 계산한다.

11

| 정답 | ③

| 해설 | 가입자나 그 피부양자가 긴급하거나 그 밖의 부득이한 사유로 업무정지기간 중인 요양기관에서 질병·부상·출산 등에 대하여 요양을 받은 경우 그 요양급여에 상당한 금액을 가입자나 피부양자에게 요양비로 지급한다(법 제49조 제1항).
| 오답풀이 |
① 국민건강보험공단은 요양비등을 받는 수급자의 신청이 있는 경우에는 요양비등을 수급자 명의의 지정된 계좌(요양비등수급계좌)로 입금하여야 한다(「국민건강보험법」 제56조의2 제1항).
② 「국민건강보험법」 제56조의2 제2항, 제59조 제2항
④ 보험급여를 하지 않는 대신 요양급여를 실시하는 현역병의 경우(「국민건강보험법」 제54조)에도 요양비에 관한 규정을 그대로 준용한다(「국민건강보험법」 제60조 제2항).

12

| 정답 | ①

| 해설 | 〈보기〉는 건강보험심사평가원 홈페이지에 게시된 건강보험심사평가원장의 인사말이다. 건강보험심사평가원은 요양급여비용을 심사하고 요양급여의 적정성 평가를 목적으로 설립된 법인이다(「국민건강보험법」 제62조).

13

| 정답 | ①

| 해설 | 직장가입자의 보험료율은 1천분의 80의 범위에서 정한다(「국민건강보험법」 제73조 제1항).
| 오답풀이 |
② 직장가입자의 보험료율은 건강보험정책심의위원회의 의결을 거쳐 대통령령으로 정한다(「국민건강보험법」 제73조 제1항).
③ 지역가입자의 월별 보험료액은 소득과 재산을 구분하여 산정한 금액을 합산한다(「국민건강보험법」 제69조 제5항).
④ 국외에서 업무에 종사하고 있는 직장가입자의 보험료율은 국내 직장가입자의 50%이다(「국민건강보험법」 제73조 제2항).

ㄹ. 상임이사 중 보험금의 징수에 관한 업무를 담당하는 이사를 징수이사라고 한다(「국민건강보험법」 제21조 제1항).
ㅁ. 「국민건강보험법」 제33조 제1항

| 오답풀이 |
ㄴ. 공단의 이사장은 임원추천위원회의 추천과 보건복지부장관의 제청을 통해 대통령이 임명한다(「국민건강보험법」 제20조 제2항). 다만 공단의 감사는 보건복지부장관이 아닌 기획재정부장관의 제청을 요구한다(「국민건강보험법」 제20조 제5항).

05

| 정답 | ③

| 해설 | ㉠ 심판청구를 심리·의결하는 건강보험분쟁조정위원회는 보건복지부 소속이다(「국민건강보험법」 제89조 제1항).
㉡ 건강보험정책심의위원회는 보건복지부장관 소속이다(「국민건강보험법」 제4조 제1항).
㉢ 진료심사평가위원회는 건강보험심사평가원 소속이며(「국민건강보험법」 제66조 제1항), 건강보험심사평가원은 국민건강보험공단과 별개의 법인이다(「국민건강보험법」 제64조).

| 오답풀이 |
㉣ 국민건강보험공단의 징수이사 후보를 추천하기 위한 징수이사추천위원회는 공단 이사를 위원으로 하는 국민건강보험공단 소속이다(「국민건강보험법」 제21조 제2항).

06

| 정답 | ①

| 해설 | 「국민건강보험법」 제113조 제2항

| 오답풀이 |
② 국민연금보험료의 징수에 관한 회계는 공단의 다른 회계와 구분하여 각각 회계처리해야 한다(「국민건강보험법」 제35조 제3항).
③ 공단은 대통령령으로 정하는 바에 따라 징수한 국민연금보험료의 수납에 관한 업무를 체신관서, 금융기관 또는 그 밖의 자에게 위탁할 수 있다(「국민건강보험법」 제112조 제1항 제3호).
④ 공단은 업무의 일부를 다른 법령에 따른 사회보험 업무를 수행하는 다른 법인에 위탁할 수 있다. 다만 보험료와 징수위탁보험료등의 징수 업무는 위탁할 수는 없다(「국민건강보험법」 제112조 제2항).

07

| 정답 | ①

| 해설 | 경제성 또는 치료효과성이 불확실하여 그 검증을 위한 추가적인 근거가 필요하지만 가입자와 피부양자의 건강회복에 잠재적 이득이 있는 경우 예비적인 요양급여인 선별급여로 지정하여 실시할 수 있다(「국민건강보험법」 제41조의4 제1항).

| 오답풀이 |
② 「국민건강보험법」 제41조의2
③ 「국민건강보험법」 제41조의3 제2항
④ 「국민건강보험법」 제41조의3 제4항

08

| 정답 | ④

| 해설 | 요양기관은 요양급여가 끝날 날부터 5년간 요양급여비용의 청구에 대한 서류를 보존하여야 한다. 다만 약국 등 보건복지부령으로 정하는 요양기관은 처방전을 요양급여비용을 청구한 날부터 3년간 보존하여야 한다(「국민건강보험법」 제96조의4 제1항).

| 오답풀이 |
① 「국민건강보험법」 제98조 제1항 제2호
② 「국민건강보험법」 제101조 제2항
③ 「국민건강보험법」 제94조 제1항

09

| 정답 | ②

| 해설 | 가입자 또는 피부양자가 질병이나 부상으로 거동이 불편한 경우 가입자 또는 피부양자를 직접 방문하는 방문요양급여를 실시할 수 있다(「국민건강보험법」 제41조의5).

5회 기출예상문제

▶ 문제 234쪽

01	③	02	②	03	②	04	③	05	③
06	①	07	①	08	④	09	②	10	③
11	③	12	①	13	①	14	③	15	①
16	③	17	③	18	③	19	④	20	①

01

| 정답 | ③

| 해설 | 보건복지부장관은 매년 연도별 시행계획에 따른 추진실적을 평가하여야 한다(「국민건강보험법」 제3조의2 제4항).

| 오답풀이 |
① 「국민건강보험법」 제3조의2 제2항 제2호, 제3호
② 「국민건강보험법」 제3조의2 제5항
④ 보건복지부장관은 종합계획의 수립, 시행계획의 수립·시행 및 시행계획에 따른 추진실적의 평가를 위하여 필요하다고 인정하는 경우 관계 기관의 장에게 자료의 제출을 요구할 수 있다. 이 경우 자료의 제출을 요구받은 자는 특별한 사유가 없으면 이에 따라야 한다(「국민건강보험법」 제3조의2 제6항).

02

| 정답 | ②

| 해설 | 피부양자는 직장가입자에게 주로 생계를 의존하고 있는 다음의 사람을 말한다(「국민건강보험법」 제5조 제2항).
1. 직장가입자의 배우자
2. 직장가입자의 직계존속(배우자의 직계존속을 포함한다)
3. 직장가입자의 직계비속(배우자의 직계비속을 포함한다)과 그 배우자
4. 직장가입자의 형제·자매

친조카는 직계혈족(직계존속, 직계비속)이 아닌 방계혈족인 친형제의 자녀이므로 피부양자 대상의 범위에 해당되지 않는다.

| 오답풀이 |
③ 며느리는 직계비속(자녀)의 배우자이므로 피부양자에 해당한다.
④ 조부모는 직계존속이므로 피부양자에 해당한다.

보충 플러스+

직계와 방계, 존속과 비속
- 자기의 직계존속과 직계비속을 직계혈족이라고 하고, 자기의 형제자매와 형제자매의 직계비속 및 그 형제자매의 직계비속을 방계혈족이라고 한다(「민법」 제768조).
- 직계(直系)는 가계도를 기준으로 수직위치에 있는 사람으로 대표적으로 친부모와 친자녀의 관계에 해당하고, 방계(傍系)는 가계도를 기준으로 수평위치에 있는 사람으로 대표적으로 형제·자매관계에 해당한다.
- 존속(尊屬)은 가계도를 기준으로 위에 있는 사람, 비속(卑屬)은 가계도를 기준으로 아래에 위치한 사람을 의미한다. 즉 직계존속이란 부모·조부모 등을 의미하고 직계비속이란 나의 자녀·손주 등을 의미한다.

03

| 정답 | ②

| 해설 | ㄱ. 국내에 거주하는 국민은 건강보험의 가입자 또는 피부양자가 된다(「국민건강보험법」 제5조 제1항). 즉 국민건강보험의 가입자는 대한민국 국적 이외에 국내에 거주하고 있음을 요구한다.
ㄷ. 국민건강보험의 가입자는 사망한 날의 다음 날로부터 그 자격을 상실한다(「국민건강보험법」 제10조 제1항 제1호).

| 오답풀이 |
ㄴ. 「국민건강보험법」 제6조 제3항
ㄹ. 건강보험증은 의무발급이 아니라 신청에 따라 발급된다(「국민건강보험법」 제12조 제1항).

04

| 정답 | ③

| 해설 | ㄱ. 「국민건강보험법」 제23조 제1호
ㄷ. 「국민건강보험법」 제20조 제7항

17

| 정답 | ②

| 해설 | 건강보험분쟁조정위원회의 회의는 공무원이 아닌 위원이 과반수가 되도록 하여야 한다(「국민건강보험법」 제89조 제3항).

| 오답풀이 |
① 「국민건강보험법」 제89조 제2항, 제3항
③ 「국민건강보험법」 제89조 제4항
④ 「국민건강보험법」 제89조 제7항

18

| 정답 | ③

| 해설 | 「국민건강보험법」상 국민건강보험의 가입대상은 국내에 거주하는 대한민국 국민(「국민건강보험법」 제5조 제1항)이며, 다만 예외로 법 제109조를 통해 외국인의 국민건강보험의 가입에 대해 규정하고 있는데, 국내 소재 기업의 사용인이라는 이유만으로 외국인이 국민건강보험의 가입대상이 된다는 규정은 존재하지 않는다.

| 오답풀이 |
① 「국민건강보험법」 제109조 제2항 제3호
② 「국민건강보험법」 제109조 제10항
④ 「국민건강보험법」 제109조 제1항

19

| 정답 | ④

| 해설 | 국민건강보험공단 혹은 심사평가원의 처분에 이의가 있는 자는 공단 혹은 심사평가원에 이의신청을 제기할 수 있고(「국민건강보험법」 제87조), 이의신청에 불복하는 자는 건강보험분쟁조정위원회에 심판청구를 제기할 수 있다(「국민건강보험법」 제88조).
또한 해당 절차와 관계없이, 공단 또는 심사평가원의 처분에 이의가 있는 자는 행정소송법에 따라 행정소송을 제기할 수 있다(「국민건강보험법」 제90조). 즉 행정소송은 이의신청이나 심판청구 없이, 혹은 이의신청이나 심판청구에 불복하여 제기할 수 있다. 그리고 행정소송으로 진행된 사건은 이의신청이나 심판청구로 불복할 수는 없다.

따라서 위 세 절차의 진행순서로는 이의신청 → 심판청구 → 행정소송이 가장 적절하다.

20

| 정답 | ①

| 해설 | 보건복지부장관은 속임수나 그 밖의 부당한 방법으로 보험자·가입자 및 피부양자에게 요양급여비용을 부담하게 한 요양기관에 대해 1년의 범위에서 기간을 정하여 업무정지를 명하거나(「국민건강보험법」 제98조 제1항 제1호) 이를 갈음하여 부담금의 5배 이하의 금액을 과징금으로 부과·징수할 수 있다(「국민건강보험법」 제99조 제1항).

| 오답풀이 |
② 「국민건강보험법」 제104조 제1항 제3호
③ 「국민건강보험법」 제57조 제5항
④ 공단은 제57조, 제77조, 제77조의2, 제78조의2, 제101조 및 제101조의2에 따라 보험료등(보험료와 징수금을 의미한다. 법 제47조 제4항)을 내야 하는 자가 보험료등을 내지 아니하면 기한을 정하여 독촉할 수 있다(「국민건강보험법」 제81조 제1항).

| 오답풀이 |
② 보험급여를 받은 사람이 제3자로부터 이미 손해배상을 받은 경우에는 공단은 그 배상액 한도에서 보험급여를 하지 아니한다(「국민건강보험법」 제58조 제2항).
③ 보험급여를 받을 권리는 양도하거나 압류할 수 없다(「국민건강보험법」 제59조 제1항).

13

| 정답 | ③

| 해설 | 휴직자의 보수월액보험료는 휴직 전 달의 보수월액을 기준으로 산정한다(「국민건강보험법」 제70조 제2항).

| 오답풀이 |
① 「국민건강보험법」 제69조 제4항 제1호
② 「국민건강보험법」 제69조 제6항
④ 보수월액에서의 보수는 근로자 등이 근로를 제공하고 사용자·국가 또는 지방자치단체로부터 지급받는 금품 중 실비변상적인 성격을 갖는 금품은 제외한 것으로 대통령령으로 정하는 것을 말한다(「국민건강보험법」 제70조 제3항).

보충 플러스+

직장가입자의 보수월액보험료의 상한과 하한 (「국민건강보험법 시행령」 제32조)
- 직장가입자의 보수월액보험료의 상한 : 보험료가 부과되는 연도의 전전년도 직장가입자 평균 보수월액보험료(이하 이 조에서 "전년도 평균 보수월액보험료"라 한다)의 30배에 해당하는 금액을 고려하여 보건복지부장관이 정하여 고시하는 금액
- 직장가입자의 보수월액보험료의 하한 : 보험료가 부과되는 연도의 전전년도 평균 보수월액보험료의 1천분의 80 이상 1천분의 85 미만의 범위에서 보건복지부장관이 정하여 고시하는 금액

14

| 정답 | ③

| 해설 | 직장가입자가 공무원인 경우에는 그 보수월액보험료는 직장가입자가 50%, 그 공무원이 소속되어 있는 국가 또는 지방자치단체가 50%를 각각 부담한다(「국민건강보험법」 제76조 제1항 제2호).

| 오답풀이 |
① 직장가입자가 사립학교 교원인 경우에는 그 보수월액보험료는 직장가입자가 50%, 사립학교 운영자가 30%, 국가가 20%를 각각 부담한다(「국민건강보험법」 제76조 제1항).
② 직장가입자의 보수 외 소득월액보험료는 직장가입자가 전액 부담한다(「국민건강보험법」 제76조 제2항).
④ 임의계속가입자의 보수월액보험료는 그 임의계속가입자가 전액을 부담하고 납부한다(「국민건강보험법」 제110조 제5항).

15

| 정답 | ②

| 해설 | 제시된 서식은 지역가입자가 신용카드 자동이체로 국민건강보험료를 납입하기 위해 국민건강보험공단에 제출하는 신청서의 일부이다.
신용카드로 보험료의 납부를 대행하는 기관(보험료등납부대행기관)은 해당 신청서를 작성하여 제출한 국민건강보험료의 납부자로부터 납부를 대행하는 대가로 수수료를 받을 수 있다(「국민건강보험법」 제79조의2 제3항).

| 오답풀이 |
① 「국민건강보험법」 제79조의2 제1항
③ 「국민건강보험법」 제75조 제2항 제2호
④ 「국민건강보험법」 제79조의2 제2항

16

| 정답 | ④

| 해설 | 보험료, 연체금 및 가산금으로 과오납부한 금액을 환급받을 권리는 3년 동안 행사하지 않으면 소멸시효 완성으로 소멸한다(「국민건강보험법」 제91조 제1항 제2호).

| 오답풀이 |
① 「국민건강보험법」 제86조 제1항
② 「국민건강보험법」 제86조 제3항
③ 「국민건강보험법」 제106조

재단법인은 영리목적으로 설립될 수 있고 혹은 학술이나 종교, 자선사업 등 비영리목적으로 설립되기도 하는데, 「민법」에서 규정하는 재단법인에 관한 규정은 비영리목적으로 설립된 재단법인을 의미하며, 국민건강보험공단은 「국민건강보험법」을 통해 이 「민법」상 재단법인의 규정을 일부 준용하고 있다.

08

|정답| ③

|해설| ⓒ 「국민건강보험법」 제42조 제5항
ⓔ 선별급여 중 자료의 축적 또는 의료 이용의 관리가 필요한 경우에는 보건복지부장관이 해당 선별급여의 실시조건을 사전에 정하여 이를 충족하는 요양기관만이 해당 선별급여를 실시할 수 있다(「국민건강보험법」 제42조의2 제1항).

|오답풀이|
㉠ 질병의 예방, 재활활동은 요양급여에 해당한다(「국민건강보험법」 제41조 제1항 제4호).
ⓒ 「의료법」에 따라 개설된 의료기관은 요양기관에 해당하며(「국민건강보험법」 제42조 제1항 제1호), 여기서 말하는 '의료기관'에는 한의학을 전문으로 하는 한의원과 한방병원을 모두 포함한다.
ⓜ 공단은 질병의 조기 발견과 그에 따른 요양급여를 하기 위하여 6세 미만의 국민건강보험 가입자 및 피부양자를 대상으로 영유아건강검진을 실시한다(「국민건강보험법」 제52조 제2항 제3호).

보충 플러스+
의료기관(「의료법」 제3조 제2항)
1. 의원급 의료기관 : 의원, 치과의원, 한의원
2. 조산원 : 조산사가 조산과 임산부 및 신생아를 대상으로 보건활동과 교육·상담을 하는 의료기관
3. 병원급 의료기관 : 병원, 치과병원, 한방병원, 요양병원, 종합병원

09

|정답| ②

|해설| 보건복지부장관은 요양급여비용의 상한금액이 감액된 약제가 감액된 날부터 5년 내에 「약사법」 제47조 제2항 위반사실 2차 적발 시 요양급여비용 상한금액의 100분의 40을 넘지 아니하는 범위에서 요양급여비용 상한금액의 일부를 감액할 수 있다(「국민건강보험법」 제41조의2 제2항).

10

|정답| ①

|해설| ㉠ 선별급여는 다른 요양급여에 비하여 본인일부부담금을 상향 조정할 수 있다(「국민건강보험법」 제44조 제1항).
ⓛ 대통령령으로 정하는 연간 부담하는 본인일부부담액의 총액의 상한(본인부담상한액)을 초과할 경우 그 초과분은 공단이 부담한다(「국민건강보험법」 제44조 제2항).

|오답풀이|
ⓒ 본인부담상한액은 가입자의 소득수준 등에 따라 정하며(「국민건강보험법」 제44조 제3항), 그 구체적인 내용은 대통령령으로 정한다(「국민건강보험법」 제44조 제4항).

11

|정답| ①

|해설| 「의료급여법」에 따라 의료급여를 받는 사람은 국민건강보험의 가입자에서 제외된다(「국민건강보험법」 제5조 제1항 제1호).

|오답풀이|
② 「국민건강보험법」 제75조 제1항 제2호
③ 「국민건강보험법」 제51조 제1항
④ 「국민건강보험법」 제3조의2 제1항, 제2항 제7호

12

|정답| ①

|해설| 공단은 제3자의 행위로 보험급여사유가 생겨 가입자 또는 피부양자에게 보험급여를 한 경우에는 그 급여에 들어간 비용 한도에서 그 제3자에게 손해배상을 청구할 권리를 얻는다(「국민건강보험법」 제58조 제1항).

04

| 정답 | ④

| 해설 | 공단은 건강보험사업 및 국민연금사업 · 고용보험사업 · 산업재해보상보험사업 · 임금채권보장사업에 관한 회계를 공단의 다른 회계와 구분하여 각각 회계처리하여야 한다(「국민건강보험법」 제35조 제3항).

| 오답풀이 |
① 「국민건강보험법」 제13조
② 「국민건강보험법」 제25조 제1항
③ 「국민건강보험법」 제28조

05

| 정답 | ①

| 해설 | 공단의 정관에는 예산 및 결산에 관한 사항을 기재해야 하며(「국민건강보험법」 제17조 제1항 제8호), 공단의 정관을 변경하기 위해서는 보건복지부장관의 인가를 받아야 한다(「국민건강보험법」 제17조 제2항).

| 오답풀이 |
② 국가는 매년 예산의 범위에서 해당 연도 보험료 예상 수입액의 100분의 14에 상당하는 금액을 국고에서 공단에 지원한다(「국민건강보험법」 제108조의2 제1항).
③ 보험재정에 관한 사항을 심의 · 의결하는 국민건강보험공단 재정운영위원회의 위원장은 보건복지부장관이 임명하거나 위촉한 위원들 중에서 호선(互選)한다(「국민건강보험법」 제33조 제2항).
④ 공단은 회계연도마다 결산보고서와 사업보고서를 작성하여 다음해 2월 말일까지 보건복지부장관에게 보고하고 이를 공고하여야 한다(「국민건강보험법」 제39조).

06

| 정답 | ①

| 해설 | 국민건강보험공단 임원진의 임명절차와 임기는 다음과 같다.

임원	이사장	상임이사 (징수이사)	비상임이사	감사
추천인	임원추천 위원회	상임이사추 천위원회 (징수이사추 천위원회)	(제20조 제4항, 시행령 제10조)**	임원추천 위원회
제청인	보건복지 부장관			기획재정부 장관
임명인	대통령	이사장*	보건복지부 장관	대통령
임기	3년	2년	2년 (공무원 제외)	2년

* 징수이사는 이사장과의 계약을 체결하나, 이를 상임이사의 임명으로 본다(제21조 제5항).
** 노동조합 · 사용자단체 · 시민단체 · 소비자단체 · 농어업인단체 및 노인단체가 추천하는 각 1명, 기획재정부장관 · 보건복지부장관 · 인사혁신처장이 지명한 3급 공무원 또는 고위공무원단 소속 일반직공무원 각 1명

ⓒ 공단의 감사는 기획재정부장관의 제청으로 대통령이 임명한다(「국민건강보험법」 제20조 제5항).
ⓔ 비상임이사는 보건복지부장관이 임명한다(「국민건강보험법」 제20조 제4항).

07

| 정답 | ③

| 해설 | ㉠ 「국민건강보험법」 제14조 제1항 제11호
ⓛ 「국민건강보험법」 제23조 제2호
ⓔ 「국민건강보험법」 제90조
ⓜ 「국민건강보험법」 제75조 제1항 제3호

| 오답풀이 |
ⓒ 국민건강보험에 관하여 「국민건강보험법」과 「공공기관의 운영에 관한 법률」에서 정한 사항 외에는 「민법」 중 재단법인에 관한 규정을 준용한다(「국민건강보험법」 제40조).

> **보충 플러스+**
> **재단법인**
> 재단법인은 일정한 목적으로 형성된 재산, 기금에 의해 형성된 법인으로, 특별한 의사결정기관 없이 그 기금을 출연한 설립자의 의사로 규정된 정관에 따라 운영되며 대표적으로 자산가의 유언으로 세워진 기부재단, 사립학교를 운영하는 학교법인 등이 있다.

| 오답풀이 |
② 「국민건강보험법」 제101조 제2항
③ 「국민건강보험법」 제101조 제4항
④ 「국민건강보험법」 제101조 제1항 제1호

| 보충 플러스+ |
상계(相計)
채무자에게 같은 종류의 채권이 생긴 경우, 그 채권으로 본인 채무의 일부 또는 전부를 소멸시키는 것

20

| 정답 | ①

| 해설 | 부정한 방법으로 요양급여를 받은 기관에 대해서는 1년의 범위 내에서 업무정지를 명할 수 있고(「국민건강보험법」 제98조 제1항 제1호), 부정한 방법으로 요양급여를 받은 사람은 2년 이하의 징역 또는 2천만 원 이하의 벌금에 처한다(「국민건강보험법」 제115조 제4항).

| 오답풀이 |
② 공단은 속임수나 그 밖의 부당한 방법으로 보험급여를 받은 사람이나 보험급여 비용을 지급받은 요양기관을 신고한 사람에 대하여 포상금을 지급할 수 있다(「국민건강보험법」 제104조 제1항).
③ 「국민건강보험법」 제115조 제5항 제4호
④ 「국민건강보험법」 제104조 제2항

4회 기출예상문제

▶문제 226쪽

01	①	02	①	03	②	04	④	05	①
06	①	07	③	08	③	09	②	10	①
11	①	12	③	13	③	14	③	15	②
16	④	17	②	18	③	19	④	20	①

01

| 정답 | ①

| 해설 | 「국민건강보험법」에서 근로자는 직업의 종류와 관계없이 근로의 대가로 보수를 받아 생활하는 사람으로서 공무원 및 교직원을 제외한 사람을 말하고, 사용자는 근로자가 소속되어 있는 사업장의 사업주, 공무원이 소속되어 있는 기관의 장, 교직원이 소속되어있는 사립학교를 설립·운영하는 자를 말한다.

02

| 정답 | ①

| 해설 | ㄱ. 「국민건강보험법」 제4조 제1항
ㄴ. 「국민건강보험법」 제4조 제3항
ㄷ, ㄹ. 「국민건강보험법」 제4조 제4항 제4호
ㅁ. 「국민건강보험법」 제4조 제4항 제2호
ㅂ. 「국민건강보험법」 제4조 제5항

03

| 정답 | ②

| 해설 | 국가유공자는 「국민건강보험법」 제75조에 따라 보험료를 경감받을 수 있고, 만일 국민건강보험의 혜택이 필요하지 않다면 건강보험의 적용배제신청을 통해 국민건강보험에서 탈퇴할 수도 있다(「국민건강보험법」 제10조 제6호).

| 오답풀이 |
① 의무경찰, 의무소방대 등 전환복무중인 사람은 직장가입자에 해당되지 않는다(「국민건강보험법」 제6조 제2항 제2호).
② 고용기간이 1개월 미만의 일용근로자는 직장가입자에 해당하지 않는다.
④ 무보수 명예직은 직장가입자에 해당되지 않는다.

보충 플러스+

대통령령으로 정하는 직장가입자에서 제외되는 사람(「국민건강보험법 시행령」 제9조)
1. 비상근 근로자 또는 1개월 동안의 소정(所定)근로시간이 60시간 미만인 단시간근로자
2. 비상근 교직원 또는 1개월 동안의 소정근로시간이 60시간 미만인 시간제공무원 및 교직원
3. 소재지가 일정하지 아니한 사업장의 근로자 및 사용자
4. 근로자가 없거나 제1호에 해당하는 근로자만을 고용하고 있는 사업장의 사업주

15

| 정답 | ④

| 해설 | 공단은 결손처분을 한 후 압류할 수 있는 다른 재산이 발견된 경우에는 지체 없이 그 처분을 취소하고 체납처분을 하여야 한다(「국민건강보험법」 제84조 제2항).

| 오답풀이 |
① 「국민건강보험법」 제84조 제1항 제1호
② 「국민건강보험법」 제33조
③ 「국민건강보험법」 제81조의2 제1항 제2호

16

| 정답 | ②

| 해설 | 국민건강보험공단에 대한 심사청구는 「노인장기요양보험법」상의 이의제기절차에 관한 내용이다(「노인장기요양보험법」 제55조 제1항).

| 오답풀이 |
「국민건강보험법」상의 이의제기절차는 국민건강보험공단과 건강보험심사평가원에 대한 이의신청(「국민건강보험법」 제87조)과 이에 대한 불복절차로 건강보험분쟁조정위원회에 대한 심판청구(「국민건강보험법」 제88조), 「행정소송법」에 의한 행정소송(「국민건강보험법」 제90조)이 있다.

17

| 정답 | ③

| 해설 | 다음의 권리는 3년 동안 행사하지 않으면 소멸시효가 완성된다(「국민건강보험법」 제91조 제1항).
1. 보험료, 연체금 및 가산금을 징수할 권리(ㄱ)
2. 보험료, 연체금 및 가산금으로 과오납부한 금액을 환급받을 권리(ㄷ)
3. 보험급여를 받을 권리(ㄴ)
4. 보험급여비용을 받을 권리(ㅁ)
5. 제47조 제3항 후단에 따라 과다납부된 본인일부부담금을 돌려받을 권리(ㅂ)
6. 제61조에 따른 근로복지공단의 권리

| 오답풀이 |
ㄹ. 「국민건강보험법」 제91조 제3항

18

| 정답 | ④

| 해설 | 가입자가 신고한 보수 또는 소득 등에 축소 또는 탈루(脫漏)가 있다고 인정하는 경우에는 보건복지부장관을 거쳐 소득의 축소 또는 탈루에 관한 사항을 문서로 국세청장에게 송부할 수 있다(「국민건강보험법」 제95조 제1항).

| 오답풀이 |
① 「국민건강보험법」 제94조 제1항 제1호
② 「국민건강보험법」 제94조 제1항 제2호
③ 「국민건강보험법」 제94조 제2항

19

| 정답 | ①

| 해설 | 국민건강보험공단은 의약품의 제조업자가 부당하게 약제·치료재료에 관한 요양급여대상 여부 결정에 영향을 미쳐 보험자에게 손실을 줄 경우 이에 상당하는 금액을 징수할 수 있다(「국민건강보험법」 제101조 제1항, 제3항).

| 오답풀이 |
① 고의로 사고를 일으킨 경우에 대하여 국민건강보험공단은 보험급여를 하지 않는다(「국민건강보험법」 제53조 제1항 제1호).
② 업무 또는 공무로 생긴 질병·부상·재해로 다른 법령에 따른 보험급여나 보상(報償) 또는 보상(補償)을 받게 되는 경우 국민건강보험공단은 보험급여를 하지 않는다(「국민건강보험법」 제53조 제1항 제4호).
④ 교도소, 그 밖에 이에 준하는 시설에 수용되어 있는 사람은 해당 기간 동안은 보험급여가 정지되나(「국민건강보험법」 제54조 제4호), 대신 법무부장관이 국민건강관리공단에 예탁한 요양급여비용을 지급받는 등의 요양급여를 받을 수는 있다(「국민건강보험법」 제60조).

보충 플러스+

국민건강보험료의 부담자와 납부의무자

종류		보험료부담자	납부의무자
보수월액 보험료	근로자	근로자, 사업주	해당 직장가입자의 사용자 (사용자가 2인 이상인 경우에는 연대납부)
	공무원	공무원, 국가/지방자치단체	
	사립학교 교원	교원, 사용자, 국가	
	교직원 (사립학교 교원 제외)	교직원, 사용자	
소득월액보험료		직장가입자	
지역가입자		가입자가 속한 세대 내 지역가입자 전원이 연대납부	소득 및 재산이 없는 미성년자를 제외한 세대 내 지역가입자 전원이 연대납부

11

| 정답 | ①

| 해설 | 보수월액보험료의 납부의무자는 직장가입자가 아닌 사용자이다(「국민건강보험법」 제77조 제1항 제1호).
| 오답풀이 |
② 「국민건강보험법」 제76조 제3항, 제77조 제2항
③ 「국민건강보험법」 제76조 제1항
④ 「국민건강보험법」 제72조 제1항

12

| 정답 | ③

| 해설 | 지역가입자의 보험료는 그 가입자가 속한 세대의 지역가입자 전원이 연대하여 부담하고(「국민건강보험법」 제76조 제3항), 소득 및 재산이 없는 미성년자를 제외한 해당 지역가입자가 연대하여 납부한다(「국민건강보험법」 제77조 제2항).
| 오답풀이 |
① 근로자의 보수월액보험료의 납부의무자는 사용자이다(「국민건강보험법」 제77조 제1항 제1호).
②, ④ 직장가입자의 소득월액보험료는 직장가입자가 부담하고 납부한다(「국민건강보험법」 제76조 제2항, 제77조 제1항 제2호).

13

| 정답 | ③

| 해설 | 체납된 보험료, 연체금과 체납처분비와 관련하여 이의신청, 심판청구가 제기되거나 행정소송이 계류 중인 경우에는 인적사항을 공개하지 않는다(「국민건강보험법」 제83조 제1항).
| 오답풀이 |
① 납부기한의 다음 날부터 1년이 경과한 보험료, 연체금과 체납처분비의 총액이 1천만 원 이상인 체납자가 납부능력이 있음에도 불구하고 이를 체납한 경우 그 인적사항·체납액 등을 공개할 수 있다(「국민건강보험법」 제83조 제1항).
② 체납자의 인적사항 등에 대한 공개 여부를 심의하기 위하여 공단에 보험료정보공개심의위원회를 둔다(「국민건강보험법」 제83조 제2항).
④ 「국민건강보험법」 제83조 제3항

14

| 정답 | ③

| 해설 | 모든 사업장의 근로자 및 사용자와 공무원 및 교직원은 직장가입자이다(「국민건강보험법」 제6조 제2항).

|오답풀이|
① 「국민건강보험법」 제20조 제2항, 제7항
③ 「국민건강보험법」 제20조 제6항
④ 「국민건강보험법」 제22조 제3항

보충 플러스+

실비변상(實費辨償)
공무원 등이 직무 집행을 위한 여비·일당·숙박료 등의 지출을 했을 때 국가가 이를 보상하는 것 비용변상이라고도 한다.

06

|정답| ④

|해설| 「국민건강보험법」상 직장가입자의 피부양자가 되기 위해서는 직장가입자에게 주로 생계를 의존하면서 소득과 재산이 보건복지부령으로 정하는 기준 이하에 해당해야 한다(「국민건강보험법」 제5조 제2항). 따라서 직장가입자와 생계를 같이 하고 있지 않은 형제자매는 그 직장가입자의 피부양자가 될 수 없다.

|오답풀이|
① 직장가입자의 배우자는 피부양자가 될 수 있다(「국민건강보험법」 제5조 제2항 제1호).
②, ③ 직장가입자의 배우자의 직계혈족(직계존속과 직계비속)은 피부양자가 될 수 있으나(「국민건강보험법」 제5조 제2항 제2호, 제3호) 배우자의 방계혈족에 해당하는 배우자의 형제자매는 그 직장가입자의 피부양자가 될 수 없다.

07

|정답| ④

|해설| 요양기관의 종류는 다음과 같다(「국민건강보험법」 제42조 제1항).
1. 「의료법」에 따라 개설된 의료기관
2. 「약사법」에 따라 등록된 약국
3. 「약사법」 제91조에 따라 설립된 한국희귀·필수의약품센터
4. 「지역보건법」에 따른 보건소·보건의료원 및 보건지소

5. 「농어촌 등 보건의료를 위한 특별조치법」에 따라 설치된 보건진료소

따라서 ㉣, ㉥은 요양기관에 해당하지 않는다.

08

|정답| ②

|해설| 건강보험 행위별수가제(수가제도)는 요양급여비용을 산정하는 계약(「국민건강보험법」 제45조)을 위한 제도이다.

요양급여비용은 재정운영위원회의 의결을 거쳐 매년 5월 31일까지 산정하여야 하며, 만일 그 기한까지 계약이 체결되지 않는다면 동년 6월 30일까지 건강보험정책심의위원회의 의결을 거쳐 결정된다(「국민건강보험법」 제45조 제3항).

|오답풀이|
① 「국민건강보험법」 제45조 제1항, 제2항
③ 「국민건강보험법」 제46조
④ 「국민건강보험법」 제47조 제2항, 제6항

09

|정답| ③

|해설| 요양급여를 위한 건강검진에는 만 20세 이상의 성인을 대상으로 하는 일반건강검진, 일반건강검진과 별개로 암 검진주기에 해당하는 연령대를 대상으로 하는 암검진, 그리고 만 6세 미만의 가입자 및 피부양자를 대상으로 하는 영유아건강검진이 있다(「국민건강보험법」 제52조 제2항). 미성년자를 대상으로 하는 청소년건강검진에 관한 내용은 존재하지 않는다.

10

|정답| ③

|해설| 국민건강보험공단은 가입자가 일정 기간 이상 보험료를 체납할 경우, 그 체납된 보험료를 완납할 때까지 그 가입자 및 피부양자에 대해 보험급여를 실시하지 않을 수 있다(「국민건강보험법」 제53조 제3항).

3회 기출예상문제

▶문제 216쪽

01	②	02	①	03	②	04	②	05	②
06	④	07	④	08	②	09	③	10	③
11	①	12	③	13	③	14	③	15	④
16	②	17	③	18	④	19	①	20	①

01

| 정답 | ②

| 해설 | 「국민건강보험법」상의 '근로자'는 법인의 이사와 그 밖의 임원을 포함하여 직업의 종류와 관계없이 근로의 대가로 보수를 받아 생활하는 사람으로, 국가나 지방자치단체에서 상시 공무에 종사하는 공무원과 사립학교나 사립학교 경영기관에서 근무하는 교직원을 제외한 사람을 말한다(「국민건강보험법」제3조 제1호).

| 오답풀이 |
① 「국민건강보험법」상의 '근로자'의 정의에서 공무원은 제외된다.
③ 「국민건강보험법」상의 '근로자'의 정의에서 사립학교의 교원은 제외된다.
④ 공무원이 소속되어 있는 기관의 장은 「국민건강보험법」상의 '사용자'에 해당한다(「국민건강보험법」제3조 제2호 나목).

02

| 정답 | ①

| 해설 | 건강보험정책심의위원회의 위원장은 보건복지부차관이 된다(「국민건강보험법」제4조 제3항). 보건복지부장관은 건강보험정책심의위원회의 위원을 임명 또는 위촉하지만(「국민건강보험법」제4조 제4항), 건강보험정책심의위원회의 위원으로 직접 참여하지 않는다.

| 오답풀이 |
② 근로자단체에서 추천한 사람은 건강보험정책심의위원회의 위원이 될 수 있다(「국민건강보험법」제4조 제4항 제1호).
③ 국민건강보험공단 이사장이 추천한 사람은 건강보험정책심의위원회의 위원이 될 수 있다(「국민건강보험법」제4조 제4항 제4호 나목).
④ 농어업인단체가 추천한 사람은 건강보험정책심의위원회의 위원이 될 수 있다(「국민건강보험법」제4조 제4항 제2호).

03

| 정답 | ②

| 해설 | ㉠, ㉢은 건강보험심사평가원(「국민건강보험법」제63조 제1항 제1호, 제2호), ㉥은 장기요양위원회의 업무이다(「노인장기요양보험법」제45조 제1호).

| 오답풀이 |
㉡ 「국민건강보험법」제14조 제1항 제7호. 국민건강보험공단은 경기도 고양시에 공단 직영병원인 일산병원을 두고 있다.
㉣ 「국민건강보험법」제14조 제1항 제5호
㉤ 「국민건강보험법」제14조 제1항 제1호

04

| 정답 | ②

| 해설 | 해당 글은 국민의 건강보험 강제 가입조항(「국민건강보험법」제5조 제1항)의 위헌여부에 대한 헌법재판소의 결정문 중 일부이다. 헌법재판소는 국민의 건강보험 강제 가입은 경제적 약자에게 기본적인 의료서비스를 제공하고 소득재분배 및 위험분산의 효과를 거두기 위하여 적합하고도 반드시 필요한 조치이다.

05

| 정답 | ②

| 해설 | 국민건강보험공단에서 보험료와 징수금의 부과·징수와 징수위탁근거법에 따라 위탁받은 업무를 수행하는 이사를 징수이사라 하며, 징수이사는 상임이사이다(「국민건강보험법」제21조 제1항).

|오답풀이|
② 「국민건강보험법」 제65조 제1항
③ 「국민건강보험법」 제66조 제1항, 제2항
④ 「국민건강보험법」 제67조 제1항

16

|정답| ①

|해설| 직장가입자의 사용자가 2명 이상인 경우에는 그 중 1명에게 한 독촉은 다른 사용자에게 모두 효력이 있는 것으로 본다(「국민건강보험법」 제81조 제1항).

|오답풀이|
② 「국민건강보험법」 제81조 제2항
③ 「국민건강보험법」 제81조의5
④ 법인의 재산으로 그 법인이 납부하여야 하는 보험료, 연체금 및 체납처분비를 충당하여도 부족한 경우에는 해당 법인에게 보험료의 납부의무가 부과된 날 현재의 무한책임사원 또는 과점주주가 그 부족한 금액에 대하여 제2차 납부의무를 진다(「국민건강보험법」 제77조의2 제1항).

17

|정답| ③

|해설| 공단 또는 심사평가원의 처분에 이의가 있는 자와 이의신청 또는 심판청구에 대한 결정에 불복하는 자는 「행정소송법」에 정하는 바에 따라 행정소송을 제기할 수 있다(「국민건강보험법」 제90조). 즉, 「국민건강보험법」에서 행정소송의 제기는 그 대상이 될 처분이 발생했을 때 그 전에 심판 절차를 거칠 것을 요구하지 않는다.

|오답풀이|
① 「국민건강보험법」의 이의제기는 처분 발생 → ㉠ 이의신청 → ㉡ 심판청구 → ㉢ 행정소송의 절차로 진행된다. 선택지의 내용은 「노인장기요양보험법」과 「국민연금법」의 절차규정이다.
② 심판청구의 심리·의결을 위한 건강보험분쟁조정위원회는 보건복지부 소속의 기관이다(「국민건강보험법」 제89조 제1항).
④ 이의신청에 대한 결정에 불복하는 자는 건강보험분쟁조정위원회에 심판청구를 할 수 있다(「국민건강보험법」 제88조 제1항). 즉, 심판청구는 이의신청 절차를 거칠 것을 요구한다.

18

|정답| ②

|해설| 국민건강보험공단이 가입자에게 보험료를 고지하면 보험료를 징수할 권리의 소멸시효 진행은 중단된다(「국민건강보험법」 제91조 제2항 제1호).

|오답풀이|
① 「국민건강보험법」 제91조 제1항 제3호
③ 「국민건강보험법」 제91조 제3항
④ 「국민건강보험법」 제92조

19

|정답| ③

|해설| 임의가입계속자의 보수월액보험료는 그 임의계속가입자가 전액을 부담하고 납부한다(「국민건강보험법」 제110조 제5항).

|오답풀이|
① 「국민건강보험법」 제110조 제1항
② 「국민건강보험법」 제110조 제2항
④ 「국민건강보험법」 제110조 제3항

20

|정답| ①

|해설| 고용한 근로자가 이 법에 따른 직장가입자가 되는 것을 방해한 사용자(제93조 위반)는 1년 이하의 징역 또는 1천만 원 이하의 벌금에 처한다(「국민건강보험법」 제115조 제5항 제3호).

|오답풀이|
② 「국민건강보험법」 제119조 제4항 제6호(제105조 위반)
③ 「국민건강보험법」 제119조 제3항 제4호
④ 「국민건강보험법」 제119조 제3항 제3호

ㄷ. 업무 또는 공무로 생긴 질병·부상·재해로 다른 법령에 따른 보험급여나 보상(報償) 또는 보상(補償)을 받게 되는 경우에는 보험급여를 하지 않는다(「국민건강보험법」 제53조 제1항 제4호).

ㅁ. 가입자가 대통령령으로 정하는 기간 이상으로 보험료를 체납할 경우 그 보험료를 완납할 때까지 보험급여를 실시하지 않을 수 있다(「국민건강보험법」 제53조 제3항).

| 오답풀이 |

ㄹ. 고의 또는 중대한 과실로 인한 범죄행위에 그 원인이 있는 경우에는 보험급여를 하지 않는다(「국민건강보험법」 제53조 제1항 제1호). 즉 과실에 의한 범죄행위에도 중과실이 아니라면 보험급여의 대상이 된다.

11

| 정답 | ①

| 해설 | 국민건강보험공단은 가입자 또는 피부양자가 신청하는 경우 건강보험증을 발급하여야 한다(「국민건강보험법」 제12조 제1항). 기존에는 건강보험증의 발급은 의무사항이었으나 2018. 12. 11. 개정으로 신청자에 한하여 건강보험증을 발급하고 있다.

| 오답풀이 |

② 「국민건강보험법」 제12조 제2항, 제3항
③ 「국민건강보험법」 제12조 제2항
④ 「국민건강보험법」 제12조 제6항

보충 플러스+

「국민건강보험법」 개정이유 및 주요 내용 (2018. 12. 11. 개정)
가입자 자격 변동 시마다 의무 발급하도록 규정되어 있던 건강보험증을 가입자 또는 피부양자가 신청할 경우에만 발급하도록 하여 건강보험증 발급·교부 예산을 절감하고, 질병이나 부상으로 거동이 불편한 경우 의사 등이 가입자 또는 피부양자를 직접 방문하여 요양급여(방문요양급여)를 실시할 수 있도록 하는 한편, (하략)

12

| 정답 | ③

| 해설 | '재난적의료비 지원사업'이란 질병·부상으로 발생한 소득수준 대비 과도한 의료비 지출로 경제적 어려움을 겪는 가구의 의료비 일부를 지원하는 제도로, 국민건강보험공단은 재난적의료비 지원사업에 사용되는 비용에 충당하기 위하여 매년 예산의 범위에서 출연(出捐; 금품을 내어 도와줌)할 수 있다(「국민건강보험법」 제39조의2).

13

| 정답 | ④

| 해설 | 헌법재판소 2016. 12. 29. 2015헌바199 전원재판부에서는 직장가입자의 월별 보험료액 산정은 지급받은 월보수월액을 기준으로 하는 데 비해(「국민건강보험법」 제70조 제1항) 지역가입자는 소득 및 재산을 기준으로 산정하는(「국민건강보험법」 제72조 제1항) 방식이 보험료 부담의 평등원칙을 위배한다고 볼 수 없다고 판단하였다. ④의 월별 보험료의 상한 및 하한 설정(「국민건강보험법」 제69조 제6항)은 해당 결정문과는 무관한 내용이다.

14

| 정답 | ③

| 해설 | 교직원으로서 사립학교에 근무하는 교원의 사용자는 교직원의 보수월액보험료의 100분의 30, 국가가 100분의 20을 각각 부담한다(「국민건강보험법」 제76조 제1항).

| 오답풀이 |

① 직장가입자의 보수월액보험료는 직장가입자와 사용자가 각각 보험료액의 100분의 50씩 부담한다(「국민건강보험법」 제76조 제1항).
② 「국민건강보험법」 제76조 제1항 제2호
④ 사용자는 보수월액보험료 중 직장가입자가 부담하여야 하는 그 달의 보험료액을 그 보수에서 공제하여 납부하여야 한다(「국민건강보험법」 제77조 제3항).

15

| 정답 | ①

| 해설 | 건강보험심사평가원은 국민건강보험공단과 별개의 법인이다(「국민건강보험법」 제64조).

| 오답풀이 |

③ 「국민건강보험법」 제28조
④ A 씨에게 생계를 의존하고 있고 소득과 재산이 보건복지부령 기준 이하에 속할 경우에는 피부양자가 될 수 있다(「국민건강보험법」 제5조 제2항 제1호).

06

| 정답 | ①

| 해설 | 국민건강보험료의 체납처분이란 보험료의 강제징수를 의미하며, 체납보험료의 분할납부제도는 체납한 보험료를 한 번에 납부하기 곤란한 가입자를 대상으로 강제징수 절차에 들어가기 전 체납한 보험료를 분할납입할 수 있게 하는 제도이다. 공단은 보험료를 3회 이상 체납한 자에 대해 체납처분을 하기 전 분할납부 신청을 할 수 있음을 알리고 관련 사항을 안내해야 한다(「국민건강보험법」 제82조 제2항).

| 오답풀이 |

②, ③ 「국민건강보험법」 제53조 제5항
④ 승인받은 분할납부 횟수가 5회 미만인 경우에는 해당 분할납부 횟수만큼의 보험료를 납부하지 아니하면 그 분할납부의 승인이 취소된다(「국민건강보험법」 제82조 제3항).

07

| 정답 | ③

| 해설 | '지원 자격'으로 경영, 경제 및 사회보험에 대한 학식과 경험이 풍부한 사람을 요구하면서(「국민건강보험법」 제21조 제1항) 국민건강보험공단의 업무 중 보험료와 징수금의 부과·징수 및 징수위탁근거법에 따라 위탁받은 업무에 대한 전문지식을 요구한다는 점에서 해당 공고문은 국민건강보험공단의 징수이사 선임 공고임을 알 수 있다.
국민건강보험공단 징수이사를 추천하기 위한 징수이사추천 위원회는 주요 일간신문에 징수이사 후보의 모집 공고를 해야 하며, 이와 별도로 적임자로 판단되는 징수이사 후보를 조사하거나 전문단체에 조사를 의뢰할 수 있다(「국민건강보험법」 제21조 제3항).

| 오답풀이 |

① 국민건강보험공단은 징수이사를 추천하기 위하여 공단에 이사를 위원으로 하는 징수이사추천위원회를 둔다(「국민건강보험법」 제21조 제2항).
② 「국민건강보험법」 제21조 제2항
④ 「국민건강보험법」 제21조 제4항, 제5항

08

| 정답 | ②

| 해설 | 자료는 「선별급여 지정 및 실시 등에 관한 기준」 별표 1(평가 기준)의 일부이다. 요양급여를 결정함에 있어 경제성 또는 치료효과성이 불확실하여 그 검증을 위하여 추가적 검증이 필요하거나, 경제성이 낮아도 가입자와 피부양자의 건강회복에 잠재적 이득이 있는 등의 경우 예비적 요양급여인 선별급여를 지정할 수 있다(「국민건강보험법」 제41조의4 제1항).

09

| 정답 | ①

| 해설 | 요양급여비용은 국민건강보험공단 이사장과 의약계를 대표하는 사람들의 계약으로 정하며(「국민건강보험법」 제45조 제1항), 이사장은 국민건강보험공단 소속 재정운영위원회의 심의·의결을 거쳐 계약을 체결해야 한다(「국민건강보험법」 제45조 제5항).

| 오답풀이 |

② 「국민건강보험법」 제42조 제4항
③ 「국민건강보험법」 제45조 제3항
④ 「국민건강보험법」 제47조 제7항 제2호

10

| 정답 | ②

| 해설 | ㄱ. 고의로 사고를 일으킨 경우에는 보험급여를 하지 않는다(「국민건강보험법」 제53조 제1항 제1호).
ㄴ. 고의로 보험급여에 있어 필요하다고 인정된 문서 제출이나 질문, 진단을 거부할 경우에는 보험급여를 하지 않는다(「국민건강보험법」 제53조 제1항 제3호).

국민건강보험공단 직무시험

2회 기출예상문제

▶문제 206쪽

01	③	02	④	03	③	04	③	05	②
06	①	07	③	08	②	09	①	10	②
11	①	12	③	13	④	14	③	15	①
16	①	17	③	18	②	19	③	20	①

01

| 정답 | ③

| 해설 | 「국민건강보험법」상 '사용자'는 근로자가 소속된 사업장의 사업주, 공무원이 소속되어 있는 기관의 장, 사립학교를 설립·운영하는 자를 의미한다(「국민건강보험법」 제3조 제2호).
사단법인, 즉 회사의 경영자인 이사장은 회사의 소유와 경영의 분리원칙에 따라 기업의 소유주(Owner)인 사업주와 구분되므로 「국민건강보험법」상 사용자가 아닌 근로자에 해당한다.

02

| 정답 | ④

| 해설 | ㄱ. 국민건강보험의 수급권자는 그 대상자로부터 제외된 날부터 국민건강보험의 자격을 얻는다(「국민건강보험법」 제8조 제1항 제1호).
ㄴ. 직장가입자의 피부양자는 그 자격을 잃은 날부터 국민건강보험의 자격을 얻는다(「국민건강보험법」 제8조 제1항 제2호).
ㄷ, ㄹ. 유공자등 의료보호대상자의 경우에는 대상자에서 제외되거나, 건강보험의 적용을 신청한 경우에는 예외로 국민건강보험에 가입할 수 있다. 이때 국민건강보험의 자격 취득 시기는 각각 대상자에서 제외된 날, 이를 신청한 날로 본다(「국민건강보험법」 제8조 제1항 제3호, 제4호).

03

| 정답 | ③

| 해설 | 소득월액은 보수 외 소득이 대통령령으로 정하는 금액을 초과하는 경우에 문제의 계산식에 따라 산정한다(「국민건강보험법」 제71조 제1항). 즉 보수 외 소득이 대통령령으로 정하는 금액의 미만인 경우에는 소득월액보험료를 처음부터 산정하지 않으며 이를 이유로 국민건강보험료가 공제되지는 않는다.

| 오답풀이 |

①, ② 「국민건강보험법」 제71조 제1항
④ 직장가입자의 보험료율은 1천분의 80의 범위에서 건강보험정책심의위원회의 의결을 거쳐 대통령령으로 정해지며(「국민건강보험법」 제73조 제1항) 국외에서 업무에 종사하고 있는 직장가입자의 보험료율은 정해진 보험료율의 100분의 50으로 한다(「국민건강보험법」 제73조 제2항). 따라서 국외에서 업무에 종사하고 있는 직장가입자의 보험료율은 1천분의 40 이내가 된다.

04

| 정답 | ③

| 해설 | 국민건강보험의 피부양자는 다음에 해당하는 사람 중 직장가입자에게 주로 생계를 의존하면서 보건복지부령으로 정하는 기준 이하의 소득 및 재산을 가진 사람을 말한다(「국민건강보험법」 제5조 제2항).
1. 직장가입자의 배우자
2. 직장가입자의 직계존속(배우자의 직계존속을 포함한다)
3. 직장가입자의 직계비속(배우자의 직계비속을 포함한다)과 그 배우자
4. 직장가입자의 형제·자매

05

| 정답 | ②

| 해설 | 국민건강보험공단의 상임임원과 직원은 직무 외에 영리를 목적으로 하는 사업에 종사하지 못하고, 공단 이사장의 허가하에 비영리 목적의 업무를 겸할 수는 있다(「국민건강보험법」 제25조)

한도 내에서 제3자에게 손해배상을 청구할 권리, 즉 구상권을 얻는다(「국민건강보험법」 제58조 제1항).

| 오답풀이 |
① 공단은 고의 또는 중대한 과실로 인한 범죄행위에 원인이 있는 경우에는 보험급여를 하지 않는다(「국민건강보험법」 제53조 제1항 제1호). 즉, 범죄행위가 경과실로 인해 발생한 것으로 인정될 경우에는 급여의 제한 사유가 되지 못한다.
③ 공단은 속임수나 그 밖의 부당한 방법으로 보험급여를 받은 사람이나 보험급여 비용을 받은 요양기관에 대하여 그 보험급여나 보험급여 비용에 상당하는 금액을 징수한다(「국민건강보험법」 제57조 제1항). 즉, 이미 보험급여를 받은 부분에 대해서도 금액으로 환산하여 이를 부당이득조로 징수할 수 있다.
④ 공단이 제3자에게 청구할 수 있는 구상권은 가입자에게 제공한 보험급여의 범위 내에서 청구할 수 있고, 만약 제3자가 제공한 손해배상액이 있다면 가입자에게 제공할 보험급여에서 그 손해배상액만큼의 범위를 제외한 범위에서의 보험급여를 제공해야 하므로(「국민건강보험법」 제58조 제2항), 구상권을 행사함에 있어 공단은 제3자의 손해배상 여부를 검토하여 그 청구금액을 산정해야 한다.

18

| 정답 | ③

| 해설 | ⓒ에 들어갈 기구는 심판청구의 심리·의결을 담당하는 보건복지부 내 건강보험분쟁조정위원회이다(「국민건강보험법」 제89조).

| 오답풀이 |
①, ② ㉠에 들어갈 절차는 공단의 처분에 이의가 있거나 이의신청 또는 심판청구의 불복으로 제기할 수 있는 '행정소송'이다(「국민건강보험법」 제90조).
④ 분쟁조정위원회는 위원장을 포함하여 60명 이내의 위원으로 구성하고, 이 중 공무원이 아닌 위원이 전체 위원의 과반수가 되도록 하여야 한다(「국민건강보험법」 제89조 제2항).

19

| 정답 | ③

| 해설 | 국내체류 외국인인 지역가입자의 보험료 납부일은 매월 10일이 아닌 25일로 규정하고 있다(「국민건강보험법」 제109조 제8항).

| 오답풀이 |
① 국민건강보험의 외국인 등에 대한 특례규정은 국내에 체류하는 재외국민 또는 외국인을 대상으로 한다(「국민건강보험법」 제109조 제2항).
② 「국민건강보험법」 제109조 제1항
④ 「국민건강보험법」 제109조 제2항 제3호

20

| 정답 | ②

| 해설 | 국가는 해당 연도 보험료 예상 수입액의 14%에 상당하는 금액을 국고에서 공단에 지원한다(「국민건강보험법」 제108조의2 제1항). 한편 국민건강보험공단은 건강증진기금으로 6%를 지원받아(「국민건강보험법」 제108조의2 제2항), 국고지원금과 건강증진기금을 합쳐 20%를 정부지원금으로 지원받는다.

> **보충 플러스+**
> 「국민건강증진법」 부칙 제6619호
> ② (기금사용의 한시적 특례) 보건복지부장관은 제25조 제1항의 규정에 불구하고 2027년 12월 31일까지 매년 기금에서 「국민건강보험법」에 따른 당해연도 보험료 예상수입액의 100분의 6에 상당하는 금액을 동법 제108조의2 제4항의 용도에 사용하도록 동법에 따른 국민건강보험공단에 지원한다. 다만, 그 지원금액은 당해연도 부담금 예상 수입액의 100분의 65를 초과할 수 없다.

| 오답풀이 |
① 「국민건강보험법」 제69조 제1항
③ 「국민건강보험법」 제108조의2 제3항 제3호
④ 「국민건강보험법」 제108조의2 제4항 제1호

11

| 정답 | ①

| 해설 | 국민건강보험공단은 「공공기관의 정보공개에 관한 법률」에 따라 건강보험과 관련하여 보유·관리하고 있는 정보를 공개한다(「국민건강보험법」 제14조 제4항).

| 오답풀이 |
② 「국민건강보험법」 제14조 제3항
③ 「국민건강보험법」 제14조 제2항 제5호
④ 「국민건강보험법」 제112조 제1항 제1호

12

| 정답 | ④

| 해설 | 공단으로부터 분할납부 승인을 받고 그 승인된 보험료를 1회 이상 납부한 경우에는 보험급여를 할 수 있다(「국민건강보험법」 제53조 제5항).

| 오답풀이 |
① 「국민건강보험법」 제53조 제1항 제3호
② 「국민건강보험법」 제53조 제4항
③ 「국민건강보험법」 제53조 제6항 제1호

13

| 정답 | ②

| 해설 | 직장가입자의 사용자가 2명 이상인 경우 또는 지역가입자의 세대가 2명 이상으로 구성된 경우에는 그중 1명에게 한 독촉은 해당 사업장의 다른 사용자 또는 세대 구성원인 다른 지역가입자 모두에게 효력이 있는 것으로 본다(「국민건강보험법」 제81조 제1항).

| 오답풀이 |
① 「국민건강보험법」 제81조 제5항, 제6항
③ 「국민건강보험법」 제81조 제4항
④ 「국민건강보험법」 제84조 제1항 제1호

14

| 정답 | ②

| 해설 | 거짓이나 그 밖의 부정한 방법으로 보험급여를 받거나 타인으로 하여금 보험급여를 받게 한 사람은 2년 이하의 징역 또는 2천만 원 이하의 벌금에 처한다(「국민건강보험법」 제115조 제3항). ②는 건강보험증 부정사용 등을 통한 부정수급행위에 대한 처벌을 강화하기 위해 2013. 5. 22. 개정으로 삭제된 구법 제119조 제1항의 내용이다.

| 오답풀이 |
① 「국민건강보험법」 제115조 제1항
③ 「국민건강보험법」 제118조
④ 「국민건강보험법」 제119조 제5항

15

| 정답 | ②

| 해설 | 「국민건강보험법」에는 무한책임사원의 제2차 납부의무에 대한 책임한도를 규정하고 있지 않다.

| 오답풀이 |
①, ③ 「국민건강보험법」 제77조의2 제1항
④ 과점주주는 그 법인의 발행주식 총수 또는 출자총액으로 나눈 금액에 해당 과점주주가 실질적으로 권리를 행사하는 주식 수 또는 출자액을 곱하여 산출한 금액을 한도로 하는 제2차 납부의무를 진다(「국민건강보험법」 제77조의2 제1항).

16

| 정답 | ②

| 해설 | 보험금, 연체금 및 가산금으로 과오납부한 금액을 환급받을 권리는 3년 동안 행사하지 않으면 소멸시효가 완성된다(「국민건강보험법」 제91조 제1항 제2호).

17

| 정답 | ②

| 해설 | 제3자의 행위로 보험급여사유가 생겨 가입자 또는 피부양자에게 보험급여를 한 경우, 공단은 그 급여의 비용

05

|정답| ②

|해설| 공단 이사장은 정관에 정하는 바에 따라 직원을 임면(任免)한다(「국민건강보험법」 제27조). 실제 국민건강보험공단의 정관 인사규정에도 이사장이 인사 관련 사항을 정하는 규정에서 정하는 바에 따라 직원을 임면한다는 것을 확인할 수 있다.

06

|정답| ②

|해설| 국민건강보험의 요양급여 대상은 진찰·검사, 약제(藥劑)·치료재료의 지급, 처치·수술 및 그 밖의 치료, 예방·재활, 입원, 간호, 이송(移送)이다(「국민건강보험법」 제41조 제1항).

07

|정답| ①

|해설| ㄱ. 「국민건강보험법」 제42조 제5항
ㄴ. 「국민건강보험법」 제42조 제1항 제3호, 제4호

|오답풀이|
ㄷ. 공단은 가입자나 피부양자가 긴급한 사유로 업무정지기간 중인 요양기관에서 질병·부상·출산 등에 대한 요양을 받은 경우 그 요양급여에 상당하는 금액을 가입자나 피부양자에게 요양비로 지급한다(「국민건강보험법」 제49조 제1항). 업무정지기간 중인 요양기관에 요양급여비용을 지급한다는 내용은 존재하지 않는다.
ㄹ. 현역병이 요양기관에서 요양급여를 받은 경우 요양기관은 그 비용을 국방부에 직접 청구하는 것이 아니라 다른 청구와 동일하게 공단에 요양급여비용을 청구할 수 있고, 공단이 해당 청구를 통해 지급할 요양비를 국방부장관으로부터 예탁받아 지급하는 방식을 취하고 있다(「국민건강보험법」 제60조 제1항).

08

|정답| ③

|해설| 소득월액보험료는 이자소득, 배당소득 등 직장가입자의 보수를 제외한 소득(보수 외 소득)이 대통령령으로 정하는 금액을 초과할 경우에 적용된다(「국민건강보험법」 제71조 제1항).

|오답풀이|
① 「국민건강보험법」 제70조 제1항
② 「국민건강보험법」 제72조 제1항
④ 「국민건강보험법」 제44조 제3항

09

|정답| ②

|해설| 공단은 고액·상습체납 인적사항 공개대상자에게 공개대상자임을 서면으로 통지하여 소명의 기회를 부여하여야 한다(「국민건강보험법」 제83조 제3항).

|오답풀이|
① 「국민건강보험법」 제83조 제1항
③ 「국민건강보험법」 제83조 제4항
④ 「국민건강보험법」 제83조 제2항

10

|정답| ③

|해설| 국민건강보험을 적용받고 있던 사람이 「국가유공자 등 예우 및 지원에 관한 법률」에 따라 의료보호를 받는 의료보호대상자가 된 경우에는 건강보험의 적용배제신청을 통해 국민건강보험 적용대상에서 제외될 수 있고, 그렇지 않으면 그대로 국민건강보험의 가입자가 된다(「국민건강보험법」 제5조 제1항 제2호 나목).

|오답풀이|
① 「국민건강보험법」 제75조 제1항 제4호
② 「국민건강보험법」 제5조 제1항 제2호
④ 「국민건강보험법」 제5조 제1항 제2호 가목

파트2 기출예상모의고사

1회 기출예상문제

▶ 문제 198쪽

01	②	02	③	03	②	04	③	05	②
06	②	07	①	08	③	09	②	10	③
11	①	12	④	13	②	14	②	15	②
16	②	17	②	18	③	19	③	20	②

01

|정답| ②

|해설| 이 법은 국민의 질병·부상에 대한 예방·진단·치료·재활과 출산·사망 및 건강증진에 대하여 보험급여를 실시함으로써 국민보건 향상과 사회보장 증진에 이바지함을 목적으로 한다(「국민건강보험법」 제1조).

|오답풀이|
① 「국민연금법」 제1조(목적)
③ 「노인장기요양보험법」 제1조(목적)
④ 「산업재해보상보험법」 제1조(목적)

02

|정답| ③

|해설| 건강보험정책에 대한 사항을 심의·의결하기 위해 설치한 보건복지부장관 소속의 기구는 건강보험정책심의위원회이다(「국민건강보험법」 제4조).

|오답풀이|
① 재정운영위원회는 요양급여비용의 계약 및 결손처분 등 보험재정에 관련된 사항을 심의·의결하기 위하여 공단에 설치된 기구이다(「국민건강보험법」 제33조 제1항). 직장가입자 대표 위원 10명, 지역가입자 대표 위원 10명, 공익 대표 위원 10명으로 구성한다(「국민건강보험법」 제34조 제1항).
② 진료심사평가위원회는 건강보험심사평가원의 업무를 효율적으로 수행하기 위하여 설치된 것이다(「국민건강보험법」 제66조 제1항).
④ 장기요양위원회는 장기요양보험료율, 가족요양비, 특례요양비 및 요양병원간병비의 지급기준, 재가 및 시설 급여비용 관련 사항을 심의하기 위하여 보건복지부장관 소속으로 설치된 것이다(「노인장기요양보험법」 제45조).

03

|정답| ②

|해설| 건강보험을 적용받고 있던 사람이 유공자등 의료보호대상자가 되어 건강보험의 적용배제를 신청한 경우, 그 적용배제를 신청한 날로부터 가입자격을 상실하게 된다(「국민건강보험법」 제10조 제1항 제6호).

|오답풀이|
① 「국민건강보험법」 제10조 제1항 제1호
③ 「국민건강보험법」 제9조 제1항 제3호
④ 「국민건강보험법」 제9조 제1항 제1호

04

|정답| ③

|해설| 건강보험가입자 및 피부양자의 자격 관리는 국민건강보험공단의 업무에 해당한다(「국민건강보험법」 제14조 제1항 제1호). 건강보험심사평가원의 업무는 아래와 같다(「국민건강보험법」 제63조 제1항).

1. 요양급여비용의 심사
2. 요양급여의 적정성 평가
3. 심사기준 및 평가기준의 개발
4. 1 ~ 3의 규정에 따른 업무와 관련된 조사연구 및 국제협력
5. 다른 법률에 따라 지급되는 급여비용의 심사 또는 의료의 적정성 평가에 관하여 위탁받은 업무
6. 그 밖에 「국민건강보험법」 또는 다른 법령에 따라 위탁받은 업무
7. 건강보험과 관련하여 보건복지부장관이 필요하다고 인정한 업무
8. 그 밖에 보험급여 비용의 심사와 보험급여의 적정성 평가와 관련하여 대통령령으로 정하는 업무

04

|정답| ③

|해설| 거짓이나 그 밖의 부정한 방법으로 보험급여를 받거나 타인으로 하여금 보험급여를 받게 한 사람은 2년 이하의 징역 또는 2천만 원 이하의 벌금에 처한다(「국민건강보험법」 제115조 제4항).

05

|정답| ①

|해설| 「국민건강보험법」 제49조 제2항을 위반하여 요양비 명세서나 요양 명세를 적은 영수증을 내주지 아니한 자는 500만 원 이하의 벌금에 처한다(「국민건강보험법」 제117조).

■ 제119조(과태료) ▶ 문제 194쪽

| 01 | ④ | 02 | ③ | 03 | ③ | 04 | ② | 05 | ② |

01

|정답| ④

|해설| 요양급여비용 청구 후 3년간 처방전을 보존하지 않은 약국에 대해서는 100만 원 이하의 과태료를 부과한다(「국민건강보험법」 제119조 제4항 제4호).
|오답풀이|
① 「국민건강보험법」 제42조 제5항을 위반하여 정당한 이유 없이 요양급여를 거부한 자는 500만 원 이하의 벌금에 처한다.(「국민건강보험법」 제117조)
② 「국민건강보험법」 제119조 제3항 제3호
③ 「국민건강보험법」 제119조 제3항 제5호

02

|정답| ③

|해설| 직장가입자를 사용하는 사업장이 휴업 후 14일 이내에 보험자에게 신고를 하지 아니하거나 거짓으로 신고한 사용자는 500만 원 이하의 과태료를 부과한다(「국민건강보험법」 제119조 제3항 제1호).

03

|정답| ③

|해설| 「국민건강보험법」 제98조 제4항을 위반하여 행정처분을 받은 사실 또는 행정처분절차가 진행 중인 사실을 지체 없이 알리지 아니한 자는 500만 원 이하의 과태료를 부과한다(「국민건강보험법」 제119조 제3항 제4호).

04

|정답| ②

|해설| 「국민건강보험법」 제105조를 위반하여 국민건강보험공단이 아닌 자가 국민건강보험공단 또는 이와 유사한 명칭을 사용한 자에게는 100만 원 이하의 과태료를 부과한다(「국민건강보험법」 제119조 제4항 제6호).

05

|정답| ②

|해설| 「국민건강보험법」에서 규정하는 과태료는 대통령령으로 정하는 바에 따라 보건복지부장관이 부과·징수한다(「국민건강보험법」 제119조 제5항).

04

| 정답 | ①

| 해설 | 사용관계가 끝난 사람 중 직장가입자로서의 자격을 유지한 기간이 보건복지부령으로 정하는 기간 동안 통산 1년 이상인 사람은 지역가입자가 된 이후 최초로 지역가입자 보험료를 고지받은 날부터 그 납부기한에서 2개월이 지나기 이전까지 공단에 직장가입자로서의 자격을 유지할 것을 신청할 수 있다(「국민건강보험법」 제110조 제1항).

05

| 정답 | ③

| 해설 | 보험료와 징수위탁보험료의 징수 업무는 국가기관, 지방자치단체 또는 다른 법령에 따른 사회보험 업무를 수행하는 법인이나 그 밖의 자에게 위탁할 수 없다(「국민건강보험법」 제112조 제2항).

06

| 정답 | ④

| 해설 | 공단은 「국민연금법」, 「산업재해보상보험법」, 「고용보험법」 및 「임금채권보장법」에 따라 국민연금기금, 산업재해보상보험및예방기금, 고용보험기금 및 임금채권보장기금으로부터 각각 지급받은 출연금을 징수위탁근거법에 따라 위탁받은 업무에 소요되는 비용에 사용하여야 한다(「국민건강보험법」 제114조 제1항).

9장 벌칙_기본문제

■ 제115조(벌칙), 제116조(벌칙), 제117조(벌칙), 제118조(양벌 규정)   ▶ 문제 190쪽

| 01 | ① | 02 | ③ | 03 | ② | 04 | ③ | 05 | ① |

01

| 정답 | ①

| 해설 | 「국민건강보험법」 제102조 제1호를 위반하여 가입자 및 피부양자의 개인정보를 누설하거나 직무상 목적 외의 용도로 이용 또는 정당한 사유 없이 제3자에게 제공한 자는 5년 이하의 징역 또는 5천만 원 이하의 벌금에 처한다(「국민건강보험법」 제115조 제1항).

02

| 정답 | ③

| 해설 | 대행청구단체의 종사자로서 거짓이나 그 밖의 부정한 방법으로 요양급여비용을 청구한 자는 3년 이하의 징역 또는 3천만 원 이하의 벌금에 처한다(「국민건강보험법」 제115조 제2항 제1호).

03

| 정답 | ②

| 해설 | 「국민건강보험법」 제93조를 위반하여 근로자가 직장가입자가 되는 것을 방해하거나 자신이 부담하는 부담금이 증가되는 것을 피할 목적으로 정당한 사유 없이 근로자의 승급 또는 임금 인상을 하지 아니하거나 해고나 그 밖의 불리한 조치를 한 사용자는 1년 이하의 징역 또는 1천만 원 이하의 벌금에 처한다(「국민건강보험법」 제115조 제3항 제3호).

㉣ 공무원이 그 직무와 관련하여 은닉재산을 신고한 경우에는 포상금을 지급하지 않는다(「국민건강보험법」 제104조 제1항).

03

|정답| ③

|해설| 국민건강보험공단은 징수한 손실 상당액 중 가입자 및 피부양자의 손실에 해당하는 금액을 그 가입자나 피부양자에게 지급하여야 한다. 이 경우 가입자나 피부양자에게 지급하여야 하는 금액을 그 가입자 및 피부양자가 내야 하는 보험료와 상계할 수 있다(「국민건강보험법」 제101조 제4항).

|오답풀이|
① 「국민건강보험법」 제101조 제2항
② 「국민건강보험법」 제101조 제3항
④ 「국민건강보험법」 제101조 제5항

04

|정답| ①

|해설| 국민건강보험공단은 징수하여야 할 금액이나 반환하여야할 금액이 1건당 2천 원 미만인 경우에는 징수 또는 반환하지 않는다(「국민건강보험법」 제106조)

05

|정답| ②

|해설| 보건복지부장관은 「국민건강보험법」 또는 다른 법령에서 국민건강보험공단과 건강보험심사평가원이 위탁받은 업무에 대한 감독을 할 수 있다(「국민건강보험법」 제103조 제1항 제3호).

|오답풀이|
① 「국민건강보험법」 제103조 제1항 제2호
③ 「국민건강보험법」 제103조 제2항
④ 「국민건강보험법」 제103조 제1항

■ 제109조(외국인 등에 대한 특례), 제110조(실업자에 대한 특례), 제111조(권한의 위임), 제112조(업무의 위탁), 제113조(징수위탁보험료등의 배분 및 납입 등), 제114조(출연금의 용도 등), 제114조의2(벌칙 적용에서 공무원 의제)

▶ 문제 186쪽

| 01 | ② | 02 | ④ | 03 | ④ | 04 | ① | 05 | ③ |
| 06 | ④ | | | | | | | | |

01

|정답| ②

|해설| 국내에 체류하는 국내체류 외국인이 적용대상사업장의 근로자, 공무원 또는 교직원이고 법 제6조 제2항 각호의 어느 하나에 해당하지 아니하면서 주민등록 혹은 외국인등록을 하거나 국내거소신고를 한 경우에는 직장가입자가 된다(「국민건강보험법」 제109조 제2항).

02

|정답| ④

|해설| 직장가입자에 해당하지 않는 국내체류 외국인은 보건복지부령으로 정하는 기간 동안 국내에 거주하였거나 국내에 지속적으로 거주할 것으로 예상되는 보건복지부령의 사유에 해당하는 외국인인 경우, 주민등록 혹은 국내거소신고를 하거나 보건복지부령으로 정하는 체류자격을 가지고 외국인등록을 한 사람은 지역가입자가 된다(「국민건강보험법」 제109조 제3항).

03

|정답| ④

|해설| 직장가입자인 국내체류 외국인의 피부양자가 될 수 있는 경우는 직장가입자와의 관계가 일반적인 피부양자가 되는 조건인 「국민건강보험법」 제5조 제2항 각 호의 어느 하나의 조건을 만족할 것을 요구한다(「국민건강보험법」 제109조 제4항).

04

| 정답 | ③

| 해설 | 업무정지 처분의 효과는 그 처분이 확정된 요양기관을 양수하는 자 또는 합병 후 존속하는 법인이나 합병으로 설립되는 법인에 승계되고, 업무정지 처분이 진행 중인 때에는 양수인 또는 합병 후 존속하는 법인이나 합병으로 설립되는 법인에 대하여 그 절차를 계속 진행할 수 있다(「국민건강보험법」 제98조 제3항).

| 오답풀이 |
① 「국민건강보험법」 제98조 제2항
④ 「국민건강보험법」 제98조 제4항

05

| 정답 | ④

| 해설 | 보건복지부장관은 공공복리에 지장을 줄 것으로 예상되어 과징금 부과 대상이 된 약제가 과징금이 부과된 날부터 5년의 범위에서 대통령령으로 정하는 기간 내에 다시 과징금 부과 대상이 되는 경우에는 해당 약제에 대한 요양급여비용 총액의 100분의 350을 넘지 아니하는 범위에서 과징금을 부과·징수할 수 있다(「국민건강보험법」 제99조 제3항 제1호).

■ 제101조(제조업자 등의 금지행위 등), 제101조의2(약제에 대한 쟁송 시 손실상당액의 징수 및 지급), 제102조(정보의 유지 등), 제103조(공단 등에 대한 감독 등), 제104조(포상금 등의 지급), 제105조(유사명칭의 사용금지), 제106조(소액 처리), 제107조(끝수 처리), 제108조의2(보험재정에 대한 정부지원)   ▶문제 178쪽

| 01 | ② | 02 | ④ | 03 | ③ | 04 | ① | 05 | ② |

01

| 정답 | ②

| 해설 | 행정소송 중 국민건강보험공단에게 발생한 손실에 상당하는 금액은 집행정지 기간 동안 공단이 지급한 요양급여비용과 집행정지가 결정되지 않았다면 공단이 지급하여야 할 요양급여비용의 차액으로 산정한다(「국민건강보험법」 제101조의2 제3항).

| 오답풀이 |
① 「국민건강보험법」 제101조의2 제1항
③ 국민건강보험공단이 약제의 제조업자등으로부터 징수하는 손실액은 집행정지된 기간 동안 국민건강보험공단에 발생한 손실이므로 공단이 손실액을 징수하기 위해서는 집행정지의 결정은 그 요건이 된다(「국민건강보험법」 제101조의2 제1항 제1호). 따라서 만일 집행정지의 결정이 취소된 경우에는 해당 요건을 충족하지 못하게 되어 약제의 제조업자로부터 손실액을 징수할 수 없게 된다.
④ 「국민건강보험법」 제101조의2 제5항.

02

| 정답 | ④

| 해설 | ㉠ 포상금의 지급 대상이 되는 은닉재산은 징수금을 납부하여야 하는 자가 은닉한 현금, 예금, 주식, 그 밖에 재산적 가치가 있는 유형·무형의 재산이므로, 재산적 가치가 없는 재산은 여기에 해당하지 않는다(「국민건강보험법」 제104조 제3항).
㉡ 「국민건강보험법」 제104조 제3항 제1호
㉢ 「국민건강보험법」 제104조 제3항 제2호

02

| 정답 | ③

| 해설 | 약국 등 보건복지부령으로 정하는 요양기관은 처방전을 요양급여비용을 청구한 날부터 3년간 보존하여야 한다(「국민건강보험법」 제96조의4 제1항).
사용자는 3년간 보건복지부령으로 정하는 바에 따라 자격관리 및 보험료 산정 등 건강보험에 관한 서류를 보존하여야 한다(「국민건강보험법」 제96조의4 제2항).

03

| 정답 | ④

| 해설 | ㉠ 「국민건강보험법」 제97조 제1항
㉡ 「국민건강보험법」 제97조 제2항
㉢ 「국민건강보험법」 제97조 제4항
㉣ 「국민건강보험법」 제97조 제5항

04

| 정답 | ④

| 해설 | 금융정보를 제공한 신용정보집중기관은 금융정보의 제공 사실을 명의인에게 통보하여야 한다. 다만, 명의인이 동의한 경우에는 통보하지 아니할 수 있다(「국민건강보험법」 제96조의2 제3항).

05

| 정답 | ④

| 해설 | 국가, 지방자치단체, 요양기관, 「보험업법」에 따른 보험료율 산출기관 그 밖의 공공기관 및 공공단체가 국민건강보험공단 또는 건강보험심사평가원에 제공하는 자료에 대해서는 사용료와 수수료 등을 면제한다(「국민건강보험법」 제96조 제6항).

■ 제98조(업무정지), 제99조(과징금), 제100조(위반사실의 공표) ▶문제 168쪽

| 01 | ① | 02 | ① | 03 | ④ | 04 | ③ | 05 | ④ |

01

| 정답 | ①

| 해설 | 서류의 위·변조로 요양급여비용을 거짓으로 청구한 요양기관의 위법사실을 공표하기 위해서는 그 위반행위의 동기, 정도, 횟수 및 결과 등을 고려하여 거짓으로 청구한 금액이 1,500만 원 이상인 경우나 요양급여비용 총액 중 거짓으로 청구한 금액의 비율이 100분의 20 이상인 경우임을 요구한다(「국민건강보험법」 제100조 제1항).

02

| 정답 | ①

| 해설 | 국민건강보험공단이 업무정지처분을 갈음하여 징수한 과징금은 공단이 요양급여비용으로 지급하는 자금, 응급의료기금의 지원, 재난적의료비 지원사업에 대한 지원 이외의 용도로는 사용할 수 없다(「국민건강보험법」 제99조 제8항).

03

| 정답 | ④

| 해설 | 보건복지부장관은 다음의 어느 하나에 해당될 경우 그 요양기관에 대해 업무정지를 명할 수 있다(「국민건강보험법」 제98조 제1항).

1. 속임수나 그 밖의 부당한 방법으로 보험자·가입자 및 피부양자에게 요양급여비용을 부담하게 한 경우
2. 보건복지부장관의 보고 또는 서류제출명령을 위반하거나, 거짓 보고를 하거나 거짓 서류를 제출하거나, 소속 공무원의 검사 또는 질문을 거부·방해 또는 기피한 경우
3. 정당한 사유 없이 치료재료의 요양급여대상 결정을 신청하지 아니하고 속임수나 그 밖의 부당한 방법으로 행위·치료재료를 가입자 또는 피부양자에게 실시 또는 사용하고 비용을 부담시킨 경우

국민건강보험공단 직무시험

8장 보칙_기본문제

■ 제91조(시효), 제92조(기간 계산), 제93조(근로자의 권익 보호), 제94조(신고 등), 제95조(소득 축소·탈루 자료의 송부 등) ▶문제 154쪽

| 01 | ② | 02 | ④ | 03 | ② | 04 | ③ | 05 | ① |

01

| 정답 | ②

| 해설 | 보험료의 징수할 권리는 3년 동안 행사하지 않으면 소멸시효가 완성된다(「국민건강보험법」 제91조 제1항 제1호).

02

| 정답 | ④

| 해설 | 보험료에 관한 시효는 보험료를 고지·독촉하거나 보험급여 또는 보험급여비용을 청구할 경우에 중단된다(「국민건강보험법」 제91조 제2항).

03

| 정답 | ②

| 해설 | 휴직자의 보수월액보험료를 징수할 권리의 소멸시효는 휴직을 이유로 보험료 고지가 유예된 경우 그 휴직이 끝날 때까지 진행하지 아니한다(「국민건강보험법」 제91조 제3항).

04

| 정답 | ③

| 해설 | 공단은 신고한 보수 또는 소득 등에 축소 또는 탈루(脫漏)가 있다고 인정하는 경우에는 보건복지부장관을 거쳐 소득의 축소 또는 탈루에 관한 사항을 문서로 국세청장에게 송부할 수 있다(「국민건강보험법」 제95조 제1항).

05

| 정답 | ①

| 해설 | ㉠ 국민건강보험공단은 사용자, 직장가입자 및 세대주에게 가입자의 보수·소득에 관한 사항을 신고하게 하거나 전자적 방법으로 기록된 것을 포함한 관계 서류를 제출하게 할 수 있다(「국민건강보험법」 제94조 제1항 제2호).
㉡ 국민건강보험공단은 사용자, 직장가입자 및 세대주가 신고한 사항이나 제출받은 자료에 대해 사실 여부를 확인할 필요가 있으면 소속 직원이 해당 사항에 관하여 조사하게 할 수 있으며, 이에 따라 조사를 하는 소속 직원은 그 권한을 표시하는 증표를 지니고 관계인에게 보여주어야 한다(「국민건강보험법」 제94조 제2항, 제3항).

| 오답풀이 |

㉢ 국세청장은 국민건강보험공단이 가입자가 보수 또는 소득 등에 축소 또는 탈루가 있다고 인정하여 이에 관한 사항을 송부한 사항에 대해 「국세기본법」 등 관련 법률에 따른 세무조사를 하면 그 조사 결과 중 보수·소득에 관한 사항을 국민건강보험공단에 송부하여야 한다(「국민건강보험법」 제95조 제2항).

■ 제96조(자료의 제공), 제96조의2(금융정보등의 제공 등), 제96조의3(가족관계등록 전산정보의 공동이용), 제96조의4(서류의 보존), 제97조(보고와 검사) ▶문제 160쪽

| 01 | ③ | 02 | ③ | 03 | ④ | 04 | ④ | 05 | ④ |

01

| 정답 | ③

| 해설 | 요양기관은 요양급여가 끝난 날부터 5년간 요양급여비용의 청구에 관한 서류를 보존하여야 한다(「국민건강보험법」 제96조의4 제1항).

05

| 정답 | ③

| 해설 | 이의신청은 처분이 있음을 안 날로부터 90일 이내에 하여야 하며, 처분이 있는 날로부터 180일이 지나면 제기하지 못한다. 다만, 정당한 사유로 기간 내에 이의신청을 할 수 없었음을 소명한 경우에는 그러하지 아니하다(「국민건강보험법」 제87조 제3항). 즉, 기간을 초과한 이의신청에 대해 공단이나 심사평가원이 정당한 사유가 없음을 증명하는 것이 아닌, 이를 신청한 자가 정당한 사유가 있었음을 소명해야 한다.

| 오답풀이 |
① 「국민건강보험법」 제87조 제3항
② 요양급여비용 및 요양급여의 적정성 평가 등에 관한 심사평가원의 처분에 이의가 있는 공단, 요양기관 또는 그 밖의 자는 심사평가원에 이의신청을 할 수 있다(「국민건강보험법」 제87조 제2항).
④ 이의신청의 방법·결정 및 그 결정의 통지 등에 필요한 사항은 대통령령으로 정한다(「국민건강보험법」 제87조 제5항).

■ 제88조(심판청구), 제89조(건강보험분쟁조정위원회), 제90조(행정소송) ▶문제 150쪽

| 01 | ② | 02 | ② | 03 | ④ | 04 | ④ | 05 | ② |

01

| 정답 | ②

| 해설 | 심판청구를 하려는 자는 심판청구서를 이의신청에 따른 처분을 한 공단 또는 심사평가원에 제출하거나 건강보험분쟁조정위원회에 제출하여야 한다(「국민건강보험법」 제88조 제2항).

| 오답풀이 |
③ 「국민건강보험법」 제89조 제5항
④ 심판청구의 제기기간 및 제기방법에 관하여는 제87조(이의신청) 제3항을 준용한다(「국민건강보험법」 제88조 제1항).

02

| 정답 | ②

| 해설 | 건강보험분쟁조정위원회는 위원장을 제외한 위원 중 1명은 당연직위원으로 구성한다(「국민건강보험법」 제89조 제2항).

| 오답풀이 |
① 분쟁조정위원회는 위원장을 포함하여 60명 이내의 위원으로 구성한다(「국민건강보험법」 제89조 제2항).
③ 「국민건강보험법」 제89조 제7항
④ 「국민건강보험법」 제89조 제5항

03

| 정답 | ④

| 해설 | 공단 또는 심사평가원의 처분에 이의가 있는 자와 이의신청 또는 심판청구에 대한 결정에 불복하는 자는 「행정소송법」에서 정하는 바에 따라 행정소송을 제기할 수 있다(「국민건강보험법」 제90조).

04

| 정답 | ④

| 해설 | 건강보험분쟁조정위원회의 회의는 공무원이 아닌 위원이 과반수가 되도록 하여야 한다(「국민건강보험법」 제89조 제3항).

| 오답풀이 |
①, ② 건강보험분쟁조정위원회의 회의는 위원장, 당연직위원 및 위원장이 매 회의마다 지정하는 7명의 위원을 포함하여 총 9명으로 구성한다(「국민건강보험법」 제89조 제3항).
③ 「국민건강보험법」 제89조 제4항

05

| 정답 | ②

| 해설 | 이의신청에 대한 결정에 불복하는 자는 건강보험분쟁조정위원회의 심판청구를 할 수 있다(「국민건강보험법」 제88조 제1항). 행정법원에 대한 판결의 불복은 건강보험분쟁조정위원회에서 처리할 수 없다.

02

| 정답 | ③

| 해설 | 국민건강보험료의 결손처분은 재정운영위원회의 의결을 받아 진행한다(「국민건강보험법」 제84조 제1항).

03

| 정답 | ④

| 해설 | 보험료등은 국세와 지방세를 제외한 다른 채권에 우선하여 징수한다. 다만, 보험료등의 납부기한 전에 전세권·질권·저당권 또는 담보권의 설정을 등기 또는 등록한 사실이 증명되는 재산을 매각할 때에 그 매각대금 중에서 보험료등을 징수하는 경우 그 전세권·질권·저당권 또는 담보권으로 담보된 채권에 대하여는 그러하지 아니하다(「국민건강보험법」 제85조).

04

| 정답 | ②

| 해설 | ⓒ 국민건강보험공단은 과오납부된 보험료와 연체금에 대해 이를 충당하고 남은 금액은 대통령령으로 정하는 바에 따라 납부의무자에게 환급하여야 한다(「국민건강보험법」 제86조 제2항).

| 오답풀이 |
ⓐ 「국민건강보험법」 제86조 제1항
ⓒ 「국민건강보험법」 제86조 제3항

05

| 정답 | ②

| 해설 | 국민건강보험공단은 결손처분을 한 후 압류할 수 있는 다른 재산이 있는 것을 발견한 때에는 지체 없이 그 처분을 취소하고 체납처분을 하여야 한다(「국민건강보험법」 제84조 제2항).

7장 이의신청 및 심판청구 등_기본문제

■ 제87조(이의신청)　▶문제 146쪽

| 01 | ③ | 02 | ① | 03 | ③ | 04 | ① | 05 | ③ |

01

| 정답 | ③

| 해설 | 이의신청은 처분이 있음을 안 날부터 90일 이내에 문서(전자문서를 포함한다)로 하여야 하며, 처분이 있은 날부터 180일이 지나면 제기하지 못한다(「국민건강보험법」 제87조 제3항).

02

| 정답 | ①

| 해설 | 요양기관이 제48조(요양급여 대상 여부의 확인 등)에 따른 건강보험심사평가원의 확인에 대하여 이의신청을 하려면 통보받은 날부터 30일 이내에 하여야 한다(「국민건강보험법」 제87조 제4항).

03

| 정답 | ③

| 해설 | 가입자 및 피부양자의 자격, 보험료등, 보험급여, 보험급여비용에 대한 공단의 처분에 이의가 있는 자는 공단에 이의신청을 할 수 있다(「국민건강보험법」 제87조 제1항). 요양급여비용의 적정성 평가에 대해서는 심사평가원에 이의신청을 할 수 있다.

04

| 정답 | ①

| 해설 | 요양급여비용 및 요양급여의 적정성 평가 등에 관한 심사평가원의 처분에 이의가 있는 공단, 요양기관 또는 그 밖의 자는 심사평가원에 이의신청을 할 수 있다(「국민건강보험법」 제87조 제2항).

■ 제82조(체납보험료의 분할납부), 제83조(고액·상습체납자의 인적사항 공개) ▶문제 138쪽

| 01 | ② | 02 | ① | 03 | ② | 04 | ① | 05 | ② |

01

|정답| ②

|해설| 공단은 보험료를 3회 이상 체납한 자가 신청하는 경우 보건복지부령으로 정하는 바에 따라 분할납부를 승인할 수 있다(「국민건강보험법」 제82조 제1항).

02

|정답| ①

|해설| 국민건강보험공단은 납부기한의 다음 날부터 1년이 경과한 보험료, 연체금과 체납처분비(결손처분한 보험료, 연체금과 체납처분비로서 징수권 소멸시효가 완성되지 아니한 것을 포함)의 총액이 1천만 원 이상인 체납자가 납부능력이 있음에도 불구하고 체납한 경우 그 인적사항·체납액 등을 공개할 수 있다(「국민건강보험법」 제83조 제1항).

03

|정답| ②

|해설| 체납된 보험료의 연체금과 체납처분비와 관련하여 이의신청이나 심판청구가 제기되거나 행정소송이 계류 중에는 인적사항 공개의 대상이 되지 않는다(「국민건강보험법」 제83조 제1항). 따라서 연체금에 대한 이의신청이 기각된 이후에는 인적사항 공개의 예외사유에 해당되지 않게 된다.

|오답풀이|

① 국민건강보험공단은 보험료정보공개심의위원회의 심의를 거친 인적사항등의 공개대상자에게 공개대상자임을 서면으로 통지하여야 하며, 통지일로부터 6개월이 경과한 후 체납액의 납부 이행 등을 감안하여 공개대상자를 선정한다(「국민건강보험법」 제83조 제3항). 즉, 보험료정보공개심의위원회의 심의 중에는 인적사항 공개에 해당하기 이전이다.

③ 체납된 금액의 일부를 납부한 경우에는 인적사항 공개의 대상이 되지 않는다(「국민건강보험법」 제83조 제1항).

④ 고액·상습체납자의 인적사항 공개는 체납자가 납부능력이 있음에도 이를 체납한 경우에 해당한다(「국민건강보험법」 제83조 제1항).

04

|정답| ①

|해설| 국민건강보험공단은 분할납부 승인을 받은 자가 정당한 사유 없이 5회(승인받은 분할납부 횟수가 5회 미만인 경우에는 해당 분할납부 횟수를 말한다) 이상 그 승인된 보험료를 납부하지 아니하면 그 분할납부의 승인을 취소한다(「국민건강보험법」 제82조 제3항).

05

|정답| ②

|해설| 체납자 인적사항의 공개는 관보에 게재하거나 국민건강보험공단 인터넷 홈페이지에 게시하는 방법에 따른다(「국민건강보험법」 제83조 제4항).

■ 제84조(결손처분), 제85조(보험료등의 징수 순위), 제86조(보험료등의 충당과 환급) ▶문제 140쪽

| 01 | ③ | 02 | ③ | 03 | ④ | 04 | ② | 05 | ② |

01

|정답| ③

|해설| 국민건강보험공단은 체납처분이 끝나고 체납액에 충당될 배분금액이 그 체납액에 미치지 못하는 경우, 해당 권리에 대한 소멸시효가 완성된 경우, 그 밖에 징수할 가능성이 없다고 인정되는 경우로서 대통령령으로 정하는 경우 재정운영위원회의 의결을 받아 보험료등을 결손처분할 수 있다(「국민건강보험법」 제84조 제1항).

■ 제81조(보험료등의 독촉 및 체납처분), 제81조의2(부당이득 징수금의 압류), 제81조의3(체납 또는 결손처분 자료의 제공), 제81조의4(보험료의 납부증명), 제81조의5(서류의 송달), 제81조의6(전자문서에 의한 납입 고지 등)

▶ 문제 134쪽

| 01 | ② | 02 | ④ | 03 | ② | 04 | ④ | 05 | ② |

01

| 정답 | ②

| 해설 | 국민건강보험료 미납을 이유로 기한을 정해 이를 독촉할 때에는 10일 이상 15일 이내의 납부기한을 정하여 독촉장을 발부하여야 한다(「국민건강보험법」 제81조 제2항).

02

| 정답 | ④

| 해설 | 체납처분을 하기 전에 보험료등의 체납 내역, 압류 가능한 재산의 종류, 압류 예정 사실 및 소액금융재산에 대한 압류금지 사실 등이 포함된 통보서를 발송하여야 한다(「국민건강보험법」 제81조 제4항).

| 오답풀이 |

①, ② 「국민건강보험법」 제81조 제3항

③ 「국민건강보험법」 제81조 제5항, 제6항

03

| 정답 | ②

| 해설 | 국민건강보험공단은 보험급여 비용을 받은 요양기관에 대해 징수금의 한도에서 해당 요양기관 또는 그 요양기관을 개설한 자의 재산을 보건복지부장관의 승인을 받아 압류할 수 있다(「국민건강보험법」 제81조의2 제1항).

| 오답풀이 |

④ 「국민건강보험법」 제81조의2 제4항

04

| 정답 | ④

| 해설 | 국민건강보험공단은 보험료 징수 및 징수금의 징수 또는 공익목적을 위해 필요한 경우 「신용정보의 이용 및 보호에 관한 법률」 제25조 제2항 제1호의 종합신용정보집중기관이 체납자 또는 결손처분자의 인적사항·체납액 또는 결손처분액에 관한 자료를 요구할 때에는 그 자료를 제공할 수 있다(「국민건강보험법」 제81조의3 제1항).

05

| 정답 | ②

| 해설 | 납부의무자가 납입 고지 또는 독촉을 전자문서교환방식 등에 의한 전자문서로 해줄 것을 신청하는 경우에는 국민건강보험공단은 전자문서로 고지 또는 독촉할 수 있다(「국민건강보험법」 제81조의6 제1항).

| 오답풀이 |

① 납입 고지와 독촉에 관한 서류의 송달에 관하여는 「국세기본법」 제8조(같은 조 제2항 단서는 제외한다)부터 제12조까지의 규정을 준용한다. 다만, 우편송달에 의하는 경우에는 그 방법은 대통령령으로 정하는 바에 따른다(「국민건강보험법」 제81조의5).

③ 국민건강보험공단이 전자문서로 고지 또는 독촉하는 경우에는 전자문서가 정보통신망에 저장되거나 납부의무자가 지정한 전자우편주소에 입력된 때에 납입 고지 또는 독촉이 그 납부의무자에게 도달한 것으로 본다(「국민건강보험법」 제81조의6 제2항).

④ 전자문서의 고지 및 독촉에 대한 신청 방법·절차 등에 필요한 사항은 보건복지부령으로 정한다(「국민건강보험법」 제81조의6 제1항).

수한다(「국민건강보험법」 제78조의2 제1항).

05

| 정답 | ①

| 해설 | 직장가입자가 속한 사업장의 사용자가 2명 이상인 때에는 그 사업장의 사용자는 해당 직장가입자의 보수월액보험료를 연대하여 납부한다(「국민건강보험법」 제77조 제1항 제1호).
| 오답풀이 |
② 「국민건강보험법」 제77조 제3항
③ 「국민건강보험법」 제77조 제1항 제2호
④ 「국민건강보험법」 제78조 제1항

■ 제79조(보험료등의 납입 고지), 제79조의2(신용카드등으로 하는 보험료등의 납부), 제80조(연체금) ▶ 문제 128쪽

| 01 | ③ | 02 | ④ | 03 | ① | 04 | ② | 05 | ③ |

01

| 정답 | ③

| 해설 | 국민건강보험료의 납입고지는 징수하려는 보험료등의 종류, 납부해야 하는 금액, 납부기한 및 장소의 내용을 포함한 문서로 하여야 한다(「국민건강보험법」 제79조 제1항).

02

| 정답 | ④

| 해설 | 「국민건강보험법」에 따른 징수금을 체납한 경우 그 체납금액의 1천분의 1에 해당하는 금액을 징수한다. 이 경우 해당 체납금액 총액의 1천분의 30을 넘지 못한다. 단, 보험료 또는 보험급여 제한기간 중 받은 보험급여의 징수금을 체납한 경우 그 체납금액의 1천500분의 1에 해당하는 금액을 연체금으로 징수하며, 이 경우 해당 체납금액 총액의 1천분의 20을 넘지 못한다(「국민건강보험법」 제80조 제1항).

03

| 정답 | ①

| 해설 | 「국민건강보험법」에 따른 징수금을 체납한 경우 납부기한 후 30일이 지난 날부터 매 1일이 경과할 때마다 기존 연체금에서 체납금액의 3천분의 1에 해당하는 금액을 더하여 징수한다. 이 경우 연체금은 해당 체납금액의 1천분의 90을 넘지 못한다. 단, 보험료 또는 보험급여 제한기간 중 받은 보험급여의 징수금을 체납한 경우, 그 체납금액의 6천분의 1에 해당하는 금액의 연체금을 추가로 징수하며, 이 경우 해당 체납금액 총액의 1천분의 50을 넘지 못한다(「국민건강보험법」 제80조 제2항).

04

| 정답 | ②

| 해설 | 보험료등납부대행기관은 보험료등의 납부자로부터 보험료등의 납부를 대행하는 대가로 수수료를 받을 수 있다(「국민건강보험법」 제79조의2 제3항).
| 오답풀이 |
① 「국민건강보험법」 제79조의2 제2항
③, ④ 국민건강보험공단이 납입 고지한 보험료를 납부하는 자는 이를 대행할 수 있도록 대통령령으로 정하는 기관을 통하여 신용카드, 직불카드 등으로 납부할 수 있다(「국민건강보험법」 제79조의2 제1항).

05

| 정답 | ③

| 해설 | 휴직자의 보험료는 휴직이 끝날 때까지 보건복지부령으로 정하는 바에 따라 납입 고지를 유예할 수 있다(「국민건강보험법」 제79조 제5항).
| 오답풀이 |
①, ② 「국민건강보험법」 제79조 제4항
④ 「국민건강보험법」 제79조 제6항

02

| 정답 | ④

| 해설 | ㉠ 「국민건강보험법」 제75조 제1항 제2호
㉡ 「국민건강보험법」 제75조 제1항 제3호
㉢ 「국민건강보험법」 제75조 제1항 제5호
㉣ 「국민건강보험법」 제75조 제1항 제4호

03

| 정답 | ②

| 해설 | 직장가입자가 근로자인 경우 직장가입자의 보수월액보험료는 직장가입자와 그 사용자인 사업주가 각각 100분의 50씩 부담한다(「국민건강보험법」 제76조 제1항).

04

| 정답 | ②

| 해설 | 사립학교 교원의 보수월액보험료는 그 직장가입자인 교원이 100분의 50, 사용자가 100분의 30, 국가가 100분의 20을 각각 부담한다(「국민건강보험법」 제76조 제1항). 한편, 직장가입자의 소득월액보험료는 직장가입자가 전부 부담한다(「국민건강보험법」 제76조 제2항).

05

| 정답 | ③

| 해설 | 지역가입자의 보험료는 그 가입자가 속한 세대의 지역가입자 전원이 연대하여 부담한다(「국민건강보험법」 제76조 제3항).

■ 제77조(보험료 납부의무), 제77조의2(제2차 납부의무), 제78조(보험료의 납부기한), 제78조의2(가산금)

▶문제 124쪽

01	02	03	04	05
②	②	②	③	①

01

| 정답 | ②

| 해설 | 법인의 재산으로 그 법인이 납부하여야 하는 보험료, 연체금 및 체납처분비를 충당하여도 부족한 경우에는 해당 법인에게 보험료의 납부의무가 부과된 날 현재의 무한책임사원 또는 과점주주가 그 부족한 금액에 대하여 제2차 납부의무를 진다(「국민건강보험법」 제77조의2 제1항).

02

| 정답 | ②

| 해설 | 보험료 납부의무가 있는 자는 가입자에 대한 그 달의 보험료를 그 다음 달 10일까지 납부하여야 한다(「국민건강보험법」 제78조 제1항).

03

| 정답 | ②

| 해설 | 공단은 납입 고지의 송달지연 등 보건복지부령으로 정하는 사유가 있는 경우 납부의무자의 신청에 따라 납부기한부터 1개월의 범위에서 납부기한을 연장할 수 있다(「국민건강보험법」 제78조 제2항).

04

| 정답 | ③

| 해설 | 사업장의 사용자가 대통령령으로 정하는 사유에 해당되어 직장가입자가 될 수 없는 자를 거짓으로 보험자에게 직장가입자로 신고한 경우 공단은 해당 가입자가 지역가입자의 자격으로 납입했어야 할 보험료의 금액에서 직장가입자의 자격으로 납입한 보험료의 금액을 뺀 금액의 100분의 10에 상당하는 가산금을 그 사용자에게 부과하여 징

■ 제72조(보험료부과점수), 제72조의2(보험료부과제도개선위원회), 제72조의3(보험료 부과제도에 대한 적정성 평가) ▶ 문제 114쪽

| 01 | ② | 02 | ① | 03 | ③ | 04 | ② | 05 | ① |

01

|정답| ②

|해설| 지역가입자의 재산보험료부과점수는 지역가입자의 재산을 기준으로 산정한다(「국민건강보험법」 제72조 제1항).

02

|정답| ①

|해설| 보건복지부장관은 피부양자 인정기준과 보험료, 보수월액, 소득월액 및 재산보험료부과점수의 산정 기준 및 방법 등에 대하여 적정성을 평가한다(「국민건강보험법」 제72조의3 제1항).

03

|정답| ③

|해설| 국민건강보험 가입자의 소득 파악 현황 및 개선방안은 건강보험정책심의위원회의 심의사항이다(「국민건강보험법」 제72조의3 제2항 제1호).
|오답풀이|
① 「국민건강보험법」 제72조의3 제2항 제3호
② 「국민건강보험법」 제72조의3 제2항 제2호
④ 「국민건강보험법」 제72조의3 제2항 제4호

04

|정답| ②

|해설| 지역가입자가 주택을 구입 또는 임차하기 위해 금융회사로부터 대출을 받고 이를 보험료부과점수 산정에서 제외하기 위해서는 해당 주택이 지역가입자의 실제 거주를 목적으로 구입 혹은 임차한 대통령령으로 정하는 기준 이하의 주택임을 요구한다(「국민건강보험법」 제72조 제1항).

|오답풀이|
③, ④ 지역가입자는 대출금액을 보험료부과점수 산정에서 제외하기 위해서는 그 사실을 공단에 통보해야 하며, 이때 신용정보, 금융자산, 금융거래의 내용에 대한 자료·정보 중 대출금액 등의 자료·정보를 공단에 제출하여야 하고, 보험료부과점수 산정에 필요한 해당 정보들을 국민건강보험공단에 제공하는 것에 대하여 동의한다는 서면을 함께 제출하여야 한다(「국민건강보험법」 제72조 제3항).

05

|정답| ①

|해설| 보험료 부과제도의 적정성 평가에는 피부양지 인정기준과 보험료, 보수월액, 소득월액 및 재산보험료부과점수의 산정 기준 및 방법 등에 관한 적정성 평가를 포함한다(「국민건강보험법」 제72조의3 제1항).
|오답풀이|
② 「국민건강보험법」 제72조의3 제2항 제1호
③ 「국민건강보험법」 제72조의3 제1항
④ 「국민건강보험법」 제72조의3 제2항 제3호

■ 제73조(보험료율 등), 제74조(보험료의 면제), 제75조(보험료의 경감 등), 제76조(보험료의 부담) ▶ 문제 120쪽

| 01 | ④ | 02 | ④ | 03 | ② | 04 | ② | 05 | ③ |

01

|정답| ④

|해설| 직장가입자의 보험료율은 1천분의 80의 범위에서 심의위원회의 의결을 거쳐 대통령령으로 정하고, 국외에서 업무에 종사하고 있는 직장가입자의 보험료율은 정해진 보험료율의 100분의 50으로 한다(「국민건강보험법」 제73조 제1항, 제2항).

따라서 빈칸에 들어갈 숫자를 곱한 값은 $\frac{80}{1,000} \times \frac{50}{100} = \frac{4}{100}$ 이다.

6장 보험료_기본문제

■ 제69조(보험료), 제70조(보수월액), 제71조(소득월액)

▶ 문제 110쪽

| 01 | ③ | 02 | ② | 03 | ④ | 04 | ④ | 05 | ④ |

01

| 정답 | ③

| 해설 | 보험료를 징수할 때 보험가입자의 자격이 변동된 경우 그 자격이 변동된 날이 속하는 달의 보험료는 변동되기 전의 자격을 기준으로 징수한다. 다만, 가입자의 자격이 매월 1일에 변동된 경우에는 변동된 자격을 기준으로 징수한다(「국민건강보험법」 제69조 제3항).

| 오답풀이 |

①, ② 보험료는 가입자의 자격을 취득한 날이 속하는 달의 다음 달부터 가입자의 자격을 잃은 날의 전날이 속하는 달까지 징수한다(「국민건강보험법」 제69조 제2항).

02

| 정답 | ②

| 해설 | 휴직이나 그 밖의 사유로 보수의 전부 또는 일부가 지급되지 아니하는 가입자의 보수월액보험료는 해당 사유가 생기기 전 달의 보수월액을 기준으로 산정한다(「국민건강보험법」 제70조 제2항).

| 오답풀이 |

① 「국민건강보험법」 제70조 제1항

③, ④ 직장가입자의 보수는 근로자등이 근로를 제공하고 사용자·국가 또는 지방자치단체로부터 지급받는 금품으로서 대통령령으로 정하는 것을 말한다. 다만, 실비변상적인 성격을 갖는 금품은 제외한다. 만약, 보수 관련 자료가 없거나 불명확한 경우에는 보건복지부장관이 정하여 고시하는 금액을 보수로 본다(「국민건강보험법」 제70조 제3항).

03

| 정답 | ④

| 해설 | 직장가입자의 보수 외 소득월액은 '(연간 보수 외 소득－대통령령으로 정하는 금액)$\times \frac{1}{12}$'로 산정한다(「국민건강보험법」 제71조 제1항).

04

| 정답 | ④

| 해설 | 지역가입자의 소득월액은 지역가입자의 연간 소득을 12개월로 나눈 값을 보건복지부령으로 정하는 바에 따라 평가하여 산정한다(「국민건강보험법」 제71조 제2항).

| 오답풀이 |

① 「국민건강보험법」 제69조 제4항 제2호

②, ③ 보수 외 소득월액은 보수월액의 산정에 포함된 보수를 제외한 직장가입자의 소득인 보수 외 소득이 대통령령으로 정하는 금액을 초과하는 경우에 산정한다(「국민건강보험법」 제71조 제1항). 즉, 만일 보수 외 소득이 없다면 보수 외 소득월액은 산정하지 않는다.

05

| 정답 | ④

| 해설 | 지역가입자의 월별 보험료액을 산정하기 위한 기준인 지역가입자의 재산은 재산보험료부과점수에 재산보험료부과점수당 금액을 곱하여 얻은 금액으로 한다.

| 오답풀이 |

① 「국민건강보험법」 제69조 제5항

05

|정답| ①

|해설| 건강보험심사평가원장의 임기는 3년, 이사(공무원인 이사는 제외한다)와 감사의 임기는 각각 2년으로 한다(「국민건강보험법」 제65조 제7항).

■ 제66조(진료심사평가위원회), 제66조의2(진료심사평가위원회 위원의 겸직), 제67조(자금의 조달 등), 제68조(준용 규정)　　　　　　　　　　▶ 문제 106쪽

| 01 | ③ | 02 | ④ | 03 | ③ | 04 | ② | 05 | ② |

01

|정답| ③

|해설| 건강보험심사평가원은 급여의 심사기준과 그 평가기준의 개발에 대해 국민건강보험공단으로부터 부담금을 징수할 수 있다(「국민건강보험법」 제67조 제1항).

02

|정답| ④

|해설| 진료평가위원회의 상근 심사위원은 건강보험심사평가위원장이 보건복지부령으로 정하는 사람 중에서 임명한다(「국민건강보험법」 제66조 제3항).

03

|정답| ③

|해설| 건강보험심사평가원에 손실을 가한 이유로 심사위원을 해임 또는 해촉하기 위해서는 그 발생 사유가 고의 또는 중과실임이 요구된다(「국민건강보험법」 제66조 제5항 제3호).

04

|정답| ②

|해설| 「고등교육법」 제14조 제2항에 따른 교원 중 교수·부교수 및 조교수는 「국가공무원법」 제64조 및 「사립학교법」 제55조 제1항에도 불구하고 소속대학 총장의 허가를 받아 진료심사평가위원회 위원의 직무를 겸할 수 있다(「국민건강보험법」 제66조의2 제1항).

05

|정답| ②

|해설| 건강보험심사평가원은 제63조 제1항 제5호에 따라 급여비용의 심사에 관한 업무를 위탁받은 경우에는 위탁자로부터 수수료를 받을 수 있다(「국민건강보험법」 제67조 제2항).

|오답풀이|
① 「국민건강보험법」 제67조 제1항
③ 「국민건강보험법」 제67조 제2항
④ 「국민건강보험법」 제67조 제3항

음 날부터 1년이 경과한 징수금을 1억 원 이상 체납한 경우 징수금 발생의 원인이 되는 위반행위, 체납자의 인적사항 및 체납액 등을 공개할 수 있다(「국민건강보험법」 제57조의2 제1항).

03

| 정답 | ④

| 해설 | 국민건강보험공단은 「산업재해보상보험법」 제10조에 따른 근로복지공단이 「국민건강보험법」에 따라 요양급여를 받을 수 있는 사람에게 「산업재해보상보험법」 제40조에 따른 요양급여를 지급한 후 그 지급결정이 취소되어 해당 요양급여의 비용을 청구하는 경우에는 그 요양급여가 「국민건강보험법」에 따라 실시할 수 있는 요양급여에 상당한 것으로 인정되면 그 요양급여에 해당하는 금액을 지급할 수 있다(「국민건강보험법」 제61조).

04

| 정답 | ④

| 해설 | ㉠ 「국민건강보험법」 제57조 제1항
㉡ 「국민건강보험법」 제57조 제2항 제1호
㉢ 「국민건강보험법」 제57조 제3항
㉣ 「국민건강보험법」 제57조 제4항

05

| 정답 | ①

| 해설 | 국민건강보험공단은 징수금을 납부할 의무가 있는 요양기관 또는 요양급여를 개설한 자가 납입 고지 문서에 기재된 납부기한의 다음 날로부터 1년이 경과한 징수금을 1년 이상 체납한 경우 그 징수금 발생의 원인이 되는 위반행위, 체납자의 인적사항, 및 체납액 등 대통령령으로 정하는 사항을 공개할 수 있다(「국민건강보험법」 제57조의2 제1항). 체납자가 부당이득징수금에 관해 현재 진행 중에 있는 행정소송의 사건번호는 여기에 해당하지 않을 뿐만 아니라, 부당이득징수금에 관하여 행정소송이 계류 중인 경우에는 인적사항의 공개 대상이 되지 않는다.

5장 건강보험심사평가원_기본문제

■ 제62조(설립), 제63조(업무 등), 제64조(법인격 등), 제65조(임원) ▶ 문제 102쪽

| 01 | ④ | 02 | ③ | 03 | ③ | 04 | ④ | 05 | ① |

01

| 정답 | ④

| 해설 | 보험급여비용의 지급 업무는 국민건강보험공단의 업무에 해당한다(「국민건강보험법」 제14조 제1항 제5호).

02

| 정답 | ③

| 해설 | 건강보험심사평가원장은 임원추천위원회가 복수로 추천한 사람 중에서 보건복지부장관의 제청으로 대통령이 임명한다(「국민건강보험법」 제65조 제2항).

03

| 정답 | ③

| 해설 | 건강보험심사평가원의 상임이사는 보건복지부령으로 정하는 추천 절차를 거쳐 원장이 임명한다(「국민건강보험법」 제65조 제3항).

04

| 정답 | ④

| 해설 | 건강보험심사평가원의 비상임이사는 다음의 11명으로 구성한다(「국민건강보험법」 제65조 제4항).
- 대통령령으로 정하는 바에 따라 추천한 관계 공무원 1명 (보건복지부장관 추천)
- 국민건강보험공단이 추천하는 1명
- 의약관계단체가 추천하는 5명
- 노동조합·사용자단체·소비자단체 및 농어업인단체가 추천하는 각 1명

02

| 정답 | ①

| 해설 | 국외에 체류하는 경우, 현역병·전환복무된 사람·군간부후보생, 교도소나 이에 준하는 시설에 수용되어 있는 경우에는 보험급여의 정지사유에 해당한다(「국민건강보험법」 제54조). 다만 이 중 국외에 체류하는 경우를 제외한 경우에는 예외적으로 요양비를 지급할 수 있는 예외규정(「국민건강보험법」 제60조)이 존재한다.

03

| 정답 | ②

| 해설 | 공단은 지급의무가 있는 요양비의 청구를 받으면 지체 없이 이를 지급하여야 하며(「국민건강보험법」 제56조), 정보통신장애나 그 밖에 대통령령으로 정하는 불가피한 사유로 요양비를 요양비등수급계좌로 이체할 수 없을 때에는 직접 현금으로 지급하는 등 대통령령으로 정하는 바에 따라 요양비등을 지급할 수 있다(「국민건강보험법」 제56조의2 제1항).

| 오답풀이 |
① 「국민건강보험법」 제56조의2 제1항을 통해 요양비등수급계좌가 수급자 명의의 지정된 계좌이어야 함을 알 수 있다.
③ 「국민건강보험법」 제56조의2 제2항
④ 「국민건강보험법」 제49조 제2항

04

| 정답 | ③

| 해설 | 공단은 분할납부 승인을 받은 사람이 정당한 사유 없이 5회(받은 분할납부 횟수가 5회 미만인 경우에는 해당 분할납부 횟수) 이상 그 승인된 보험료를 내지 아니한 경우에는 보험급여를 실시하지 않을 수 있다(「국민건강보험법」 제53조 제5항).

05

| 정답 | ④

| 해설 | 국민건강보험공단은 가입자가 소득월액보험료를 체납한 경우 그 체납한 보험료를 완납할 때까지 그 가입자 및 피부양자에 대해 보험급여를 실시하지 아니할 수 있다(「국민건강보험법」 제53조 제3항). 즉 보험급여를 체납한 가입자뿐만 아니라 그 피부양자도 보험급여를 제한받는다.

| 오답풀이 |
① 공단으로부터 분할납부 승인을 받고 그 승인된 보험료를 1회 이상 낸 경우에는 보험급여를 할 수 있다(「국민건강보험법」 제53조 제5항).
② 공단이 급여제한기간에 보험급여를 받은 사실이 있음을 가입자에게 통지한 날부터 2개월이 지난 날이 속한 달의 납부기한 이내에 체납된 보험료를 완납한 경우 보험급여로 인정한다(「국민건강보험법」 제53조 제6항 제1호).
③ 납부의무를 부담하는 사용자가 보수월액 보험료를 체납한 경우에는 그 체납에 대하여 직장가입자 본인에게 귀책사유가 있는 경우에 한하여 보험급여를 실시하지 아니할 수 있다(「국민건강보험법」 제53조 제4항). 따라서 직장가입자가 귀책사유가 없을 경우 보험급여 제한이 적용되지 않는다.

■ 제57조(부당이득의 징수), 제57조의2(부당이득 징수금 체납자의 인적사항등 공개), 제58조(구상권), 제59조(수급권 보호), 제60조(현역병 등에 대한 요양급여비용 등의 지급), 제61조(요양급여비용의 정산)   ▶문제 98쪽

| 01 | ③ | 02 | ② | 03 | ④ | 04 | ④ | 05 | ① |

01

| 정답 | ③

| 해설 | 공단은 제3자의 행위로 보험급여사유가 생겨 가입자 또는 피부양자에게 보험급여를 한 경우에는 그 급여에 들어간 비용 한도에서 그 제3자에게 손해배상을 청구할 권리인 구상권을 얻는다(「국민건강보험법」 제58조 제1항).

02

| 정답 | ②

| 해설 | 징수금을 납부할 의무가 있는 요양기관 또는 요양기관을 개설한 자가 납입 고지 문서에 기재된 납부기한의 다

■ 제49조(요양비), 제50조(부가급여), 제51조(장애인에 대한 특례), 제52조(건강검진) ▶문제 86쪽

| 01 | ② | 02 | ① | 03 | ④ | 04 | ② | 05 | ① |

01

|정답| ②

|해설| 1. 일반건강검진 : 직장가입자, 세대주인 지역가입자, 20세 이상인 지역가입자 및 20세 이상인 피부양자(「국민건강보험법」 제52조 제2항 제1호)
3. 영유아건강검진 : 6세 미만의 가입자 및 피부양자(「국민건강보험법」 제52조 제2항 제3호)
따라서 빈칸에 들어갈 숫자의 합은 20+6=26이다.

02

|정답| ①

|해설| 공단은 가입자나 피부양자가 긴급하거나 그 밖의 부득이한 사유로 요양기관과 비슷한 기능을 하는 기관에서 질병·부상·출산 등에 대하여 요양을 받거나 요양기관이 아닌 장소에서 출산한 경우에는 그 요양급여에 상당하는 금액을 가입자나 피부양자에게 요양비로 지급한다(「국민건강보험법」 제49조 제1항).

03

|정답| ④

|해설| 준요양기관은 요양을 받은 가입자나 피부양자의 위임이 있는 경우 공단에 요양비의 지급을 직접 청구할 수 있다(「국민건강보험법」 제49조 제3항).
|오답풀이|
① 「국민건강보험법」 제49조 제1항에서 제98조 제1항에 따라 업무정지기간 중인 요양기관을 포함한다고 제시되어 있다.
② 「국민건강보험법」 제49조 제2항

04

|정답| ②

|해설| 국민건강보험공단은 「장애인복지법」에 따라 등록한 장애인인 가입자 및 피부양자에게는 「장애인·노인 등을 위한 보조기기 지원 및 활용촉진에 관한 법률」 제3조 제2항에 따른 보조기기에 대하여 보험급여를 할 수 있다(「국민건강보험법」 제51조 제1항).

> **보충 플러스+**
> **보조기기**
> 보조기기란 장애인등의 신체적·정신적 기능을 향상·보완하고 일상활동의 편의를 돕기 위하여 사용하는 각종 기계·기구·장비로, 개인 치료용 보조기기, 기술 훈련용 보조기기 등을 의미한다(「장애인·노인 등을 위한 보조기기 지원 및 활용촉진에 관한 법률」 제3조 제2호, 동법 시행규칙 제2조).

05

|정답| ①

|해설| 국민건강보험공단은 대통령령으로 정하는 바에 따라 요양급여 외에 임신·출산 진료비, 장제비, 상병수당, 그 밖의 급여를 실시할 수 있는데, 이를 부가급여라고 한다(「국민건강보험법」 제50조). 문제의 내용은 부가급여 중 임신·출산 진료비를 지원하는 부가급여에 관한 「국민건강보험법 시행령」 제23조의 내용이다.

■ 제53조(급여의 제한), 제54조(급여의 정지), 제55조(급여의 확인), 제56조(요양비 등의 지급), 제56조의2(요양비등 수급계좌) ▶문제 92쪽

| 01 | ① | 02 | ① | 03 | ② | 04 | ③ | 05 | ④ |

01

|정답| ①

|해설| 범죄행위가 원인이 되어 발생한 보험급여사유를 제한하기 위해서는 고의 또는 중대한 과실로 인한 범죄행위임을 요한다(「국민건강보험법」 제53조 제1항 제1호).

■ 제47조(요양급여비용의 청구와 지급 등), 제47조의2(요양급여비용의 지급 보류), 제47조의3(요양급여비용의 차등 지급), 제47조의4(요양급여의 적정성 평가), 제48조(요양급여 대상 여부의 확인 등) ▶ 문제 82쪽

| 01 | ④ | 02 | ③ | 03 | ④ | 04 | ② | 05 | ④ |

01

| 정답 | ④

| 해설 | 공단은 요양급여비용의 지급을 청구한 요양기관이 「의료법」 제33조 제2항 또는 「약사법」 제20조 제1항을 위반하였다는 사실을 수사기관의 수사 결과로 확인한 경우에는 해당 요양기관이 청구한 요양급여비용의 지급을 보류할 수 있다(「국민건강보험법」 제47조의2 제1항).

| 오답풀이 |

① 「국민건강보험법」 제47조 제1항
② 「국민건강보험법」 제47조 제6항
③ 「국민건강보험법」 제47조 제7항

02

| 정답 | ③

| 해설 | 건강보험심사평가원은 요양급여의 적정성을 평가한 결과를 평가대상 요양기관에 통보하여야 하며, 평가 결과에 따라 요양급여비용을 가산 또는 감산할 경우에는 그 결정사항이 포함된 평가 결과를 가감대상 요양기관 및 공단에 통보하여야 한다(「국민건강보험법」 제47조의4 제3항).

| 오답풀이 |

① 건강보험심사평가원은 요양급여에 대한 의료의 질을 향상시키기 위하여 요양급여의 적정성 평가를 실시할 수 있다(「국민건강보험법」 제47조의4 제1항).
② 「국민건강보험법」 제47조의4 제2항
④ 국민건강보험공단은 건강보험심사평가원이 요양급여의 적정성을 평가하여 공단에 통보하면 그 평과 결과에 따라 요양급여비용을 가산하거나 감액 조정하여 지급한다(「국민건강보험법」 제47조 제6항).

03

| 정답 | ④

| 해설 | 국민건강보험공단은 요양기관이 확인을 요청한 사람에게 지급하지 아니하면 해당 요양기관에 지급할 요양급여비용에서 과다본인부담금을 공제하여 확인을 요청한 사람에게 지급할 수 있다(「국민건강보험법」 제48조 제3항).

| 오답풀이 |

① 「국민건강보험법」 제48조 제1항
② 「국민건강보험법」 제48조 제2항
③ 「국민건강보험법」 제48조 제3항

04

| 정답 | ②

| 해설 | 각 요양기관을 대신하여 요양급여비용의 심사청구를 대행할 수 있는 단체로는 「의료법」 제28조 제1항에 따른 의사회·치과의사회·한의사회·조산사회 또는 각각의 지부 및 분회, 「의료법」 제52조에 따른 의료기관 단체, 「약사법」 제11조에 따른 약사회 또는 그 지부 및 분회이다(「국민건강보험법」 제47조 제7항). 장기요양위원회는 보건복지부 소속의 기관으로 여기에 해당하지 않는다.

05

| 정답 | ④

| 해설 | 법원의 무죄 판결이 확정되는 등 대통령령으로 정하는 사유로 제1항에 따른 요양기관이 「의료법」 제4조 제2항, 제33조 제2항·제8항 또는 「약사법」 제20조 제1항, 제21조 제1항을 위반한 혐의가 입증되지 아니한 경우에는 공단은 지급 보류된 요양급여비용에 지급 보류된 기간 동안의 이자를 가산하여 해당 요양기관에 지급하여야 한다(「국민건강보험법」 제47조의2 제3항).

| 오답풀이 |

① 「국민건강보험법」 제47조의2 제1항
② 「국민건강보험법」 제47조의2 제2항

| 오답풀이 |
① 「국민건강보험법」 제42조의2 제1항
② 「국민건강보험법」 제42조의2 제2항

05

| 정답 | ③

| 해설 | 요양기관은 요양급여비용이 변경된 경우 그 변경된 날로부터 15일 이내에 보건복지부령으로 정하는 바에 따라 건강보험심사평가원에 신고하여야 한다(「국민건강보험법」 제43조 제2항).

■ 제44조(비용의 일부부담), 제45조(요양급여비용의 산정 등), 제46조(약제·치료재료에 대한 요양급여비용의 산정) ▶문제 76쪽

| 01 | ② | 02 | ② | 03 | ① | 04 | ④ | 05 | ① |

01

| 정답 | ②

| 해설 | 본인이 연간 부담하는 본인일부부담금이 대통령령으로 정한 본인부담상한액을 초과한 경우에는 공단이 그 초과 금액을 부담하여야 한다(「국민건강보험법」 제44조 제2항 제1호).
| 오답풀이 |
①, ④ 「국민건강보험법」 제44조 제1항
③ 「국민건강보험법」 제44조 제3항

02

| 정답 | ②

| 해설 | 요양급여비용의 산정계약은 그 직전 계약기간 만료일이 속하는 연도의 5월 31일까지 체결하여야 하며, 그 기한까지 계약이 체결되지 아니하는 경우 보건복지부장관이 그 직전 계약기간 만료일이 속하는 연도의 6월 30일까지 심의위원회의 의결을 거쳐 요양급여비용을 정한다(「국민건강보험법」 제45조 제3항).

03

| 정답 | ①

| 해설 | 요양급여비용을 산정하는 계약기간은 1년으로 한다 (「국민건강보험법」 제45조 제1항).
| 오답풀이 |
② 「국민건강보험법」 제45조 제4항
③ 「국민건강보험법」 제45조 제5항
④ 「국민건강보험법」 제45조 제6항

04

| 정답 | ④

| 해설 | 「국민건강보험법」 제41조 제1항 제2호의 약제·치료재료에 대한 요양급여비용은 요양기관의 약제·치료재료 구입금액 등을 고려하여 대통령령으로 정하는 바에 따라 요양급여비용의 산정 계약과 달리 선정할 수 있다(「국민건강보험법」 제46조).

05

| 정답 | ①

| 해설 | 요양급여비용은 공단의 이사장과 대통령령으로 정하는 의약계를 대표하는 사람들의 계약으로 정하며, 계약이 체결되면 그 계약은 공단과 각 요양기관 사이에 체결된 것으로 본다(「국민건강보험법」 제45조 제1항, 제2항).

03

|정답| ②

|해설| 요양급여를 결정함에 있어 경제성 또는 치료효과성 등이 불확실하여 그 검증을 위하여 추가적인 근거가 필요하거나, 경제성이 낮아도 가입자와 피부양자의 건강회복에 잠재적 이득이 있는 등 대통령령으로 정하는 경우에는 예비적인 요양급여인 선별급여로 지정하여 실시할 수 있다(「국민건강보험법」 제41조의4 제1항).

04

|정답| ③

|해설| 보건복지부장관은 요양급여대상으로 결정하여 고시한 약제에 대해 보건복지부령으로 정하는 바에 따라 요양급여대상 여부, 범위, 요양급여비용 상한금액 등을 직권으로 조정할 수 있다(「국민건강보험법」 제41조의3 제5항).

|오답풀이|
① 「국민건강보험법」 제41조의3 제1항
② 「국민건강보험법」 제41조의3 제4항

05

|정답| ②

|해설| 가입자 또는 피부양자가 질병이나 부상으로 거동이 불편한 경우 가입자 또는 피부양자를 직접 방문하는 방문요양급여를 실시할 수 있다(「국민건강보험법」 제41조의5).

■ 제42조(요양기관), 제42조의2(요양기관의 선별급여 실시에 대한 관리), 제43조(요양기관 현황에 대한 신고)

▶ 문제 72쪽

| 01 | ① | 02 | ② | 03 | ① | 04 | ④ | 05 | ③ |

01

|정답| ①

|해설| 「국민건강보험법」에서 규정하고 있는 요양기관은 의료기관, 약국, 한국희귀·필수의약품센터, 보건소·보건의료원 및 보건지소, 보건진료소이다(「국민건강보험법」 제42조 제1항).

02

|정답| ②

|해설| 요양기관은 요양급여비용을 최초로 청구하는 때에 요양기관의 시설·장비 및 인력 등에 대한 현황을 건강보험심사평가원에 신고하여야 한다(「국민건강보험법」 제43조 제1항).

03

|정답| ①

|해설| 보건복지부장관은 효율적인 요양급여를 위하여 필요하면 시설·장비·인력 및 진료과목 등 보건복지부령으로 정하는 기준에 해당하는 요양기관을 전문요양기관으로 인정할 수 있다. 이 경우 해당 전문요양기관에 인정서를 발급하여야 한다(「국민건강보험법」 제42조 제2항).

04

|정답| ④

|해설| 보건복지부장관은 실시 조건을 정한 선별급여를 실시하는 요양기관이 선별급여의 실시 조건을 충족하지 못하거나 해당 선별급여의 평가를 위해 필요한 자료를 제출하지 아니할 경우 해당 선별급여의 실시를 제한할 수 있다(「국민건강보험법」 제42조의2 제3항).

02
|정답| ①

|해설| 공단은 회계연도마다 예산안을 편성하여 이사회의 의결을 거친 후 보건복지부장관의 승인을 받아야 한다(「국민건강보험법」 제36조).

03
|정답| ②

|해설| 공단은 회계연도마다 결산보고서와 사업보고서를 작성하여 다음 해 2월 말일까지 보건복지부장관에게 보고하여야 한다(「국민건강보험법」 제39조 제1항).

|오답풀이|
① 「국민건강보험법」 제35조 제2항
③ 「국민건강보험법」 제37조
④ 「국민건강보험법」 제38조 제2항

04
|정답| ②

|해설| 국민건강보험공단에 관하여 「국민건강보험법」과 「공공기관의 운영에 관한 법률」에서 정한 사항 외에는 「민법」 중 재단법인에 관한 규정을 준용한다(「국민건강보험법」 제40조).

05
|정답| ④

|해설| 국민건강보험공단의 결산보고서는 보건복지부령으로 정하는 바에 따라 그 내용을 공고하여야 한다(「국민건강보험법」 제39조 제2항).

|오답풀이|
① 「국민건강보험법」 제35조 제1항
②, ③ 「국민건강보험법」 제35조 제3항

4장 보험급여_기본문제

■ 제41조(요양급여), 제41조의2(약제에 대한 요양급여비용 상한금액의 감액 등), 제41조의3(행위·치료재료 및 약제에 대한 요양급여대상 여부의 결정 및 조정), 제41조의4(선별급여), 제41조의5(방문요양급여) ▶문제 68쪽

01	02	03	04	05
④	③	②	③	②

01
|정답| ④

|해설| 요양급여에는 피부양자의 질병, 부상, 출산 등에 관한 진찰·검사, 약제(藥劑)·치료재료의 지급, 처치·수술 및 그 밖의 치료, 예방·재활, 입원, 간호, 이송(移送)이 해당한다(「국민건강보험법」 제41조 제1항).

02
|정답| ③

|해설| 1. 보건복지부장관은 「약사법」 제47조 제2항의 위반과 관련된 제41조 제1항 제2호의 약제에 대하여는 요양급여비용 상한금액의 100분의 20을 넘지 아니하는 범위에서 그 금액의 일부를 감액할 수 있다(「국민건강보험법」 제41조의2 제1항).

2. 보건복지부장관은 1.에 따라 요양급여비용의 상한금액이 감액된 약제가 감액된 날부터 5년의 범위에서 대통령령으로 정하는 기간 내에 다시 1.에 따른 감액의 대상이 된 경우에는 요양급여비용 상한금액의 100분의 40을 넘지 아니하는 범위에서 요양급여비용 상한금액의 일부를 감액할 수 있다(「국민건강보험법」 제41조의2 제2항).

3. 보건복지부장관은 2.에 따라 요양급여비용의 상한금액이 감액된 약제가 감액된 날부터 5년의 범위에서 대통령령으로 정하는 기간 내에 다시 「약사법」 제47조 제2항의 위반과 관련된 경우에는 해당 약제에 대하여 1년의 범위에서 기간을 정하여 요양급여의 적용을 정지할 수 있다(「국민건강보험법」 제41조의2 제3항).

따라서 빈칸에 들어갈 숫자의 합은 20+40+5=65이다.

05

| 정답 | ③

| 해설 | 「국민건강보험법」에 규정된 국민건강보험공단 이사장의 권한 중 급여의 제한, 보험료의 납입고지 등 대통령령으로 정하는 사항은 정관으로 정하는 바에 따라 분사무소의 장에게 위임할 수 있다(「국민건강보험법」 제32조).

| 오답풀이 |
- ㉠ 이사장은 공단의 이익과 자기의 이익이 상반되는 사항에 대해서는 공단을 대표하지 못하며, 이 경우 감사가 공단을 대표한다(「국민건강보험법」 제31조 제1항).
- ㉢ 징수이사추천위원회는 징수이사를 모집하기 위해 주요 일간신문에 징수이사 후보의 모집 공고를 하여야 한다(「국민건강보험법」 제21조 제3항).

■ 제33조(재정운영위원회), 제34조(재정운영위원회의 구성 등) ▶문제 58쪽

| 01 | ② | 02 | ① | 03 | ② | 04 | ① | 05 | ④ |

01

| 정답 | ②

| 해설 | 재정운영위원회의 위원은 보건복지부장관이 임명하거나 위촉한다(「국민건강보험법」 제34조 제2항).

02

| 정답 | ①

| 해설 | 요양급여비용의 계약 및 결손처분 등 보험재정에 관련된 사항을 심의·의결하기 위하여 국민건강보험공단에 재정운영위원회를 둔다(「국민건강보험법」 제33조 제1항).

03

| 정답 | ②

| 해설 | 국민건강보험공단 재정운영위원회의 공무원을 제외한 위원의 임기는 2년으로 한다(「국민건강보험법」 제34조 제3항).

04

| 정답 | ①

| 해설 | 직장가입자를 대표하는 재정운영위원회의 위원은 노동조합과 사용조합에서 추천하는 각 5명으로 구성한다(「국민건강보험법」 제34조 제2항 제1호).

| 오답풀이 |
③ 「국민건강보험법」 제34조 제2항 제2호
④ 「국민건강보험법」 제34조 제2항 제3호

05

| 정답 | ④

| 해설 | 재정운영위원회의 위원장은 공익을 대표하는 위원 중에서 호선(互選)한다(「국민건강보험법」 제33조 제2항).

■ 제35조(회계), 제36조(예산), 제37조(차입금), 제38조(준비금), 제39조(결산), 제39조의2(재난적의료비 지원사업에 대한 출연), 제40조(「민법」의 준용) ▶문제 62쪽

| 01 | ② | 02 | ① | 03 | ② | 04 | ② | 05 | ④ |

01

| 정답 | ②

| 해설 | 공단은 회계연도마다 결산상의 잉여금 중에서 그 연도의 보험급여에 든 비용의 100분의 5 이상에 상당하는 금액을 그 연도에 든 비용의 100분의 50에 이를 때까지 준비금으로 적립하여야 한다(「국민건강보험법」 제38조 제1항). 따라서 빈칸에 들어갈 숫자의 합은 5+50=55이다.

02

| 정답 | ①

| 해설 | 징수이사는 보험료와 징수금의 부과(제14조 제1항 제2호)·징수 및 징수위탁근거법에 따라 위탁받은 업무(제14조 제1항 제11호)를 수행하는 국민건강보험공단의 상임이사이다(「국민건강보험법」 제21조 제1항).

03

| 정답 | ①

| 해설 | 국민건강보험공단의 감사는 임원추천위원회가 복수로 추천한 사람 중에서 기획재정부장관의 제청으로 대통령이 임명한다(「국민건강보험법」 제20조 제5항).

04

| 정답 | ②

| 해설 | 국민건강보험공단의 임원은 고의나 중대한 과실로 공단에 손실이 생기게 한 경우 임명권자에 의해 해임될 수 있다(「국민건강보험법」 제24조 제2항 제3호).
| 오답풀이 |
① 「국민건강보험법」 제24조 제2항 제1호
③ 「국민건강보험법」 제24조 제2항 제4호
④ 「국민건강보험법」 제24조 제2항 제2호

05

| 정답 | ②

| 해설 | 국민건강보험공단의 이사회는 이사장과 이사로 구성하며, 감사는 이사회에 출석하여 발언할 수 있다(「국민건강보험법」 제26조 제2항, 제3항).
| 오답풀이 |
① 징수이사는 경영, 경제 및 사회보험에 관한 학식과 경험이 풍부한 사람으로서 보건복지부령으로 정하는 자격을 갖춘 사람 중에서 선임한다(「국민건강보험법」 제21조 제1항).
③ 「국민건강보험법」 제26조 제1항
④ 「국민건강보험법」 제25조 제1항

■ 제27조(직원의 임면), 제28조(벌칙 적용 시 공무원 의제), 제29조(규정 등), 제30조(대리인의 선임), 제31조(대표권의 제한), 제32조(이사장 권한의 위임) ▶문제 52쪽

| 01 | ③ | 02 | ④ | 03 | ② | 04 | ① | 05 | ③ |

01

| 정답 | ③

| 해설 | 국민건강보험공단의 이사장은 정관으로 정하는 바에 따라 직원을 임면(任免)한다(「국민건강보험법」 제27조).

02

| 정답 | ④

| 해설 | 국민건강보험공단의 임직원은 「형법」 제129조부터 제132조까지(수뢰죄, 사전수뢰죄 등)의 규정을 적용할 때 공무원으로 본다(「국민건강보험법」 제28조).
| 오답풀이 |
① 「국민건강보험법」 제25조 제1항
② 「국민건강보험법」 제25조 제2항
③ 「국민건강보험법」 제31조 제1항

03

| 정답 | ②

| 해설 | 국민건강보험공단과 공단 이사장 사이에 소송이 발생한 경우 이사장은 국민건강보험공단을 대표하지 못하고, 이 경우 감사가 공단을 대표한다(「국민건강보험법」 제31조 제2항).

04

| 정답 | ①

| 해설 | 공단의 조직·인사·보수 및 회계에 관한 규정은 이사회의 의결을 거쳐 보건복지부장관의 승인을 받아 정한다(「국민건강보험법」 제29조).

3장 국민건강보험공단_기본문제

■ 제13조(보험자), 제14조(업무 등), 제15조(법인격 등), 제16조(사무소), 제17조(정관), 제18조(등기), 제19조(해산)
▶ 문제 44쪽

| 01 | ③ | 02 | ④ | 03 | ④ | 04 | ② | 05 | ④ |

01
| 정답 | ③

| 해설 | 국민건강보험의 보험자는 국민건강보험공단으로 한다(「국민건강보험법」 제13조).

02
| 정답 | ④

| 해설 | 직장가입자의 보험료율은 건강보험정책심의위원회가 심의하고 의결한다(「국민건강보험법」 제4조 제1항 제4호).

| 오답풀이 |
① 「국민건강보험법」 제14조 제1항 제1호
② 「국민건강보험법」 제14조 제1항 제8호
③ 「국민건강보험법」 제14조 제1항 제3호

03
| 정답 | ④

| 해설 | 국민건강보험공단의 정관에 포함되는 사항은 「국민건강보험법」 제17조 제1항에 규정되어 있다.
㉠ 제17조 제1항 제3호
㉡ 제17조 제1항 제6호
㉢ 제17조 제1항 제1호
㉣ 제17조 제1항 제10호
㉤ 제17조 제1항 제5호

04
| 정답 | ②

| 해설 | 국민건강보험공단이 징수업무에 대한 위탁을 받아 시행하고 있는 「국민건강보험법」의 '징수위탁근거법'에는 「국민연금법」, 「고용보험 및 산업재해보상보험의 보험료징수 등에 관한 법률」, 「임금채권보장법」 및 「석면피해구제법」이 있다(「국민건강보험법」 제14조 제1항 제11호).

05
| 정답 | ④

| 해설 | ㉠ 「국민건강보험법」 제14조 제2항 제2호
㉡ 「국민건강보험법」 제14조 제2항 제4호
㉢ 「국민건강보험법」 제14조 제2항 제5호

■ 제20조(임원), 제21조(징수이사), 제22조(임원의 직무), 제23조(임원 결격사유), 제24조(임원의 당연퇴임 및 해임), 제25조(임원의 겸직 금지 등), 제26조(이사회)
▶ 문제 50쪽

| 01 | ③ | 02 | ① | 03 | ① | 04 | ② | 05 | ② |

01
| 정답 | ③

| 해설 | 1. 국민건강보험공단은 임원으로서 이사장 1명, 이사 14명 및 감사 1명을 둔다. 이 경우 이사장, 이사 중 5명 및 감사는 상임으로 한다(「국민건강보험법」 제20조 제1항).
2. 국민건강보험공단 이사장의 임기는 3년, 공무원인 이사를 제외한 이사와 감사의 임기는 각각 2년으로 한다(「국민건강보험법」 제20조 제7항).

따라서 빈칸에 들어갈 숫자의 합은 14+5+3+2+2=26이다.

03

| 정답 | ④

| 해설 | 국민건강보험의 가입자는 적용대상사업장이 휴업・폐업할 경우 그 다음 날 자격이 변동된다(「국민건강보험법」 제9조 제1항 제4호).

04

| 정답 | ②

| 해설 | 가입자의 자격이 변동된 경우 직장가입자의 사용자와 지역가입자의 세대주는 그 명세를 자격이 변동된 날로부터 14일 이내에 보험자에게 신고하여야 한다(「국민건강보험법」 제9조 제2항).

05

| 정답 | ④

| 해설 | 적용대상사업장의 휴업・폐업으로 인해 가입자의 자격이 변동된 경우에는 지역가입자의 세대주가 이를 보험자에게 신고하여야 한다(「국민건강보험법」 제9조 제2항 제2호).

■ 제10조(자격의 상실 시기 등), 제11조(자격취득 등의 확인), 제12조(건강보험증) ▶문제 38쪽

| 01 | ② | 02 | ② | 03 | ① | 04 | ④ | 05 | ③ |

01

| 정답 | ②

| 해설 | 국민건강보험의 가입자가 수급권자가 된 날 그 자격을 상실한다(「국민건강보험법」 제10조 제1항 제5호).

02

| 정답 | ②

| 해설 | 주민등록증, 운전면허증, 여권, 그 밖에 보건복지부령으로 정하는 본인 여부를 확인할 수 있는 신분증명서로 요양기관이 그 자격을 확인할 수 있으면 건강보험증을 제출하지 아니할 수 있다(「국민건강보험법」 제12조 제3항).

| 오답풀이 |

① 건강보험 가입자 자격의 취득・변동 및 상실은 제8조부터 제10조까지의 규정에 따른 자격의 취득・변동 및 상실의 시기로 소급하여 효력이 발생한다(「국민건강보험법」 제11조 제1항).

③ 「국민건강보험법」 제12조 제6항

④ 「국민건강보험법」 제11조 제2항

03

| 정답 | ①

| 해설 | 국민건강보험공단은 가입자 또는 피부양자가 신청하는 경우 건강보험증을 발급하여야 한다(「국민건강보험법」 제12조 제1항).

04

| 정답 | ④

| 해설 | 가입자 또는 피부양자는 요양급여를 받을 때에는 주민등록증, 운전면허증, 여권, 그 밖에 보건복지부령으로 정하는 본인 여부를 확인할 수 있는 신분증명서로 요양기관이 그 자격을 확인할 수 있으면 건강보험증을 제출하지 않을 수 있다(「국민건강보험법」 제12조 제3항).

05

| 정답 | ③

| 해설 | 국민건강보험 가입자의 자격을 잃은 경우 직장가입자의 사용자와 지역가입자의 세대주는 그 명세를 자격을 잃은 날로부터 14일 이내에 보험자에게 신고하여야 한다(「국민건강보험법」 제10조 제2항).

2장 가입자_기본문제

■ 제5조(적용 대상 등), 제6조(가입자의 종류), 제7조(사업장의 신고) ▶문제 30쪽

01	02	03	04	05
③	①	①	③	②

01
| 정답 | ③

| 해설 | 「독립유공자예우에 관한 법률」 및 「국가유공자 등 예우 및 지원에 관한 법률」에 따라 의료보호를 받던 중 국민건강보험의 적용을 보험자에게 신청한 사람은 국민건강보험의 가입자 또는 피부양자가 된다(「국민건강보험법」 제5조 제1항 제2호 가목).

02
| 정답 | ①

| 해설 | 소득 및 재산이 보건복지부령으로 정하는 기준 이하에 해당하는 다음의 사람을 의미한다(「국민건강보험법」 제5조 제2항).
1. 직장가입자의 배우자
2. 직장가입자의 직계존속(배우자의 직계존속 포함)
3. 직장가입자의 직계비속(배우자의 직계비속 포함)과 그 배우자
4. 직장가입자의 형제·자매

03
| 정답 | ①

| 해설 | 고용 기간이 1개월 미만인 일용근로자는 직장가입자에 해당하지 않는다(「국민건강보험법」 제6조 제2항 제1호).

04
| 정답 | ③

| 해설 | 사용자는 휴업·폐업 등의 사유가 발생한 경우 그때부터 14일 이내에 보험자에게 신고하여야 한다(「국민건강보험법」 제7조 제2호).

05
| 정답 | ②

| 해설 | 모든 사업장의 근로자 및 사용자와 공무원 및 교직원은 직장가입자가 된다(「국민건강보험법」 제6조 제2항).

| 오답풀이 |
①, ④ 국내에 거주하는 국민은 건강보험의 가입자 또는 피부양자가 되고(「국민건강보험법」 제5조 제1항), 가입자는 직장가입자와 지역가입자로 구분한다(「국민건강보험법」 제6조 제1항). 즉 피부양자는 국민건강보험의 가입자가 아니며, 지역가입자가 되지 않는다.

■ 제8조(자격의 취득 시기 등), 제9조(자격의 변동 시기 등), 제9조의2(자격 취득·변동 사항의 고지) ▶문제 34쪽

01	02	03	04	05
④	③	④	②	④

01
| 정답 | ④

| 해설 | 국내에 거주하고 있는 유공자등 의료보호대상자는 그 대상자에서 제외된 날로부터 직장가입자 혹은 지역가입자의 자격을 얻는다(「국민건강보험법」 제8조 제1항 제3호).

02
| 정답 | ③

| 해설 | 직장가입자 혹은 지역가입자의 자격을 얻은 경우 그 직장가입자의 사용자 및 지역가입자의 세대주는 그 명세를 자격을 취득한 날로부터 14일 이내에 보험자에게 신고하여야 한다(「국민건강보험법」 제8조 제2항).

에 대한 주요 사항에 대한 심의와 의결을 담당하나, 국민건강보험종합계획 및 시행계획에 대해서는 심의만을 관장한다(「국민건강보험법」 제4조 제1항 제1호). 이를 수립하는 것은 보건복지부장관의 권한에 해당한다(「국민건강보험법」 제3조의2 제1항 및 제3항).

03

|정답| ④

|해설| 건강보험정책심의위원회의 위원은 다음에 해당하는 사람을 보건복지부장관이 임명 또는 위촉한다(「국민건강보험법」 제4조 제4항).
1. 근로자단체 및 사용자단체가 추천하는 각 2명
2. 시민단체(비영리민간단체), 소비자단체, 농어업인단체 및 자영업자단체가 추천하는 각 1명
3. 의료계를 대표하는 단체 및 약업계를 대표하는 단체가 추천하는 8명
4. 대통령령으로 정하는 중앙행정기관 소속 공무원 2명
5. 국민건강보험공단의 이사장 및 건강보험심사평가원의 원장이 추천하는 각 1명
6. 건강보험에 관한 학식과 경험이 풍부한 4명

04

|정답| ②

|해설| 건강보험심의위원회의 위원은 근로자단체 및 사용자단체에서 추천하는 2명, 비영리민간단체인 시민단체와 소비자단체, 농어업인단체 및 자영업자단체에서 추천하는 각 1명 등이 되며, 노인단체는 여기에 해당하지 않는다.

05

|정답| ②

|해설| 건강보험심의위원회의 위원은 보건복지부장관이 임명 또는 위촉한다(「국민건강보험법」 제4조 제4항).
|오답풀이|
① 「국민건강보험법」 제4조 제3항
③ 심의위원회의 부위원장은 「국민건강보험법」 제4조 제4항 제4호의 위원 중에서 위원장이 지명한다(「국민건강보험법」 제4조 제3항). 근로자단체의 추천을 받은 심의위원회의 위원은 여기에 해당하지 않는다.
④ 「국민건강보험법」 제4조 제5항

02

|정답| ③

|해설| 보건복지부장관은 다음의 사유가 발생한 경우 이에 관련한 보고서를 작성하여 지체 없이 국회 소관 상임위원회에 보고하여야 한다(「국민건강보험법」 제3조의2 제5항).
1. 국민건강보험종합계획의 수립 및 변경
2. 국민건강보험종합계획에 따른 연도별 시행계획의 수립
3. 연도별 시행계획에 따른 추진실적 평가

03

|정답| ④

|해설| 국민건강보험종합계획에 포함되어야 하는 사항은 다음과 같다(「국민건강보험법」 제3조의2 제2항).
1. 건강보험정책의 기본목표 및 추진방향 - ㉠
2. 건강보험 보장성 강화의 추진계획 및 추진방법 - ㉡
3. 건강보험의 중장기 재정 전망 및 운영
4. 보험료 부과체계에 관한 사항 - ㉢
5. 요양급여비용에 관한 사항
6. 건강증진 사업에 관한 사항 - ㉣
7. 취약계층 지원에 관한 사항
8. 건강보험에 관한 통계 및 정보의 관리에 관한 사항

04

|정답| ①

|해설| 건강보험정책심의위원회는 국민건강보험종합계획의 수립과 그에 관한 연도별 시행계획을 심의하며, 그 추진실적의 평가에 관하여는 직접 심의하지 않는다.

|오답풀이|
② 「국민건강보험법」 제3조의2 제4항
③ 보건복지부장관은 국민건강보험종합계획의 시행계획에 따른 추진실적의 평가 관련 사항에 대한 보고서를 작성하여 지체 없이 국회 소관 상임위원회에 보고하여야 한다(「국민건강보험법」 제3조의2 제5항 제3호).
④ 「국민건강보험법」 제3조의2 제6항

05

|정답| ④

|해설| 국민건강보험계획과 연도별 시행계획에 대해 보건복지부장관은 다음의 경우 관련 사항에 대한 보고서를 작성하여 지체 없이 국회 소관 상임위원회에 보고하여야 한다(「국민건강보험법」 제3조의2 제5항).
1. 국민건강보험종합계획의 수립 및 변경
2. 국민건강보험종합계획의 연도별 시행계획의 수립
3. 국민건강보험종합계획의 연도별 시행계획에 따른 추진실적의 평가

■ 제4조(건강보험정책심의위원회) ▶ 문제 26쪽

01	02	03	04	05
④	①	④	②	②

01

|정답| ④

|해설| 공무원이 아닌 심의위원회의 임기는 3년으로 한다. 다만, 위원의 사임 등으로 새로 위촉된 위원의 임기는 전임위원 임기의 남은 기간으로 한다(「국민건강보험법」 제4조 제5항).

|오답풀이|
① 「국민건강보험법」 제4조 제1항 제2호
② 건강보험정책심의위원회는 보건복지부장관 소속이며, 「국민건강보험법」 제3조의2 제1항 및 제3항에 따른 국민건강보험종합계획 및 시행계획에 관한 사항을 심의한다(「국민건강보험법」 제4조 제1항 제1호).
③ 「국민건강보험법」 제4조 제2항

02

|정답| ①

|해설| 건강보험정책심의위원회는 요양급여의 기준, 요양급여비용에 관한 사항, 직장가입자의 보험료율과 지역가입자의 보험료율과 재산보험료부과점수당 금액 등 건강보험

정답과 해설
국민건강보험법

파트1 국민건강보험법

1장 총칙_기본문제

■ 제1조(목적), 제2조(관장), 제3조(정의) ▶문제 18쪽

| 01 | ② | 02 | ③ | 03 | ① | 04 | ① | 05 | ③ |

01
|정답| ②

|해설| 「국민건강보험법」 제1조에 따르면 「국민건강보험법」은 국민의 질병·부상에 대한 예방·진단·치료·재활과 출산·사망 및 건강증진에 대하여 보험급여를 실시함으로써 국민보건 향상과 사회보장 증진에 이바지함을 목적으로 한다.

02
|정답| ③

|해설| 건강보험사업은 보건복지부장관이 맡아 주관한다(「국민건강보험법」 제2조).

03
|정답| ①

|해설| 「국민건강보험법」 제3조 제2호에서 정의하는 "사용자"는 다음과 같다.
- 근로자가 소속되어 있는 사업장의 사업주
- 공무원이 소속되어 있는 기관의 장으로서 대통령령으로 정하는 사람
- 교직원이 소속되어 있는 사립학교(「사립학교교직원 연금법」 제3조에 규정된 사립학교를 말한다. 이하 이 조에서 같다)를 설립·운영하는 자

04
|정답| ①

|해설| 「국민건강보험법」 제3조에서 정의하는 "근로자"는 직업의 종류와 관계없이 법인의 이사와 기타 임원을 포함하여 근로의 대가로 보수를 받아 생활하는 사람으로, 공무원과 교직원을 제외한 사람을 의미한다.

|오답풀이|
② 시청 주무관은 근로자가 아닌 공무원에 해당한다.
③ 부모로부터 받는 용돈은 근로의 대가로 받는 보수에 해당하지 않는다.
④ 근로자를 고용한 사업장의 사업주이므로 "사용자"에 해당한다.

05
|정답| ③

|해설| 「국민건강보험법」 제3조 제5호에서 정의하는 "교직원"은 사립학교나 사립학교의 경영기관에서 근무하는 교원과 직원을 의미한다.

■ 제3조의2(국민건강보험종합계획의 수립 등) ▶문제 22쪽

| 01 | ① | 02 | ③ | 03 | ④ | 04 | ① | 05 | ④ |

01
|정답| ①

|해설| 보건복지부장관은 건강보험의 건전한 운영을 위하여 건강보험정책심의위원회의 심의를 거쳐 5년마다 국민건강보험종합계획을 수립하여야 한다(「국민건강보험법」 제3조의2 제1항).

2025 하반기 고시넷 공기업

국민건강보험공단
국민건강보험법
행정직 | 건강직 | 기술직

정답과 해설

NCS 직무수행능력평가

스마트폰에서 검색 **고시넷**

고시넷 공기업

모듈형/피듈형 NCS 베스트셀러

NCS 완전정복 초록이 시리즈

350여 공공기관 및 출제사 최신 출제유형

산인공 모듈형 + 응용모듈형
필수이론, 기출문제 유형

고시넷 NCS
초록이 ① 통합기본서

고시넷 NCS
초록이 ② 통합문제집

2025 하반기 고시넷 공기업

국민건강보험공단
국민건강보험법
행정직 | 건강직 | 기술직

정답과 해설

NCS 직무수행능력평가